Esta colecção tem como objectivo proporcionar textos que sejam acessíveis e de indiscutível seriedade e rigor, que retratem episódios e momentos marcantes da História, seus protagonistas, a construção das nações e as suas dinâmicas.

HISTÓRIA E NARRATIVA

1. *História dos Estados Unidos desde 1865*, Pierre Melandri
2. *A Grande Guerra – 1914-1918*, Marc Ferro
3. *História de Roma*, Indro Montanelli
4. *História Narrativa da II Guerra Mundial*, John Ray
5. *Hitler - Perfil de um Ditador*, David Welch
6. *A Vida de Maomé*, Virgil Gheorghiu
7. *Nicolau II. O Último Czar*, Marc Ferro
8. *História dos Gregos*, Indro Montanelli
9. *O Império Otomano*, Donald Quataert
10. *A Guerra Secreta*, Ladislas Farago
11. *A Guerra de Secessão*, Farid Ameur
12. *A Guerra Civil de Espanha*, Paul Preston
13. *A Vida Quotidiana no Egipto no tempo das Pirâmides*, Guillemette Andreu
14. *O Amor em Roma*, Pierre Grimal
15. *Os Templários*, Barbara Frale
16. *No Rasto dos Tesouros Nazis*, Jean-Paul Picaper
17. *História do Japão*, Kenneth G. Henshall
18. *Artur, Rei dos Bretões*, Daniel Mersey
19. *O Islão e o Ocidente. Uma Harmonia Dissonante de Civilizações*, Christopher J. Walker
20. *Pós-Guerra. História da Europa desde 1945*, Tony Judt
21. *A Guerra Fria*, John Lewis Gaddis
22. *História da União Soviética*, Peter Kenez
23. *História do Tibete*, Thomas Laird
24. *A Europa em Guerra*, Norman Davies
25. *Santos e Pecadores. História dos Papas*, Eamon Duffy
26. *A Grande Guerra pela Civilização. A Conquista do Médio Oriente*, Robert Fisk
27. *O Sabor da Conquista*, Michael Krondl
28. *Mundos em Guerra*, Anthony Pagden
29. *História de Israel*, Martin Gilbert
30. *O Parlamento do Homem. História das Nações Unidas*, Paul Kennedy
31. *Os Celtas*, John Haywood
32. *História da África*, J.D. Fage e William Tordoff
33. *História da Polónia*, Adam Zamoyski

HISTÓRIA DO

JAPÃO

Kenneth Henshall

70

Título original:
A History of Japan: From Stone Age to Superpower

Inicialmente publicado em Inglês com o título
A History of Japan: From Stone Age to Superpower, 2nd edition,
pela Palgrave Macmillan, uma divisão da Macmillan Publishers Limited.
Esta edição foi traduzida e publicada com autorização
da Palgrave Macmillan.
O Autor, Ken Henshall, assegurou o seu direito
a ser identificado como autor desta Obra.

Tradução: Victor Silva
Revisão da Tradução: Pedro Bernardo

Capa: FBA
Ilustração de capa
Reprodução de uma xilogravura de Hiroshige,
Cem Vistas Famosas de Edo (antiga designação de Tóquio)
Imagem: Corbis / VMI
© Brooklyn Museum-Corbis

Depósito Legal nº 282371/08

Biblioteca Nacional de Portugal - Catalogação na Publicação

HENSHALL, Kenneth G.

História do Japão. - 2ª ed. - (História narrativa ; 17)
ISBN 978-972-44-1533-8

CDU 94(52)

Paginação, impressão e acabamento:
Pentaedro
para
EDIÇÕES 70, LDA.
Abril de 2017

ISBN: 978-972-44-1533-8
ISBN (1.ª edição): 972-44-1254-7

EDIÇÕES 70, Lda.
Avenida Engenheiro Arantes e Oliveira, 11 - 3.º C – 1900-221 Lisboa / Portugal
Telefs.: 213190240 – Fax: 213190249
e-mail: edi.70@mail.telepac.pt

www.edicoes70.pt

PREFÁCIO

Objectivos e Fontes

O objectivo principal deste livro é contar a história do Japão. A história requer ser contada desde o princípio. Necessita de ser contada de maneira equilibrada e abrangente, mas sem ficar confusa e de modo a que seja acessível e compreensível sem se tornar simplista nem superficial. Muitos livros sobre a história do Japão são enciclopédicos em si mesmos e apresentam tantos detalhes que se revela difícil descortinar tendências gerais. Outros tendem a focar um tema restrito e a omitir o pano de fundo, que é importante para se obter uma perspectiva equilibrada. Outros ainda tendem a iniciar a história do Japão nos tempos modernos, omitindo antecedentes importantes.

Estes livros possuem todos os seus méritos, mas intimidam o não especialista. Nos tempos que correm, quando tantas pessoas estão interessadas no Japão e, em particular, na sua ascensão ao estatuto de superpotência, tal é de lamentar. O leitor comum, os estudantes e os especialistas noutras áreas deveriam ter todos um acesso mais fácil à fascinante e instrutiva história do Japão.

A preocupação de o tornar acessível foi, por isso, um factor importante quando escrevi este livro. Relacionado com este, outro factor foi encorajar os leitores a explorar temas que lhes interessem em particular. Por estas razões, restringi deliberadamente as minhas fontes às que estavam disponíveis em língua inglesa e, muitas vezes, inseri referências bibliográficas, pensando nos leitores que as poderiam investigar, se assim o desejassem. Para o fazer, não necessitarão de saber japonês.

O meu próprio conhecimento da história do Japão foi sendo adquirido ao longo de muitos anos a partir de fontes japonesas e inglesas, mas nem toda a gente pode permitir-se passar cerca de dez anos a aprender a ler japonês. Quando comecei a estudar japonês, há cerca de trinta anos, a incapacidade de ler a sua escrita constituía uma grande barreira na aquisição de qualquer tipo de conhecimento qualificado acerca do país. Isso já não é impedimento. Agora, há uma grande quantidade de material disponível em inglês, constituído não apenas por livros redigidos originalmente nesta língua, como por traduções de quase todas as grandes obras japonesas. Por isso, é perfeitamente possível ao leitor que domine a língua inglesa adquirir um conhecimento bastante informado, mesmo em matérias de pormenor, acerca do Japão. Parte do objectivo que presidiu à feitura deste livro era chamar a atenção de um público leitor mais vasto para a abundância do material disponível. De facto, há tanto à nossa disposição que simplesmente não podemos abordá-lo na sua totalidade.

A história do Japão é fascinante. Tem aventura, mistério e intriga e também controvérsia, e incluo todos estes aspectos nas páginas que se seguem. É importante para todos os leitores, mesmo que não sejam investigadores, saber que áreas e acontecimentos da história do Japão são ainda obscuros e incertos.

Muitos leitores estarão particularmente interessados em saber como é que o Japão se tornou uma superpotência. Os feitos do Japão são o resultado quer das próprias circunstâncias, quer da resposta que lhes deu, uma resposta padronizada, frequentemente baseada em valores e práticas profundamente enraizados. Não permito que estes valores e estas práticas dominem a minha explicação da história do Japão, mas enfatizo-os e enumero-os, quer na sinopse inserida no fim de cada parte, quer na minha conclusão, elaborada em torno deles.

As sinopses que apresento regularmente têm a já referida intenção de intenção de tornar a obra acessível. A história do Japão é tão longa e tão rica que, de vez em quando, é importante parar e olhar para trás para tentar destacar as tendências e os acontecimentos mais importantes. Quanto mais pudermos assimilar da história do Japão, maior será o benefício que dela podemos retirar, porque se trata de uma história que é, na verdade, bem merecedora de ser conhecida.

AGRADECIMENTOS

Estou particularmente reconhecido a Ken Coates, professor de História na Universidade de Saskatchewan, pelos seus sagazes comentários e pelas valiosas sugestões sobre o livro no seu todo. Outros especialistas e não especialistas de todo o mundo fizeram comentários a versões preliminares de várias secções dele ou deram contributos em aspectos específicos, pelo que lhes agradeço os seus conselhos. Entre eles incluem-se Laurie Barber, Gina Barnes, Steven Lim, Derek Massarella, Tsutomu Nishigaki, Yoshio Okamoto, Ian Pool, Ray Richards, Eric Thompson, Tadashi Uda e Brian Whitley. As deficiências do produto final de modo nenhum podem ser atribuídas a estes seus conselhos. De modo análogo, nenhuma das conclusões apresentadas nem das perspectivas assumidas reflecte necessariamente as suas próprias posições.

Agradeço também à equipa da Macmillan, em particular a Tim Farmiloe e Vicki Johnson, pela sua orientação e apoio, à Universidade de Waikato, pelo financiamento de várias viagens ao estrangeiro, permitindo-me ir de licença, e por me adquirirem tantos livros, e à minha família e aos meus colegas pela sua compreensão.

PREFÁCIO À SEGUNDA EDIÇÃO EM LÍNGUA INGLESA

Nos cinco ou seis anos que decorreram desde que escrevi o manuscrito da primeira edição houve alguns desenvolvimentos que merecem ser incluídos num texto de história do Japão, entre eles a emergência de um outro tipo de nacionalismo, bastante preocupante, uma série significativa de reformas político-legais, a Guerra do Iraque e o envolvimento indirecto do Japão nela, exigências de revisão da Constituição e do seu famoso artigo IX "antiguerra", relacionadas com tal envolvimento, maiores tensões com a Coreia do Norte e a co-organização do Campeonato do Mundo de Futebol. Para além disso, houve várias mudanças de primeiro-ministro, o crescimento e o declínio de determinados partidos políticos e o agravamento de alguns problemas sociais, em particular o envelhecimento da sociedade japonesa e o seu impacto nas pensões e na economia em geral.

Tem havido também novos desenvolvimentos no conhecimento científico de períodos mais remotos da história do Japão. Neles se incluem as propostas recentes para que o início do antigo Período Yayoi (actualmente considerado entre cerca de 400 a. C. e cerca de 250 d. C.) remonte 500 anos ou mais, em consequência de testes de datação pelo carbono, e o consenso geral entre os especialistas de que, durante o Período Kamakura (1185-1333), a corte foi mais activa do que tradicionalmente se supunha.

Outros desenvolvimentos dignos de nota relacionados com a história do Japão incluem a prova definitiva de que a demora na declaração das intenções beligerantes – vergonhosamente apresentada depois, e não antes, do ataque a Pearl Harbor – foi de facto planeada pelos militares japoneses e que a sua causa não foi a alegada incompetência do pessoal da embaixada japonesa em Washington. Outro tema interessante é a descoberta de um documento que pretende ser o pedido de desculpas de Hirohito ao seu povo, um pedido que nunca foi apresentado.

Abordei todos estes tópicos, com maior ou menor detalhe, umas vezes no texto e outras vezes nas notas. Em resposta às solicitações de algumas pessoas, também acrescentei informações sobre a ameaça de ocupação do Japão pelas potências ocidentais, nos anos iniciais do Período Meiji (1868-1912), uma ameaça real, e não apenas aparente, e que foi mais grave do que muitas pessoas crêem.

Do ponto de vista da estrutura do livro, para além do aumento de alguns milhares de palavras de texto, separei a secção final da sexta parte. Na primeira edição, a secção aparecia como "6.4: Uma Superpotência à Deriva" e chegava até à última década do século XX. Nesta segunda edição, limitei a secção 6.4. aos anos 80, com o novo título "Uma Superpotência Cercada – e uma Bolha" e introduzi a secção 6.5 "Uma Superpotência à Deriva: Os Anos Heisei". Os últimos cinco anos constituíram o Período Heisei (iniciado com a morte de Hirohito, em 1989), que é mais notório e que, na minha perspectiva, merece com maior justificação a expressão "À Deriva".

Por último, gostaria de agradecer aos leitores os muitos comentários positivos que fizeram à primeira edição. Foi-me particularmente grato e lisonjeador ver o meu livro traduzido em várias línguas, incluindo em chinês, pelo que agradeço aos tradutores.

INTRODUÇÃO:
O JAPÃO E A HISTÓRIA

É enorme o impacto que o Japão tem tido no mundo moderno. Ocupa menos de um trezentos avos da superfície terrestre do planeta, mas domina um sexto do seu potencial económico. Haverá poucos lares e escritórios que não dependam, pelo menos, de alguma tecnologia japonesa. Os carros japoneses dominam as estradas. Apesar de problemas recentes do chamado "estilo japonês de gestão", muitos gestores ocidentais e asiáticos ainda tentam fazer as coisas à "japonesa". A ajuda externa do Japão impulsiona muitas economias de países em desenvolvimento. Promotores de projectos de todo o mundo procuram investimentos japoneses. Os operadores turísticos tentam cativar o elevado número de Japoneses ricos que viaja para o estrangeiro. O próprio Japão surge como um dos mais populares "locais que gostaria de visitar" nos estudos de mercado ocidentais. E a lista podia continuar.

Sendo um protagonista da cena mundial, seria impensável a ausência do Japão de qualquer fórum internacional importante. Nenhuma história mundial contemporânea poderia deixar de lhe conceder um espaço muito considerável.

No entanto, de todas as nações do planeta, o Japão foi a que mais se aproximou da aniquilação: foi a única a sofrer um ataque nuclear. Muitos dos seus inimigos da II Guerra Mundial acreditavam sinceramente que era necessário exterminar a raça japonesa para salvar a humanidade. Até espíritos humanitários como Franklin Roosevelt parecem ter pensado que uma "limpeza étnica" poderia ser benéfica no cômputo geral.

Afinal, os Japoneses sobreviveram. Longe de ter sido aniquilado, o Japão é uma das nações mais poderosas da Terra. Os Japoneses, em vez de terem sido forçados a miscigenar-se com outras etnias, constituem ainda uma das populações etnicamente mais homogéneas.

A entrada do Japão na arena mundial aconteceu com rapidez. De exótica e obscura terra de campos de arroz e déspotas feudais, há cerca de cento e cinquenta anos, depressa passou a ser um grande rival entre as potências imperialistas, uma ameaça militar para a ordem mundial e, ultrapassada a crise por que passou, uma superpotência económica. Na perspectiva de muitos ocidentais, as exóticas e complacentes imagens oitocentistas de cultivadores de arroz com chapéus de palha, gueixas com ar de boneca e homenzinhos engraçados tentando ter aspecto civilizado, deram lugar às de brutais senhores da guerra e a fanáticos soldados samurais, cegamente fiéis a um imperador perverso. Depois da guerra, tais imagens mudaram novamente para a de trabalhadores controlados como escravos por capitalistas desumanos, imbuídos da intenção de dominar o mundo, e que o conseguiram. Para muitos asiáticos, sobretudo os Chineses e os Coreanos, aquela que fora uma "terra de anões" deixou de ser uma má aluna. O aluno transformou-se num professor duro, para além de malévolo e explorador. Embora respeitem os inspiradores resultados económicos alcançados pelo Japão, muitos asiáticos ainda não perdoaram a conduta daquele nos seus países, tanto antes como durante a guerra.

Nem todas as opiniões foram negativas. Entre os ocidentais, no início do século XX, o Japão era respeitado pelas suas vitórias sobre a China e a Rússia e foi considerado um aliado por algumas das grandes potências. Depois da sua derrota na II Guerra Mundial, era admirado pela maneira como empreendera a tarefa de reconstruir a nação. O "milagre económico" que rapidamente se lhe seguiu foi objecto de análise e os candidatos a imitá-lo procuravam a chave do êxito no seu sistema educativo, na sua organização política e, em particular, nas suas práticas de gestão. Entre os asiáticos, a par das imagens de violações, pilhagens e mortes do tempo de guerra, há também o reconhecimento reticente de que o Japão pelo menos colocou a Ásia no mapa, em termos de respeito mundial, e superou a condescendência ocidental. Muitas nações asiáticas estão abertamente a tentar pautar a sua economia pelo do Japão, apesar de alguns perigos potenciais. Algumas delas, em particular a Malásia, louvam o que ele conseguiu.

Se bem que o estado de graça do Japão, na viragem do milénio, tenha decaído um pouco, em resultado da sua recessão económica e de defeitos detectados nas suas práticas de gestão, é evidente que a imagem que dele correntemente prevalece bem como seu impacto no mundo são sobretudo de tipo económico. Na verdade, o facto de o Japão se concentrar no crescimento económico, a expensas da qualidade de vida e de outros objectivos, tem constituído um dos aspectos que mais lhe têm sido criticados. Mas, pelo menos, a imagem de obsessão económica é preferível à de fanatismo militar.

Para compreendermos como se constrói uma superpotência económica, não basta analisar apenas o seu desenvolvimento económico. Esta análise é decerto importante e é feita com algum detalhe nestas páginas. No entanto, o esforço do Japão para obter a supremacia económica não pode ser separado do seu esforço, antes da guerra, para obter a supremacia militar, nem do seu esforço, no século XIX, para se modernizar e se tornar uma potência imperialista mundial, nem sequer das suas grandes ambições, no século VII, para ser realmente considerada uma nação civilizada. É imprescindível considerar, nas suas grandes linhas, a evolução histórica do país.

A evolução de qualquer nação ao longo da história deve muito ao acaso e às circunstâncias. No caso do Japão, essa evolução fica a dever-se, em grande parte, à sorte que teve em os antigos Chineses e Coreanos não o terem levado suficientemente a sério a ponto de fazerem um esforço concertado para o ocupar, e que os Mongóis não tenham feito melhor trabalho nas suas invasões mal organizadas, no século XIII. No século XVI, os Japoneses mais uma vez tiveram sorte devido ao facto de as potências europeias da altura, na sequência da descoberta de Colombo, estarem mais interessadas na exploração do Novo Mundo do que no Japão. De igual modo, as potências ocidentais do século XIX estavam mais interessadas na partilha da China do que em preocupar-se com o Japão. Por outro lado, se a América tivesse resolvido ser mais severa e menos construtiva depois da guerra, o Japão teria sido impotente para o evitar. Em qualquer destes momentos cruciais, a sorte poderia ter-se virado contra o país, e não a seu favor, dando origem a uma história diferente.

No entanto, o desenvolvimento histórico de uma nação também deve muito ao modo como responde às circunstâncias, a como tira o melhor partido das oportunidades e, num certo sentido, constrói a sua própria sorte. Estes padrões de resposta, pelo menos no caso japonês, estão baseados em valores e práticas que, muitas vezes, estão profundamente enraizados na sua história. É impossível compreender completamente a emergência do Japão como superpotência moderna sem ter algum conhecimento destes últimos. É importante começar pelo princípio, delineando o desenvolvimento do Japão e salientando estas continuidades à medida que afloram e se repetem.

Ao longo deste percurso, irão surgir algumas surpresas. Por exemplo, o Japão possui os vasos de cerâmica mais antigos do mundo até hoje descobertos. Por outro lado, apesar de ser associado ao arroz, foi a última a nação em toda a Ásia a cultivá-lo. Os samurais medievais eram, em geral, bastante diferentes daquela imagem moderna e idealizada do guerreiro leal que luta até à morte pelo seu senhor. No século XVIII, o Japão possuía a maior cidade do mundo e a população mais instruída. No século XIX, o Japão não só estava a imitar o Ocidente, como se julga habitualmente, mas apressurava-se a fazer ressurgir algumas práticas do seu passado remoto. No século XX, não foi em Pearl Harbor o primeiro ataque japonês na Guerra do Pacífico, nem foi a América a sua primeira vítima ocidental. Aliás, a América tinha planos para atacar previamente o Japão. Por último, apesar do seu tremendo impacto durante a Ocupação, não foi MacArthur quem de facto delineou o Japão do pós-guerra, mas técnicos de planeamento pouco conhecidos do Departamento de Estado, em Washington, e Hugh Borton em particular. *Quem?*

Também há mistérios e controvérsias. Quem eram exactamente, há mais de 2000 anos, os invasores Yayoi? De onde vieram? Quantos eram? Como chegaram ao Japão? Quem foi a misteriosa rainha Himiko, no século III, e onde se localizava o seu reino de Yamatai? Seria ele o Yamato de anos posteriores, de onde provém o Japão dos tempos modernos? Por que razão adoptaram os Japoneses as armas de fogo com tanto empenho, após terem sido introduzidas pelos Portugueses no século XVI, mas não se esforçaram por fazê-lo quando os Mongóis, três séculos antes, as introduziram também? Já mais recentemente, em que medida constituiu uma surpresa o ataque japonês a Pearl Harbor? Até onde chegou o Japão no desenvolvimento da sua própria bomba atómica? Até que ponto Hirohito foi culpado?

A história do Japão é muitas coisas. É uma história de aventuras, que proporciona uma leitura fascinante, mesmo como simples crónica de eventos. É uma história de mistério com questões intrigantes que aguardam ainda uma resposta cabal. E é também um manual de estudo com muitas lições – coisas a fazer e coisas a não fazer – para os próprios Japoneses e para o mundo em geral.

I PARTE

DA IDADE DA PEDRA À CONDIÇÃO DE ESTADO: MITOS, PRÉ-HISTÓRIA E HISTÓRIA ANTIGA (ATÉ 710)

1.1. Tornar os imperadores em deuses: a história antiga segundo os mitos do Japão

Em Takamagahara (a Planície do Alto Céu), nasceram algumas divindades. Abaixo dela redemoinha uma massa líquida. Duas das divindades, Izanagi ("Aquele Que Convida") e Izanami ("Aquela Que Convida"), são enviadas para transformar este líquido em terra. Izanagi mergulha a sua lança no líquido e as gotas que caem coagulam, formando a ilha de Onogoro (Ilha "Autocoagulante"). As duas divindades descem para a povoar.

É criada uma numerosa descendência de divindades, não apenas por nascimento vaginal, mas também a partir de outras partes do corpo e mesmo das matérias que este expele. O Deus do Fogo é, infelizmente, uma das divindades nascidas pela vagina e Izanami morre queimada quando dá à luz.

O seu marido perturbado, Izanagi, vai a Yomi, a Terra dos Mortos, para tentar trazê-la de regresso à Terra dos Vivos. Contudo, ela fica envergonhada e zangada quando Izanagi vê o seu corpo cheio de larvas e expulsa-o de Yomi. Quando se banha num rio para lavar a contaminação dos mortos, saem divindades da sua roupa, dos olhos e do nariz. Entre elas estão a deusa solar Amaterasu ("Luz do Céu") e o deus das tempestades e do mar Susano-o ("Homem Selvagem").

Izanagi envia Amaterasu a Takamagahara para governar os céus, enquanto a Susano-o é confiado o mar para governar. Porém, o teimoso Susano-o desobedece ao pai, sendo por ele banido.

Antes de se dirigir para o exílio, Susano-o visita a sua irmã Amaterasu em Takamagahara. Por iniciativa dele, têm vários filhos, mas discutem acerca do que o motivou. Susano-o atormenta a irmã, destruindo os limites dos seus campos de arroz, espalhando excrementos nas paredes do seu palácio e atirando um pónei esfolado pelo telhado do alpendre do tear. Amaterasu foge para uma gruta, mergulhando o universo nas trevas.

As outras divindades tentam atraí-la para fora. Penduram um espelho e um colar de jóias numa árvore e, depois, uma das deusas dança sensualmente, exibindo a sua nudez e fazendo rir ruidosamente as outras divindades. Intrigada com os risos, Amaterasu espreita para fora da gruta, vê as jóias e o espelho e vai olhá-los de perto. As divindades apanham-na e fecham a entrada da gruta com uma pedra. Susano-o é, então, obrigado a cumprir a pena de banimento.

Dirige-se a Izumo (Prefeitura de Shimane), onde tem várias aventuras. Numa ocasião, mata um monstro que devorava crianças. Numa das oito caudas deste encontra uma espada com que mais tarde presenteia a irmã Amaterasu, em sinal de arrependimento.

A espada, o espelho e as jóias são ainda hoje as insígnias imperiais do Japão.

Atribui-se a Okuninushi, o filho de Susano-o, ter pacificado a terra selvagem. Sendo um herói, é vítima de vários actos de traição dos seus irmãos invejosos e até do seu pai. Matam-no diversas vezes, mas regressa sempre à vida.

Os filhos de Okuninushi concordam com o pedido de Amaterasu para que os descendentes dela governem a terra. Jimmu, o seu tetraneto, torna-se o primeiro imperador do Japão.

Os mitos do Japão antigo foram registados pela primeira vez no século VII, aparecendo como *Kojiki* (Registo das Coisas Antigas) em 712, e *Nihongi* ou *Nihon Shoki* (Crónica[s] do Japão), em 720. Foram iniciados pelo imperador Temmu (r. 673-686), que pretendia legitimar a supremacia da família imperial, atribuindo-lhe origem divina.

Para tal objectivo, é curioso que não seja feita distinção real entre divindade e ser mortal em termos de comportamento, de moral ou de criação. Para além de algumas referências inexplicadas a misteriosos aborígenes ([1]), parece que as pessoas dos mitos são descendentes terrestres de deuses ou de semideuses, o que significa que quase todos os Japoneses podem alegar ascendência divina. Pelo menos, a família imperial pôde afirmar ser descendente da divindade *suprema*, Amaterasu, e não do deus caído Susano-o.

As crónicas não têm, obviamente, credibilidade como fonte de factos históricos ([2]). Apesar disso, para o observador prudente continuam a ser um instrumento valioso para compreender o passado remoto do Japão.

Em termos gerais, os mitos mostram um conflito entre a família imperial (representada pela linhagem de Amaterasu) e uma família rival sediada em Izumo (representada pela linhagem de Susano-o), que terminou com o "acordo" sobre a supremacia da família imperial. É quase certo que esta história reflecte acontecimentos reais. No entanto, a perspectiva política dos relatos diminui a importância de Izumo. Um vestígio importante da ameaça real que Izumo constituía como centro de poder rival foi revelado em 1984 com a descoberta ali de um depósito secreto com 358 espadas de bronze de há cerca de 2000 anos. Este conjunto era superior ao número total de espadas antigas encontradas em todo o Japão.

A natureza invulgar e específica de muitos dos eventos relatados nos mitos, como o incidente com o pónei esfolado, é também um forte indício de que se referem a pessoas e acontecimentos reais. Tais incidentes permitem um comentário interessante acerca da vida no Japão antigo, um mundo de violência e mortes súbitas, um mundo em que a brutalidade e as emoções no seu estado natural levam a melhor sobre os sentimentos refinados e onde os pais matam ou abandonam os filhos e irmãos matam irmãos.

A crueldade parece ter sido vulgar. Numa ocasião, os irmãos de Okuninushi abrem uma árvore ao meio, mantêm-na aberta com uma cunha, obrigam-no a entrar na fenda e depois retiram a cunha, esmagando-o e dando-lhe a morte. Por pura maldade, os mesmos irmãos enganam um coelho esfolado, levando-o a banhar-se em água salgada e depois a ficar exposto ao vento, sofrendo tormentos enquanto o seu corpo empola. Um outro episódio conta que um príncipe matou o seu irmão mais velho da maneira mais cobarde, quando a vítima estava na casa de banho, retirando-lhe depois os pulmões e deitando-os fora ([3]).

Actos cruéis como estes não são desconhecidos dos mitos e de histórias primitivas noutras partes do mundo. Todavia, o que distingue os mitos japoneses é não conterem juízos morais sobre o bem e o mal. Alguns actos provocam censuras e castigos, mas não sermões morais. Por exemplo, Susano-o é apenas afastado por ser perturbador, e não condenado por ser mau. Quer os deuses quer os seus descendentes terrestres são igualmente bons e maus. Determinado comportamento é aceite ou rejeitado, dependendo da situação, não segundo algum conjunto óbvio de princípios universais. Isto é exactamente o que muitos observadores vêem no comportamento actual dos Japoneses. As raízes de tal comportamento são evidentemente profundas.

1.2. Os primeiros habitantes (até cerca de 13 000 a. C.)

Ninguém tem a certeza de quando apareceram os primeiros seres humanos no Japão. Já foi defendida uma data tão remota como 500 000 anos e alguns esperam mesmo que se chegue a provar que essa história remonta há um milhão de anos. O consenso actual permite falar em 200 000 anos, aproximadamente, embora os restos fósseis humanos mais antigos tenham apenas cerca de 30 000 anos ([4]).

Até ao fim do último período glaciar, há cerca de 15 000 anos, o Japão estava ligado ao continente asiático por algumas pontes terrestres. Estas passavam para norte pela ilha de Sacalina, para oeste por Tsushima e para sul pelas ilhas Ryukyu. Quer dizer, as migrações para esta área não eram difíceis. Os imigrantes chegaram em vagas, em especial do Leste e do Sudeste da Ásia, há cerca de 30 000 anos, seguidos por povos do Nordeste da Ásia, há cerca de 14 000 ([5]).

É difícil descrever com alguma certeza a vida no Paleolítico (Idade da Pedra Antiga). Uma das maiores dificuldades é que a maior parte da linha de costa desse tempo está agora profundamente submersa. Pode ter havido muito mais actividade costeira do que os sítios terrestres remanescentes sugerem.

O quadro que hoje podemos traçar é fundamentalmente constituído por grupos nómadas, pequenos e sazonais, de caçadores-recolectores. Os caçadores procuravam não apenas javalis e veados, mas também caça grossa, como elefantes e bisontes, embora estes estivessem a tornar-se escassos na última fase do Paleolítico, devido ao aquecimento climático e ao aumento das capturas por uma população em crescimento. Os recolectores procuravam uma grande diversidade de bagas e de nozes, como as avelãs.

Os grupos paleolíticos eram constituídos por um pequeno número de famílias extensas e compreendiam entre 20 e 150 indivíduos. As famílias extensas eram importantes para criar as crianças, uma vez que muitos pais morriam antes do trinta anos e havia muitas crianças órfãs a precisar de protecção dos adultos mais velhos ([6]). Embora a população estivesse a crescer, é provável que nunca tivesse ultrapassado os 20 000 habitantes.

Enquanto caçadores-recolectores, a maioria dos grupos ocupava apenas bases sazonais temporárias. No entanto, no fim do período havia algumas colónias estáveis, embora em número reduzido. Havia também um certo grau de especialização, que conduziu ao comércio. Já há 20 000 anos a obsidiana (rocha vulcânica vítrea útil para fazer ferramentas) era comercializada a uma distância de 150 km, pelo menos. Era quase certamente transportada por água, o que indica que os barcos eram utilizados desde tempos muito antigos.

As pessoas da Idade da Pedra são tidas correntemente como habitantes de cavernas. Todavia, pelo menos no caso do Japão, parece que as cavernas só raramente foram usadas como locais de ocupação permanente significativa, embora muitas delas tenham sido usadas como abrigos temporários. A preferência por locais abertos indica a utilização bastante difundida de abrigos artificiais, embora sejam desconhecidas as características destes.

Babadan e Takamori, na Prefeitura de Miyagi, Hoshino na Prefeitura de Tochigi, a gruta de Fukui na Prefeitura de Nagasáqui, Nogawa, perto de Chofu, na Prefeitura de Tóquio, Iwajuku na Prefeitura de Gunma e Minatogawa em Okinawa são importantes sítios paleolíticos. A julgar por um esqueleto masculino com 155 cm, posto a descoberto em Minatogawa e que se pensa ter cerca de 17 000 anos, os indivíduos do Paleolítico do Japão parecem ter tido pequena estatura, de acordo com os padrões contemporâneos, mas possuem altura semelhante à dos outros povos paleolíticos do Leste da Ásia.

O conhecimento do Japão pré-histórico foi dificultado até ao fim da II Guerra Mundial pela tendência dos arqueólogos japoneses para interpretar os seus achados de acordo com as explicações pseudo-históricas das crónicas antigas, como, por exemplo, o *Kojiki* e as *Nihon Shoki* ([7]). O conhecimento desse período está actualmente a ampliar-se, mas há ainda muito que falta descobrir. Continua até a não ser claro se os primeiros habitantes pertenceram ao *homo sapiens* ou ao mais remoto *homo erectus*.

1.3. Caçadores e recolectores da Idade da Pedra: o Período Jomon (cerca de 13 000 a. C. – cerca de 400 a. C.)

Os vasos de cerâmica apareceram no Japão por volta de 13 000 a. C. São os mais antigos do mundo ([8]). Assinalam também o início do

Período Jomon, assim chamado devido ao *jomon* (padrão de corda) que se encontra impresso em muita dessa cerâmica.

Os vasos de cerâmica sugerem um estilo de vida sedentário. A sedentarização aumentou durante o período, sobretudo a partir de cerca de 5000 a. C. Os grupos também aumentaram até formar comunidades tribais mais amplas. A maior aldeia Jomon descoberta até hoje, em Sannai-Maruyana, na Prefeitura de Aomori, floresceu durante cerca de 1500 anos, entre 3500 a. C. e 2000 a. C. No seu apogeu ocupava perto de 40 hectares e pode ter tido até 500 habitantes. Houve quem sugerisse até que o Japão poderia ter sido um dos berços dos primórdios da civilização ([9]).

A sedentarização está também associada à agricultura. A agricultura primitiva de derrube e queima pode ter sido praticada na parte ocidental do país já desde 5700 a. C.([10]). Foram escavadas em 1997, em Bibi, em Hokkaido, as ruínas do que parece ter sido uma comunidade agrícola pré-histórica ([11]). Datando de 4000 a. C., esta é a prova mais antiga da existência de agricultura no Japão. O arroz – tal como o milho miúdo e a cevada – foi introduzido no Sudoeste do país, a partir do continente, no fim do período, por volta de 1000 a. C.([12]), mas não era muito cultivado. Quando o era, as culturas eram feitas em campos secos ou em pauis, e não em campos de arroz.

Apesar da cerâmica e das provas ocasionais da existência de agricultura, a vida do povo Jomon consistia, na sua maior parte, na prática da caça e da recolecção, particularmente junto à costa. As colónias eram, em geral, de natureza semipermanente, tendo a forma de acampamento principal num determinado espaço, que possuía à sua volta uma dúzia de habitações. Estas habitações eram normalmente casas escavadas com telhados de colmo que chegavam ao solo.

O povo Jomon do interior caçava sobretudo javalis e veados, usando arcos e flechas, que teriam aparecido mais ou menos ao mesmo tempo que a cerâmica. Ocasionalmente, comiam outros animais, como rãs, texugos, lobos e leões siberianos e, segundo parece, qualquer representante da rica fauna do Japão. O cão foi o único animal domesticado durante este período.

Grande parte, se não a maioria, do povo Jomon habitava junto à costa e preferia os recursos marinhos, como moluscos, crustáceos e peixes. Adaptou-se tão bem a este tipo de vida que os esqueletos dos Jomon, em particular os pertencentes à segunda metade do período, mostram desenvolvimentos ósseos de protecção dos ouvidos, o que sugere que mergulhavam de forma regular e com frequência ([13]). A razão para preferirem a costa foi o aquecimento do clima, há cerca de 15 000 anos, que, para além de ter eliminado as pontes terrestres, também implicou o aquecimento dos mares e o aumento dos recursos marinhos. Os moluscos, em particular, tornaram-se uma das maiores fontes de alimento durante milhares de anos, como se prova pelos enormes concheiros, como os de Natsushima, perto da baía de Tóquio.

O clima começou a arrefecer de novo há cerca de 5000 anos e o nível do mar baixou. Os recursos de terra foram então mais utilizados. No entanto, muitos dos Jomon regressaram à costa passados mais ou menos 1000 anos, apesar de o clima ainda estar em arrefecimento. Isto indica que a sua preferência pelo modo de vida de forrageadores costeiros e pescadores era persistente.

A introdução do arroz, há cerca de 3000 anos, foi provavelmente feita a partir da China, através da Coreia, onde o cultivo antecede um pouco o do Japão, embora haja divergências de opinião quanto à rota seguida ([14]). Muitos Japoneses actuais atribuem grande importância à associação da nação com o arroz e pressupõem ter sido cultivado nesta desde tempos imemoriais, mas, de facto, o Japão foi a última das nações asiáticas a adoptar o seu cultivo.

Seria enganador pensar que o Período Jomon foi homogéneo, porque, na verdade, foi significativamente diversificado quer em termos regionais quer temporais ([15]). A diversidade regional reflecte claramente as condições locais, dando origem a subculturas, como, por exemplo, a da costa nordeste, centrada na pesca de alto mar. A diversidade ao longo do tempo reflecte não só o aquecimento e o arrefecimento do clima, mas o desenvolvimento de novas tecnologias. Por exemplo, o vestuário de cânhamo foi produzido cerca de 5000 anos a. C. e os objectos lacados em 4000 a. C.

A população também parece ter variado ao longo do tempo, muitas vezes por razões que não são claras. Embora as estimativas divirjam e, na verdade, sejam apenas "conjecturas razoáveis", totalizava provavelmente cerca de 20 000 indivíduos no início do período, aumentando aproximadamente para 100 000 por volta de 5000 a. C., subiu rapidamente para mais do dobro cerca de 3000 a. C. (apesar do arrefecimento climático) e baixou de novo para 100 000, aproximadamente, no fim do período. Para além disso, e também por razões que não são claras, nesta fase a população concentrava-se sobretudo no Norte e Nordeste ([16]).

Entre outras mudanças que foram sucedendo ao longo do tempo, conta-se a atenção crescente ao sobrenatural. Com ela sobrevieram o aumento do xamanismo e do ritualismo, novas práticas de enterro, misteriosos círculos de pedra no Norte do Japão e figurinhas que parecem ter possuído significado sobrenatural. As representações de cobras nalguns locais sugerem que era prestado culto a estes animais ([17]). A importância crescente de rituais religiosos trouxe consigo a necessidade de um conhecimento especializado dos procedimentos a seguir. Este, por sua vez, terá contribuído para diferenciações de estatuto no seio da sociedade. Para além dos caçadores e produtores mais capazes, também os chefes tribais usufruíam, obviamente, de um estatuto mais elevado do que os demais. No entanto, permanece controverso se a sociedade Jomon era sobretudo hierárquica ou igualitária ([18]).

É altamente provável que, no decurso de um tão longo lapso de tempo como o Período Jomon, vários grupos tenham migrado para o Japão a partir de uma multiplicidade de pontos, introduzindo um certo grau de diversidade étnica ([19]). O desaparecimento das pontes terrestres não terá significado um corte completo das ligações com o continente. Por exemplo, alguém deve ter introduzido o arroz. O total destes imigrantes é incerto, mas não devem ter sido muito numerosos, ou, pelo menos, não seriam fisicamente muito diferentes, pois parece ter havido um "tipo Jomon" reconhecível.

O povo Jomon como um todo é invariavelmente descrito como possuindo baixa estatura. Há diferenças nas medidas de altura fornecidas pelos especialistas que provocam perplexidade, mas, em geral, parece que, no fim deste período, os homens Jomon tinham cerca de 157 cm e as mulheres 148 cm ([20]). Estas alturas contrastam com as dos imigrantes Yayoi subsequentes, que chegaram cerca de 400 a. C. e iniciaram uma nova era. Os Yayoi eram mais altos uns 3 ou 4 cm e apresentavam pouca diferença em relação aos seus descendentes japoneses do início do século XX ([21]).

Para além de serem de baixa estatura, os Jomon tinham uma aparência muscular maciça que lhes era característica. Tinham esqueletos pesados, ossos das pernas baixos e largos e faces quadradas.

De facto, os Jomon são muito semelhantes aos actuais Ainos de Hokkaido. Isto não surpreende, uma vez que estudos de antropólogos físicos confirmam que os Ainos são, indiscutivelmente, descendentes dos Jomon ([22]). Este facto distingue-os dos Japoneses contemporâneos das outras ilhas principais, que revelam uma ascendência maioritária dos Yayoi. Desconhece-se exactamente quando chegaram ao país e até de onde vieram exactamente ([23]), mas os Ainos são decerto habitantes muito antigos do Japão.

Os Ainos são, na realidade, os Japoneses originais. Durante muitos séculos, os Japoneses modernos de ascendência Yayoi (conhecidos, neste contexto, como Japoneses Yamato) negaram-no e marginalizaram, ou ignoraram mesmo, os Ainos. Só em 1997 se verificou o reconhecimento oficial do verdadeiro estatuto dos Ainos como Japoneses indígenas ([24]).

Nos Ainos, reconhecemos as origens Jomon do Japão, mas o Japão Jomon estava ainda longe de constituir uma nação. O Período Yayoi que se lhe seguiria iria contribuir muito mais para a emergência do Japão tal como o conhecemos hoje em dia.

1.4. Novos começos: o Período Yayoi (cerca de 400 a. C. – cerca de 250 d. C.)

Por volta de 400 a. C. – ou talvez mais cedo, cerca de 1000 a. C., segundo alguns especialistas ([25]) –, o Japão foi invadido. Vindos do continente, chegaram muitos imigrantes com uma aparência e uma cultura diferentes do povo Jomon. Eram mais leves, mais altos e tinham faces mais estreitas. A sua cultura incluía tecnologias como a do bronze e a do ferro e também dependia mais do arroz do que a que já existia no Japão.

Há uma grande divergência de opiniões acerca da natureza e dos números desta imigração e até dos motivos e origens dos imigrantes ([26]). O quadro é confuso, mas o que é certo é que os recém-chegados ali estavam e iriam mudar para sempre o Japão do Período Jomon.

O período em que esta mudança começou tira o seu nome do distrito Yayoi, em Tóquio, local onde em 1884 foi encontrado um novo tipo de cerâmica, simples e de cor avermelhada, e reconhecido como sendo diferente da cerâmica Jomon. O nome não reflecte o dinamismo do período, porque, na altura, este não foi notado.

O Período Yaoi tem sido sempre fortemente associado ao arroz. De início, pensou-se que o arroz tinha sido trazido pelos novos imigrantes, mas hoje sabe-se que isso é uma simplificação excessiva, porque foi introduzido antes. No entanto, foi durante o Período Yayoi que o cultivo do arroz atingiu pela primeira vez uma dimensão com algum significado, particularmente em campos especializados e sobretudo no Sul e Oeste do país, reflectindo as preferências culturais dos recém-chegados. Isso constituiu uma base cultural para os Japoneses posteriores até à actualidade.

A expansão do cultivo do arroz, como a expansão do bronze e do ferro, reflecte a provável deslocação dos imigrantes. Do Sudoeste, passou bastante rapidamente para o centro de Honshu, antes do século I d. C., mas foi menos rápido a expandir-se mais para norte. Embora o arroz, o bronze e o ferro estivessem presentes logo numa fase inicial, não foram adoptados em escala significativa e o Norte do Japão iria ficar numa fase Jomon contínua até cerca do século VIII ou mesmo para além deste. Por outras palavras, havia uma grande diferença cultural entre o Norte e o Sul, que é ainda hoje simbolizada pela presença dos Ainos em Hokkaido ([27]).

O Japão tem poucos minérios metálicos, por isso os utensílios de metal tendem a ser associados a um estatuto elevado. No entanto, a posse de "bens de estatuto" feitos em metal não era o único factor da crescente estratificação social, que é uma das características mais importantes deste período. Tal como muito do desenvolvimento agrícola, o cultivo do arroz trouxe consigo uma diminuição da base de recursos no seio da comunidade, tornando mais fácil o seu controlo por parte das elites sociais. Ocasionou também uma fixação muito mais permanente, dando origem a uma maior identificação territorial e, sobretudo quando a população cresceu até atingir dois milhões de indivíduos, à necessidade de defender e expandir as fronteiras. Esta levou, por seu lado, a lutas crescentes, nas quais os que possuíam armas de metal, para além da sua capacidade de reunir forças de combate, tiveram um novo fortalecimento do seu estatuto. É claro que o aumento das guerras entre tribos conduziu a uma hierarquização intertribal em termos de vencedores e vencidos.

Neste mundo cada vez mais hierarquizado, a escravatura não era invulgar. Quando encontravam um superior na estrada, as pessoas de baixo estatuto desviavam-se e curvavam-se enquanto ele passava, uma prática que continuou ininterruptamente até ao século XIX. A hierarquia era diferenciada por uma série de títulos e os homens de estatuto elevado possuíam quatro ou cinco mulheres, ao passo que os de baixa condição possuíam apenas duas ou três ([28]).

Outro factor adjuvante da hierarquização foi a riqueza, em particular a que resultava do comércio. Algumas tribos tinham a sorte de existir no seu território algum do escasso metal do Japão. Outras beneficiavam de novos desenvolvimentos tecnológicos, como o da seda, que foi produzida em Kyushu desde o século I d. C., aproximadamente. Houve também melhorias na tecnologia do vidro e na metalurgia. Esta maior diversidade de produtos conduziu a um aumento do comércio, quer com o continente quer no interior do Japão, e cada distrito tinha um mercado. Um desses centros de troca, Asahi, na Prefeitura de Aichi, é o maior povoado Yayoi até hoje encontrado, ocupando quase 80 hectares, em contraste com os 2 a 28 hectares dos povoados típicos.

A associação de guerras intertribais, emergência de elites e luta pelo controlo dos recursos levou a uma politização cada vez maior. Muitas tribos fizeram alianças estratégicas com tribos vizinhas, originando a formação de numerosos pequenos reinos ([29]).

Muito do nosso conhecimento destes reinos, como também da vida em geral no Japão do Período Yayoi, provém de documentos chineses. A primeira menção escrita ao país encontra-se na *Han Shu* (História de Han), uma história chinesa concluída por volta de 82 d. C. Referia-se à terra de Wa – o que significava então "a Terra dos Anões"([30]) – como compreendendo cem reinos, cujos enviados traziam regularmente tributos à base chinesa de Lo-lang, na Coreia ([31]). Uma descrição muito mais pormenorizada é dada na *Wei Chih* (História de Wei, um dos três reinos da China nessa altura), de 297 d. C., numa secção dedicada aos "bárbaros orientais", que também inclui diversos povos da Coreia e da Manchúria ([32]).

A *Wei Chih* conta a história de uma visita de Chineses Wei a Wa, em 240. Descreve em especial Hsieh-ma-t'ai, o mais forte dos cem reinos, habitualmente designado em japonês como "Yamatai". Yamatai era governado por uma rainha-xamã solteira chamada Himiko. Era uma figura bastante misteriosa, que obtivera o poder depois de muitos anos de guerra e que "praticava magia e feitiçaria, enfeitiçando o povo"([33]). Vivendo permanentemente numa fortaleza, era guardada por 100 homens e servida por 1000 mulheres e um único criado masculino. Era através deste criado que ela comunicava com o mundo exterior. Ocupava-se dos assuntos espirituais e deixava os aspectos administrativos da governação ao seu irmão mais novo.

Em 238, Himiko mandou uma delegação tributária ao imperador chinês, seguindo uma prática observada desde 57 d. C., pelo menos, por alguns governantes de outros reinos de Wa ([34]). Em resultado disso, e como esses outros governantes, teve o seu estatuto real oficialmente reconhecido pela China. Porém, ao contrário dos outros, parece ter sido reconhecida como soberana de toda a terra de Wa, e não apenas de um dos seus reinos. Também recebeu como presentes do imperador vários tecidos, jóias e espelhos. Os seus próprios presentes a ele destinados incluíam escravos, tecidos e cinábrio.

Segundo historiadores chineses, Himiko morreu em 248, com a idade de 65 anos, sendo acompanhada por 100 escravos sacrificados. O caos instalou-se depois da sua morte, até que uma rapariga de 13 anos chamada Iyo, uma familiar de Himiko, ascendeu finalmente ao trono, após a abortada subida ao poder de um governante masculino a quem o povo recusou obedecer.

Yamatai era o centro do poder no Japão, tendo muitos reinos, se não mesmo a maioria, feito uma aliança com ele. Yamatai é também, há muito tempo, o cerne de uma controvérsia sobre a sua localização, que, surpreendentemente, não é clara. A descrição da viagem na *Wei Chih* permite várias interpretações. A maioria dos especialistas identifica Yamatai com Yamato, na área da bacia de Nara, que iria ser a localização do primeiro Estado japonês, alguns séculos mais tarde, mas outros pensam que se localizava no Norte de Kyushu ([35]).

As descrições de Wa/Japão encontradas na *Wei Chih* e em outros documentos chineses estabelecem uma distinção significativa entre o Período Yayoi e os períodos precedentes, um salto da pré-história para a história escrita.

O próprio período foi intenso e até revolucionário, com muitas modificações num intervalo de tempo relativamente curto. Assistiu-se nele a um salto da caça e da recolecção para a agricultura e dos instrumentos de pedra para os de metal. As colónias tornaram-se fixas e a sociedade nitidamente estratificada. Estas mudanças criaram a base económica e tecnológica para uma unificação social e política que se transformou num Estado ([36]).

1.5. Emerge o primeiro Estado: O Período Kofun/Yamato (cerca de 250-710)

Quando a rainha Himiko foi enterrada com os seus 100 escravos, é óbvio que foi necessário um grande túmulo – 100 passos de diâmetro, segundo a *Wei Chih*. À medida que a sociedade se tornou mais estratificada, os que ocupavam o seu topo queriam evidenciar o seu estatuto para além do tempo da sua mera vida mortal. Como as pirâmides do antigo Egipto, foram construídos enormes túmulos. No caso do Japão, eram geralmente elevações tumulares (*kofun*), rodeadas de figurinhas de barro conhecidas como *haniwa* ("anéis de barro").

As *haniwa* são bastante misteriosas, mas parece que funcionaram simultaneamente como indicadores de túmulos e objectos que demonstravam o estatuto do defunto. Também havia objectos no interior dos túmulos, provavelmente para a vida do além. Muitos deles eram objectos de estatuto, mas não se tratava apenas de ostentação. Os túmulos também continham um grande número de armas, não havendo dúvida quanto à capacidade da elite governante para manter a sua posição pela força, se fosse necessário ([37]).

As elevações tumulares são símbolos físicos convenientes deste período. O traço mais importante desta era, contudo, foi o aparecimento do Estado de Yamato, assim designado porque o seu centro de poder era Yamato, na bacia de Nara.

A preeminência de Yamato constitui a parte substancial dos relatos do *Kojiki* e das *Nihon Shoki*. Vimos antes que estes não revelam muito sobre o processo real, para além da vitória sobre uma capital rival, em Izumo, aparentemente por negociação. Também as datas não são de confiança. Hoje, a maioria dos especialistas pensa que o primeiro imperador de cuja existência há provas foi Suijin. As *Nihon Shoki* referem-no como o décimo imperador e indicam que a sua morte ocorreu numa data que equivale a 30 d. C., ao passo que o *Kojiki* permite estabelecer o ano de 258 d. C. De facto, 318 parece mais provável ([38]).

Alguns pensam que Suijin pode ter sido o líder de um grupo de invasores do século IV, vindos da Coreia, conhecidos como "cavaleiros", e que foram estes cavaleiros que estabeleceram o Estado de Yamato ([39]). Tal não é impossível, mas parece mais provável que Suijin pertencesse ao clã Yamato e que este clã tivesse aumentado gradualmente o seu poder e autoridade. Para isso, confiava fortemente na negociação e na persuasão – e, sem dúvida, também na ameaça e na coerção –, e não apenas na mera confrontação militar. O seu método favorito parece ter sido a integração de chefes locais já estabelecidos no Período Yayoi, atribuindo-lhes lugares na hierarquia de Yamato. Cargos e títulos foram usados pela corte de Yamato para dar uma compensação pessoal, no sistema imperial emergente, a membros potencialmente perturbadores dos regimes locais antes independentes ([40]).

A táctica de, na medida do possível, absorver uma ameaça forte, em vez de a confrontar directamente, e de utilizar as forças de um oponente potencial, em vez de tentar simplesmente destruí-lo, é ainda hoje amplamente reconhecida como uma preferência básica dos

Japoneses ([41]). Encontrá-la numa fase tão remota da história do Japão prova como essa tradição é profunda.

Os cargos e os títulos dados a esses reis e chefes locais incorporados no domínio de Yamato eram importantes numa época em que era relevante a consciência do estatuto. O sistema administrativo de Yamato era fortemente hierárquico ([42]). Também esta é uma característica que continuou a integrar as preferências dos Japoneses.

A datação permanece incerta. É provável que durante os séculos IV e V a autoridade de Yamato não fosse absoluta, mas "a primeira entre iguais" no seio de uma coligação de clãs. No início do século VI, contudo, a família imperial de Yamato parece ter surgido como a única linhagem privilegiada. Foi neste momento que os governantes da região de Izumo começaram a enviar tributo ao governante de Yamato ([43]).

Há também um certo sentido de Estado que é sugerido por um poema atribuído ao imperador Yuryaku do final do século V (r. 456-479) ([44]):

> O teu cesto, com o teu lindo cesto,
> A tua pequena pá, com a tua linda pá,
> Donzela, a apanhar ervas nesta encosta,
> Gostaria de te perguntar: onde fica a tua casa?
> Não me dirás o teu nome?
> Na extensa Terra de Yamato
> Sou eu quem reina em toda a parte,
> Sou quem governa em toda a parte.
> Eu próprio, como teu senhor, falar-te-ei
> Da minha casa e revelarei o meu nome.

O Estado de Yamato em breve fortaleceu a sua posição com a adopção e a promoção do budismo. Este foi particularmente favorecido pelos Soga, um clã bastante poderoso na estrutura de Yamato. Os Soga eram de ascendência coreana, como muitas das famílias aristocráticas da altura, e sentiam provavelmente uma maior afinidade com o budismo do que os Japoneses nativos. Foi a partir da Coreia – especificamente, por sacerdotes-letrados do reino coreano de Paekche – que o budismo foi introduzido no Japão, em meados do século VI. A sua aceitação foi muito facilitada pela prática da escrita, que tinha também sido introduzida por letrados de Paekche um século antes ([45]).

Os Soga viram no budismo uma maneira de desenvolver uma religião de Estado que iria aumentar o seu controlo político, o qual começavam a exercer sobre a família imperial por outros meios, como os casamentos. Os Soga foram, sem dúvida, um elemento de persuasão na aceitação da religião pela família imperial, com início no imperador Yomei (r. 585-587).

Por seu lado, a linhagem imperial também reconheceu que o budismo era muito útil do ponto de vista político. Ele fornecia uma ideologia unificadora à nova nação. A sua identificação com a família imperial também significava que a difusão do budismo ajudava a alargar a aceitação da autoridade imperial. Para além disso, e este aspecto era muito importante, conferia ao novo Estado um certo grau de dignidade e de civilização ao estilo chinês ([46]).

O Japão pretendia muito ser tomado a sério. A razão para tal não consistia apenas na prevenção de outras possíveis invasões. Correspondia a um desejo genuíno de alcançar o melhor, de se tornar uma nação forte. Com este objectivo, iria adoptar em breve um conjunto de práticas oriundas da China, até que, por fim, pudesse sentir que a tinha ultrapassado e que já mais nada tinha a aprender. Uma vez mais, vemos aqui um exemplo antigo de incorporação da força dos outros, combinada com a vontade de aprender e de os superar.

Durante grande parte do Período Kofun a China não estava no auge do seu poder. Na realidade, encontrava-se em grande turbulência, com várias mudanças de capital e de dinastias entre o fim do Período Han, em 220, e o início do Período T'ang, em 618. Durante parte deste tempo, o país ficou dividido nos três reinos de Wei, Wu e Shu Han.

A península coreana, que era, em geral, o ponto de contacto mais próximo do Japão com o "estrangeiro", também se caracterizou pela coexistência de três reinos principais entre 300 e 668. Eram Paekche e Silla, no Sul, e Koguryo (de onde deriva a designação contemporânea "Coreia"), no Norte. Encaixada entre Silla e Paekche havia também uma pequena área chamada Kaya (Mimana, em japonês), que era uma confederação de uma meia dúzia de clãs ou reinos menores.

As *Nihon Shoki* consideram Kaya uma colónia japonesa, mas isso é improvável ([47]). Igualmente o é a suposta invasão de Silla pela lendária "imperatriz" Jingu, uma governante xamã do século IV. Muitos aspectos das relações do Japão com estes reinos coreanos são obscuros, mas as suas relações com Kaya com Pekche eram geralmente sólidas e proveitosas. O Japão beneficiou não apenas da introdução da escrita e do budismo, mas também do acesso a valiosas fontes de minério de ferro.

As suas relações com Silla não eram tão boas e como este reino propendia a dominar a Península da Coreia desde meados do século VI, o envolvimento japonês com ela foi declinando. Terminou um século depois, em 663, quando a frota japonesa foi destruída pela de Silla numa batalha naval ao largo da Coreia. Silla começou então a estabelecer o seu controlo na Península da Coreia, acabando com o Período dos Três Reinos alguns anos mais tarde. Felizmente para os novos governantes do Estado de Yamato, parece que Silla não estava interessada em invadir o Japão na sequência da sua vitória, embora os Japoneses tivessem tido a precaução de construir uma base defensiva fortificada no Norte de Kyushu, conhecida como Dazaifu, que se tornaria num centro importante ao longo dos séculos seguintes.

A rivalidade com a China foi particularmente manifesta nas actividades do segundo filho de Yomei, o príncipe Shotoku (Shotoku Taishi, 574-622), que tinha laços de sangue com os Soga. Sendo provavelmente a figura mais conhecida desses tempos, de 594 até à sua morte, em 622, Shotoku foi regente da imperatriz Suiko (r. 593-628). Contribuiu muito não só para a promoção do budismo, com a construção de inúmeros templos, mas para a promoção de tudo o que era chinês. Entre outras coisas, foi responsável pelo restabelecimento de missões à China, nesta altura unificada, e pela introdução do sistema do "gorro de posto", no qual, como o nome sugere, o posto dos funcionários era indicado pelo seu chapéu.

Atribui-se também a Shotoku a redacção da suposta Constituição dos Dezassete Artigos, de 604, que se destinava a fortalecer o governo central. Tinha uma tónica fortemente chinesa, em particular no seu confucianismo ([48]). Embora considerada uma constituição, ela era, porém, em grande parte, um conjunto de orientações para os funcionários, que dava uma ênfase especial à harmonia (*wa*) e à lealdade para com a autoridade divina, e, portanto, legítima, da linhagem do imperador. Podemos discernir algo da natureza da constituição nas palavras de abertura do Artigo Primeiro, que cita Confúcio e afirma que "A harmonia deve ser valorizada", e nas do Artigo Oitavo, que têm um tom menos grandioso e são mais específicas: "Que os ministros e funcionários cheguem cedo à corte e se retirem tarde" ([49]).

O clã Soga era a maior influência na primitiva corte de Yamato, controlando muitas vezes a própria família imperial. No entanto, em 645 foi derrubado por um golpe chefiado por Fujiwara no Kamatari

(614-699). Os Fujiwara iriam dominar a vida da corte do Japão durante os séculos seguintes. Todavia, não se afastaram da promoção do que era chinês que já o clã Soga efectuava. Juntamente com o imperador Tenji (r. 661-671), Kamatari introduziu várias reformas ambiciosas baseadas no modelo chinês de governo central. Estas reformas são conhecidas no seu todo como a(s) Reforma(s) Taika (Grande Mudança), de 645.

Uma das reformas mais importantes foi a nacionalização da terra. Os campos de arroz seriam doravante atribuídos pelo governo. De seis em seis anos, cada homem adulto receberia aproximadamente 12 ares e cada mulher, 8. Outras reformas introduzidas foram o imposto sob a forma de produção, e não apenas de trabalho, a reestruturação dos níveis hierárquicos e, em contraste com a prática anterior de mudanças de capital, o estabelecimento de uma capital permanente (em Naniwa, a actual Osaca, embora na prática esta não tenha permanecido como capital senão alguns anos). Para além disso, foram ordenados a inspecção e o registo das terras e da população. A cobrança de impostos e os níveis hierárquicos reivindicados por diversos funcionários locais foram investigados com vista a eliminar a corrupção. As armas não autorizadas foram confiscadas.

Foram redigidos códigos ao estilo chinês relacionados com estas reformas. Enfatizavam a autoridade do imperador e, desse modo, a centralização do poder. Também procuravam racionalizar a administração. Estas leis são conhecidas genericamente como *ritsuryo*, sendo *ritsu* essencialmente as sanções penais e *ryo* as instruções para os funcionários ([50]). Embora as leis *ritsuryo* nem sempre fossem aplicadas como se pretendia, permitiram que, no século VIII, um pequeno grupo de cerca de 400 funcionários controlasse um país de quase cinco milhões de habitantes ([51]).

A população aumentou bastante durante o Período de Yamato em relação aos dois ou três milhões estimados no fim do Período Yayoi. Embora fossem poucos em relação à população da China, que era superior a 60 milhões de habitantes, os cerca de cinco milhões do Japão representavam, no fim do século VIII, um número enorme quando comparados com as populações da Europa nesse tempo ([52]).

O crescimento populacional parece ter ocorrido por vagas. A taxa de natalidade era elevada, mas a taxa de mortalidade também, especialmente entre as crianças. Um factor importante eram as vagas de doenças epidémicas, como a varíola, transmitida devido ao grande contacto com o continente e contra a qual os Japoneses, habitantes das ilhas, tinham pouca ou nenhuma imunidade ([53]).

Podemos ter uma ideia do desamparo das pessoas face às devastações causadas por estas doenças lendo a poesia de Yamanoue Okura (cerca de 660-733). Okura, um funcionário que viria a ascender a um lugar de pequeno aristocrata, embora sendo de origem humilde foi um dos poucos poetas antes da Época Contemporânea a escrever sobre a vida do quotidiano, incluindo temas como a doença e a pobreza, que outros poetas evitavam. Para além disso, era um verdadeiro homem de família, um dos poucos "funcionários-gestores" referidos na história do Japão que abandonaram cedo a sua função para dedicar o tempo à sua família ([54]). Ele é, por isso, uma valiosa fonte de informação acerca da "vida real" nesta época. Escreve ele aquando da morte do seu jovem filho Furuhi ([55]):

Os sete tesouros
Amados pelos homens neste mundo,
Para mim, o que são eles?

Furuhi, a querida pérola branca
Que nos nasceu,
Com a madrugada, não abandonava a nossa cama,
Mas, de pé ou deitado,
Jogava e brincava connosco.
Com a estrela da tarde,
E dando-nos as mãos,
Dizia
"Venham para a cama, pai e mãe,
Deixem-me dormir no meio de vós,
Como ao doce trovisco de três pés."
Estas eram as suas belas palavras.

Para o bem ou para o mal,
Iríamos vê-lo crescer até à idade viril,
Ou assim esperávamos,
Como num grande navio.
Então, sem prevenir,
Fustigando dolorosamente, um súbito sopro
De doença
Dominou-o por completo.

Sem competência e desconhecendo qualquer cura,
Com cânhamo branco prendi as minhas mangas,
Agarrei no meu espelho
E, erguendo os meus olhos,
Aos deuses do céu rezei;
Com a testa por terra,
Reverenciei os deuses da terra.
"Esteja ele doente ou são,
Tudo está nas vossas mãos, ó deuses."
Assim clamei nas minhas orações.

No entanto, nenhum bem daí proveio,
Porque enfraquecia,
A cada madrugada falava menos,
Até que a sua vida terminou.
Levantei-me, saltei, protestei,
Gritei, deitei-me no chão,
Bato no peito e lamento-me.
Porém, a criança que seguro com tanta força
Fugiu ao meu abraço.
Será assim o mundo?

Embora a vida da pessoa comum estivesse longe de ser fácil, o Estado de Yamato estava constituído e a nação japonesa tinha sido criada. As sociedades formadas directamente como Estados são geralmente caracterizadas por uma efectiva unidade, estratificação social, diferenciação de categorias populacionais e legitimação do poder através de uma milícia, um código criminal e uma constituição legal, com o governante a dirigi-la com a ajuda da lei escrita ([56]). Todos estes requisitos estavam satisfeitos no fim do Período Kofun. O nome moderno Nippon ou Nihon (Nascente do Sol) entrou também em uso no fim do período ([57]).

Isto não significa, certamente, que todos reconhecessem a nação enquanto tal, porque alguns dos que permaneciam longe da capital Yamato continuaram a considerar-se independentes ainda durante alguns séculos ([58]). No entanto, pelo menos a estrutura estava constituída.

A família imperial estava também firmemente estabelecida, porque, no fim do período, o imperador Temmu ordenou a elaboração das crónicas que iriam legitimar a linhagem imperial, ao atribuir-lhe ascendência divina. De facto, ficou tão firmemente estabelecida que ainda hoje permanece, constituindo a linhagem imperial mais antiga do mundo.

Pode parecer estranho que uma família imperial que oficialmente aderiu ao budismo se legitimasse através dos deuses do xintoísmo, mas isso é apenas mais um exemplo do pragmatismo japonês. Até hoje, os Japoneses continuam a particularizar as religiões, seguindo uma num contexto e outra noutro contexto. Esta "religiosidade pragmática", bem como evitar a distinção moral entre o bem e o mal, que noutras culturas se baseia geralmente em valores religiosos, tem evidentemente raízes profundas.

Sinopse da I Parte

Na Primeira Parte, assistimos ao desenvolvimento da civilização no Japão, começando como terra primitiva de caçadores-recolectores paleolíticos e prosseguindo até se tornar num Estado sofisticado, centrado na corte. Verificámos que os mais de mil anos que decorreram entre 400 a. C. e 700 d. C. foram particularmente importantes, englobando processos cruciais como os que se listam no Quadro 1.1.

Quadro 1.1. Principais desenvolvimentos no período entre cerca de 400 a. C. e 700 d. C.

Desenvolvimentos	Data aproximada
Substituição da caça e da recolecção pela relativamente estável agricultura baseada no arroz	400 a. C.-1 d. C.
Chegada de imigrantes vindos do continente	400 a. C.
Introdução do metal	400 a. C.
Aparecimento de reinos	1 d. C.
Estabelecimento da estratificação social	a partir de 1 d. C.
Contacto continuado com culturas do continente asiático	a partir de 50 d. C.
Emergência do Estado de Yamato	250 d. C.-500 d. C.
Introdução da escrita	450 d. C.
Introdução do budismo	550 d. C.
Adopção de sistemas político-jurídico-administrativos chineses	600 d. C.-700 d. C.
Criação de uma mitologia legitimadora do poder Yamato, atribuindo-lhe autoridade divina	700 d. C.

Quadro 1.2. Valores e práticas fundamentais no Período Antigo

- evitar juízos morais de bem e de mal
- comportamento pragmático particularizado em relação a cada situação, em vez de se basear em princípios universais
- incorporação de ameaças potenciais
- adopção dos pontos fortes dos outros
- desejo de fazer do Japão uma nação forte e respeitada
- vontade de aprender
- preferência por níveis sociais e hierarquia
- abordagem prática da religião

Muitos assuntos permanecem ainda por esclarecer, como a natureza, a dimensão e a data da imigração Yayoi. Contudo, o conhecimento do Japão antigo está a aumentar. Sabe-se agora que muitas suposições anteriores estavam erradas.

Reconhece-se hoje a existência de diversidade e mudanças no passado remoto do Japão. No entanto, também há elementos de continuidade. O estabelecimento da linhagem imperial de Yamato, a mais longa do mundo, proporciona um elemento constante que atravessa todos os sucessivos períodos históricos até ao presente. Algumas políticas e preferências, como o desejo de aprender com os outros para se tornarem mais fortes e evitar juízos morais de bem e de mal, também têm um grande impacto no comportamento actual dos Japoneses. Estas políticas e padrões comportamentais são baseados em valores e práticas que se encontram sintetizadas no Quadro 1.2.

Assistimos, em suma, ao nascimento de uma nação, uma nação com características muito próprias.

Notas

[1] Por exemplo, o povo Tsuchigumo, ou "aranhas terrestres", no capítulo 52 do *Kojiki*

[2] Philippi 68, p. 17.

[3] Estes três episódios são retirados do *Kojiki*, caps. 22, 21 e 79, respectivamente.

[4] Vd. Okamura (92, p. 50) para a hipótese de um milhão de anos, Katayama (96, p. 19) para a hipótese de 500 000 anos e Pearson (92, p. 38) para a hipótese de 200 000 anos.

[5] Pearson 92, p. 64.

[6] Acerca da esperança de vida, vd. Bowles 83, p. 34, Pearson 92, p. 273, e Farris 85, pp. 43 e 47.

[7] Pearson 92, p. 35. Para uma análise do desenvolvimento da disciplina, vd. Barnes 90.

[8] Foi encontrada cerâmica com 15 000 anos em Shinonouchi (em Nagano) e Odai-Yamamoto (em Amori), que marca o início do período. Na Europa Oriental, encontraram-se figurinhas de cerâmica com o dobro desta idade, mas não foram encontrados recipientes.
As opiniões dividem-se quanto a ter sido a cerâmica Jomon uma invenção japonesa (por exemplo, Kidder 93, p. 56) ou ter sido introduzida a partir do continente, com origem numa fonte que necessitaria ainda de ser descoberta (por exemplo, Aikens e Higuchi 82, pp. 114 e 182).

[9] Esta é a perspectiva de Morimoto Tetsuro, um especialista em civilizações comparadas. Dele divergem estudiosos como Sahara Makoto, antigo director do Museu Nacional de História Japonesa.

[10] Tsukada 86. Vd. também Barnes 93a, pp. 89-91.

[11] *The Japan Times*, 21 de Agosto de 1997.

[12] Higuchi 86, p. 123. Foram encontrados grãos de arroz em Kyushu que datam de cerca de 1250 a. C., mas a prova mais antiga de cultivo efectivo é de cerca de 1000 a. C.

[13] Katayama 96, p. 22.

[14] Vd. Okazaki 93, p. 271, e Barnes 93a, pp. 168-170.

[15] Para tentar reflectir as mudanças ao longo do tempo, o Período Jomon é frequentemente dividido em subperíodos. No entanto, novas descobertas tornam imprecisas estas divisões em subperíodos, pelo que são acrescentados outros, dando origem a um quadro confuso. É o caso da designação "Jomon Médio", que se refere, aproximadamente, a 3500 a. C. - 2000 a. C. e que foi introduzida quando se supunha que o Período Jomon começava por volta de 7000 a. C. Agora consi-

dera-se que o que designava está muito afastado do meio do período. Para evitar confusões, omito deliberadamente a referência a subperíodos.

(16) Sobre a população, vd. Kidder 93, pp. 63-68, Kidder 83, p. 74, e Farris 85, p. 3.

(17) Kidder 93, pp. 70-76.

(18) Vd. Pearson 92, p. 28, para a exposição de pontos de vista sobre o igualitarismo e pp. 81-82, sobre a hierarquia.

(19) Pearson 92, p. 63.

(20) Para referências a diversas alturas, vd. Pearson 92, p. 152, Kidder 77, p. 32, Barnes 93a, p. 77, e Katayama 96, pp. 22-23. Katayama também julga que as alturas dos esqueletos aumentaram uns 2 cm durante o período, devido a microevolução.

(21) Entre 1900 e 2001, as alturas dos Japoneses com 20 anos aumentaram muito, de 160,9 para 172,2 cm nos homens e de 147,9 para 159 cm nas mulheres. (Vd. *Asahi Shimbun Japan Almanac* 04, p. 201.) Esta evolução reflecte, presumivelmente, uma grande melhoria na alimentação, na saúde e nas condições gerais de vida.

(22) Vd. Ossenberger 86 e Dodo 86 e também Katayama 96 e Pearson 92 (p. 63).

(23) Apesar das associações com o Norte, é curioso que os Ainos e a ascendência Jomon que representam podem ser relacionados com uma ascendência mongólica antiga com origem no *Sul* da China/*Sudeste* da Ásia. (Vd. Ossenberger 86, pp. 211-212, e também Dodo 86, pp. 157-158, e Katayama 96, p. 24.)

(24) Vd. Henshall 99, pp. 53-61.

(25) Em meados de 2003, uma equipa do Museu Nacional de História Japonesa, dirigida por Harunari Hideji e Imamura Mineo, anunciou que a datação pelo carbono indicava que alguma cerâmica Yayoi tinha cerca de 500 anos mais do que se pensava originalmente e, com base neste facto, sugeriu que o início do período deveria ser fixado em 1000 a. C., aproximadamente. Tal proposta ainda não teve grande aceitação. Vd. *Science Magazine*, vol . 300, nº 5626, de 13 de Junho de 2003 ou o *website* < http://www.sciencemag.org/cgi/content/summary/300/5626/ 1653 >

(26) Vd. Bowles 83, p. 34, Pearson 92, pp. 129-131, Bleed, 83, p. 160, e Katayama 956, pp. 23-28, para uma pequena discussão destes diferentes pontos de vista. Vd. também Hanihara 91. Como exemplo de divergência de opiniões, Aikens e Higuchi (82, p. 180) sustentam que os imigrantes do continente eram em número reduzido, enquanto Pearson (92, p. 131) afirma que a população que chegou foi, provavelmente, em número considerável. Chegou a pensar-se (por exemplo, Suzuki 69) que não tinha havido, de facto, imigração e que as diferenças entre os Jomon e os Yayoi poderiam ser explicadas por evolução gradual. Contudo, investigações genéticas recentes, para além das óbvias diferenças físicas, confirmam que houve imigração. (Vd. Katayama 96, p. 23-28.)

Há também algum desacordo quanto ao trajecto exacto dos imigrantes no Japão, mas ampla convergência sobre a rota por que terão chegado ao país e que se pensa ter passado pela Coreia. Todavia, não está esclarecido se o ponto de origem foi a própria Coreia ou a China.

(27) Barnes 93a, (p. 185), Kidder 83 e 93 e Pearson 92. Para uma análise detalhada do desenvolvimento cultural em Hokkaido durante os períodos da história antiga, vd. Aikens e Higuchi 82.

(28) A descrição é retirada, em particular, do relato da *Wei Chih* discutida no texto, mas também de Kidder 93, pp. 97-98.

([29]) Kidder 93, p. 106.

([30]) *Wa* era originalmente escrito com um carácter usado pelos Chineses com o significado pouco lisonjeiro de "terra de anões" e que, possivelmente, se pronunciava Wo e não Wa. O carácter que se usa agora para Wa significa "harmonia" e, para além disso, em japonês pode ser lido como "Yamato". Vd. a entrada 7153 (p. 1062) em *Mathews' Chinese-English Dictionary*.

([31]) Okazaki 93, p. 275. Lo-lang foi estabelecida em 108 a. C.

([32]) Pode encontrar-se uma tradução resumida das partes relevantes da *Wei Chih* em Tsunoda *et al.* 64, vol. 1, pp. 4-7.

([33]) Da *Wei Chih.* Vd. Tsunoda *et al.* 64, vol. 1, p. 6.

([34]) A *Hou Han Shu* (História da Dinastia Han Posterior), compilada cerca de 445, refere-se a uma missão com tributos do Rei de Na (Nu), um reino que ficava, nesta altura, no Noroeste de Kyushu. Vd. Okazaki 93, p. 280, Barnes 83a, p. 160, e, em particular, a tradução da parte relevante da *Hou Han Shu* em Tsunoda *et al.* 64, vol. 1, p. 7. Foi descoberto em 1784, na Prefeitura de Fukuoka, um selo contendo uma inscrição, dado pelo imperador chinês aos enviados de 57 d. C., sendo geralmente aceite como genuíno.

([35]) Para uma análise da controvérsia, vd., por exemplo, Kidder 93, pp. 97-99, Okazaki 93, pp. 283-284, e Ledyard 83a. Para uma perspectiva de conjunto, vd. Edwards 96. (O próprio Edwards opta por Nara.) A descoberta de uma capital Yayoi em Yoshinogari, na Prefeitura de Saga, no Noroeste de Kyushu, no final dos anos 80, deu mais algum peso à teoria de Kyushu (vd. a nota do tradutor de Okazaki 93, pp. 284-286, e Sahara 92 para uma descrição detalhada do sítio.) No entanto, isto não é suficiente para anular a preferência generalizada pela localização em Nara, que foi, de facto, reforçada por descobertas mais recentes de túmulos importantes em Hashihaka (que se considera ser o de Himiko) e Hokenoyama, ambos em Nara. Vd. *Mainichi Daily News*, 29 de Março de 2000.

([36]) Higuchi 86, p. 122.

([37]) Aikens e Higuchi 82, p. 334.

([38]) Philippi 68, p. 208, e Kidder 93, p. 105.

([39]) A teoria foi proposta pela primeira vez no final da década de 40 do século XX pelo historiador Egami Namio e tem agora diversas variantes. É sintetizada em Ledyard 83b. Ledyard 75 apresenta uma variante desta teoria. Entre os seus adversários incluem-se Edwards 83 e Aikens e Higuchi 82, p. 336, mas Kidder (77, p. 57) parece dar-lhe um considerável apoio. Recentemente, Wontack Hong apresentou outra variante segundo a qual foi lançada uma invasão pelo rei de Paekche (um dos reinos da Coreia), o que conduziu à unificação do Japão Yamato por volta do ano 390. Vd. Hong 94, em que o autor também analisa teorias anteriores. A teoria dos "cavaleiros" não tem grande apoio, mas também não foi completamente rejeitada. Por um lado, ainda não há uma explicação alternativa convincente para a abundância de artefactos dos séculos IV e V relacionados com cavalos, artefactos que são de origem estrangeira. Por outro lado, é surpreendente que o *Kojiki* e as *Nihon Shoki* não contenham mais referências a cavalos.

([40]) Aikens e Higuchi 82, p. 335.

([41]) Vd., por exemplo, Mushakoji 76, que se refere a este modo de abordagem como *awase* (amálgama ou adaptação). Vd. também van Wolferen 89, que argumenta que todo o "sistema" japonês está baseado numa rede de interesses mutuamente conciliados. Kitahara 89 (Kitahara é psicólogo) caracteriza a atitude preferida pelos Japoneses, ao longo da história, ao enfrentar ameaças potenciais como sendo de "identificação com o agressor", tentando integrar, em vez de confrontar, qualquer ponto forte dessas ameaças. Por outro lado, a história japonesa também mostra que pouco se tentava evitar a confrontação quando um adversário era considerado fraco.

([42]) Aos chefes dos principais grupos familiares, que eram conhecidos como *uji*, eram concedidas dignidades (*kabane*) e atribuídas "pastas", como a dos impostos, assuntos militares, etc. Os próprios *uji* tinham uma hierarquia. Os chefes da elite *uji* formavam uma classe ministerial conhecida como *omi*, ao passo que os *muraji* constituíam uma classe mais baixa, mais executiva. O fornecimento de produtos e serviços cabia a grupos profissionais de estatuto diverso, conhecidos como *tomo* ou *be*, muitos dos quais eram constituídos por imigrantes coreanos. Abaixo dos *be*, na base da hierarquia, estavam os *nuhi* ou escravos.

([43]) Piggott 89.

([44]) O poema seguinte baseia-se na tradução de Keene 68, p. 31.

([45]) Embora os letrados fossem coreanos, escreviam em chinês. (O alfabeto Hangul coreano é posterior.) O chinês escrito foi subsequentemente adaptado ao longo de vários séculos até formar a base do japonês escrito. Provas materiais de escrita chinesa podem ser observadas em gravações de artigos importados do início do século I d. C. e houve desde muito cedo no Japão quem soubesse ler e escrever em chinês. Porém, é a eruditos de Paekche do século V que é atribuída a sua introdução sistemática.

([46]) Embora o budismo seja originário da Índia, e não da China, e, por outro lado, tenha sido introduzido no Japão através da Coreia, e não directamente a partir da China, para todos os efeitos era visto nesse tempo como algo chinês, e não indiano ou coreano. Vd. Reischauer 64, p. 18.

([47]) Okazaki 93, pp. 297-312, analisa em detalhe os reinos coreanos. Barnes (93b, p. 47) afirma que Kaya nunca foi uma colónia japonesa.

([48]) Do ponto de vista político, Confúcio (Kung Fu-tse, cerca de 551-479 a. C.) advogava um governo paternalista, em que o soberano era benevolente e honrado e os súbditos respeitadores e obedientes. A sua ênfase na harmonia, na hierarquia e na boa ordem tornou a sua ideologia apelativa para os governantes que queriam maximizar a estabilidade.

([49]) O texto é reproduzido em Tsunoda *et al.* 64, pp. 48-49.

([50]) Kiley 83 analisa o sistema *ritsuryo* em detalhe. Vd. também Oda 92, pp. 14-16, e Haley 91, pp. 29-30.

([51]) Kiley 83, p. 322.

([52]) Farris 85, p. 8.

([53]) Para uma análise detalhada, vd. Farris 85. Levaria quase mil anos para que houvesse um grau razoável de imunidade contra a varíola, ao ter-se tornado endémica.

([54]) No seu poema "Abandonando um Banquete", escreve que vai sair, porque a sua esposa está à sua espera e porque os seus filhos talvez estejam a chorar. Vd. Kato 81, p. 76.

([55]) O poema que se segue é baseado na tradução que se encontra em Bownas e Thwaite 64, pp. 36-37.

([56]) Pearson 92, p. 29, e Barnes 93b, p. 45.

([57]) Pearson 92, p. 215.

([58]) Vd. Amino 92 e Morris-Suzuki 96. Note-se que, nesta altura, locais como Hokkaido e Okinawa não faziam parte do Japão.

II PARTE

DOS CORTESÃOS E GUERREIROS: HISTÓRIA ANTIGA E MEDIEVAL (710–1600)

2.1 Aprender com os Chineses, dentro de certos limites: O Período de Nara (710–794)

O Estado de Yamato necessitava de uma capital. Sem ela, o seu sistema de controlo centralizado não teria substância. Nas fases finais do Período de Yamato houve algumas tentativas de estabelecer uma capital permanente ([1]), mas todas falharam por alguma razão.

Então, em 710, a capital foi transferida para Heijo, mais conhecida como Nara. Nara foi delineada segundo o modelo de Ch'ang-an, a capital da China da dinastia T'ang. Apresentava uma semelhante configuração rectangular em rede, mas os seus 20 km^2 eram apenas cerca de um quarto da área de Ch'ang-an.

Antes de decorridos cem anos, a capital iria mudar de novo. Nara não conseguira ser a capital permanente que se esperara. No entanto, representa o ponto alto dos esforços do Japão para aprender com a China. Do ponto de vista urbano, a influência da China podia reconhecer-se não apenas no traçado da cidade, mas também nos grandes edifícios como o Templo Todaiji, o maior edifício de madeira do mundo, e na enorme estátua de bronze de Buda que albergava. Em termos mais gerais, a época de Nara como capital pode ter sido breve, mas mostra claramente o resultado das *ritsuryo* e de outras reformas políticas e legais de inspiração chinesa.

Foi durante o Período de Nara, aliás, que a escrita chinesa levou ao aparecimento dos primeiros livros efectivamente produzidos no Japão, o *Kojiki* e as crónicas *Nihon Shoki*, de 712 e 720, respectivamente. Seguiram-se, pouco tempo depois, as primeiras antologias poéticas, as *Kaifuso* (Memórias Dilectas da Poesia), de 751, e a *Manyoshu* (Colecção de Dez Mil Folhas), de 759. Alguns documentos foram mesmo impressos, revelando outra influência chinesa ([2]).

Não obstante, o respeito pela cultura chinesa não conduziu a uma imitação indiscriminada. Frequentemente, tratava-se de evidentes adaptações japonesas de "importações" provenientes da China. Por exemplo, o sistema do "gorro de posto", antes introduzido pelo príncipe Shotoku, baseava-se, em teoria, como na China, no mérito e não na linhagem. Contudo, na prática, e em particular durante o Período de Nara, quer o estatuto quer a posição na burocracia japonesa tornaram-se rapidamente determinados pelo estatuto herdado pela família e não pelo mérito individual ([3]), ou seja, a meritocracia da burocracia chinesa, que se baseava em exames, não era muito do agrado dos Japoneses. Isto não deixa de ser irónico se tivermos em atenção a importância dos exames no Japão actual, mas revela-se compreensível do ponto de vista de uma elite estabelecida que procura salvaguardar o controlo e a estabilidade ([4]).

O *Kojiki* e, em particular, a *Manyoshu* já revelam o desenvolvimento embrionário de um sistema de escrita japonês diferenciado, sem bem que baseado nos caracteres chineses. Também os códigos mostram uma diferença significativa, com a brandura dos castigos num Japão moralmente tolerante a contrastar com os da China ([5]). O sistema de atribuição de terras também divergia, em particular pelo facto de as mulheres serem igualmente contempladas, o que não era de modo algum o caso na China durante a dinastia T'ang.

Outra modificação muito importante relativamente às práticas chinesas ocorria no "mandato do céu". Na China, o imperador governava segundo o mandato do céu apenas enquanto agisse virtuosamente. Podia ser afastado se se pensasse que se tinha desviado do caminho da virtude. Este aspecto tinha sido "ignorado" no Japão, onde os governantes de Yamato preferiam ser legitimados pela sua ascendência divina e não pelo juízo do povo.

O uso acima do género masculino é deliberado, porque os Chineses preferiam que o seu imperador fosse um homem. Este foi um aspecto que não sofreu alteração no Japão. Embora logo nos primórdios do Japão tivesse havido uma meia dúzia de imperatrizes, desde 770 até hoje apenas duas mulheres ascenderam ao trono japonês, aliás ambas por pouco tempo e apenas nominalmente ([6]).

A vida, obviamente, não se confinava às cortes. Apesar dos grandes avanços registados na época, havia muito sofrimento e muita fome entre a gente comum. Por exemplo, um documento de 730 lista nada menos de 412 famílias em Awa (na actual Prefeitura de Chiba), num total de 414, a viver no que se considerava ser o mero nível de subsistência. Números semelhantes (996 num total de 1019) foram registados em relação às famílias da que é hoje a Prefeitura de Fukui ([7]).

Apenas cerca de 728 000 hectares tinham sido arroteados como campos de arroz, pelo que não havia terra suficiente para que o sistema da sua atribuição funcionasse adequadamente durante muito tempo. Para além disso, a tecnologia agrícola era ineficiente, o que significava que tanto o desbravar das terras como a sua utilização deixavam muito a desejar. Aliás, muita terra desbravada em breve ficava estéril ([8]).

Os camponeses suportavam também pesados impostos, o que se ficava a dever, em grande parte, ao invulgar zelo budista do imperador Shomu (r. 724-749). Shomu autorizou, com enormes despesas, não apenas o Todaiji, mas também um templo em cada província. O seu zelo foi motivado pelo sofrimento intenso do seu povo durante uma das piores epidemias do Japão, a grande epidemia de varíola de 735--737, que exterminou as populações de algumas áreas e reduziu a população total do Japão em cerca de um terço ([9]). Shomu sentiu-se de alguma maneira responsável por tudo isto, bem como por várias fomes e outras calamidades durante o seu reinado, tendo-se virado para o budismo, no que parece ter sido um acto de genuína piedade ([10]).

Por vezes, a fome era mitigada e por ocasião de calamidades particularmente graves, como a epidemia de varíola, havia mesmo isenção de impostos para os camponeses. Numa tentativa de aumentar os incentivos para os arroteamentos, uma alteração legislativa de 743 permitiu aos camponeses manter as terras arroteadas perpetuamente na família. Esta alteração inseria-se numa tendência de regresso cada vez maior da terra à propriedade privada ([11]).

Apesar de tudo, o peso dos impostos agravou-se para os camponeses em geral, que representavam nesse tempo 95% da população. Também não os ajudava o facto de terem de ser eles a compensar as isenções de impostos que eram concedidas em número cada vez maior às instituições religiosas e às famílias nobres que possuíam terras. Angustiados por colheitas reduzidas e pesadas exigências de impostos, muitos camponeses simplesmente abandonaram as terras que lhes tinham sido atribuídas, procurando, em alternativa, a segurança e as menores exigências de trabalho nas terras que pertenciam às propriedades privadas, isentas de impostos, dos templos e dos nobres. Na realidade, porém, a vida nas propriedades sem impostos não era para eles necessariamente melhor. Os proprietários particulares podiam exigir os seus próprios impostos aos que trabalhavam as suas terras e alguns eram mais duros do que o governo.

Yamanoue Okura, o poeta socialmente empenhado da *Manyoshu*, que escreveu a maioria dos seus poemas nos primeiros anos do Período de Nara, faculta-nos, uma vez mais, um vislumbre da vida da gente comum. Um dos seus poemas, "Diálogo sobre a Pobreza", tem a forma de um diálogo entre um homem pobre e outro ainda mais pobre. O relato deste é o seguinte ([12]):

> Vastos como dizem ser o céu e a terra,
> Para mim, exíguos se tornaram.
> Embora luminosos digam o Sol e a Lua,
> Na minha direcção eles nunca brilham.
> Passa-se o mesmo com todos,
> ou é apenas assim comigo?
> Por um acaso feliz, nasci homem
> E não pior do que os meus companheiros,
> Mas, com roupas pendendo dos meus ombros,
> Sem acolchoados nem mangas
> E em farrapos como limos ondulando no mar,
> Sob o desmoronado tecto,
> Entre frágeis paredes,
> Aqui estou eu sobre a palha
> Espalhada na terra nua,
> Com os meus pais junto à minha almofada,
> A mulher e os filhos a meus pés,
> Todos juntos em dor e lágrimas.
> Onde se cozinhava,
> De nenhum fogo se eleva o fumo
> E no caldeiro
> Uma aranha tece a sua teia.
> Sem um grão para cozinhar,
> Soltamos lamentos como o tordo nocturno.
> Então, "para aparar", como se costuma dizer,
> "As pontas do que já é demasiado curto",
> Chega o chefe da aldeia, ao lugar onde dormimos

Empunhando o bastão,
Rosnando pelos seus impostos.
Terá de ser tão sem esperança
O modo como é o mundo?

O poema de Okura fornece mais informações preciosas sobre a vida em geral naqueles tempos, como o predomínio da doença e a sombria concepção budista da impermanência da vida e das coisas materiais. Uma observação surpreendente é a muito difundida falta de respeito pelos mais velhos. Como velho confucianista, Okura é particularmente sensível a este desvio dos princípios confucianos, o qual revela, uma vez mais, que para os Japoneses havia um limite na adopção dos costumes chineses. Na sua "Elegia da Impermanência da Vida Humana", ele lamenta a fugacidade da juventude, o declinar próprio da idade avançada e a vida das pessoas mais velhas ([13]):

... com cajados à cintura,
Vão pela estrada com passo incerto,
Ridicularizados aqui, odiados ali.
É assim o mundo...

A maior vítima do envelhecimento, todavia, pode ter sido o governo central: a sua receita dos impostos estava a baixar. A crescente independência das propriedades privadas também minava o respeito pela autoridade central. Certamente agravada pelas intrigas constantes entre as facções da corte, no fim do período já havia uma certa noção da decadência da autoridade do governo central ([14]). Isto não deixava de ser irónico, porque este período constituía o apogeu do sistema *rytsuryo*, que se destinava a difundir a autoridade imperial por todo o território.

2.2. Ascensão e queda da corte: O Período de Heian (794–1185)

O imperador Kammu (r. 781-806) era muito infeliz em Nara e em 784 decidiu que era altura de a capital ser novamente mudada. Ninguém sabe ao certo porquê. Pode ter-se sentido oprimido pelo crescente número de poderosos templos budistas na cidade, ou, dado ter havido tantas calamidades nos tempos mais recentes, talvez tenha sentido que estava malfadada. Em qualquer caso, abandonou-a rapidamente.

Após alguns anos de indecisão, a nova capital foi finalmente construída, em 794, a pouca distância para norte, em Heian, a actual Quioto. Foi construída, como Nara, obedecendo ao padrão reticulado chinês, mas, ao contrário dela, iria permanecer como capital durante mais de mil anos.

Em Heian, a corte iria atingir o seu zénite em diversos aspectos. No seu refinamento, nas suas realizações artísticas e na sua etiqueta, rivalizava com qualquer corte que tenha havido no mundo até hoje. Todavia, quanto mais refinada se tornava, mais perdia contacto com a realidade e isso iria custar-lhe muito caro.

A corte de Heian deu ao mundo alguma da melhor literatura dos seus primórdios. Por exemplo, em 1004, aproximadamente, a dama da corte Murasaki Shikibu escreveu o primeiro romance da literatura universal, *Genji Monogatari* (A História de [Príncipe] Gengi). Muitas das suas milhares de páginas revelam uma vida de delicado refinamento ([15]):

> Era o fim do Terceiro Mês. O jardim de Primavera de Murasaki regressava cada vez mais à vida, com botões em flor e pássaros a cantar. A Primavera já tinha partido em todo o lado, disseram as outras damas, por que teria permanecido aqui? No seu íntimo, Genji lamentou que as jovens olhassem apenas com desprendimento para o musgo da ilha, que se tornava a cada dia de um verde mais profundo. Ele tinha carpinteiros a trabalhar nos barcos de recreio chineses e, no dia em que foram lançados, ordenou a músicos do palácio que tocassem música aquática. Príncipes e altos cortesãos vieram em grande número para a ouvir.

Os príncipes e os cortesãos pouco mais tinham que fazer. Nesta época, a corte tinha perdido muito do seu poder como governo efectivo e ocupava-se, em vez disso, com passatempos diletantes ([16]). Os nobres nessa altura debatiam os méritos das flores ou das conchas do mar, faziam flutuar copos de vinho, trocando-os entre si ao longo de pequenos canais, ou compunham delicados versos. Os seus valores não residiam nos assuntos de Estado, mas no protocolo correcto, no vestuário adequado, na frase perfeita.

Entretanto, no mundo real, os guerreiros da província – os primitivos samurais – estavam a torna-se cada vez mais poderosos. O seu poder aumentava em proporção da perda dele pelo governo central.

Uma das causas principais desta mudança da estrutura do poder era o aumento contínuo da propriedade privada da terra. A atribuição pública de terras deixou de fazer-se no século X e, no fim deste período, cerca de metade delas seria privada ([17]). Muitas destas terras particulares estavam isentas de impostos, o que significava quebra de receitas por parte do governo.

As terras privadas podiam ser obtidas de várias maneiras, incluindo a compra, mas sobretudo desbravando terras virgens. Na prática, o efeito deste processo era aumentar ainda mais o poder das famílias já poderosas, porque apenas elas possuíam os recursos para adquirir ferramentas e pagar o trabalho necessário. Mesmo os pequenos proprietários que conseguiam ficar com alguma terra, arroteando-a, colocavam-na ao dispor de pessoas mais poderosas que poderiam assegurar a sua protecção ([18]).

Necessitamos de ser prudentes com o termo "poderosas", porque no Japão há muito tempo que se distingue entre poder nominal (autoridade) e poder real. Uma família nobre e importante da capital pode ter tido suficiente riqueza e "poder" para mobilizar recursos para arrotear terras, mas isso não significa que tivesse o poder necessário para manter o controlo delas. Era mais provável que o poder real fosse detido por um pequeno nobre local, como os que eram nomeados administradores de propriedades.

Durante a maior parte do tempo, ou mesmo sempre, os donos das grandes propriedades da província estavam invariavelmente longe, na corte. A propriedade absentista, com o controlo efectivo nas mãos de administradores de propriedades ou de guardas, tornou-se prática corrente com o decorrer do tempo ([19]). Esta separação entre propriedade e posse era outra das causas da ascensão dos guerreiros locais à custa da nobreza central.

Até mesmo os governadores das províncias nomeados pela corte tendiam a enviar para estas delegados em seu nome. Por isso, a corte ficou cada vez mais afastada dos assuntos das províncias e o controlo central sobre as pessoas e a terra foi de facto enfraquecendo.

Não se tratava apenas da corte ir perdendo poder em relação às províncias. Na própria corte, o imperador perdeu muito do seu poder pessoal. Houve duas razões principais para isso.

A primeira foi a utilização de regentes. Esta foi levada ao extremo pela família Fujiwara, altamente influente, que dominou a corte durante grande parte do período. Durante muito tempo, esta família tinha proporcionado esposas ao imperador, bem como imperatrizes.

Foi então que, em 858, Yoshifusa (804-872), o chefe da família, obteve a entronização do seu neto de sete anos e rapidamente nomeou-se a si mesmo regente. A regência dos Fujiwara continuou depois dele, tornando-se norma até ao fim do século XI, apesar de resistências ocasionais por parte da família imperial. Em geral, os imperadores nasciam de mãe Fujiwara. Michinaga (966-1028), membro célebre da família Fujiwara, teve a distinção de nada menos do que quatro filhas terem casado com imperadores.

A segunda razão foi a abdicação prematura. Tal como na táctica dos Fujiwara, um jovem era entronizado, mas, neste caso, era controlado, não por um regente, mas pelo imperador que abdicara. Esta prática (o *insei*, ou seja, o "governo de mosteiro") tinha ocorrido ocasionalmente antes, mas tornou-se muito comum a partir do século XI. Foi usada por imperadores como Shirakawa (1053-1129, r. 1073-1087) para combater o domínio da corte por parte da família Fujiwara ([20]).

Estas políticas de regência e de governo de mosteiro, bem como muitos outros jogos de poder e intrigas de corte, minaram inevitavelmente a coesão e a eficácia do governo central e contribuíram ainda mais para o declínio do controlo central efectivo da nação.

O declínio da corte e do governo central acompanhou o da influência da cultura chinesa. Ainda durante a segunda parte do período, era uma manifestação de classe por parte de um aristocrata masculino conhecer a língua e a literatura chinesas, mas estas tinham agora um estatuto de "educação clássica". Quando os Japoneses pensavam na China, pensavam na antiga, não na contemporânea. Nesta altura, também a China enfrentava um declínio dinástico, tendo o Período T'ang acabado em 906. Já tinham deixado de ser enviadas embaixadas oficiais à China no século IX e as missões não seriam retomadas durante mais alguns séculos. Os Japoneses pensavam que havia pouco a aprender com a China nesta fase ([21]).

À medida que a influência chinesa declinava, emergia cada vez mais claramente uma identidade japonesa própria. A escrita chinesa transformou-se na escrita japonesa *kana*, em grande parte devido a mulheres aristocratas que foram desencorajadas de usar o chinês ([22]). Surgiram diferentes formas de pintura. O mesmo se passou com a poesia, surgindo, em particular, a que se baseava em padrões de sete ou cinco sílabas agrupadas e que se caracterizava pela alusão e sugestão, e não pela ornamentação e a riqueza da poesia chinesa.

Também surgiram valores estéticos próprios, como o *okashi* e, em particular, a (*mono no*) *aware*, uma estética que continua muito presente no Japão contemporâneo. O *okashi* refere-se a algo invulgar e geralmente divertido, muitas vezes num sentido relativamente trivial, como uma quebra de etiqueta. A *mono no aware*, que é geralmente expressa através do simbolismo da natureza, representa a ideia de que a vida é bela, mas efémera. É traduzida literalmente como "tristeza das coisas". Esta estética encontra-se por todo o mundo – como na expressão latina *lacrimæ rerum* (as lágrima das coisas) –, mas é particularmente dominante no Japão. O termo *aware* encontra-se mais de mil vezes no *Gengi Monogatari*, mas o seu sentido é talvez mais ilustrado por um poema mais antigo do poeta do século IX Ono no Komachi ([23]):

> Os botões em flor morreram,
> Enquanto eu envelheço ociosamente,
> Olhando a chuva.

As atitudes perante a vida que estão por trás do *okashi* e da *mono no aware* parecem reflectir a influência budista, em particular da *mappo* ("lei última"). Esta prediz que a humanidade irá desaparecer, prova final de que a existência humana, em si mesma, não tem substância. Esperava-se que essa fase final começasse no Japão, na segunda metade do Período de Heian, e o pressentimento disso não se confinava à corte. Havia um sentimento, presente em grande parte da sociedade, do cumprimento iminente da *mappo* ([24]).

Parece que muitos dos mais importantes nobres da corte viveram, de facto, vidas sem substância, mas não se poderia dizer o mesmo daqueles nobres menos importantes que eram enviados como administradores para as províncias ou dos outros chefes locais poderosos. Evidenciando uma abordagem mais realista da vida, dedicavam-se a obter um poder que fosse real. De facto, estes pequenos aristocratas eram, muitas vezes, chefes de ramos dos Fujiwara ou das famílias imperiais e incluíam as linhagens familiares "excluídas" dos Minamoto (também conhecidos como Genji) e dos Taira (também conhecidos como Heike) ([25]). Excluídos do direito de sucessão, manifestavam muitas vezes ressentimento contra os nobres da corte.

Era-lhes permitido manter guardas armados, que eram também muitas vezes de ascendência nobre. Estes grupos armados, conhecidos como *bushi* (guerreiros) ou *samurai* (servidores), tornaram-se cada vez mais poderosos através de alianças. Por fim, ficaram-no suficientemente para intervir nos assuntos da corte central.

O seu envolvimento nos assuntos da corte conduziria, por fim, à perda da primazia do governo central. Em 1156, pretendentes rivais à chefia da família Fujiwara – ainda influente, embora tivesse passado o tempo do seu apogeu – lutavam pelo controlo da corte. Asseguraram o apoio de grupos militares rivais da província, os Taira e os Minamoto. Os Taira eram liderados por Taira no Kiyomori (1118-1181), cuja base se situava na região do Mar Interior, para oeste. Os Minamoto eram liderados por Minamoto no Tameyoshi (1096-1156), que tinha a sua base na região de Kanto, para leste.

No conflito militar que se seguiu, o grupo Taira saiu vitorioso, em parte devido às divisões no campo dos Minamoto. Tameyoshi foi executado. Kiyomori começou então a estabelecer-se na capital, talvez não como governante supremo, mas decerto numa posição influente.

Contudo, o campo dos Taira também se encontrava dividido. Aliás, as suas fileiras incluíam um Minamoto, o filho mais velho de Tameyoshi, Yoshitomo (1123-1160). Este era considerado por muitos como o que mais contribuíra para a vitória sobre o seu pai, mas julgou ter sido insuficientemente recompensado. Por isso, em 1159, atacou as forças dos Taira na capital, mas foi derrotado e morto por Kiyomori.

O que depois se seguiu – independentemente dos seus detalhes precisos – iria mudar a história do Japão.

Segundo muitos relatos, Kiyomori parece ter tido uma grande paixão por mulheres, particularmente por Tokiwa, a concubina de Yoshitomo ([26]). Diz-se que ameaçou matar os seus três filhos, a menos que ela se lhe entregasse. Ela acabou por ceder aos seus "avanços". A própria madrasta de Kyiomori, Ike no Zenni, parece ter também intercedido a favor da vida dos filhos de Yoshitomo (que eram seis no total).

Quer seja ou não verdade esta interpretação dos acontecimentos, o facto é que Kiyomori poupou as seis crianças ([27]). Foi uma decisão de uma humanidade inesperada, dada a sua habitual falta de compaixão. Foi também excepcional pelos padrões daquele tempo, porque era prática corrente – até mesmo sancionada pela lei – eliminar a família dos rivais vencidos ([28]).

O que é importante é que este facto acabou por levar à queda dos Taira. Dois dos filhos que poupou, Minamoto no Yoritomo (1147--1199, filho da filha de um sacerdote) e Minamoto no Yoshitsune (1159-1189, um dos três filhos de Tokiwa) iriam derrotar os Taira, inaugurando uma nova era na história do Japão.

Depois da sua vitória sobre Yoshitomo, Kiyomori fixou-se na capital e nos vinte e poucos anos seguintes envolveu-se na vida da corte, dominando-a. Em 1180, no auge do poder dos Taira, Kiyomori colocou no trono Antoku (1178-1185, r. 1180-1183), o seu próprio neto de dois anos.

Um pretendente rival ofendido, o príncipe Mochihito (1151-1180), pediu o apoio dos Minamoto para a sua causa. Yoritomo, que tinha estado exilado na Península de Izu, respondeu prontamente. Talvez ajudado pelo sentimento geral de que Kiyomori tinha "perdido o contacto" com as províncias, Yoritomo em breve iria congregar à sua volta um grande número de guerreiros oriundos delas, incluindo o seu meio-irmão Yoshitsune.

Mochihito foi morto nesse mesmo ano e Kiyomori morreu de febre no ano seguinte, mas Yoritomo continuou a sua campanha contra os Taira. Houve algum adiamento da luta, devido a uma fome e a uma epidemia generalizadas, mas em 1183 as forças de Minamoto tomaram a capital. Os Taira, agora lideradas por Tomomori (1151-1185), filho de Kiyomori, fugiram para oeste, levando com eles o pequeno Antoku. Os Minamoto perseguiram-nos e Yoshitsune infligiu-lhes a derradeira derrota em 1185, na batalha naval de Dannoura, ao largo da extremidade ocidental de Honshu. Tomomori atirou-se ao mar, em vez de se render. Um destino semelhante esperava Antoku. Ia nos braços da sua avó, a viúva de Kiyomori, porque também ela se atirou ao mar.

Um relato quase contemporâneo da morte de Antoku evidencia uma forte componente de fatalismo budista, especialmente quando a sua avó lhe explica por que razão ela deve pôr termo à vida dele ([29]):

> Vossa Majestade não sabe que renasceu neste mundo para o trono imperial, em resultado do mérito das Dez Virtudes que praticou em vidas anteriores. Agora, porém, há um carma que vos reclama. [...] O Japão é pequeno como um grão de milho, mas é agora um vale de misérias. Há uma terra pura de felicidade sob as ondas, uma outra capital onde não existe sofrimento. É para lá que vou levar o meu Soberano.

Não se tratava necessariamente de um fatalismo passivo ou negativo. Como revelam as lutas pelo poder, algumas pessoas deste tempo não só eram activas, mas decididamente assertivas. Embora o budismo considere que as pessoas são, em última instância, responsáveis pelos seus actos e pela criação do seu próprio destino, a introdução do carma e da fortuna como causa e efeito dos acontecimentos ajudou a que se diluísse a ideia da responsabilidade moral imediata ([30]). Era mais fácil evitar problemas de consciência quando o resultados dos acontecimentos podia ser atribuído a uma vida anterior. Esta atribuição encaixava perfeitamente na opção dos Japoneses de evitarem juízos morais.

A fome e a epidemia, que resultaram numa paragem temporária da luta, eram apenas parte de uma série de calamidades naturais que ocorreram nos últimos anos do Período de Heian, para além da devastação da guerra causada pelo Homem. Houve também, por exemplo, um forte tufão em 1180, um grande terramoto em 1184 e alguns fogos e inundações graves neste intervalo de tempo. Estes acontecimentos foram vivamente relatados numa obra escrita cerca de trinta anos mais tarde por um sacerdote já retirado, Kamo no Chomei (cerca de 1155-1216). A sua *Hojoki* (A Cabana de Dez Pés Quadrados), de 1212, descreve a fome e a epidemia de 1181-1182 ([31]):

> [...] pedintes enchiam as ruas e o seu clamor era ensurdecedor. [...] Cidadãos respeitáveis, que habitualmente usavam chapéus e andavam calçados, andavam agora descalços, pedindo de casa em casa. [...] Por toda a parte, encostados às paredes e nas grandes estradas, podiam ver-se os corpos dos que tinham morrido de fome. E como não havia ninguém que os retirasse, um fedor terrível enchia as ruas.

Com esta combinação de desastres naturais e Guerra Genpei (Minamoto-Taira), deve ter certamente parecido a muitos que o mundo estava às avessas e que talvez a fase final da humanidade, prevista na *mappo*, estivesse realmente iminente.

O pessimismo e a melancolia gerais destes tempos conturbados reflectem-se na poesia desencantada de Saigyo (1118-1190). Aristocrata e antigo guarda imperial que se tinha cruzado com Taira no Kiyomori e Minamoto no Yoritomo, Saygyo renunciou ao mundo para levar uma vida de monge recluso. Um dos seus poemas mais conhecidos diz mais do que as suas poucas linhas ([32]):

> Numa árvore que se ergue
> Junto a um campo desolado,
> A voz de uma pomba,
> Chamando pelos seus companheiros –
> Solitária noite, noite terrível.

É mais directo noutro poema ([33]):

Neste tempo em que um pessimismo
Inabalável por todo o nosso mundo alastra,
Acima do qual ainda
Se alcandora a sempre luminosa Lua:
Vê-la só me deprime mais.

Estes tempos de completo pessimismo eram agora dominados por Minamoto no Yoritomo. As mudanças que introduziu iriam marcar uma nova era na história do Japão.

2.3. O Estado guerreiro: o Período Kamakura (1185–1333)

Em 1185, Minamoto no Yoritomo era a figura mais poderosa do território. Contudo, nem quis o trono para si próprio, ou para os seus descendentes, nem tão-pouco intentou destruí-lo. Em vez disso, pretendeu que a corte legitimasse o seu poder com o título de *seei tai-shogun* ("grande general subjugador de bárbaros"), geralmente abreviado para *shogun* [xogum] ([34]). Este foi-lhe concedido em 1192.

A natureza particular da relação entre legitimidade (autoridade formal) e verdadeiro poder, no Japão, é uma característica permanente da sua história e da sua sociedade ([35]). Em geral, uma alta autoridade não exerce um poder real equivalente, mas, em vez disso, confere legitimidade – muitas vezes na forma de um título, e frequentemente sob pressão – àqueles que possuem o poder efectivo e pretendem usá-lo em nome dessa autoridade superior. O facto de a autoridade superior ser o garante da legitimidade do detentor do poder também lhe traz uma certa garantia de protecção. O legitimado pode, por sua vez, conferir legitimidade aos que estão abaixo dele e assim sucessivamente. Por um lado, há uma partilha da responsabilidade e, por outro, forma-se uma ordenação hierárquica da autoridade. Yoritomo é um exemplo particularmente claro deste processo.

Sobretudo por causa desta necessidade de legitimidade – mas também, em parte, porque há muito que é prática no Japão manter no seio da mudança uma certa continuidade com o passado –, o seu governo era uma mistura de antigo e de novo. Tornou-se conhecido como *bakufu* (tenda do estado-maior), um termo usado para designar o estado-maior dos comandantes em campanha. Em teoria, era apenas o braço armado do governo central imperial. As velhas instituições centrais foram deixadas em grande parte intactas, embora enfraquecidas. Mantiveram-se os velhos títulos, mas muitas vezes com outras funções. Quioto ainda permanecia como capital oficial e a corte ali continuou.

Investigações recentes sugeriram que a corte manteve uma maior vitalidade do que se julgava anteriormente, especialmente no que toca aos assuntos burocráticos, e que as instituições religiosas também desempenharam um papel significativo no mundo político ([36]). Nesse sentido, mais do que um poder puramente guerreiro, como o que caracterizou o Período Muromachi que se lhe seguiria, era talvez mais um poder cooperativo o que vigorava no Período Kamakura.

No entanto, talvez deva ser dito que, na prática, o poder real – ou, mais rigorosamente, o maior poder real – de governar residia no *bakufu* (xogunato), sediado, não em Quioto, mas em Kamakura, na região de Kanto. Era esta a base de apoio tradicional de Yoritomo. Acresce que este desconfiava das intrigas e das influências indesejáveis em Quioto. Preferiu manter-se a uma distância segura da corte ([37]).

Inovação era o núcleo do governo ser agora constituído por um único grupo de senhores e de vassalos, distribuído de maneira muito esparsa por toda a nação ([38]). Yoritomo recompensava os seus vassalos leais com propriedades e cargos como os de *jito* (intendente) e *shugo* (protector ou governador). Administravam as províncias a seu cargo de acordo com os costumes locais e as leis das casas militares, e não segundo os códigos impostos centralmente que faziam parte do anterior sistema *ritsuryo*. Também cobravam impostos para o *bakufu* e podiam reter uma parte do produto da terra para si mesmos. Com este sistema, Yoritomo exerceu um controlo relativamente directo sobre a maior parte do Japão e diminuiu também o rendimento das famílias nobres da corte e do governo central.

Era um sistema feudal e, neste aspecto, o Japão possuía uma base comum com o mundo ocidental medieval ([39]). No entanto, o feudalismo no Japão era diferente, porque operava através da administração civil central tradicional. A relação senhor-vassalo era também muito mais pessoal do que no Ocidente, onde era mais frequente um tipo de relação contratual. No Japão, era mais paternalista e de natureza quase familiar e alguns dos termos usados para "senhor" e "vassalo" eram "pai" (*oya*) e "filho" (*ko*), respectivamente. Ao mesmo tempo, e bastante paradoxalmente, parece que os laços familiares não contavam muito no mundo guerreiro e, portanto, é talvez mais correcto interpretar esta personalização simplesmente como uma manifestação de desagrado pelo abstracto. A força da família iria ser muito exagerada pela propaganda posterior.

A lealdade pessoal era um elemento importante no controlo de Yoritomo sobre os seus próprios homens. Pode não ter tido uma personalidade particularmente cativante, mas parece ter possuído um carisma bastante forte, que fazia com que os homens se aproximassem dele. No entanto, confiar na lealdade pessoal como modo de controlo nunca tem grande êxito. É inconsistente, difícil de institucionalizar e desaparece com o tempo.

Em parte por ter verificado que a lealdade pessoal era problemática e em parte, também, por ser muito desconfiado, Yoritomo estava sempre alerta para qualquer hipótese, por mais remota que fosse, de o seu poder ser posto em causa. Isto levou-o a suspeitar do pior, vindo mesmo de amigos chegados e da família, e a tomar medidas drásticas contra eles. O modo como lidou com o seu meio-irmão Yoshitsune é um bom exemplo disso. Movido pela inveja da popularidade e das proezas militares ([40]), amplamente reconhecidas, de Yoshitsune e suspeitando de uma conspiração deste, Yoritomo deu ordens para que fosse assassinado. Por fim, em 1189, após quatro anos como fugitivo, Yoshitsune foi cercado pelas forças de Yoritomo e suicidou-se, depois de ter morto a mulher e os filhos pequenos. Haveria de ser imortalizado na literatura e nas lendas japonesas como o arquétipo do herói trágico.

Por medida de segurança, os que deram caça a Yoshitsune foram eles mesmos atacados e mortos por Yoritomo, pouco tempo depois. Outros familiares e pessoas próximas de Yoritomo foram também "finalmente eliminados" como ameaças potenciais.

Obviamente, a eliminação dos familiares de Yoritomo pode não ter servido da melhor maneira os interesses da família. Quando morreu, em 1199, por ter caído do seu cavalo – não numa batalha, mas em circunstâncias bastante suspeitas ([41]) –, não havia sucessor dos Minamoto que fosse realmente adequado. Deixou dois filhos, Yoriie (1182-1204) e Sanetomo (1192-1219), e cada um tornou-se nominalmente xogum. Contudo, nenhum dos dois era suficientemente forte ou suficientemente maduro para conseguir o controlo real no caos de mortes e intrigas que sucedeu à morte de Yoritomo.

Este não era o momento para corações timoratos ou que se deixassem conduzir por preocupações sentimentais como os laços de família. Quer Yoriie quer Sanetomo foram controlados e finalmente mortos pela sua própria família. Por trás de muitas das intrigas estava a sua mãe, a viúva de Yoritomo, Hojo Masako (1157-1225). De facto, esta controlava o governo e tornou-se popularmente conhecida como a "monja-xogum" (*ama shogun*, uma referência ao facto de ela ter feito votos de monja aquando da morte de Yoritomo).

Um dos instrumentos usados por Masako foi a institucionalização do regente do xogunato. Esta reduziu o xogum a uma posição meramente nominal, com nobres da corte manipuláveis a serem geralmente designados como xoguns e com o poder real a ser exercido por Hojo.

Os regentes do xogunato de Hojo tornaram-se particularmente dominantes depois de 1221, quando venceram o desafio lançado ao seu poder pelo antigo imperador Go-Toba (1180-1239, r. 1183-1198). Go-Toba recordou-se da Guerra Genpei quando foi elevado ao trono como imperador-criança, depois da morte de Antoku, e durante muito tempo opôs-se a Minamoto e Hojo. A seguir ao fracasso do repto por si lançado, o xogunato instalou um delegado na capital para ajudar a fiscalizar a corte. O próprio Go-Toba foi banido para as remotas ilhas Oki, ao largo da actual Prefeitura de Shimane, onde acabou por morrer. É, portanto, outra figura trágica da história do Japão.

Embora muito estivesse a acontecer no Japão, dois dos maiores acontecimentos durante o período da supremacia dos Hojo tiveram origem externa. Foram as tentativas de invasão mongóis de 1274 e 1281. Estas ameaças externas ajudaram provavelmente os Hojo a manter o poder internamente, porque, juntamente com períodos de alerta antes e depois, criaram um estado de emergência nacional que esmagou toda a dissidência durante cerca de trinta anos.

Quando Kublai Khan (1215-1294), neto de Gengis Khan, chegou ao poder como imperador da Grande Mongólia, em 1260, o Império Mongol já se estendia pela Coreia, Norte da China e, de facto, muito da Eurásia. O principal alvo imediato de Kublai era o Sul da China, a base das forças dos Sung (Song). Todavia, também dirigiu a sua atenção para o Japão. Em 1268, mandou uma carta ao "Rei do Japão", ameaçando invadir o país se os Japoneses não reconhecessem a suserania mongol e concordassem em pagar-lhe tributo ([42]). As autoridades japonesas, isto é, a corte e o xogunato, ignoraram esta carta e as subsequentes, mas, apesar disso, o xogunato colocou em estado de alerta a costa de Kyushu, a noroeste, onde se esperava que qualquer ataque pudesse ocorrer.

O primeiro ataque deu-se em Novembro de 1274. Como se esperava, deu-se no Noroeste de Kyushu. Nesta ocasião, Kublai Khan enviou cerca de 900 navios, a partir da Coreia, com uns 40 000 homens. Desembarcaram em Hakata e os invasores obrigaram imediatamente os defensores japoneses a recuar. No entanto, em vez de continuarem a pressionar, as forças mongóis retiraram nessa noite para o seus navios. Pouco depois, estes foram bastante danificados e perderam-se bastantes vidas humanas entre os que estavam a bordo quando rebentou uma violenta tempestade. Os invasores, reduzidos a dois terços, retiraram para a Coreia.

Os Japoneses ficaram alarmados com a sua própria inferioridade em termos de armas e de tácticas de cavalaria ([43]), pelo que reforçaram a sua preparação na expectativa de um segundo ataque.

A força invasora mongol de Junho de 1281, que desembarcou, uma vez mais, em Hakata, era muito maior. Compreendia nada menos do que 4400 navios de guerra e 140 000 homens. Kublai Khan já tinha assegurado a sua vitória sobre os Sung, em 1279, tornando-se o fundador de uma nova dinastia de governantes na China. Tinha também sofrido o ultraje da decapitação dos seus enviados ao Japão, em 1275 e, de novo, em 1279. Desta vez, estava determinado.

Contudo, por importantes que fossem as forças mongóis, defrontaram uma firme resistência e foram incapazes de assegurar uma base de penetração eficaz. Chegaram reforços do Sul da China, algumas semanas mais tarde, mas quando os invasores estavam a planear um ataque combinado de envergadura, ocorreu outra tempestade, um tufão, e destruiu a maior parte da sua frota. Uma vez mais, foram forçados a recuar, tendo perdido desta vez mais de metade dos seus homens.

As duas derrotas mongóis ficaram a dever-se, em parte, à enérgica resistência dos Japoneses e, em parte também, por terem recorrido a tropas chinesas e coreanas, recentemente subjugadas, que eram pouco dedicadas à causa mongol. Porém, as duas tempestades também tiveram uma influência inegável e importante para o resultado da luta. Os ventos da tempestade ficaram conhecidos como *shimpu* ou *kamikaze*, literalmente, "ventos divinos", reflectindo a crença japonesa de que o Japão era a terra dos Deuses e que tinha sido protegido por eles. A mesma palavra seria usada mais tarde, durante a II Guerra Mundial, para designar os pilotos suicidas que davam a sua vida pela mesma causa: proteger o país.

Kublai Khan não desistiu de invadir o Japão e planeou um certo número de ataques posteriores. Em todas as ocasiões, foi disso desviado pela instabilidade nalguma parte do seu império. Os

Japoneses sabiam do seu propósito e mantiveram o alerta pelo menos até à sua morte, em 1294, depois da qual o interesse mongol pelo Japão parece ter-se desvanecido.

Quer as vitórias, quer a sobrevivência do Japão resultaram de uma combinação de espírito de luta, do seu lado, com má organização e baixo moral, da parte do inimigo, e mera boa sorte. Não há dúvida de que o mesmo se pode dizer da maioria das vitórias militares de todos as épocas e lugares, mas, no caso japonês, beneficiaram particularmente da sorte e das circunstâncias.

As ameaças externas podem ter ajudado a impedir as lutas internas, mas também contribuíram para despertar descontentamentos contra o xogunato dos Hojo. O custo financeiro da defesa e do longo estado de alerta militar foi muito grande e depauperou severamente as finanças do xogunato. Foi incapaz de pagar as recompensas prometidas às famílias dos guerreiros, ou mesmo compensações básicas pela sua contribuição para a defesa da nação. Isto foi muito humilhante para aquelas famílias que sentiram que tinham sido elas, e não os Hojo, a obter a vitória. Maior descontentamento foi ainda provocado pela decisão dos Hojo de instalar delegados em Kyushu e concentrar ainda mais cargos nas suas próprias mãos.

Apesar dos problemas financeiros do xogunato e de muitas famílias de guerreiros, a situação económica da nação como um todo melhorou durante este período, devido, em parte, a uma paz e a uma estabilidade relativas, que prevaleceram com o sistema *jito-shugo* ([44]). As *shoen* (propriedades) tornaram-se mais produtivas, embora estivessem ainda longe de ser totalmente eficazes. A produtividade crescente ajudou à prosperidade dos comerciantes marítimos, que distribuíam arroz e outros bens por toda a nação. As guildas tornaram-se também mais fortes.

A vida das pessoas comuns durante a Era Kamakura foi marcada pela emergência de novas formas japonesas de budismo. A característica mais distintiva destas formas foi serem apelativas para o povo em geral, em contraste com o budismo do Período de Heian, que fora predominantemente esotérico e ficara confinado à classe dirigente. A seita Jodo (Terra Pura), fundada pelo sacerdote Honen (1133-1212), acreditava que a salvação poderia ser atingida cantando o nome de Amida Buda. A seita Jodo Shin (Verdadeira Terra Pura), fundada por Shinran (1173-1263), discípulo de Honen, ainda se tornou mais simples com a afirmação de que bastava a invocação sincera do nome de Amida. O tipo de budismo promovido por Nichiren (1222-

-1282) era igualmente simples, mas centrava-se no Sutra do Lótus, e não em Amida.

Nem todas as formas de budismo que se estabeleceram no Período Kamkura eram, porém, apelativas para o povo. O budismo *zen*, com a sua ênfase na austeridade e na autodisciplina, era mais apelativo para os guerreiros do que para o povo comum da altura. Há vários séculos que diversos elementos do *zen* estavam presentes no Japão, mas o *zen* ganhara raízes particularmente fortes na sequência de duas viagens do sacerdote Eisai (1141-1215) à China e desenvolvera-se num certo número de seitas.

O descontentamento em relação aos regentes do xogunato Hojo atingiu o seu auge no reinado do imperador Go-Daigo (1288-1339), que era invulgarmente autoritário. Tendo ascendido ao trono em 1318, estava determinado a restabelecer o poder imperial directo ([45]). Inspirava-se para isso no exemplo do antigo imperador Go-Toba, que tinha revelado uma resolução semelhante, se bem que improfícua, cem anos antes.

Go-Daigo tentou por duas vezes, em 1324 e 1331, pôr em causa o xogunato, mas falhou em ambas as ocasiões. Como Go-Toba anteriormente, foi banido para as ilhas Oki. Porém, ao contrário de Go-Toba, Go-Daigo em breve conseguiu escapar e reunir um apoio considerável na parte ocidental de Honshu.

Em 1333, o xogunato de Kamakura enviou um dos seus melhores generais, Ashikaga Takauji (1305-1358), para se ocupar da situação. Takauji, o jovem chefe de um ramo da família Minamoto, era um oportunista. Verificando que ele e Go-Daigo reuniam uma força militar considerável, traiu o xogunato e, declarando o seu apoio a Go-Daigo, atacou os postos do xogunato em Quioto. Passadas algumas semanas, outro jovem e poderoso general de ascendência Minamoto, Nitta Yoshisada (1301-1338), rebelou-se também contra o xogunato e destruiu a sua base em Kamakura.

Despontava uma nova época.

2.4. Uma nação em guerra consigo mesma: O Período Muromachi (1333–1568)

Em 1333, Go-Daigo regressou a Quioto, apoiado por Ashikaga Takauji e Nitta Yoshisada. Esperava restabelecer o poder imperial directo. Contudo, esta tentativa foi breve, porque cedo perdeu o apoio de Takauji. Takauji queria que lhe fosse concedido o título de xogum.

Go-Daigo recusou-lho, porque queria impedir qualquer enfraquecimento do governo imperial directo com xoguns, regentes ou imperadores que abdicassem ([46]). Frustrado, Takauji virou as costas ao governo central de Go-Daigo, preferindo sem rodeios permanecer no Leste, depois de ter regressado a Kamakura para dominar um assomo episódico de apoio aos Hojo.

Go-Daigo considerou que Takauji o estava a desafiar e, pouco depois, ordenou que Nitta Yoshisada, umas vezes rival de Takauji e outras seu aliado, o metesse na linha. Não obstante, foi Takauji quem venceu, derrotando Yoshisada e forçando-o a fugir. Yoshisada foi finalmente morto em 1338 por um dos aliados de Takauji. Este tomou então Quioto, obrigando Go-Daigo a fugir para Yoshino, nas montanhas de densas florestas a cerca de cem quilómetros para sul. Na própria cidade de Quioto, Takauji instalou imediatamente como imperador um membro de um ramo rival da família imperial, Komyo (1322-1388, r. 1336-1348), que, por fim, em 1338, lhe conferiu o muito ambicionado título de xogum.

É inegável que Takauji era um oportunista, disposto a mudar de alianças para se adequar às circunstâncias da maneira que lhe fosse mais favorável. Mas, à parte o seu sucesso, esse comportamento não era assim tão invulgar. A ideia popular hoje em dia é que os samurais eram homens de uma lealdade absoluta. Muitos deles eram-no de facto, e sacrificavam a vida pelos seus senhores. Todavia, também era muito comum a mudança de campo por parte dos samurais da Idade Média. O número de efectivos referido na narrativa militar *Taiheiki*, de meados do século XIV, revela que, numa batalha contra Takauji (em Hakone), os 70 000 homens de Yoshisada ficaram reduzidos a apenas 100, apesar de serem superiores aos 60 000 de Takauji. Mesmo admitindo a possibilidade de os números estarem errados, tal só pode ser explicado se tivesse havido deserções em massa ([47]).

Este caso mostra claramente os limites da lealdade pessoal ([48]) e, mais uma vez, a prevalência do pragmatismo sobre os princípios. Proporciona um claro contraste entre a realidade e a imagem popular do samurai. Proporciona também um vivo contraste entre o samurai medieval típico e o soldado japonês típico da II Guerra Mundial, que parece muito mais disposto a lutar até à morte do que o samurai a cuja tradição acredita, de algum modo sem razão, estar a dar continuidade. Tal como a força da família, a lealdade "fanática" de muitos dos soldados do século XX reflecte o facto de os líderes mais recentes do Japão irem reaprender o valor da doutrinação, algo que não era tão evidente no mundo medieval, onde o medo e o interesse próprio parecem ter sido determinantes mais importantes do comportamento.

O *Taiheiki* não só nos diz algo sobre os valores dos samurais, mas também nos permite conhecer como era a vida dos camponeses medievais em plena guerra ([49]). Mostra-no-los a serem levados como trabalhadores pelos exércitos em marcha ou os seus bens a serem confiscados para uso militar. Mostra-no-los a serem mortos sem razão por guerreiros indisciplinados. Mostra-no-los a vasculhar em busca de espólios e a roubar os derrotados em fuga. Também eles são, à sua maneira, uns oportunistas.

Foi num tal quadro, portanto, que Go-Daigo fugiu de Quioto para Yoshino. Aqui estabeleceu uma corte no exílio, pelo que havia agora dois "imperadores" ao mesmo tempo. Esta dualidade continuou até 1392, quando as cortes rivais, conhecidas como Corte do Norte (Quioto) e Corte do Sul (Yoshino), se "reconciliaram". Mais precisamente, o terceiro xogum Ashikaga, Yoshimitsu (1358-1408, r. 1369-1395), neto de Takauji, prometeu aos pretendentes da linhagem do Sul que sucederiam alternadamente aos do Norte. Yoshimitsu não cumpriu a sua promessa e a linhagem do Sul em breve deixaria de existir.

Em contraste com os Minamoto e os Hojo, que o antecederam, Takauji preferiu estabelecer o xogunato em Quioto, acabando por se localizar na área Muromachi da cidade. Administrativamente, usou muitas das estruturas e muitos dos cargos existentes, como os *jito* e os *shugo*.

Contudo, a sua relação com os *shugo* era problemática, porque não tinha terras para oferecer como recompensa nem o carisma de Yoritomo. Ou seja, não podia comprar nem exigir a sua lealdade. Alguns *shugo* eram provavelmente tão poderosos quanto ele. Takauji e a maioria dos seus sucessores também se revelaram líderes medíocres e exerceram pouco controlo efectivo. Eram muitas as disputas, mesmo no seio do próprio xogunato. Numa destas disputas, Takauji arquitectou o assassínio do seu próprio irmão Tadayoshi (1306-1352), continuando a tradição de "primeiro a família" quando se tratava de eliminar inimigos.

Com poucas excepções, o poder real do xogunato declinou rapidamente ao longo do tempo. Poderosas famílias *shugo*, como os Hosokawa, que ocupavam frequentemente a posição de delegados do xogunato, exerceram nele grande influência. Uma família *shugo*, os Yamana, controlava nada menos do que 11 das 66 províncias de então.

A principal excepção aos xoguns fracos foi talvez Yoshimitsu. Não só "reunificou" as duas cortes, mas também tentou vergar o poder dos *shugo* com o antigo método do Estado de Yamato de atribuir a muitos deles postos na corte, o que os obrigava a residir em Quioto, onde podia vigiá-los. Para fortalecer o seu próprio poder pessoal, criou a posição de "xogum abdicante", que ele mesmo ocupou em 1395, depois de ter abdicado a favor do seu filho de 9 anos. Mandou depois construir em Quioto o mundialmente famoso Kinkakuji, o Pavilhão Dourado, no estilo sumptuoso dos palácios dos antigos imperadores abdicantes.

Numa outra atitude interessante, Yoshimitsu expressou fidelidade ao imperador chinês. Numa carta dirigida à corte Ming, em 1403, referiu-se a si mesmo como "O Vosso súbdito, o Rei do Japão" ([50]). Esta autodesignação poderia muito bem ter comprometido a soberania do Japão, mas constituiu também a base para que o xogunato pudesse relacionar-se com potências estrangeiras independentemente da corte imperial ([51]).

No entanto, depois da morte de Yoshimitsu, em 1408, o poder do xogunato declinou de maneira particularmente notória. As suas ordens eram muitas vezes ignoradas e, nalguns casos, eram mesmo anuladas pela corte, que também era fraca. Por exemplo, em 1443, o xogunato proibiu espectáculos de uma companhia de actores no feriado do Ano Novo, mas a corte deu a sua permissão e os espectáculos realizaram-se ([52]).

As famílias da província continuaram a aumentar o seu poder, tornando-se nos precursores dos dáimios (senhores feudais) de uma época posterior. As propriedades que pertenciam, teoricamente, às famílias nobres da corte absentistas foram de facto retalhadas à medida que aumentava o poder dos senhores locais. Os rendimentos das terras deixaram de ser entregues aos proprietários ausentes. Os camponeses, porém, ainda pagavam os seus impostos. Na verdade, o seu peso aumentava, provocando inúmeras revoltas. Isto sucedia apesar do aumento da produtividade agrícola (ou talvez devido a ela), que se ficava a dever a melhorias nas ferramentas, nos adubos e nas variedades de arroz.

Sem o controlo do poder do xogunato, as famílias da província combatiam cada vez mais entre si, à medida que frágeis alianças eram feitas e desfeitas. A inconclusiva Guerra Civil Onin, entre 1467 e 1477, arruinou a maior parte de Quioto e revelou a incapacidade do xogunato para dominar a agitação civil. Nos cem anos seguintes – conhecidos como Era dos Sengoku ("Estados em Guerra") –, iria ocorrer uma série quase ininterrupta de distúrbios civis.

Nesta época dominada pelos guerreiros, o budismo *zen* continuava a ser apelativo para eles. Ideais do *zen* como a simplicidade, a contenção, a disciplina e a meditação formavam um contraste real com a desordem e a confusão do país. Era uma época de ideais estéticos como o *wabi* (gosto pela contenção), o *kare* (com o significado literal de "mirrado" ou "seco", mas com conotações como "severo", "sem adorno" e "natural"), a *sabi* (simplicidade elegante) e a *yugen* (espiritualidade elegante e tranquila), ideais que ainda caracterizam grande parte da cultura japonesa actual. Muitos destes ideais, sobretudo a contenção e a *yugen*, são também características bem conhecidas do teatro *no*, que se desenvolveu durante este período. As peças *no* baseavam-se muitas vezes em combates militares trágicos e o seu tema era, frequentemente, a retribuição na vida do além.

O carácter sobrenatural do *no* tinha paralelos na fuga ao mundo real por parte de um alguns poetas e escritores eremitas. Estes manifestavam um cansaço da vida ainda mais profundo do que o de Saigyo, numa época mais recuada. Por exemplo, o monge budista Zekkai (1336-1405) escreveu ([53]):

Fechei o portão em mil cumes
Para viver aqui entre nuvens e pássaros.
Durante todo o dia observo os montes
Quando ventos puros passam pela porta de bambu.
Uma ceia de flores de pinheiro,
Tinge o manto monacal de nozes –
Que sonhos contém o mundo
Para me afastar destas sombrias encostas?

Um poema anónimo, encontrado num registo de funeral, escrito cerca de 1500, na Época dos Sengoku, é uma alegoria do conflito civil que caracterizou o país:

Um pássaro com
Um corpo mas
Dois bicos,
Ferindo-se a si mesmo
Até à morte.

Foi na particularmente agitada Época dos Sengoku que os ocidentais apareceram pela primeira vez no Japão. Em Setembro de 1543, um junco chinês, desviado da sua rota para Ningpo (Ningbo), na China, acostou à ilha de Tanegaxima, a sul de Kyushu. A bordo seguia a tripulação chinesa e três mercadores portugueses ([54]). Traziam consigo armas de fogo mais sofisticadas do que as dos Mongóis alguns séculos antes e em breve seriam adoptadas e fabricadas por alguns senhores da guerra japoneses. Trouxeram também as primeiras doutrinas do cristianismo, o qual seria mais sistematicamente introduzido em 1549 pelo jesuíta Francisco Xavier (1506-1552, mais tarde declarado santo).

Estes primeiros europeus encontraram uma terra dilacerada pela guerra civil, uma terra de senhores da guerra que não reconheciam nenhum governo central e que simplesmente açambarcavam tantos feudos vizinhos quantos podiam, pela força das armas ou à traição ([55]). Era uma terra que necessitava desesperadamente de ser reunificada.

2.5. Reunificar a nação: O Período Azuchi-Momoyama (1568–1600)

Uma terra dividida é uma terra facilmente conquistável, mas, afortunadamente para o Japão, parece que as potências europeias da altura não tinham interesse em tentar conquistá-lo. Colombo tinha partido para abrir o caminho da exploração das fabulosas riquezas do Jippingu (o Japão) de Marco Polo, é verdade, mas tinha sido desviado pela descoberta do Novo Mundo. Esta nova terra tinha as suas próprias riquezas. Para além disso, prometia ser mais facilmente conquistada e explorada do que o Japão, pequenino e povoado por ferozes guerreiros.

Aliás, em breve o país seria reunificado. Esta reunificação ficou a dever-se, em grande medida, aos feitos acumulados de três chefes militares sucessivos, Oda Nobunaga (1534-1582), Toyotomi Hideyoshi (1536-1598) e Tokugawa Ieyasu (1542-1616). Cada um tinha o seu próprio método, que reflectia a sua própria personalidade. Há um velho ditado no Japão que diz que, se uma ave canora não cantasse, Nobunaga matá-la-ia, Hideyoshi persuadi-la-ia a cantar e Ieyasu simplesmente esperaria que cantasse ([56]).

Nobunaga era um dáimio da Província de Owari (parte da actual Prefeitura Aichi). Táctico astuto, partiu de um estatuto relativamente menor até possuir um poder considerável devido a vitórias sobre dáimios rivais. Uma das suas vitórias mais importantes foi sobre as forças de Imagawa Yoshimoto (1519-1560), na batalha de Okehazama (perto de Nagoya), em 1560, quando as suas próprias forças, em número bastante inferior, conseguiram cercar as do adversário.

Em 1568, Nobunaga apoderou-se de Quioto, em apoio de Ashikaga Yoshiaki (1537-1597), um dos pretendentes ao cargo de xogum, que era ainda exercido, embora nominalmente, por membros de vários ramos da família Ashikaga. Yoshiaki foi devidamente empossado como xogum. No entanto, era óbvio desde o início que era Nobunaga quem detinha o poder real. Emitiu mesmo publicamente directivas e advertências a Yoshiaki. Então, cinco anos depois, em 1573, Nobunaga expulsou-o da capital, por se ter aliado com a família Takeda, inimiga tradicional dos Oda.

Yoshiaki continuou a manter o título de xogum até 1588, mas, de facto, a sua expulsão conduziu à extinção do agora quase insignificante xogunato dos Ashikaga.

Nobunaga era um homem extraordinário. Era o último senhor da guerra, sem rival no que tocava a brutalidade e interesses próprios. Matou elementos da sua própria família (como o seu irmão mais novo, Nobuyuki, em 1557), mas isso não era nada de especial. O que era especial era o seu hábito de queimar vivos os inimigos vencidos, que chegaram a totalizar cerca de 20 000, incluindo os civis que fossem apanhados durante o massacre ([57]). Tinha uma inclinação especial para massacrar sacerdotes budistas, porque os considerava incómodos e ameaças potenciais, por ter havido revoltas populares de inspiração budista nos cem anos anteriores, aproximadamente ([58]). Se, por um lado, os budistas representavam uma ameaça potencial, por outro, não tinham poder suficiente para merecerem qualquer tentativa de reconciliação da sua parte. Preferia tentar destruí-los.

Os visitantes estrangeiros da altura ficaram surpreendidos não apenas com a crueldade e a natureza implacável de Nobunaga, mas com o seu ego impressionante. Chegou a erigir um templo onde se lhe podia prestar culto e fez do dia do seu aniversário feriado nacional ([59]). Pode ter sido por acreditar na sua superioridade absoluta que não procurou legitimar-se com o título de xogum ou outro semelhante, porque o teria colocado numa posição teoricamente inferior a quem lho conferisse ([60]). Na realidade, o seu desprezo pela legitimidade era algo invulgar na história japonesa.

Todavia, no meio da destruição algo ia sendo construído. Deu terras capturadas aos seus vassalos e iniciou uma política de redistribuição territorial que seria desenvolvida pelos seus sucessores. Em Junho de 1575, reuniu 20 000 mosqueteiros para ajudar a derrotar Takeda Katsuyori (1546-1582) na batalha de Nagashino. Este foi o primeiro uso significativo de armas de fogo em guerras japonesas e revela a argúcia de Nobunaga, ao compreender qual o potencial desta arma que os europeus tinham trazido consigo ([61]). Inauguraria uma forma de combater. Já em 1571, de um modo que faz recordar as Reformas Taika de há mil anos, também começou a fiscalizar as terras agrícolas que estavam sob o seu controlo. Em 1576, também à semelhança das Reformas Taika, começou a confiscar as armas detidas pelos camponeses e nesse mesmo ano padronizou os pesos e medidas. Também em 1576, começou a construção de um grande castelo em Azuchi, na margem do Lago Biwa, a leste de Quioto, para servir de quartel-general.

O seu objectivo último estava inscrito no seu selo: *Tenka Fubu*, ou seja, "Um domínio unificado sob o poder militar". Estava a meio da sua realização quando a sua vida foi interrompida de modo coerentemente violento, em 1582, numa campanha contra a família Mori, no Oeste do Japão. Ironicamente, para um homem que incendiou templos, ficou preso num templo em chamas, o Honnoji, por um dos seus oficiais, Akechi Mitsuhide (1526-1582), que se virara contra ele. É possível que tenha morrido queimado, mas o mais provável é que tenha preferido suicidar-se antes ([62]).

O plano de Nobunaga de unificar o país foi prosseguido pelo seu servidor Toyotomi Hideyoshi.

Hideyoshi era outra figura notável. Da posição humilde de soldado de infantaria tornou-se na pessoa mais poderosa do país. Indivíduo extremamente astuto e competente, as suas capacidades foram reconhecidas por Nobunaga, em cujas forças serviu desde 1558. Parece também que Nobunaga gostava particularmente dele, tendo--lhe dado a alcunha de "Macaco" (*Saru*), devido às suas características bastante simiescas. Foi promovido, reconhecido como estratega brilhante e tornou-se num dos principais generais de Nobunaga.

Depois da morte de Nobunaga, Hideyoshi perseguiu e derrotou o atacante do seu senhor, Akechi Mitsuhide. Em seguida, firmou a paz com a família Mori.

Nobunaga tinha três filhos. Um deles, Nobutada (1557-1582), morreu com ele em Honnoji. Outro, Nobutaka (1558-1583), foi afastado no ano seguinte por Hideyoshi. O terceiro era Nobukatsu (1558-1630). Nobukatsu pretendia tornar-se chefe da família Oda, mas foi impedido de o conseguir. Hideyoshi fez com que Hidenobu (1580-1605), o neto de Nobunaga e filho de Nobutada fosse, por sua vez, reconhecido como herdeiro, mas na prática era ele quem exercia o poder. Como sucedera com Nobunaga, Hideyoshi nunca se tornou xogum, mas, ao contrário deste, teve uma série de altos títulos que o legitimavam, como o de regente.

O poder de Hideyoshi continuou a aumentar com a combinação de alianças, como a que estabeleceu com os Mori, e batalhas vitoriosas. Uma das suas campanhas de maior sucesso foi a de 1587 contra a ambiciosa e poderosa família Shimazu, da Província de Satsuma, no Sul de Kyushu, que tentava expandir o seu poder para norte. Na sequência da sua vitória, redistribuiu feudos em Kyushu, de maneira estratégica, para se assegurar que os seus próprios fiéis seguidores eram capazes de vigiar os potenciais inimigos.

Esta política de redistribuição de feudos, usada por Nobunaga antes dele, também se tornaria depois a marca característica da política de Tokugawa. Tinha um efeito positivo duplo. Não só introduzia estrategicamente vassalos fiéis entre os menos fiéis, mas, em caso de mudança de localização dos vassalos menos fiéis, também separava estes da massa do povo que constituía a sua tradicional base de poder.

A prática de Hideyoshi de conservar as famílias dos dáimios como reféns no seu quartel-general em Momoyama (perto de Quioto) também ajudou, em certa medida, a suprimir qualquer oposição, embora, evidentemente, os laços de família nem sempre fossem um factor de decisão importante para alguns senhores da guerra.

Outra das políticas de Hideyoshi para reduzir as ameaças, também ela iniciada por Nobunaga, foi a confiscação das armas dos camponeses, em todo o país, na chamada "Caça às Espadas" (*Katanagari*), em 1588 ([63]). Foi uma manobra que tinha por intenção reduzir as ameaças de revolta dos camponeses e o uso de milícias camponesas por parte dos senhores da guerra rivais. Recordava-se, certamente, da sua própria ascensão ao poder militar desde a sua origem camponesa.

A Caça às Espadas teve também por efeito separar os camponeses e os guerreiros em termos de classe social. Esta separação foi ainda reforçada por regulamentos de "congelamento das classes" que Hideyoshi publicou em 1591 ([64]). Entre outros efeitos, estes regulamentos impediam os camponeses de deixar os seus campos para tomarem outra profissão e obrigou os samurais a viver nas suas cidades acasteladas, que se tornaram uma característica destes tempos. Reintroduziu e alargou também a prática da responsabilidade colectiva com ameaças de punições sobre aldeias e cidades inteiras pelas acções criminosas dos indivíduos. Estas severas medidas de separação das classes e de responsabilidade colectiva tinham claramente por objectivo prevenir a instabilidade e as ameaças.

Hideyoshi continuou o levantamento das terras, que tinha sido iniciado por Nobunaga, bem como a padronização das medidas, e realizou um censo da população em 1590. No ano seguinte, as províncias longínquas do Norte ficaram finalmente sob o seu controlo.

Graças às vitórias e às políticas de Hideyoshi e ao legado das realizações de Nobunaga, no princípio dos anos 90 do século XVI, a reunificação do país estava mais ou menos completa. Necessitava ainda, é claro, de ser consolidada e, de preferência, com o próprio Hideyoshi no poder. Tinha de haver uma vigilância constante relativamente a ameaças dirigidas contra este objectivo.

Uma das suspeitas de Hideyoshi dirigia-se contra a actividade dos cristãos. Nobunaga tinha sido tolerante com eles, porque eram úteis à sua campanha contra os budistas. De início, Hideyoshi também foi tolerante. Contudo, imediatamente a seguir à sua campanha em Kyushu, quando contactou de forma mais próxima com os cristãos, denunciou o cristianismo no Édito de Expulsão de 1587. Na realidade, não aplicou o édito durante alguns anos e este foi considerado mais como um aviso. Contudo, a sua atitude anticristã endureceu mais com a chegada dos Franciscanos, em 1593, que terminou com o monopólio dos Jesuítas e conduziu a querelas e politiquices sectárias. Então, em 1597, talvez suspeitando de que os missionários fossem a guarda avançada de uma invasão, Hideyoshi crucificou 26 cristãos, incluindo nove europeus ([65]). No incidente dos 26 mártires, pela primeira vez foram mortos europeus no Japão por professarem o cristianismo.

Parece que a personalidade de Hideyoshi mudara nos seus últimos anos (sobretudo a partir de 1590, aproximadamente). As suas suspeitas relativamente a possíveis ameaças transformaram-se em paranóia. Estava convencido de que o seu jovem sobrinho Hidetsugu (1568--1595) conspirava contra si e obrigou-o a suicidar-se. Para completa segurança, também executou a mulher de Hidetsugu e três filhos pequenos, bem como os seus servidores. Para enviar uma mensagem aos supostos conspiradores, a cabeça de Hidetsugu foi exposta publicamente.

Em certos aspectos, Hideyoshi tornou-se parecido com o seu antigo senhor Nobunaga. Começou a revelar uma crueldade e um sentido de grandeza pessoal semelhantes. A ninguém era permitido perturbar o seu mundo e os mensageiros que lhe trouxessem más notícias corriam o risco de ser serrados ao meio ([66]). O seu grande mestre da cerimónia do chá, Sen no Rikiu (1522-1591), que também tinha servido Nobunaga e que não se poderia considerar novo nem ameaçador, teve problemas com Hideyoshi e também foi obrigado a suicidar-se.

O mundo de Hideyoshi não lhe bastava e pensou na conquista da China para formar um império pan-asiático. Como primeira fase deste grande esquema, as suas forças invadiram a Coreia em 1592, mas foram repelidas pelas forças conjuntas da Coreia e da China. A sua campanha ficou prejudicada pelo facto de ele próprio não ter estado no terreno. Tentou novamente em 1597, mas também esta campanha foi abandonada, porque Hideyoshi morreu de doença em Setembro de 1598.

Três anos antes da sua morte e para assegurar a continuidade da hegemonia dos Toyotomi, Hideyoshi estabeleceu um conselho de cinco dos maiores dáimios do Japão, os Cinco Grandes Anciãos. Um deles era Tokugawa Ieyasu, um dos grandes sobreviventes da história do Japão.

A carreira de Ieyasu é delineada na terceira parte. Podemos dizer aqui que em 1584 desafiou sem sucesso Hideyoshi e no ano seguinte o reconheceu como o seu suserano. Embora tivessem sido aliados em várias campanhas, Hideyoshi nunca esteve completamente certo da lealdade de Ieyasu. Em 1590, mudou-o estrategicamente do seu território central, perto de Shizuoka, para um território mais distante, na região de Kanto. Hideyoshi provavelmente cometeu um erro de apreciação nesta manobra, sobretudo porque o novo território de Ieyasu, com 2,5 milhões de *koku* ([67]), era maior do que o de qualquer outro dáimio e até maior do que as suas terras pessoais. Por volta de 1598, Ieyasu tinha fortalecido a sua posição até ao ponto de ser considerado por muitos dáimios como seu suserano. De facto, tinha nada menos de 38 dáimios como seus vassalos.

Do seu leito de morte, Hideyoshi implorou aos Cinco Grandes Anciãos que cuidassem do seu filho herdeiro Hideyori (1593-1615) e estes prometeram cumprir. Porém, depois da sua morte, Ieyasu não manteve a sua promessa e surgiu um conflito acerca de quem deveria ser o sucessor de Hideyoshi. Ieyasu ganhou. Na batalha de Sekigahara (perto de Nagoya), em Outubro de 1600, venceu os que combateram pela causa de Hideyori.

Iria esta ser a última guerra civil? Iria agora perder-se a unidade nacional que Nobunaga e Hideyoshi tão arduamente conquistaram, ou iria Ieyasu ser capaz de manter o controlo e a estabilidade? Só o tempo o diria.

Sinopse da II Parte

Na segunda parte, acompanhámos, por um lado, as fortunas da corte e, por outro, a dos guerreiros, ao longo de quase um milhar de anos. O centralizado Estado *ritsuryo*, ao estilo chinês, atingiu a sua máxima força na primeira metade do Período de Nara, mas eram evidentes os sinais de decadência desde uma fase bastante precoce. Durante o Período de Heian que lhe sucedeu, apesar de a cultura da corte e as realizações artísticas terem atingido um máximo, o poder central continuava a declinar, como acontecia com a importância da cultura chinesa, à medida que era gradualmente "japonizada". Entre os factores deste declínio do poder central incluíam-se as constantes intrigas (a maioria delas envolvendo a família Fujiwara), a perda de rendimentos resultante da diminuição das receitas dos impostos sobre as terras, que eram cada vez mais de propriedade privada, e a diminuição do poder pessoal do imperador, devido às regências e ao "governo de mosteiro" dos imperadores que abdicavam.

Pelo contrário, o poder dos guerreiros da província aumentou rapidamente. Depois de confrontos entre as duas famílias de guerreiros mais poderosas do Japão, os Taira e os Minamoto, no final do século XII, Minamoto (no) Yoritomo emergiu como o efectivo poder supremo no país, embora ainda tenha sentido a necessidade de ser legitimado formalmente pela corte. Estabeleceu o xogunato, ou governo militar, e com ele teve início a Época Feudal. Porém, também o xogunato, como a corte antes dele, em breve enfraqueceu devido às intrigas e às regências. Após ter sobrevivido a invasões e a tentativas de restauração do poder imperial, o xogunato caiu, finalmente, numa condição cuja importância era sobretudo nominal, muito à semelhança da instituição imperial. Poderosos senhores da guerra rivalizavam entre si para estabelecer o seu domínio e o país estava quase sempre em estado de guerra civil.

De maneira algo irónica, foi durante esta era do guerreiro que foram criados alguns dos elementos culturais e práticas mais notórios do Japão, como o teatro *no*, a estética austera e o budismo *zen*. A produtividade da agricultura aumentou, certamente, em relação à ineficácia do Período de Heian, mas a vida do camponês parece ter melhorado pouco.

Por fim, em parte tirando partido das armas introduzidas pelos europeus em meados do século XVI, Oda Nobunaga, um guerreiro particularmente determinado, conseguiu estabelecer a sua supremacia e iniciou um processo de unificação nacional, que iria ser prosseguido pelos seus sucessores imediatos, Toyotomi Hideyoshi e Tokugawa Ieyasu.

Os principais desenvolvimentos, muito simplificados, estão sintetizados no Quadro 2.1.

Quadro 2.1. Principais desenvolvimentos no Japão antigo e medieval

Desenvolvimentos	Século
Estado *ritsuryo*, ao estilo chinês, no seu apogeu	VIII
O Estado central perde gradualmente os seus rendimentos, terras e poder, à medida que guerreiros da província aumentam os seus	do IX em diante
A "alta cultura" da corte no seu apogeu	X-XI
Os guerreiros da província apoderam-se do governo efectivo; Minamoto no Yoritomo torna-se xogum	fim do XII
O xogunato perde apoio, seguindo-se desordens civis	de meados do XIII em diante
Guerra civil permanente	de meados do XV ao fim do XVI
Chegam os europeus	meados do XVI
O país finalmente unificado sob o domínio dos senhores da guerra Oda Nobunaga e Toyotomi Hideyoshi	fim do XVI
Tokugawa Ieyasu torna-se o principal poder no país	fim do XVI

Os valores e as práticas que continuam a ter relevância hoje em dia encontram-se sumariados no Quadro 2.2.

O comportamento do samurai medieval típico, o grau de interesse próprio e a fraqueza dos laços familiares contrariam todos o modo como são modernamente percebidos. A sua percepção moderna é o resultado, em grande medida, da idealização e da propaganda posteriores.

Quadro 2.2. Valores e práticas fundamentais no Japão antigo e medieval

- distinção entre autoridade formal e verdadeiro poder (o último estava muitas vezes separado, mas legitimado)
- preferência pelo indirecto
- domínio do pragmatismo sobre os princípios
- diluição da responsabilidade (quer em termos de a consciência dar lugar ao fatalismo, quer da punição colectiva pelos actos dos membros individuais)
- "japonização" de ideias e práticas importadas
- mistura do antigo e do novo
- personalização das relações, embora mais como expressão de desagrado para com o contrato abstracto do que por genuíno respeito pela família (pelo menos entre os guerreiros)
- ideais de austeridade e disciplina entre os guerreiros (embora nem sempre postos em prática)
- interesse próprio, mais do que lealdade

Notas

(1) Por exemplo, Naniwa (actualmente Osaca) em 645 e Fujiwara (a sul de Nara) em 694.

(2) De facto, algum do material impresso mais antigo conservado no mundo é constituído por encantamentos budistas mandados fazer pela corte de Nara cerca de 770. Vd. Reischauer e Craig 79, p. 20.

(3) Reischauer 88, p. 45.

(4) Os exames actuais são uma salvaguarda, por serem fortemente baseados na memorização e em perguntas de resposta múltipla. O actual sistema permite que os que possuem mérito tenham êxito, mas assegura que sejam conformistas e que seja improvável que ameacem as preferências das elites estabelecidas.

(5) Haley 91, pp. 29-30, e Oda 92, p. 15

(6) Foram Meisho (r. 1630-1643) e Go-Sakuramachi (r. 1762-1770). Ambas reinaram num período em que a posição do imperador era dominada pelo xogum ou governador militar.

(7) Takeuchi 83, p. 163.

(8) Vd. Farris 85, caps. 3 e 4. A irrigação era um problema importante.

(9) Esta epidemia é analisada em detalhe, bem como outras, em Farris 85, cap. 2.

(10) Farris 85, p. 68.

(11) Torao 93 analisa detalhadamente o problema da terra e dos impostos. Vd. também Farris 85, caps. 3 e 4.

(12) Baseado na tradução incluída em Keene 68, p. 44.

(13) Baseado na tradução incluída em Keene 68, p. 43.

(14) Takeuchi 83, p. 164, e também Torao 93, p. 415.

(15) Vd. a tradução de Seidensticker, 81, p. 418.

(16) Reischauer e Craig 79, p. 33.

(17) *Ibidem*, p. 29.

(18) Sato 74, pp. 95-97.

(19) Kiley 74, p. 110.

(20) Hurst 76, cap. 11.

(21) Vd. também Morris 79, p. 25, que analisa a "emancipação cultural" em relação à China.

(22) Vd. W. e H. McCullough 80, vol. 1, p. 10. Nenhuma mulher do Período Heian escreveu em chinês e as mulheres não eram de modo algum respeitadas por terem conhecimentos de chinês. Infelizmente, as razões para tal não são claras, por mais intrigante que o facto seja.

(23) Está incluído na antologia imperial *Kokinshu* (Colecção Antiga e Nova) de 905. A tradução é minha.

([24]) Suzuki 83, p. 231.

([25]) Devido à proliferação de descendentes imperiais, que causavam tensões financeiras e, por vezes, dificuldades na sucessão, os familiares distantes eram excluídos da linhagem da dinastia numa prática conhecida como "exclusão dinástica". No Japão, a partir de 814, esta prática foi alargada mesmo aos filhos e filhas, devido, em grande parte, ao facto de o imperador Saga (r. 809-823) ter tido 50 filhos. A 33 deles foi dado o sobrenome Minamoto e, a partir daí, a todos os membros "excluídos" da linhagem imperial era dado o nome Minamoto ou Taira. Podem ser encontrados detalhes sobre este assunto em Hurst 83, pp. 176-177.

([26]) Cholley 78, p. 75.

([27]) Há um grande desacordo entre os especialistas sobre o que sucedeu exactamente. Por exemplo, Cholley (78, p. 75) defende a teoria da "ameaça". Shinoda (78, pp. 82-83) não, mas admite que o facto de Kiyomori ter poupado as crianças parece inexplicável. Mason e Caiger (72, p. 98) pensam que Kiyomori era simplesmente permeável à sedução feminina, formulando a hipótese de Tokiwa poder ter tomado a iniciativa de se oferecer a Kiyomori. Em qualquer caso, todos os especialistas concordam que a decisão lhe foi fatal.

([28]) O princípio da punição e até da execução de toda a família pelos actos de um seu elemento era sancionado quer pelo *ritsuryo* (vd. Kiley 83, p. 328), quer pelas convenções legais que vinham desde o século III, pelo menos (segundo o *Wei Chih*). Continuaria até ao século XIX.

([29]) Extraído do *Heike Monogatari* (Conto dos Taira), um dos *gunki monogatari* (contos militares) populares no século XII. Está disponível em tradução (McCullough 88). Este excerto é de Keene 68, p. 176.

([30]) Não se deve confundir esta moral imediata com a responsabilidade social. Ao longo da história, muitos Japoneses acabaram com as suas próprias vidas (ou, na contemporaneidade, demitiram-se) quando as suas tomadas de posição os tornaram simbolicamente responsáveis pelo fracasso do seu grupo, ou, em circunstâncias semelhantes, quando um acto de autopunição é fortemente prescrito pelas convenções sociais.

([31]) Vd. a tradução de Sadler 70, p. 7.

([32]) Retirado de Keene 68, p. 187.

([33]) Retirado de La Fleur 78, p. 57.

([34]) O título tinha sido temporariamente usado durante alguns séculos por generais em campanha, mas Yoritomo foi o primeiro a usá-lo permanentemente.

([35]) É o tema principal de Haley 91, por exemplo. Vd. também Massarella 90, pp. 25--26, e Hall 68, p. 41.

([36]) Vd. Adolphson 00 e também Mass 97.

([37]) Gay 85, p. 49.

([38]) Reischauer e Craig 79, p. 46.

([39]) Vd. Hall 68 para uma análise detalhada do feudalismo e da aplicabilidade do conceito ao Japão.

([40]) McCullough 71, p. 18.

([41]) Butler 78, p. 91.

([42]) Vd. Hori 83, donde retiro muito do que se segue.

([43]) Em termos de táctica de cavalaria, os Japoneses tinham pouca ou nenhuma experiência, porque os seus cavaleiros combatiam isoladamente, não em grupos. O tema das armas levanta uma das questões mais intrigantes, mas também mais ignoradas da história japonesa. Pinturas em rolos desta época mostram, sem sombra de dúvida, que os Mongóis possuíam canhões, embora primitivos. Todavia, não consegui encontrar nenhuma explicação para o facto de os Japoneses não tentarem construir as suas próprias versões. A maioria das histórias apenas afirma que as primeiras armas de fogo foram introduzidas no Japão pelos Portugueses, em meados do século XVI. Como os Japoneses dessa época posterior desenvolveram imediatamente as suas próprias armas de fogo, numa clara demonstração das qualidades de adaptação que lhes são amplamente reconhecidas, e dada a importância de se prepararem melhor para o segundo ataque mongol, é misterioso que, aparentemente, nenhuma tentativa tenha sido feita para adaptar ou, simplesmente, para imitar as armas mongóis.

([44]) Shinoda 83, p. 171.

([45]) Collcutt, 93, p. 60.

([46]) Varley 83, p. 192.

([47]) Vd. Kato 81, p. 301, que chega à mesma conclusão.

([48]) O grau de lealdade efectiva dependia, em grande medida, do estatuto do samurai e da sua relação com o seu senhor, como, por exemplo, se era ou não um servidor hereditário. Para além disso, o termo japonês usualmente traduzido por "lealdade", *chusetsu*, parece que, de facto, no período em questão, tinha mais o sentido de serviço profissional do que qualquer noção de obediência incondicional. Vd. Conlan 97, pp. 40-41.

([49]) O que se segue é retirado parcialmente de McCullough 59, p. xx.

([50]) Vd. Massarella 90, p. 32.

([51]) *Ibidem.*

([52]) Gay 85, p. 58.

([53]) Da tradução apresentada em Keene 68, p. 299.

([54]) Para mais detalhes, vd. Massarella 90, pp. 23-24, Elisonas 91, p. 302, e Cortazzi 90, p. 30.

([55]) Cooper 65, p. ix.

([56]) Vd. Cortazzi 90, p. 121, que apresenta também algumas outras analogias.

([57]) Por exemplo, em Nagashima, em 1574. Vd. Elison, 83a, p. 63.

([58]) Em 1571, quando destruiu o Templo Enryakuji da seita Tendai, no Monte Hiei, em Quioto, 10 000 pessoas foram cercadas e sistematicamente massacradas, incluindo não apenas sacerdotes, mas também mulheres e crianças. Vd. Mason e Caiger 72, p. 143. Relatos da época encontram-se em Tsunoda *et al.* 64, vol. 1, pp. 305-308 e (por um europeu) em Cooper 65, pp. 98-99. Houve também muitas baixas quando, em 1580, tomou o castelo da seita Jodo Shin, uma fortaleza situada em Ishiyama Hoganji, em Osaca.

([59]) Cooper 65, pp. 101-102.

([60]) Elisom 83a, p. 64. Em 1577, Nobunaga aceitou, por pouco tempo, altos cargos concedidos pela corte, mas demitiu-se deles apenas alguns meses depois.

([61]) Em 1549, apenas seis anos depois da sua introdução pelos Portugueses, Nobunaga tinha comprado 500 espingardas de mecha para as suas tropas quando era ainda um comandante adolescente. No entanto, apesar de alguns melhoramentos por parte dos artesãos japoneses, o seu uso efectivo nas batalhas foi retardado durante alguns anos devido a problemas como a demora em carregá-las e dispará-las. Outros dáimios, como Tanegashima Tokitaka (1528-1579) e Takeda Shingen (1521-1573), pai de Katsuyori, tinham uma paixão semelhante pelas armas de fogo, mas parece que Nobunaga foi quem mais as usou. A batalha é representada, embora com alguma liberdade poética, no famoso filme *Kagemusha* de Akira

Kurosawa. Para um relato pormenorizado da batalha, vd. Turnbull 87, pp. 79-94. Permanece ainda o enigma de saber por que razão os Japoneses não tentaram produzir armas de fogo três séculos antes, quando viram versões primitivas a ser usadas pelos Mongóis.

([62]) Um relato contemporâneo deste incidente é dado em Cooper 65, p. 103.

([63]) "Caça às Espadas" é uma expressão enganadora, porque foram confiscadas armas de todos os tipos. Foi encontrado um número surpreendente de armas de fogo. O édito é apresentado em Tsunoda *et al.* 64, vol. 1, pp. 319-320.

([64]) O édito é apresentado em *ibidem*, pp. 321-322.

([65]) O capitão do navio espanhol *San Felipe*, que naufragou na costa Shikoku, no final de 1596, parece ter espalhado um rumor, sugerindo que eram uma guarda avançada. No entanto, os actos de Hideyoshi ainda se afiguram exagerados. Vd. Massarella 90, pp. 45-46.

([66]) Cooper 65, pp. 111-113.

([67]) A partir de 1590, por indicação de Hideyoshi, o tamanho dos feudos era medido em *koku*, uma medida de arroz equivalente a 182 litros ou um pouco mais do que 5 *bushels*, que se considerava representar as necessidades de uma pessoa durante um ano.

III PARTE

O PAÍS FECHADO:
O PERÍODO TOKUGAWA (1600–1868)

3.1. Estabilidade é sobrevivência: o estabelecimento do xogunato Tokugawa

Ieyasu estava determinado a tirar partido da sua vitória em Sekigahara e mais ainda do que Nobunaga e Hideyoshi haviam conseguido. O seu principal objectivo era assegurar que os Tokugawa continuariam a controlar o país. Seria ajudado neste propósito pela sua capacidade de sobrevivência.

Ieyasu, de certo modo como a nação no seu todo, devia muito a um misto de determinação, pragmatismo, astúcia e sorte. Sobrevivente notável, vivendo em tempos perigosos, a sua vida daria para histórias e filmes de aventuras.

O seu nome de origem era Matsudaira Takechiyo e nasceu em 1542, na província de Mikawa (parte da actual Prefeitura de Aichi). A sua mãe tinha apenas 15 anos de idade e o seu pai, o chefe militar de baixa patente Matsudaira Hirotada (1526-1549), apenas 17. A família Matsudaira estava a ter problemas com os seus vizinhos, os Oda a oeste e os Imagawa a leste. Estabeleceram uma aliança difícil com os Imagawa e em 1547, para a reforçar, Hirotada concordou em enviar-lhes o seu jovem filho Takechiyo como refém. Contudo, quando se dirigia para a base dos Imagawa em Sunpu (Shizuoka), Takechiyo foi capturado por forças dos Oda e levado para a base destes em Nagoya. A seguir à morte de seu pai, em 1549, foi declarada uma trégua entre as famílias Oda e Matsudaira e Takechiyo retomou o seu papel de refém dos Imagawa.

Takechiyo ficou entre os Imagawa até 1560, aparentemente bem instalado. Enquanto esteve com eles, casou e foi pai ainda adolescente, como o seu próprio pai fora antes dele. Combateu mesmo ao lado dos Imagawa nas suas batalhas. Então, em 1560, Imagawa Yoshimoto, o chefe de família, foi derrotado e morto por Oda Nobunaga, na batalha de Okehazama. Takechiyo – que agora era conhecido como Motoyasu – foi libertado da sua vassalagem e tornou-se de facto aliado de Nobunaga.

Com as fronteiras ocidentais do seu território (Matsudaira) agora seguras com esta aliança, Motoyasu virou a sua atenção para o território dos Imagawa, a leste, e, gradualmente, chegou ao seu controlo em 1568. Nesta altura, já tinha uma vez mais mudado de nome, para Tokugawa Ieyasu. Em 1570, transferiu a sua base para a antiga fortaleza dos Imagawa, em Shizuoka, e na década seguinte, usando a sua aliança com Nobunaga, pôde expandir o seu território. Por vezes, Nobunaga era assaltado por dúvidas quanto à sua lealdade, mas Ieyasu superou-as. Em 1579, como prova da sua lealdade, matou a mulher e o primeiro filho, que Nobunaga suspeitava estar conluiado com a sua velha inimiga, a família Takeda.

Quando Nobunaga morreu, em 1582, Ieyasu tirou partido da desordem que se instalou para ocupar território dos Takeda nas províncias de Kai e Shinano (actualmente as Prefeituras de Yamanashi e Nagano). Era agora uma força importante, que Hideyoshi, o sucessor de Nobunaga, tinha de tomar em consideração.

Em 1584, Ieyasu tentou desafiar a autoridade de Hideyoshi, mas falhou e no ano seguinte reconheceu-o como seu suserano. Formaram então uma aliança instável, que em 1590 ajudou a suplantar os Hojo (que não tinham relação com os Hojo anteriores) na região de Kanto. Hideyoshi recompensou Ieyasu com território tomado aos Hojo, todavia, ainda preocupado com a sua lealdade, obrigou-o a ficar com tal território a expensas daquele que possuía. Ieyasu pouco mais podia fazer do que concordar. No entanto, em vez de se mudar para a base anterior dos Hojo em Odawara, preferiu mudar-se para a pequena aldeia piscatória de Edo, que estava localizada mais no centro do território. Esta aldeiazinha obscura iria transformar-se mais tarde numa das maiores cidades do mundo e numa das maiores capitais económicas: Tóquio.

Nos anos seguintes, Ieyasu consolidou as suas enormes propriedades, que, de facto, compreendiam toda a planície de Kanto. Entre outros empreendimentos, construiu o castelo de Edo, que deveria constituir mais tarde a base do Palácio Imperial. Foi reconhecido por muitos dáimios como seu suserano e sentiu-se suficientemente forte para quebrar a sua promessa ao moribundo Hideyoshi de proteger Hideyori, o seu filho herdeiro. Tendo triunfado em Sekigahara, em 1600, era efectivamente o maior poder no Japão.

Para legitimar a sua posição, em 1603 Ieyasu recebeu do imperador Go-Yozei (r. 1586-1611) o título de xogum, que não era usado desde 1588. Tinha agora 61 anos. Como os anteriores imperadores e xoguns, apenas dois anos depois abdicou a favor do seu filho Hidetada (1579--1632). Embora Hidetada já não fosse criança, o próprio Ieyasu continuou a exercer o poder efectivo. Com esta abdicação precoce, Ieyasu deu um contributo para que ficasse assegurada a continuação da sua linhagem no poder, uma continuação reforçada por abdicação semelhante por parte de Hidetada, em 1623.

Hideyori era ainda uma ameaça potencial. Levou alguns anos a Ieyasu, mas em 1615 conseguiu finalmente destruir a base de Hideyori, no castelo de Osaca. Com apenas 22 anos, Hideyori suicidou-se quando a derrota estava iminente. Kunimatsu, o seu filho de 7 anos, foi capturado e executado por decapitação.

No mesmo ano de 1615, Ieyasu aprovou também algumas leis para controlar quer a corte, quer as casas militares. Embora a corte tenha legitimado a posição de Ieyasu e este a tratasse com algum respeito, tornou igualmente claro que a autoridade daquela era apenas formal e cerimonial. Foi sujeita ao controlo do xogunato, que tinha o direito de aprovar todas as nomeações da corte. As casas militares eram controladas através da manutenção forçada do *statu quo* até ao mais ínfimo pormenor ([1]). Era-lhes exigido que assegurassem que:

- ninguém fixaria residência num novo domínio;
- todos os criminosos seriam expulsos;
- todos os casamentos que envolvessem dáimios deveriam ter a aprovação do xogunato;
- em caso algum seriam construídos novos castelos e até as reparações dos existentes deveriam ter aprovação do xogunato;
- inovações que se preparassem ou conspirações de facções que ocorressem nos domínios seriam imediatamente relatadas;
- os préstitos dos dáimios incluiriam um certo número de servidores, de acordo com o estatuto de cada dáimio;
- os dáimios obedeciam a códigos de vestuário específicos;
- pessoas sem estatuto não viajariam em palanquins.

Ieyasu acreditava evidentemente que a estabilidade e a ortodoxia impostas eram importantes para o controlo permanente. As mudanças eram indesejáveis, porque eram difíceis de prever. A mobilidade era uma ameaça. Quanto mais as pessoas agissem de modos determinados e prescritos menos constituiriam uma ameaça. Não agir como era desejado era até punível com a morte. Diz-se que Ieyasu definiu o "comportamento mal-educado" – pelo qual um samurai poderia cortar a cabeça ao herege – como "agir de uma maneira diferente-do-que--era-esperado" ([2]).

Ieyasu morreu de doença no ano seguinte, 1616, e foi deificado como a manifestação do Buda da Cura. Em que medida teria curado a nação era matéria algo controversa, mas terá ajudado, certamente, a mantê-la unida.

A sua política de ortodoxia e estabilidade foi prosseguida pelo seu filho Hidetada e pela maioria dos seus sucessores, que eram todos da linhagem Tokugawa. Em muitos casos, era possível desenvolver apenas as políticas já postas em execução por Hideyoshi.

Os regulamentos das famílias militares foram em breve seguidos por regulamentos para outras classes. Estes prescreviam não apenas matérias como o tipo e o local de trabalho e residência e o tipo de vestuário, mas pormenores ínfimos, como o género de presentes que uma pessoa pertencente a uma determinada classe poderia dar aos seus filhos, segundo o sexo e a idade, que tipo de alimentos poderia comer e mesmo onde poderia construir os seus lavabos ([3]).

O congelamento das classes sociais por parte de Hideyoshi foi um meio importante para impor a ortodoxia e a estabilidade. Tal congelamento era agora alargado a um sistema hierárquico formal, inspirado na China, conhecido como *shi-no-ko-sho*, ou seja, "guerreiro-camponês-artesão-mercador", por ordem decrescente de estatuto ([4]). Os camponeses estavam num nível superior ao dos artesãos e ao dos mercadores, porque, em termos confucianos, eram considerados produtores essenciais. Em cada classe, em particular na dos samurais, havia muitos subníveis.

Nobres da corte, sacerdotes e monjas não estavam inseridos em nenhuma das classes, enquanto abaixo destas havia duas subclasses "párias", a *eta* ("grande porcaria", actualmente *burakumin* ou "pessoas dos lugarejos") e a *hinin* ("não-pessoas"). Dedicavam-se quer a actividades "impuras" desprezadas ([5]), como o abate de animais, trabalhos em cabedal e enterros, quer a actividades "suspeitas" como a venda ambulante ou o teatro. As *burakumin* continuam até hoje a ser segregadas em relação à sociedade dominante.

Em teoria, a classe era determinada pelo nascimento e a mudança de classe era difícil, embora, na prática, não fosse impossível, ao contrário do que em geral se crê ([6]). Uma das separações mais importantes era a que existia entre os samurais e os não samurais. Os samurais representavam apenas cerca de 6% da população e incluíam sobretudo burocratas, porque, de facto, foi nisso que se tornaram. Os não samurais estavam basicamente divididos entre os que viviam no campo e os que viviam nas cidades.

Os Tokugawa também apreciavam a política de redistribuição de domínios (*han*) posta em prática por Hideyoshi. O próprio xogum possuía cerca de um quarto da terra cultivada, bem com cidades importantes, portos e minas. A terra restante estava estrategicamente dividida entre cerca de 275 dáimios, dependendo de serem *shinpan* (familiares), *fudai* (servidores tradicionais) ou *tozama* ("dáimios exteriores", de lealdade duvidosa). Embora os números oscilassem, havia, em geral, 25 *shinpan*, 150 *fudai* e 100 *tozama*.

O dáimio também não podia sossegar depois de lhe ser atribuído um domínio. Embora lhe fosse concedida, em teoria, uma considerável autonomia em matérias como direitos fiscais e administração interna, incluindo o poder de fazer cumprir a lei, na prática devia seguir os exemplos e as linhas mestras traçadas pelo xogunato. De facto, o governo local tornou-se responsabilidade sua e tinha de cumprir as suas responsabilidades de acordo com a vontade do xogunato. Este fiscalizava constantemente o seu comportamento. Ao menor sinal de insubordinação, era castigado. Nos primeiros 50 anos de governo Tokuawa, nada menos de 213 dáimios, ou seja, a grande maioria, perderam parte ou a totalidade dos seus domínios por delitos reais ou supostos. No mesmo período de tempo, foram atribuídos domínios a 172 novos dáimios em recompensa por serviços leais, 206 domínios foram aumentados por recompensa semelhante e 281 dáimios foram transferidos de lugar ([7]).

A prática de Hideyoshi de conservar como reféns as famílias de dáimios potencialmente causadores de problemas foi transformada num sistema conhecido como *sankin kotai* (presença alternada). Com apenas algumas excepções, este sistema obrigava cada dáimio a passar, alternadamente, um ano em Edo e um ano no seu domínio, enquanto a sua família residia permanentemente em Edo. A grande despesa envolvida na manutenção de uma residência em Edo e outra no seu domínio e em deslocações regulares de e para Edo com o exigido número de servidores também contribuía para evitar que os dáimios acumulassem demasiado poder financeiro. De facto, consumiam nisso metade ou mais do seu rendimento ([8]). Eram também obrigados a viajar não só em datas específicas, mas segundo itinerários igualmente específicos, que estavam sempre guardados por tropas do xogunato.

As medidas tomadas pelos Tokugawa para restringir a mobilidade e limitar a possível instabilidade entre a população em geral incluíam:

- fiscalização das viagens por terra, devendo ser obtidos documentos de viagem oficialmente aprovados e mostrados nas barreiras entre os domínios;
- sistema de recolher obrigatório, que evitava que as pessoas se deslocassem de noite sem uma autoridade adequada, especialmente fora das suas próprias praças-fortes citadinas;
- destruição da maioria das pontes, dirigindo assim os fluxos e tornando-os mais controláveis;
- proibição do transporte em veículos com rodas;
- uso de polícia secreta para informar sobre quaisquer movimentos ou acontecimentos suspeitos.

O castigo dos transgressores era geralmente severo, em especial dos que residiam nas cidades mais importantes do território controlado directamente pelos Tokugawa. Eram frequentes as execuções por roubos insignificantes ou até por negligência quando deixavam que a casa se incendiasse, dado que os fogos eram particularmente perigosos em comunidades constituídas sobretudo por casas de madeira. Famílias inteiras, e até vizinhos, eram por vezes executadas a par do prevaricador, porque o princípio de Hideyoshi da responsabilidade colectiva era rigorosamente aplicado. Em particular, os chefes de família e as associações de vizinhos eram considerados responsáveis pelos maus actos dos seus membros.

Os castigos na Europa desse tempo eram também severos pelos padrões actuais, mas a severidade dos do Japão era suficientemente grande para chocar muitos europeus que então o visitavam. O francês François Caron, que permaneceu muitos anos no Japão, na primeira metade do século XVII, escreveu que "os seus castigos são assar, queimar, crucificar das duas maneiras, esquartejar com quatro bois e ferver em óleo e água" ([9]). Um visitante italiano, Francesco Carletti, relatou o seguinte ([10]):

> [...] muitos sofriam crucificação ao menor pretexto, como o roubo de um rabanete [...] Por vezes, também crucificavam mulheres com crianças ao peito, deixando-os a morrer agonizando juntos. Os seus castigos são, de facto, extremamente cruéis, bárbaros e desumanos [...]

Nenhum dos dois fala da decapitação, que não era invulgar, mas esta não era a utilização última da espada nos plebeus executados. Numa prática conhecida como *tameshigiri* ("corte experimental"), os samurais verificavam a eficácia das suas espadas nos cadáveres dos criminosos que eram executados, pois, como diz Carletti, "o infeliz corpo é cortado às fatias, sendo ali deixado para pasto dos cães e das aves" ([11]). Uma boa lâmina podia cortar ao meio três cadáveres com um só golpe, sendo de sete o recorde – e o teste não se limitava aos cadáveres ([12]).

Os samurais e os nobres condenados sofriam, por vezes, o mesmo destino, mas, em muitos casos, era-lhes concedido o "privilégio" de se suicidarem, numa estripação ritual conhecida como *seppuku* ou haraquiri ("corte do estômago"). Esta prática iniciou-se no Período de Heian e visava mostrar a pureza da alma da vítima, que se supunha residir no estômago. Nesta época, era muitas vezes ritualizada, ou mesmo simulada, com a cabeça da vítima a ser cortada por um amigo respeitado, imediatamente a seguir à incisão.

A severidade dos castigos estabelece um contraste interessante com a relativa brandura do sistema *ritsuryo*, quase mil anos antes, e aponta para a diferença existente entre o poder da corte e o poder marcial. Por outro lado, contudo, o castigo continuava a basear-se na desobediência e no carácter de ruptura, e não no juízo moral.

O princípio do castigo colectivo tornava as pessoas muito cautelosas relativamente à admissão de estranhos no seu seio. Em todo o caso, numa época de deslocações controladas os estranhos já eram suficientemente suspeitos, mas quando uma comunidade podia ser punida ou até serem executados todos os seus elementos pelos maus actos de um estranho, tinha todo o sentido não os aceitar de modo nenhum ([13]). Este facto teve uma considerável influência na relutância generalizada que os Japoneses sempre manifestaram em se envolverem com estrangeiros ([14]).

Os castigos colectivos e severos eram também aplicados, em teoria e, por vezes, na prática, nos campos dos domínios dos dáimios, mas aqui a vida era frequentemente mais fácil. Era-o porque muitos dáimios davam-se por satisfeitos por não interferirem nos assuntos das aldeias dos seus domínios, desde que os seus impostos colectivos fossem pagos e não houvesse incumprimentos ou desafios evidentes à lei. A disciplina nas aldeias era geralmente deixada ao seu chefe ou ao seu conselho, excepto em casos graves, e os castigos tomavam geralmente a forma de uma multa ou da imposição de um dever, sendo o ostracismo um dos piores ([15]).

Por isso, os aldeãos procuravam assegurar-se de que apresentavam uma aparência tranquilizadoramente pacífica e inofensiva aos funcionários do dáimio, independentemente do estado de turbulência real em que a sua aldeia pudesse estar. Esta ideia de "expressão aparente" de deferência seria outro legado importante para o Japão contemporâneo. Constitui outro elemento da relação entre autoridade formal e verdadeiro poder ([16]) e também da distinção que os Japoneses sempre fizeram, e frequentemente observada, entre aparência exterior (*omote* ou *tatemae*) e realidade interior (*ura* ou *honne*). Quem aparentasse "comportar-se na linha" e respeitar a autoridade e não causasse, de facto, nenhuma desordem seria provavelmente deixado em paz e talvez lhe fosse mesmo permitida alguma "liberdade dentro de certos limites". O mesmo podemos dizer do Japão actual.

Os ocidentais constituíram sempre um problema. Não estavam familiarizados com os costumes japoneses, comportavam-se de maneira inesperada e, muitas vezes, desafiadoramente, falavam línguas estranhas que eram difíceis de acompanhar e tinham ideias estranhas acerca de um poder divino que transcendia quer os imperadores, quer os xoguns. O seu comércio era benéfico, decerto, e possuíam uma tecnologia que era útil, mas eram uma ameaça demasiado grande para a paz de espírito do xogunato. Em particular, o desafio que o seu Deus inflexível representava para a autoridade do xogum era um problema importante, não tanto em termos teológicos, mas sim políticos.

Se os ocidentais tivessem reservado as suas crenças cristãs para si mesmos e não tivessem tentado afirmar a autoridade do seu Deus, e apenas do seu Deus, com pregações e juízos morais, talvez tivessem tido melhor acolhimento. O Japão era (e continua a ser) uma terra de tolerância religiosa. As campanhas de Nobunaga contra as instituições budistas tinham fundamento político, e não religioso, e o mesmo se deve dizer dos actos de Hideyoshi e, mais tarde, dos Tokugawa contra os cristãos.

Embora os Japoneses não se preocupassem muito com a distinção teológica, os católicos eram considerados uma ameaça maior do que os protestantes recém-chegados ([17]). Isto pode ter acontecido ou porque os católicos constituíam a grande maioria dos cristãos no Japão – e praticamente todos os Japoneses convertidos – ou porque se exteriorizavam mais e eram mais assertivos na expressão da sua fé do que os protestantes. O mais provável, todavia, é que ficasse a dever-se em grande parte ao facto de o xogunato estar a par da violenta construção de impérios levada a cabo pelos países católicos no Novo Mundo. O próprio Colombo era proveniente de uma nação católica. Para além disso, a Igreja Católica tinha até o seu próprio Estado, o Vaticano, com papas que se envolviam frequentemente em política. Tudo isto dava a entender que a Igreja Católica não era apenas espiritual.

Em todo o caso, a Cristandade acabou por simbolizar a presença e a ameaça do Ocidente ao poder e à autoridade do xogunato. Tornou-se num ponto central da acção do xogunato contra essa ameaça. Esta acção não tinha por objecto apenas os ocidentais, mas também os Japoneses que se tinham convertido ao cristianismo. Tal como os castigos que eram então aplicados, foi cruel, sobretudo com os cristãos japoneses.

As perseguições intensificaram-se durante o início de seiscentos. A muitos suspeitos de serem cristãos era pedido que demonstrassem a sua rejeição do cristianismo pisando uma placa de cobre que continha a imagem de um crucifixo ou de um símbolo cristão semelhante. Alguns permaneceram firmes na sua fé, apesar das torturas a que os submeteram para que renunciassem a ela serem horríveis, como, por exemplo, arrancar-lhes os olhos ou torturar os filhos à frente dos pais ([18]). As execuções também eram horríveis, envolvendo crucificações, decapitações com uma serra ou serem atirados para piscinas de água termal a ferver.

O culminar da perseguição foi o massacre de Shimabara, perto de Nagasáqui, em 1638, no qual um total de 35 000 pessoas – homens, mulheres e crianças, na sua maioria cristãos – foram mortas pelas forças do xogunato. Não se tratava apenas de uma perseguição aos cristãos, mas também de reprimir uma revolta provocada, em parte, pelo descontentamento face aos impostos e por um dáimio impopular ([19]). No entanto, as causas tornaram-se convenientemente confusas e o massacre terminou, de facto, com a presença visível do cristianismo no Japão (embora "o cristianismo clandestino" continuasse a ser professado por alguns Japoneses, especialmente na região de Nagasáqui). A partir de 1640, todos os Japoneses eram obrigados a registar-se em templos budistas para provar que não eram cristãos, uma prática que também ajudou a vigiar o conjunto da população.

Os missionários cristãos tinham sido expulsos em 1614, mas foi permitido aos mercadores ocidentais que continuassem a visitar e até a residir no país. Gradualmente, todavia, o xogunato chegou à conclusão de que as desvantagens do comércio externo superavam as vantagens. Não era apenas uma preocupação constante em termos de segurança nacional, mas a consciência de uma ameaça indirecta aos Tokugawa, devido ao enriquecimento de alguns dáimios que participavam no comércio externo. Mesmo nessa fase tão inicial, o xogunato tinha também uma vontade, com motivações económicas, de proteger os comerciantes do país de uma concorrência excessiva ([20]).

Em 1639, todos os ocidentais tinham sido expulsos ou tinham saído voluntariamente, à excepção dos Holandeses, que eram aceites apenas na pequena ilha de Deshima, na porto de Nagasáqui ([21]). A par dos Chineses e dos Coreanos, foram os únicos estrangeiros a quem foi formalmente permitido comerciar com o Japão, retirando-se este, efectivamente, do contacto com o mundo nos dois séculos seguintes. Esta foi a época que mais tarde foi descrita como *sakoku jidai* ou "Período do País Fechado".

Não se tratou apenas de impedir os estrangeiros de entrar no Japão, porque o xogunato parece ter rejeitado quase toda a forma de "estrangeirismo". A partir de 1635, com muito poucas excepções, não era permitido aos Japoneses viajar para o estrangeiro e os que estavam fora nessa altura, que totalizavam dezenas de milhares, a maioria no Sudeste da Ásia, foram proibidos de regressar, sob pena de morte ([22]). A construção de navios de grande porte, capazes de viagens oceânicas, também foi proibida nesta fase. Os navios autorizados a fazer tráfego costeiro tinham de ostentar um selo do xogunato ([23]).

A chegada dos ocidentais tinha contribuído para gerar uma consciência nacional no Japão ([24]), reforçada pelo processo de unificação que se seguiu pouco depois. Foi durante o século XVII que as Ilhas Ryukyu, ao sul, e Hokkaido, ao norte, começaram a ser integradas na nação, dando-lhe uma identidade geopolítica muito próxima da do actual Japão. Os planisférios desse tempo, que eram outro exemplo de adaptação a partir da China, mostravam o Japão, e não aquele país, como centro do mundo ([25]). Era evidente que, pelo menos por enquanto, o Japão dos Togukawa não estava interessado num envolvimento demasiado grande com as nações inferiores que pertenciam ao seu mundo. Um país fechado era também um país mais seguro para os seus governantes Togukawa.

3.2. O Samurai e a ética

Como o país entrava numa fase de estabilidade e de paz e até sem qualquer ameaça estrangeira real, os guerreiros passaram a ser supérfluos. Havia umas quantas revoltas de camponeses para dominar, a honra dos seus senhores para defender e algum policiamento a fazer, mas havia pouco trabalho para os verdadeiros guerreiros. Em vez disso, tornaram-se burocratas e administradores. As suas guerras passaram a ser meras guerras de papel.

Estes homens, que constituíam a classe superior da ordem social, estavam, na realidade, muito embaraçados com a sua vida quase parasítica. Aproveitavam a mínima oportunidade para acções reais para provar o seu valor e chegavam a extremos absurdos para justificar a sua existência. Um resultado bastante irónico foi ter sido durante esta era de samurais supérfluos que emergiram algumas das expressões mais evidentes do ideal samurai, como o *bushido* ("o caminho do guerreiro").

Todo o japonês conhece a história dos Quarenta e Sete Ronin. Um *ronin* (vagabundo) era um samurai sem senhor, por ter sido despedido ou por este ter sido executado ou despromovido. Havia alguns no Japão dos Togukawa que deambulavam pelo país, causando perturbações aos aldeãos e inquietando as autoridades. Os quarenta e sete em questão, no entanto, são vistos como a encarnação das virtudes do samurai.

Em 1701, o seu senhor, Asano Naganori (1665-1701), de Ako, em Harima (Prefeitura de Hyogo), tinha sido insultado por Kira Yoshinaka (1641-1703), o chefe do protocolo do xogum. Asano tinha puxado da sua espada no castelo do xogum, uma ofensa capital. Teve de fazer *seppuku* e o seu domínio foi confiscado à família. Quarenta e sete dos seus samurais servidores, agora sem senhor, juraram vingar a sua morte, tirando a vida a Kira. Ocultaram o seu intento durante dois anos, fingindo levar uma vida dissoluta, e depois atacaram e mataram Kira num momento em que estava sem guarda, colocando a sua cabeça no túmulo do seu senhor.

Embora o seu comportamento fosse considerado exemplar do *bushido*, foi-lhes ordenado, todavia, que se suicidassem, por terem tomado a lei nas suas próprias mãos. Apesar das discussões entre eruditos e da controvérsia pública, suicidaram-se num *seppuku* colectivo. Os seus túmulos, no Templo Sengakuji, em Tóquio, são hoje uma grande atracção turística.

Entre as descrições do *bushido* que ainda hoje são populares contam-se *Hagakure* (Na Sombra das Folhas), de 1716, e *Gorin no Sho* (Os Cinco Anéis), de 1643, aproximadamente. Porém, uma das mais interessantes foi escrita por Yamaga Soko (1622-1685), que também era um *ronin*. Foi também um dos mestres de um dos Quarenta e Sete Ronin.

Yamaga foi talvez o primeiro a ver o *bushido* como uma filosofia geral ([26]). Nos seus vários escritos salientou aspectos dele, como a lealdade e a autodisciplina, bem como a importância de aprender e praticar as artes e do desenvolvimento perfeito do homem no seu todo. Saber qual é o seu papel na vida e como comportar-se adequadamente com os outros é por ele particularmente acentuado. Mas também assumiu um papel de defesa com a sua justificação da aparente falta de utilidade prática do samurai na sociedade desse tempo. Yamaga argumentou que a liberdade do samurai relativamente a uma possível ocupação permitia que se concentrasse no adequado aperfeiçoamento da sua virtude moral e, portanto, servir de modelo para o resto da sociedade, disciplinando os imperfeitos, se necessário fosse ([27]):

> O samurai passa sem a tarefa do agricultor, do artesão e do mercador e limita-se a praticar este Caminho. Se alguém pertencente às três classes do povo comum transgredir estes princípios morais, o samurai pune-o sumariamente e, portanto, promove na terra adequados princípios morais.

Há aqui uma referência à moralidade, mas é uma moralidade diferente da sua concepção ocidental. Ainda não é uma questão de bem e de mal, mas de fazer o que é esperado, no contexto das relações sociais e da ordem. Sai-se da linha e é-se sumariamente punido.

A explicação de Yamaga tem também uma forte componente confuciana. Os confucianistas estavam muito preocupados em saber qual era o seu lugar, em respeitar as relações, respeitar a ordem e cumprir o seu dever. Por causa destes valores, o confucianismo foi recuperado e promovido pelo xogunato dos Tokugawa. Em certos aspectos, porém, foi modificado para se adequar ao Japão. Por exemplo, o confucianismo chinês permitia que se mostrasse lealdade à consciência, mas, no Japão, esta ficou reduzida à lealdade ao superior de cada um. Foi nomeado um conselheiro confucianista para o xogum e fundada uma escola superior confucianista em Edo com o apoio do xogunato. Este período produziu muitos eruditos budistas notáveis, como Hayashi Razan (1583-1657), Yamazaki Ansai (1618-1682), Arai Hakuseki (1657-1725) e Ogyu Sorai (1666-1728).

Uma influência confucianista importante deu-se no modo de ver as diferenças entre os sexos e, por extensão, as relações sexuais. Textos como o *Onna Daigaku* (Grande Ensinamento para Mulheres), de 1716, pregavam as "cinco doenças da mulher", a indocilidade, o descontentamento, a calúnia, a inveja e a parvoíce, e colocavam-na numa posição bastante inferior à dos homens. O *Onna Daigaku* afirmava que ([28]) "não há dúvida nenhuma de que estas cinco doenças se encontram em sete ou oito de cada dez mulheres e é delas que resulta a inferioridade das mulheres em relação aos homens." Este conceito depreciativo das mulheres era uma das razões por que tantos samurais, se não mesmo a maioria, preferiam as relações homossexuais ([29]). Aliás, de acordo com a filosofia chinesa do *yin* e do *yang* que por vezes era seguida, uma associação demasiado próxima com o *yin* feminino poderia enfraquecer gravemente o *yang* masculino.

Os confucianistas e o xogunato não aprovavam realmente a homossexualidade, mas fechavam os olhos. O xogunato estava particularmente predisposto a ser tolerante, porque, no caso do Japão, a homossexualidade masculina reflectia invariavelmente o estatuto social, com o parceiro activo a ser sempre o de classe mais alta ([30]).

O confucianismo nem sempre foi benéfico para o xogunato. Uma das suas ironias era que encorajava ideais de mérito e aprendizagem. Estes eram permitidos pelos conceitos de hierarquia e de estatuto, em vigor na China, que tornavam possível alguma mobilidade com base neles, e em séculos posteriores também foram parcialmente aceites no Japão. No entanto, a promoção do mérito e da aprendizagem não contribuía necessariamente de forma positiva para os interesses do xogunato dos Tokugawa e para a sua política de ortodoxia e estabilidade inquestionáveis. Com o tempo, surgiram nalguns quadrantes atitudes bastante mais críticas e questionaram o que o xogunato pretendia, embora tal não deva ser exagerado, porque a obediência era ainda a norma.

Os filhos dos samurais e dos nobres eram ensinados em casa ou em escolas especiais dos domínios. Os mercadores ricos criaram escolas privadas. Progressivamente, aos filhos das outras classes foi dada a possibilidade de estudar em pequenas escolas conhecidas como *terakoya* (literalmente, "edifício para criança do templo"). Estas eram originalmente erigidas sob os auspícios dos templos das aldeias, mas rapidamente se difundiram nas cidades. O ensino era geralmente muito barato ou grátis, uma vez que o professor era frequentemente um sacerdote que ensinava por benevolência ou um samurai em busca de um sentimento de auto-estima. Em resultado desta educação alargada, a taxa de alfabetização no final do período foi estimada em 45% para os homens e 15% para as mulheres, o que dá um média de 30%. Supõe-se que esta fosse a mais elevada taxa mundial, nesta altura. Deu origem a uma tendência duradoura, pois ainda hoje o Japão possui a taxa de alfabetização mais elevada do mundo, com 99%.

Outra ironia confucianista derivava de o seu encorajamento da obediência ao governante levantar inevitavelmente a questão de quem era exactamente o governante. Não passou despercebido a uma população progressivamente mais instruída que, na China, o governante era o imperador. Tal significava que o xogum podia ser visto como um usurpador.

As dúvidas acerca do xogunato intensificaram-se a partir do século XVIII com o renascimento do xintoísmo e de textos originais que lhe estavam associados, como o *Kojiki*. O xintoísmo e o *Kojiki* eram vistos como algo puramente japonês e tornaram-se parte do *kokugaku* ("ensino nacional"). De certa maneira, este renascimento era uma continuação da emergência da consciência nacional, estimulada pela lembrança ocasional do mundo exterior, devido a náufragos ou navios estrangeiros em busca de autorizações de aprovisionamento ou algo parecido. Era também expressão do sentimento de que o Japão era excessivamente chinês. Os letrados *kokugaku* incluíam figuras como Motoori Norinaga (1730-1801) e Hirata Atsutane (1776-1843). Motoori publicou uma versão anotada do *Kojiki* e era abertamente crítico dos aspectos de influência chinesa. Hirata argumentou a favor da superioridade do xintoísmo e do Japão e seria em parte inspirador do nacionalismo e do imperialismo posteriores.

A idealização do caminho do samurai, o renascimento do confucianismo, a expansão do ensino e a emergência do nacionalismo tiveram todos a sua função na formação do Japão moderno. Mas também faziam parte dele o conformismo e a ortodoxia que constituía a sua base.

3.3. A gente comum, a cultura e a economia

Edo transformou-se rapidamente num centro de enorme actividade. A localização aí do xogunato e a presença alternada dos dáimios e dos seus servidores tornou tal facto inevitável. No final do século XVIII, tinha cerca de um milhão de habitantes, o que a tornava a maior cidade do mundo. Fazia de tal maneira parte da vida deste tempo que o período como um todo é muitas vezes designado popularmente como o Período de Edo.

Mas este não era o único centro de actividade. Osaca e Quioto tinham ambos cerca de meio milhão de habitantes. As cidades brotavam ao longo das estradas que os dáimios e os seus cortejos usavam para prover às suas muitas necessidades. Desenvolveram-se centros de troca onde os representantes dos dáimios podiam converter em dinheiro a colheita de arroz dos seus domínios. Apesar das restrições às deslocações e da crueldade das punições aos vagabundos das cidades, muitos camponeses afluíam a estas para tentar a sua sorte nesta nova actividade económica.

Este variado povo-das-cidades (*chonin*) ajudou a criar uma cultura nova e vibrante. O seu dinamismo contribuiu para a desintegração da ortodoxia rigorosa que o xogunato pretendia.

Os mercadores ricos tiveram um papel particular nesta nova cultura burguesa. Não era para eles o refinado e contido teatro *no* dos aristocratas. Preferiam o colorido e a ostentação do *kabuki*, com os seus movimentos exagerados, enredos melodramáticos simples e efeitos cénicos como os alçapões e os palcos giratórios. Ou então, afluíam "ao teatro de marionetas", o *bunraku*. Não era para eles a sensibilidade refinada da poesia aristocrática. Preferiam os versos curtos e frequentemente divertidos como os *haiku* e os *senryu* ([31]). Gostavam de livros de humor inteligente (*sharebon*), romances populares (*yomihon*), histórias de mercadores de sucesso (*choninmono*) e livros eróticos (*koshokubon* ou *ukiyo-zoshi*) ([32]). Gostavam de gravuras coloridas em madeira, que eram muitas vezes sexualmente explícitas. Estas eram conhecidas como *shunga* ("imagens da primavera") ou, mais geralmente, como *ukiyo-e*, "imagens do mundo flutuante". "Mundo flutuante" era originalmente uma expressão usada pelos sacerdotes para se referirem à transitoriedade da vida, mas na Época de Edo passou a significar o mundo das relações humanas e, em particular, o das relações sexuais.

A sexualidade era muitas vezes objecto de representação teatral para os visitantes ocidentais. Aliás, era um tema que preenchia grande parte da cultura burguesa em particular ([33]). As primeiras actrizes do *kabuki* não se distinguiam muito das prostitutas e os espectáculos degeneravam frequentemente em orgias. Alarmado com esta desordem, o xogunato baniu do palco as mulheres ([34]). No entanto, os actores masculinos que as substituíram procederam exactamente do mesmo modo. O xogunato ordenou-lhes que moderassem o seu comportamento e vigiava os espectáculos, mas, neste aspecto e excepcionalmente, revelou-se incapaz de alterar o rumo das coisas.

Esta foi também a época da gueixa ("pessoa artística"), que muitas vezes era um homem. Fossem homens ou mulheres, na maioria dos casos as gueixas eram pouco mais do que prostitutas com alguns talentos artísticos, porque, embora tocassem o *shamisen* e soubessem recitar poesia, também vendiam os seus corpos. O xogunato conseguiu exercer pelo menos algum controlo, confinando as gueixas e as prostitutas a "bairros de prazer" específicos em cada cidade, como Yoshiwara em Edo ([35]).

Enquanto o povo das cidades em geral prosperava, o mesmo não ocorria sempre com os camponeses, que constituíam a maior parte da população. Houve más colheitas e fomes, devido à instabilidade climática. Era grande o peso dos impostos em muitos domínios senhoriais e foi causa de revoltas. A má administração em alguns destes domínios contribuiu para os seus problemas. Houve também muitos camponeses que não conseguiram enfrentar com êxito as cada vez mais incertezas económicas da especialização e da comercialização das culturas agrícolas, como sucedia nas culturas de rendimento, de que são exemplo a seda, o algodão, o tabaco, o açúcar e o chá ([36]). Na prática, os agricultores que não tinham êxito entregavam muitas vezes as suas terras a outros e tornavam-se rendeiros, apesar das leis em contrário. Em consequência, aumentou a diferença entre ricos e pobres.

Contudo, no cômputo geral, o grau de miséria do campesinato tem sido exagerado. A estagnação da população, a partir do meio do período, em cerca de 30 milhões de habitantes tem sido frequentemente atribuída ao infanticídio praticado nas famílias de agricultores pobres. Este ocorreu, com certeza, mas nem sempre em resultado de uma pobreza desesperada. Muitas vezes era praticado simplesmente para aumentar o nível de vida, tal como actualmente muitas famílias limitam o número de filhos. Ou seja, era frequentemente uma forma de contracepção "pós-natal" ([37]).

Por razões análogas, a dimensão das famílias era por vezes aumentada através da adopção para incrementar a eficiência económica, porque cada família era uma unidade de produção ([38]). Tal como as aldeias eram unidades responsáveis pela produção das colheitas e pelos impostos, perante o senhor do domínio, no seio das aldeias eram as famílias extensas (*ie*), e não os indivíduos, que constituíam tais unidades. Os laços de sangue não eram particularmente importantes para estas famílias.

Apesar dos casos de fracasso e das dificuldades, as condições de vida ao longo do período melhoraram, tanto para o campesinato como para a sociedade em geral ([39]). De facto, as diversas leis que regulavam o consumo e que foram sendo aprovadas ao longo do período são um sintoma de que a riqueza estava a aumentar. Um decreto publicado pelo xogunato em 1788 estabelecia ([40]):

> É costume, desde há muito, entre os camponeses, usar vestuário simples e atar o cabelo com palha. No entanto, ultimamente, acostumaram-se aos luxos e esqueceram o seu estatuto. Usam vestuário que é próprio dos que possuem um estatuto mais elevado e usam óleo e *motoyui* [corda] para atar o cabelo. Usam agora sombrinhas e *kappa* [impermeáveis] para a chuva, em vez de chapéus de palha e *mino* [capas de palha]. Como as despesas aumentam por causa disto, as aldeias declinam e as pessoas deixam-nas [...] Os camponeses não devem esquecer qual é a sua posição na vida. Dedicarem-se ao comércio ou haver cabeleireiros nas aldeias é faltar ao respeito. Por isso, devem ser evitados pelos camponeses todos os luxos. Devem viver com simplicidade e dedicar-se à agricultura.

Melhores condições de vida são sintoma de uma economia saudável. As razões que concorrem para esta reflectem um misto de astúcia e de circunstâncias favoráveis:

- a taxa de crescimento da produção foi superior à taxa de crescimento da população, resultado, em parte, da consciência da relação entre eficiência económica e dimensão da família (a unidade de produção e de consumo), mas também da melhoria da tecnologia agrícola ([41]);
- a elevada taxa de alfabetização ajudou a divulgar a nova tecnologia e a expandir a eficiência da actividade económica em geral;

- o sistema de presença alternada fez aumentar a necessidade de os dáimios obterem liquidez para fazer face às suas enormes e diversificadas despesas, levando à criação de mecanismos sofisticados de venda em segunda mão e de troca e a uma economia monetária evoluída([42]);
- em resultado do aumento da actividade económica, desenvolveu-se a diversidade e a especialização (quer das regiões, quer dos trabalhadores), o que impulsionou ainda mais a eficiência, o comércio e a monetarização;
- a estabilidade nacional em termos de paz e de estruturas políticas proporcionou um ambiente favorável;
- devido ao sistema de classes, os mercadores não eram levados particularmente a sério pelo xogunato; foi-lhes concedido um considerável grau de autonomia e eram relativamente pouco sobrecarregados de impostos ([43]).

A ascensão do mercador foi particularmente importante para o futuro do Japão. Foi neste período que se desenvolveram algumas enormes casas de comércio, como a Mitsui e a Sumitomo ([44]). A própria noção de obter lucro, que tinha sido antes ridicularizada pela classe dirigente como pouco digna, tornou-se gradualmente mais aceitável. Ishida Baigan (1685-1744) desenvolveu mesmo uma filosofia que exaltava a actividade lucrativa e o papel do mercador ([45]).

A ascensão do mercador, contudo, era também mais um factor que, afinal, ajudava a arruinar a política dos Tokugawa. Evidentemente, um sistema de classes que colocava os mercadores no fundo da escala estava a perder a noção da realidade e esta realidade mostrava que não era raro os dáimios estarem fortemente endividados aos mercadores e serem, em alguns casos, controlados por eles. A alguns mercadores foram concedidos privilégios de samurais e alguns samurais, por seu lado, dedicaram-se ao comércio. O rígido sistema de classes, um pilar da política dos Tokugawa, estava claramente a tornar-se mais flexível.

3.4. O regresso dos diabos estrangeiros e a queda do xogunato

Com a presença dos Holandeses em Nagasáqui manteve-se algum contacto com o Ocidente. Havia também interesse no "conhecimento ocidental" (*Yogaku* ou *Rangaku*), especialmente nas ciências, e até uma considerável admiração ([46]). Estudiosos médicos como Engelbert Kaempfer (1651-1716) e, mais tarde, Philipp Franz von Siebold (1796--1866), que eram alemães mas empregados como médicos pela colónia holandesa de Nasaki, causaram uma impressão particularmente forte.

De tempos a tempos, alguns ocidentais desembarcavam sem autorização neste país fechado, umas vezes intencionalmente outras não. Com muito poucas excepções, foram executados ou expulsos. A partir do fim do século XVIII, à medida que as potências ocidentais se tornaram mais activas no Pacífico e no Leste da Ásia, alguns países fizeram tentativas de restabelecer relações, pelo menos de modo a permitir-lhes o direito de reaprovisionamento dos seus navios. Também estas ficaram votadas ao fracasso. A Rússia tentou e falhou em 1792 e de novo em 1804. A Grã-Bretanha tentou em 1797, 1808 e 1818. A América, cujos navios baleeiros operavam em águas próximas do Japão, tentou em 1791, 1797 e 1837 e, de modo particularmente insistente, em 1846 e 1849 ([47]).

Em meados do século XIX, o xogunato tinha chegado à conclusão de que os ocidentais, provavelmente, não iriam deixar o Japão no seu isolamento. Porém, tendo visto o que estava a acontecer à China com as suas guerras do ópio induzidas pelos ocidentais, estava ainda mais determinado a mantê-los ao largo. Com o apoio de nacionalistas dedicados, ainda tentou evitar o debate da questão das relações com os ocidentais. Takano Choei (1804-1850) foi preso e depois obrigado a suicidar-se pela sua "audácia" em insistir na abertura do país ao contacto estrangeiro. Até mesmo a perspectiva de compromisso de Sakuma Shozan (1811-1864), que advogava uma mistura de pontos fortes japoneses e ocidentais e que criou o lema "*Toyo no Dotoku, Seiyo no Gakugei*" ("Ética Oriental, Ciência Ocidental"), bastou para que fosse assassinado.

Os nacionalistas mais radicais popularizaram o lema "*Sonno Joi*" ("Reverenciemos o imperador, expulsemos os bárbaros"). O sentimento xenófobo pode ter encontrado acolhimento no xogunato, mas a outra parte do lema não foi tão bem recebida, porque revelava uma ameaçadora falta de respeito pelo próprio xogunato.

A partir de cerca de 1830, em particular, havia um sentimento crescente de que o xogunato estava a perder o controlo e com isso veio a falta de respeito. Não conseguira responder com eficácia a uma grave fome nos anos de 1833-1837 ([48]). Em 1837, houve mesmo um apelo à insurreição liderado por Oshio Heihachiro (1793-1837), um funcionário confucianista em Osaca, que há muito se indignava com a ineficiência e a corrupção da administração. A insurreição de Oshio foi de pequena dimensão, mas provocou uma acrescida falta de respeito pelo xogunato, devido à incompetência revelada na tentativa de a dominar ([49]). O próprio Oshio, embora obrigado a suicidar-se, transformou-se num símbolo da luta do povo comum contra a corrupção e a ineficiência da administração e os mercadores gananciosos tolerados pelo regime. O xogunato encetou algumas reformas, mas estas revelaram-se ineficazes.

Deste modo, os samurais, que constituíam, na maioria dos casos, essa mesma administração, também perderam o respeito. Este facto veio juntar-se às suas frustrações anteriores por terem sido privados do seu papel de guerreiros. E até a sua competência militar estava agora a ser posta em causa ([50]).

A questão atingiu o auge com a visita, em Julho de 1853, do comodoro norte-americano Matthew Perry (1794-1858), que entrou na baía de Edo com quatro navios a vapor. Perry tinha ordens oficiais para pedir três coisas: tratamento mais humano para os náufragos, a abertura dos portos para aprovisionamento e fornecimento de combustível e uma idêntica abertura ao comércio. Era um homem determinado, disposto a usar a força, se necessário fosse, e teve o cuidado de se certificar de que os Japoneses estavam cientes da sua determinação e do potencial do seu armamento, tendo-lhes mesmo oferecido bandeiras brancas para facilitar a sua rendição ([51]). Depois de os presentear também com uma carta do Presidente americano para o Imperador do Japão, zarpou com a promessa de voltar no ano seguinte para uma resposta.

Houve muita confusão e discussões depois da partida de Perry. O xogunato tomou mesmo a iniciativa sem precedentes e humilhante de solicitar a opinião dos dáimios. No entanto, foi, de facto, incapaz de resistir. Quando Perry regressou, em Fevereiro de 1854, com uma frota maior de nove navios, o xogunato concordou com o tratado. No tratado de Kanagawa, de Março de 1854, o xogunato aceitava os pedidos americanos, incluindo o direito de ter um funcionário consular no Japão. O primeiro cônsul, Townsend Harris (1804-1878), assumiu formalmente o seu cargo no porto de Shimoda, em 1856. As portas do país fechado tinham sido obrigadas a abrir.

Sucederam-se rapidamente tratados semelhantes com outras potências: a Grã-Bretanha em 1854, a Rússia em Fevereiro de 1855 e a França e a Holanda pouco depois. Qualquer concessão futura a uma delas conduzia a concessões semelhantes às demais, pois todas beneficiavam do estatuto de "nação mais favorecida". O Japão perdeu o controlo das sua próprias pautas aduaneiras. Estes "tratados desiguais", impostos pela "diplomacia de canhoeira", eram humilhantes para os Japoneses. Concessão particularmente vexatória era o direito de extraterritorialidade, segundo o qual os estrangeiros que transgredissem a lei eram julgados pelo seu próprio cônsul, e não pelas autoridades legais da nação de acolhimento. Tal significava, claramente, relegar o Japão para um estatuto de "nação não civilizada", o que ofendeu bastante o orgulho e a sensibilidade dos Japoneses, porque eram os diabos estrangeiros, e não eles, que supostamente eram bárbaros ([52]).

Comerciantes e aventureiros ocidentais chegaram em elevado número ([53]). Nem sempre procediam bem nem eram, politicamente, os melhores diplomatas. Aliás, alguns nacionalistas, sobretudo entre os samurais, precisavam de pouca provocação, ou nem precisavam dela, para os atacar ([54]).

A incapacidade do xogum para lidar efectivamente com a "ameaça" estrangeira, apesar da sua função como suposto protector militar do Japão, foi o dobre de finados para o xogunato. Aumentou a oposição que lhe era movida, representando os opositores uma mistura de oportunismo político e genuína preocupação com o bem--estar da nação ([55]).

Não surpreende que a maior oposição tenha vindo dos domínios *tozama*, em particular de Satsuma, no sul de Kyushu, e de Choshu, na ponta oeste de Honshu. Satsuma e Choshu eram domínios extensos e poderosos, que tinham como traço comum a antipatia pelo xogunato, embora tradicionalmente não tivessem muitas simpatias um pelo outro.

Os nacionalistas de Choshu eram especialmente fervorosos. Um dos seus homens, Yoshida Shoin (1830-1859), tinha tentado, sem sucesso, partir clandestinamente a bordo de um dos navios de Perry para conhecer o Ocidente e, desse modo, tornar o Japão mais forte. Pouco depois, foi executado por ter conspirado para assassinar um representante do xogunato, tornando-se um mártir da causa *Sonno Joi*.

Em Julho de 1863 e de novo em Setembro de 1864, enfurecido com a inacção do xogunato, Choshu começou mesmo a disparar contra navios estrangeiros no Estreito de Shimonoseki (adjacente ao seu domínio). Sofreu represálias das forças britânicas e americanas, perdendo muitos dos seus navios e vendo destruídas muitas das suas bases militares. O xogunato concluiu que também ele tinha de castigar Choshu, enviando forças punitivas em 1865 e 1866. Todavia, as forças reorganizadas de Choshu, que usavam agora milícias camponesas, para além dos samurais, resistiram com sucesso a estas forças do xogunato.

A histórica resistência de Choshu contra o xogunato dos Tokugawa, pois fora a primeira vez que um domínio o desafiara com êxito, foi favorecida pela decisão de Satsuma de não se juntar às forças do xogunato. Ambos os domínios rivalizavam pelos favores de uma corte imperial que aproveitou então a oportunidade para se reafirmar, após muitos séculos em que apenas tivera um papel simbólico. Ambos os domínios tinham lutado entre si recentemente (em 1863), por causa dessa rivalidade, e Satsuma tinha ganho. No entanto, pouco depois formaram uma aliança. Também esta aliança era histórica.

Em Janeiro de 1867, houve novo xogum, Yoshinobu (1837-1913, também conhecido por Keiki). Parecia ser um indivíduo capaz, contra o que era hábito, levando a cabo algumas reformas administrativas úteis. Parecia também desejar bastante a reaproximação construtiva do xogunato com a corte. Os opositores a este tinham agora de agir com rapidez. Um adiamento poderia ser-lhes fatal e permitir que o xogunato reestruturado continuasse.

Uma aliança de domínios *tozama*, liderada por Satsuma e Choshu e auxiliada por Iwakura Tomomi (1825-1883), um nobre da corte com ligações a Choshu, conseguiu obter um rescrito imperial apelando à abolição do xogunato. A 3 de Janeiro de 1868, apoiados neste rescrito, ocuparam o palácio e declararam a "restauração imperial". Embora a oposição dos defensores do xogunato continuasse durante algum tempo, após um período breve de indecisão e resistência descoordenada, o próprio Yoshinobu aceitou esta declaração. Retirou--se para Shizuoka, onde viveu pacificamente os restantes 45 anos da sua existência.

O imperador, que via agora restaurado o seu poder, era um rapaz de 15 anos de nome Mutsuhito (1852-1912) e ficaria conhecido postumamente como Meiji ("poder iluminado"). Tinha ascendido ao trono apenas um ano antes, em Janeiro de 1867, por morte do pai, Komei (1831-1867, r. 1846-1867). A morte de Komei está envolta em controvérsia, podendo ter sido envenenado ([56]). Não tinha apoiado totalmente o movimento de restauração imperial, preferindo a união entre a corte e o xogunato. A sua morte foi com certeza conveniente, porque permitiu obter o importantíssimo rescrito de autorização imperial. Também afastava a possibilidade de o imperador ser um adulto relutante e difícil, deixando em seu lugar, como chefe de Estado, um rapaz potencialmente manipulável.

Em todo o caso, o poder dos xoguns, que durara quase 700 anos, tinha terminado. Os diabos estrangeiros estavam de volta e parecia que não se iriam embora. Quando estes diabos apareceram pela primeira vez, um desenho humorístico popular, baseado na tradição japonesa dos "concursos de peidos" (*he-gassen*), mostrava os ocidentais despedaçados por peidos japoneses ([57]). Mas este cenário era, por assim dizer, apenas vento. Os diabos estrangeiros não iriam ser varridos desta maneira. Pelo contrário, tinham sido os estrangeiros a, metaforicamente falando, rebentar com as portas do país fechado. O poder dos peidos ocidentais prevalecera.

Sinopse da III Parte

O senhor da guerra Tokugawa Ieyasu e os seus sucessores imediatos souberam consolidar o processo de unificação que começara na segunda metade do século XVI. Prosseguindo os êxitos e, em muitos casos, as políticas eficazes de Oda Nobunaga e Toyotomi Hideyoshi, foram capazes de revitalizar o xogunato. Este foi ocupado pela família Tokugawa durante dois séculos e meio. O primeiro impulso da política dos Tokugawa foi manter o Japão, tanto quanto possível, numa situação de ortodoxia controlada. Tal requeria anular a ameaça ocidental, simbolizada pela ameaça do cristianismo à autoridade do xogunato, e encerrar efectivamente o Japão ao resto do mundo. Outros mecanismos de controlo incluíam a presença alternada obrigatória dos dáimios na base do xogunato, em Edo, a redistribuição estratégica dos domínios, a separação hierárquica das classes, restrições às viagens e aos transportes, o recolher obrigatório, a vigilância, a responsabilidade colectiva e regulamentos minuciosos até para a vida quotidiana. O incumprimento da regulamentação implicava geralmente uma punição severa.

Contudo, ao longo do tempo, aconteceram transformações internas importantes, apesar do ideal de manutenção do *statu quo*. Em particular, ocorreram mudanças na ordem social causadas pelo desenvolvimento socioeconómico. Este assistiu à emergência de uma classe mercantil poderosa e ao enfraquecimento geral dos samurais, agora redundantes, que, na prática, se tornaram burocratas, mas, ironicamente, foram também transformados em ideais. Emergiu uma cultura burguesa vibrante, centrada nestes mercadores. Para além disso, a promoção do confucianismo, com a intenção de apoiar a ortodoxia e a ordem, ironicamente tanto promoveu o nível educacional como o pensamento crítico. Com a sua ênfase no imperador como poder supremo, também levantou questões relativamente à legitimidade do xogunato. Devido, em parte, ao que se considerava ser uma influência chinesa demasiado grande, emergiu também o espírito nacionalista, que olhava para o passado e se centrava no xintoísmo e no imperador. Estes desenvolvimentos não foram de maneira alguma favoráveis ao xogunato, que estava também minado pela corrupção e pela incompetência.

Em qualquer caso, a queda do xogunato poderia ter acontecido devido a estes factores internos, mas, de facto, o seu fim foi antecipado pelo regresso das potências estrangeiras em meados do século XIX. Exigiram o estabelecimento de relações comerciais e outros direitos e impuseram tratados que eram humilhantes para o Japão. A incapacidade do xogunato para defender a nação contra a ameaça externa, apesar do suposto papel do xogum como seu protector militar, abriu o caminho para um efectivo golpe de Estado, levado a cabo pelos "domínios exteriores" que há muito se lhe opunham, em particular Satsuma e Choshu. A sua acção era uma mescla de oportunismo e nacionalismo genuíno. O último xogum foi obrigado a resignar pouco depois, no início de 1868. Foi "reposto" no poder pelos samurais destes domínios um imperador adolescente, simbolizando uma nova era na história do Japão.

Os principais desenvolvimentos deste período estão sintetizados no quadro 3.1. Houve também valores e práticas com relevância continuada para o Japão. Alguns foram o resultado da necessidade, outros foram, aparentemente, o resultado de escolhas. Encontram-se resumidos no quadro 3.2.

Alguns destes aspectos, como o conformismo e a obediência, a educação e o confucianismo, o nacionalismo e o mal-estar face aos estrangeiros, tiveram uma relevância óbvia e particular para o Japão contemporâneo. A idealização dos samurais também foi importante, não apenas em si mesma, mas como um símbolo do mascarar da história real.

Quadro 3.1 Principais desenvolvimentos no Período Tokugawa

Desenvolvimentos	Data aproximada
Restabelecimento do xogunato	início do século XVII
Expulsão dos estrangeiros, abolição do cristianismo	primeira metade do século XVII
Aplicação de políticas de controlo pelo xogunato	meados do século XVII
O samurai passa a ser um burocrata	a partir de meados do século XVII
Desenvolve-se uma nova cultura burguesa	a partir de meados do século XVII
Desenvolve-se o nacionalismo baseado no xintoísmo	a partir do início do século XVIII
A população estabiliza, a economia prospera	a partir do início do século XVIII
A educação alarga-se	a partir de meados do século XVIII
Os estrangeiros voltam a "importunar"	a partir de finais do século XVIII
Surgimento da insatisfação pública com o xogunato	a partir do início do século XIX
Os estrangeiros regressam em força, o país abre-se de novo, o Japão é humilhado	a partir da década de 50 do século XIX
Os samurais dos domínios exteriores desafiam o xogunato	a partir do início da década de 60 do século XIX
O xogunato é derrubado por um golpe, o imperador vê restaurado o seu poder	em finais da década de 60 do século XIX

Quadro 3.2. Valores e práticas fundamentais no Período Tokugawa

- ortodoxia e conformismo generalizados
- obediência generalizada à autoridade, pelo menos formalmente, e ideia de "liberdade dentro de certos limites"
- distinção permanente entre autoridade formal e poder real e, em consequência, entre forma exterior e substância interior
- preferência continuada para identificar o "errado" com a desordem e a desobediência, e não com o mal
- atitude "moralmente permissiva" em relação à sexualidade

- responsabilidade colectiva, posta em prática com a vigilância e as punições severas
- prudência em relação aos estrangeiros, com uma forte consciência da distinção entre grupo interno e externo
- competência económica, mesmo em muitas famílias camponesas
- materialismo entre muitos não samurais
- consciência permanente de que a vida pouco vale
- valorização da educação
- reaparecimento do confucianismo adaptado ao Japão
- idealização do caminho do samurai
- sentimento nacionalista crescente, com uma distinção particularmente forte entre o Japão e o resto do mundo
- por fim, sentimento de humilhação pelas potências estrangeiras

Alguns outros aspectos ajudam a explicar paradoxos mais antigos. Por exemplo, a dura imposição da responsabilidade colectiva contribuiu para a supressão da expressão evidente do interesse próprio. Tal sugere que o anterior paradoxo medieval da manifestação do interesse próprio, apesar das normas legais de responsabilidade colectiva, se ficava a dever à incapacidade das autoridades dessa época para imporem o cumprimento da lei com suficiente rigor.

Notas

([1]) Encontra-se uma tradução em Tsunoda *et al.* 64, vol. 1, pp. 326-329.

([2]) Vd. Hearn 1904, p. 193.

([3]) Sato 90, p. 41. Vd. também Hanley e Yamamura 77, pp. 89-90. A Proclamação de Keian, de 1649, feita por Iemitsu, xogum entre 1623 e 1651 e neto de Ieyasu, é um bom exemplo de tais prescrições.

([4]) O sistema resultava de uma pequena alteração ao sistema chinês, nomeadamente em relação à primazia do guerreiro.

([5]) Em teoria, a impureza era definida, com base em fundamentos religiosos, como *kegare* (profanação) xintoísta. Este conceito era anterior ao Período de Nara e referia-se sobretudo à sujidade física, à morte e à doença grave, mas, na prática, acabou por designar um conjunto amplo de "coisas indesejáveis", incluindo, em alguns casos, ser um estranho ou uma ameaça. A menstruação também se incluía na *kegare*, o que significava que as mulheres, em geral, eram consideradas impuras, embora, obviamente, não fossem afastadas da sociedade convencional. No entanto, era-lhes vedada a entrada em lugares sagrados, como o Monte Fuji (e, de facto, ainda hoje são banidas de algumas montanhas), o que acontecia apesar de Amaterasu, a principal divindade do xintoísmo, ser mulher.

([6]) A adopção interclassista estava longe de ser um fenómeno raro e a riqueza podia também operar maravilhas no favorecimento do *status*. A distinção entre artesão e mercador era sempre pouco nítida e na última fase do período também se tornou confusa, sobretudo devido ao trabalho realizado, em tempo parcial, nas duas esferas de actividade. Havia mesmo alguma sobreposição entre os extremos teóricos do samurai e do mercador, sobretudo nos primeiros tempos, quando o comércio com o exterior ainda era permitido. O xogunato e a maioria dos dáimios usavam "mercadores favorecidos", que, nessa altura, provinham pelo menos da classe dos samurais, apesar das suas actividades mercantis. Mais tarde, nesse mesmo período, a alguns mercadores foram também concedidos determinados privilégios dos samurais, como o de usar espada. Aliás, no final deste período, havia ainda casos de samurais dedicados à actividade mercantil. Ao longo de toda esta época, havia igualmente uma certa confusão de classe entre camponês e samurai, porque também aos chefes de aldeia foi muitas vezes concedido o privilégio do uso da espada.

([7]) Bolitho 83, p. 53.

([8]) Nakai e McClain 91, pp. 544-545, e Reischauer e Craig 79, p. 86.

([9]) Vd. Cooper 65, p. 154.

(10) Carletti descreve os anos de 1597-1598, mas os seus comentários também valem para as penas aplicadas alguns anos mais tarde. Vd. Cooper 65, pp. 156-158, e também, nas pp. 166-167, a nota relacionada.
(11) Vd. Cooper 65, p. 159.
(12) Cooper 65, notas da p. 167.
(13) Vd. também Cooper, notas da p. 165.
(14) Este facto relaciona-se com a distinção entre grupo interno e grupo externo, encarnada nos conceitos japoneses de *uchi* (dentro ou casa) e *soto* (fora), que são considerados básicos na formação dos grupos japoneses e na consciência de pertença e de identidade. Estes conceitos foram amplamente discutidos por muitos comentadores. Vd., por exemplo, Nakane 70 e Bacnik e Quinn 94.
(15) Befu 68, p. 314.
(16) Vd. Haley 91, especialmente as pp. 57-62, e Haley 92, pp. 42-43.
(17) Vd. Massarella 90, pp. 359-363.
(18) Vd., por exemplo, os diversos relatos contemporâneos que constam do cap. 22 ("Persecution") de Cooper 65, pp. 383-398 (especialmente a p. 390).
(19) Elison 83b.
(20) Massarella 90, pp. 343-344.
(21) Encontra-se em Boxer 68 uma descrição detalhada dos Holandeses e da sua base em Deshima. Continuar o comércio com o Japão poderia ter sido um privilégio concedido a outra nação não predominantemente católica, a Inglaterra, se o xogunato não tivesse sobrestimado a dimensão do catolicismo inglês, tendo talvez sido deliberadamente enganado pelos Holandeses, desejosos de garantir para si o exclusivo dos privilégios comerciais. Vd. Massarella 90, pp. 359-363.
(22) As excepções incluíam algumas relações com a Coreia, estando sediada em Pusan uma *wakan* (Casa do Japão). Havia um número surpreendentemente elevado de Japoneses fora do país à data desta proibição. Os comerciantes (e os piratas) japoneses operavam tão longe como o Oceano Índico e o Mar de Arafura, perto do Norte da Austrália. Também havia muitos Japoneses a residir de facto no estrangeiro. Havia uma colónia de cerca de 3000 Japoneses nas Filipinas, havia muitos no Sião (Tailândia) e a residir tão longe quanto Seram (no Sudeste da actual Indonésia). Estas colónias acabaram por ser absorvidas pelas comunidades locais. Vd. Bolitho 93, p. 69, para mais exemplos da dimensão da actividade dos Japoneses fora do seu país, nesta época, e também Massarella 90, sobretudo as pp. 35-136. Vd. também Frei 91, sobretudo as pp. 14-15. Frei estima que, entre 1604 e 1635, cerca de 100 000 Japoneses deixaram as praias do Japão, 10 000 dos quais podem ter ficado a residir permanentemente no exterior.
(23) O selo era popularmente chamado *maru* (círculo), o qual é ainda hoje usado como terminação do nome dos navios japoneses (analogamente às siglas inglesas SS e HMS).
(24) Morris-Suzuki 96, p. 83.
(25) *Ibidem.*
(26) Muitos outros se lhe seguiram, inclusive na contemporaneidade. Um dos mais conhecidos foi Nitobe Inazo (1862-1933), que tentou explicar o Japão ao mundo no início do século XX e considerou o *bushido* a característica nacional essencial. Vd. a sua obra de 1905 *Bushido: The Soul of Japan.*
(27) Vd. a tradução de *Shido* (O Caminho do Samurai) em Tsunoda *et al.* 64, vol. 1, pp. 389-391 e, sobretudo, a p. 390.

(28) Crê-se que o texto se baseia, postumamente, num manuscrito do erudito confucianista Kaibara Ekiken, ou Ekken (1631-1714). Vd. a tradução parcelar em Paulson 76, p. 11.

(29) Leupp 95, p. 3. Vd. também as pp. 47-55 para uma análise detalhada da homossexualidade entre os samurais.

(30) Leupp 95, p. 95. Vd. também a p. 20 sobre a tolerância confucianista da homossexualidade.

(31) O poeta *haiku* mais notável foi Matsuo Basho (1644-1694). Os *haiku* e os *senryu* são ambos versos de 17 sílabas. Em geral, o primeiro foca o mundo da natureza e o segundo o mundo humano.

(32) Muitos dos géneros desse tempo, em particular o *choninmono* e o *koshokubon*, foram cultivados pelo escritor Ihara Saikaku (1642-1693).

(33) Como notaram muitos comentadores, a sexualidade continua a estar muito presente na vida quotidiana da sociedade japonesa, como se pode verificar pela enorme quantidade de pornografia e pela frequência das relações extraconjugais e dos crimes sexuais. Vd., por exemplo, Buruma 85, que, entre outras coisas, estabelece uma relação directa entre a actual pornografia e as gravuras desta época.

(34) Não era apenas o caos que preocupava o xogunato. Muitos samurais, mercadores e camponeses assistiam aos espectáculos e envolviam-se com os actores, que eram sempre "párias". Esta mistura das classes não era considerada desejável. Para detalhes das associações entre o *kabuki* e o sexo, inclusive do frenesi sexual durante as representações, vd. Leupp 95, pp. 130-131 e 90-92.

(35) Para um estudo detalhado sobre as gueixas, que eram invariavelmente homens até meados do século XVIII, vd. Dalby 83 e Downer 00. Para Yoshiwara, vd. Seigle 93. O *shamisen* é um instrumento de três cordas parecido com o alaúde.

(36) Reischauer e Craig 79, pp. 98-99.

(37) Vd. Hanley e Yamamura 77, sobretudo as pp. 226, 324 e 330-331.

(38) Hanley e Yamamura 77, p. 227.

(39) Reischauer e Craig 79, p. 98.

(40) Vd. Hanley e Yamamura 77, pp. 88-90.

(41) Vd. Sato 90, sobretudo as pp. 62-72, para um estudo detalhado dos desenvolvimentos tecnológicos.

(42) A maioria dos dáimios vendia o excedente de arroz do seu domínio, mas outros vendiam a dinheiro um leque de produtos que reflectia uma especialização crescente, como a cana-de-açúcar do domínio Satsuma da família Shimazu, no Sul de Kyushu. Os seus mecanismos sofisticados incluíam, no século XVIII, um mercado de futuros. Vd. Reischauer e Craig 79, pp. 94-95.

(43) Reischauer e Craig 79, pp. 96-97, e Mason e Caiger 72, pp. 176-177.

(44) Vd. Sakudo 90 para uma análise detalhada do desenvolvimento das casas de comércio.

(45) Vd. Morris-Suzuki 89, pp. 26-30. Morris-Suzuki analisa no seu livro outros pensadores da economia que pertencem a este período.

(46) O confucianista Arai Hakuseki era uma das figuras respeitadas que expressavam abertamente a sua admiração pela ciência ocidental.

(47) Vd. Reischauer e Craig 79, pp. 116-117, para uma análise destas várias tentativas. Vd. também Beasley 89a para uma análise mais completa das visitas estrangeiras em geral.

([48]) Bolitho 89 analisa em detalhe a fome e as suas consequências, bem como a ameaça estrangeira nessa época.

([49]) Jansen 89, p. 309.

([50]) Bolitho 89, p. 126.

([51]) Vd. o extracto do seu diário em Pineau 68, p. 92. Acerca das bandeiras brancas (um assunto que Perry, depois de reflectir, preferiu não mencionar nos seus relatórios), vd. Jansen 00, p. 277.

([52]) Vd. Steele 03, em especial o cap. 1, para uma análise das várias reacções do povo à presença ocidental.

([53]) A companhia de comércio britânica Jardine Matheson, por exemplo, construiu uma base em Yokohama, no final da década de 50 do século XIX. Vd. Williams 72, pp. 85-88. O livro de Williams é apenas uma entre várias antologias de relatos escritos por estrangeiros e acerca de estrangeiros no Japão durante as décadas de 50 e 60 do século XIX (e, nalguns casos raros, mesmo anteriores, isto é, antes de Perry) que fornecem perspectivas exteriores interessantes sobre vários aspectos da vida do país, nesta época. Para outro relato particularmente interessante, vd. Black, 1883/1968.

([54]) Em teoria, o xogunato recusou aceitar a responsabilidade pela segurança dos ocidentais fora de áreas pré-designadas, embora, na prática, executasse rapidamente qualquer agressor. Houve alguns ataques a estrangeiros por parte de nacionalistas radicais, sendo um dos mais famosos o assassínio de Charles Richardson, um homem de negócios inglês, em 1862. Richardson fazia parte de um grupo de quatro Britânicos (incluindo uma mulher) que foram atacados quando cavalgavam nos montes por trás de Yokohama. Mesmo os edifícios oficiais não estavam ao abrigo de ataques, tendo a Legação Britânica em Edo sido atacada em 1861 e destruída pelo fogo em 1863.

([55]) Não devemos pensar que esta era necessariamente uma questão de tudo ou nada entre os que apoiavam o xogunato e os que apoiavam o imperador. Muitos dos que apoiavam o primeiro também respeitavam o segundo. Vd. Steele 03, p. 43.

([56]) O mais claro apoiante da teoria do envenenamento é Donald Calman, que afirma categoricamente que Komei foi assassinado. Parece que Ernest Satow (1843-1929), o reputado especialista do Japão, que estava no país nessa altura, também era dessa opinião, partilhada, aliás, por alguns médicos contemporâneos. Vd. Calman 92, pp. 90-93. Pelo contrário, Conrad Totman analisa a teoria do envenenamento, mas pensa que, de acordo com as provas disponíveis, foi a varíola a causa da morte. Vd. Totman 80, p. 287, e a nota 41 relacionada na p. 521. Jansen (89, p. 353, e 00, p. 324) afirma inequivocamente que Komei morreu de varíola. Mayo (74, p. 158) diz que a sua morte súbita, quando estava a recuperar da varíola, foi misteriosa, mas não acrescenta mais nada.

([57]) Vd. Steele 03, p. 14.

IV PARTE

A CONSTRUÇÃO DE UMA NAÇÃO MODERNA: O PERÍODO MEIJI (1868-1912)

4.1. A consolidação da restauração

Era pouco provável que o imperador Mutsuhito, a quem fora "restituído" o poder aos 15 anos de idade, exercesse sem conselho o seu "poder iluminado". Não surpreende que os seus conselheiros fossem os líderes samurais que apoiaram a sua causa. Estes eram, na sua maioria, de Satsuma e de Choshu, com alguns de outros domínios, como Tosa (em Shikoku) e Hizen (em Kyushu). No grupo de conselheiros havia também alguns, poucos, nobres da corte, como Iwakura Tomomi, na sua maioria destinados a conferir legitimidade ao que era, de facto, o novo governo.

De Satsuma vieram Okubo Toshimichi (1830-1878), Saigo Takamori (1827-1877) e Matsukata Masayoshi (1835-1924). De Choshu, Kido Koin (1833-1877), Inoue Kaoru (1835-1915), Ito Hirobumi (1841-1909) e Yamagata Aritomo (1838-1922). Eram todos novos, a maioria na casa dos trinta. A maior parte tinha também, originalmente, um estatuto bastante baixo na classe dos samurais.

Ito Hirobumi, que se tornaria na figura dominante no Período Meiji, era um exemplo da clássica história "do pobre que se tornou príncipe". Tendo nascido numa família de agricultores pobres, foi adoptado no início da sua adolescência, bem como o seu pai, pela família de um samurai de baixo estatuto. Devido aos seus cometimentos posteriores, entre os quais a destruição pelo fogo da Legação Britânica, foi feito samurai por direito próprio em 1863. Durante o Período Meiji, tornar-se-ia primeiro-ministro em quatro ocasiões e, por fim, obteve o título de "príncipe".

Estes jovens tinham uma dupla motivação. Por um lado, um desejo nacionalista genuíno de fazer o melhor pelo seu país, em face da ameaça estrangeira. Por outro, desejavam obter sucesso pessoal, um sucesso que sentiam que lhes fora negado no velho regime de xogunato ([1]). Dificilmente estariam condicionados pela dedicação ao antigo regime, mas também não estavam condicionados por um compromisso ideológico de completa restauração imperial, quer na prática, quer apenas nominalmente. Pretendiam simplesmente fazer o que fosse melhor, tanto para si como para o país. De momento, pelo menos, erguer a bandeira da restauração imperial parecia ser uma boa maneira de agir. Felizmente para eles e para a nação, possuíam uma maturidade e uma sabedoria superiores às que se esperaria da sua pouca idade. Felizmente para a família imperial, Mutsuhito fez o que lhe disseram.

O seu primeiro objectivo foi consolidar o novo regime. As pessoas tinham ficado bastante alarmadas com os acontecimentos turbulentos do golpe. A resposta à mudança traumática que se dera no seu mundo há tanto tempo definido foi uma espécie de histeria de massas ([2]). O povo necessitava que lhe assegurassem que a estabilidade – e não tanto o imperador – tinha sido restabelecida.

Era vital que a resistência armada, que se prolongava, fosse rapidamente dominada. Edo era um centro de resistência com cerca de 2000 militares, mas foi finalmente conquistada em Julho. Enomoto Takeaki (1836-1908), leal ao xogunato, tinha fugido de Edo com uma frota de navios de guerra e levara-os para Hokkaido, transformara esta ilha em república e obtivera algum reconhecimento por parte da América, mas foi derrotado em Junho do ano seguinte ([3]). A resistência ainda teria alguns assomos, sob várias formas, durante alguns anos, mas com a derrota de Enomoto a ordem foi efectivamente restaurada, pelo menos a curto prazo.

Era vital também que o próprio imperador desse algumas garantias, sobretudo quanto à maneira como o Japão iria lidar com a ameaça estrangeira. Em Abril de 1868, apenas três meses depois de ter sido restaurado no seu poder, ele e os seus conselheiros publicaram a Carta de Juramento (de Cinco Artigos) ([4]). Esta prometia

- a discussão pública de "todos os assuntos";
- a participação de todas as classes na administração do país;
- liberdade para todos se dedicarem à sua ocupação preferida;
- abandono dos "procedimentos errados do passado" (não especificados);

- procurar obter conhecimento em todo o mundo para fortalecer o país (ou, mais literalmente, "para fortalecer as bases do poder imperial").

Tornava-se evidente, a partir deste quinto artigo, que o novo governo não tencionava fazer frente à ameaça do estrangeiro, mas sim aprender com ele e integrar os seus pontos fortes. O anterior lema xenófobo "*Sonno joi*" ("Reverenciemos o imperador, expulsemos os bárbaros") seria em breve substituído por outros mais pragmáticos e construtivos como "*Wakon Yosai*" ("Espírito Japonês, Ensino Ocidental"). Esta abordagem da modernização era – irónica, mas, quase de certeza, também conscientemente – semelhante à dos governos dos períodos antigos de Yamato e de Nara. O passado era uma lição útil para os tempos modernos.

O Japão tinha sorte em poder dar-se ao luxo de aprender ao seu próprio ritmo e à sua maneira, porque – precisamente como se passara com a China, em tempos antigos ou, neste aspecto, em relação aos europeus no século XVI – as potências ocidentais não estavam de facto interessadas em colonizá-lo, embora tal não significasse que não havia qualquer ameaça quanto a isso e que se podia confiar. Ao entrar no Japão, em 1853, Perry tinha hasteado a bandeira americana no "posto avançado" japonês das ilhas Ogasawara (Bonin), embora os Japoneses a tenham posteriormente arreado sem sofrerem retaliação, e Perry também recomendou a Washington que considerasse ocupar as ilhas Ryukyu ([5]). De facto, mais tarde, em 1887, o jovem geógrafo e intelectual Shiga Shigetaka (1863-1927), na sua popular obra *Nanyo Jiji* (Assuntos Correntes nos Mares do Sul), lançaria um aviso sobre a possibilidade de o Ocidente se apoderar do Japão, baseando-se na sua observação do desenvolvimento da Austrália e da Nova Zelândia pelas raças anglo-saxónicas, que muito admirava, mas que, de certo modo, não deixava de temer. Shiga escreve acerca da sua conversa com o chefe maori Wi Tako, na Nova Zelândia, em 1886 ([6]):

> Wi Tako perguntou-me se o Japão alguma vez tinha entrado em guerra com a Grã-Bretanha e eu respondi que, no Japão, também tínhamos tido chefes de clã locais em todas as províncias, que mantinham vastos domínios por todo o país, e que alguns clãs tinham tido disputas com os Britânicos. Felizmente, não tinham sido tão graves que envolvessem a ameaça de uma invasão. Por isso, tínhamos conseguido manter até

> hoje a nossa independência, mas tive de admitir que tal poderia ter ficado a dever-se a mera sorte. Voltando a reflectir no assunto, podemos verificar como fomos afortunados por ter mantido tal liberdade, ao considerarmos as vantagens limitadas que tínhamos em relação ao Ocidente. [...] Wi Tako afirmou que a causa da rápida opressão no seu país foi a confrontação constante com os Britânicos e parecia triste e zangado ao dizê-lo. Infelizmente, o Japão pode ser outra Nova Zelândia. Quando olho para o céu outonal destes mares do Sul, temo a ameaça lá longe sobre o meu país. Tendo presenciado tal opressão cultural e racial na Nova Zelândia, eu, como filho do novo Japão, tenho de agir de imediato para dar a conhecer ao meu povo que esta possibilidade nos pode tocar a nós.

A sorte do Japão foi que os Britânicos e outras potências ocidentais tinham presas mais fáceis noutras paragens, desta vez não no Novo Mundo, porque a própria América era agora uma dessas potências, mas no mundo antigo da China. Tradicionalmente, é a Austrália que é conhecida como "País Afortunado", mas, para Shiga e para os que partilhavam os seus pontos de vista, talvez esse epíteto se aplicasse melhor ao Japão.

No seu curto preâmbulo, a Carta de Juramento também prometia uma constituição. Na verdade, esta foi promulgada, com alguma pressa, três meses depois, mas tinha, surpreendentemente, pouca substância. A chamada "Constituição de 1868" seria relegada para segundo plano por uma constituição posterior muito melhor, conhecida como Constituição Meiji, mas estabelecia, em teoria, uma Assembleia Nacional, sufrágio público e um Grande Conselho de Estado ([7]). O Grande Conselho seria o único órgão a ser instituído nessa altura e os seus vários ministérios e serviços deram uma legitimidade acrescida aos jovens líderes governamentais.

Uma vez mais repetindo a prática do governo de Yamato-Nara, o governo Meiji queria que uma capital única constituísse o eixo do poder centralizado, em contraste com as "duas capitais" de Edo e Quioto. Foi Edo a escolhida, a que foi dado o novo nome de Tóquio ("capital oriental"). O imperador mudou-se de Quioto para lá em 1869. O novo Grande Conselho também ali ficou sediado.

Imitando ainda outra política ao estilo de Nara, a terra foi nacionalizada. O anterior território do xogunato, que totalizava um quarto do total, foi o primeiro a ser nacionalizado. Depois, em Março de 1869, os líderes do governo Satsuma-Choshu persuadiram os dáimios dos seus domínios de origem a devolver os seus territórios ao imperador para que fossem reorganizados em Prefeituras. Outros dáimios se lhes seguiram. Nalguns casos, a renúncia aos seus territórios não foi realizada com total boa vontade, embora não quisessem incorrer no desagrado do governo e tivessem poucas alternativas na matéria. Em Agosto de 1871, o governo deu mais um passo, abolindo legalmente os domínios e substituindo-os por prefeituras ([8]).

Os dáimios foram convencidos a aceitar estas mudanças, em parte mediante generosos acordos financeiros e/ou cargos de governadores nas novas Prefeituras. Não só os dáimios receberam rendimentos avultados, mas o governo assumiu as dívidas dos seus domínios e a responsabilidade de pagar os salários dos seus servidores samurais, que reduziu a cerca de um terço. Este tratamento generoso dos dáimios e, em menor medida, dos samurais foi importante politicamente, porque ajudou a reduzir o risco de resistência armada contra o regime.

Todavia, esta generosidade não ajudou as finanças governamentais, que muito antes da Restauração já estavam em má situação. Nos primeiros anos do regime, fizeram-se algumas reformas financeiras. Foi instituída uma moderna casa da moeda, bem como um sistema bancário actualizado, e foi estabelecido um sistema monetário decimal com base no iene. Estas reformas eram supervisionadas por figuras fundamentais como Okuma Shigenobu (1838-1922, de Hizen), que foi ministro das Finanças, e Ito Hirobumi, que tinha sido enviado aos Estados Unidos para estudar sistemas monetários e serviu como adjunto de Okuma.

Uma reforma financeira particularmente importante foi a introdução de um imposto fixo sobre a terra, em Julho de 1873, baseado numa percentagem do valor estimado de uma dada porção dela. Este imposto substituía o anterior sistema feudal de um imposto variável dependente da colheita. Considerava-se agora que a propriedade de um terreno pertencia à pessoa singular (normalmente o chefe de família) que, tradicionalmente, tinha pago o imposto sobre a sua colheita. Esta reforma deu um maior incentivo para melhorar a produtividade. Contudo, teve o efeito menos desejável de aumentar a percentagem de arrendamento até aos 40%, uma vez que os agricultores pobres em anos maus eram obrigados a hipotecar as suas terras para pagar o imposto ([9]).

Outra medida importante levada a cabo pelo novo governo para abrir caminho à modernização foi a abolição do restritivo sistema de classes. Esta abolição não era, evidentemente, um reflexo da influência do Período de Nara. Cumprindo as promessas da Carta de Juramento de 1868, as restrições às profissões, fundadas na classe social, foram eliminadas em 1869. As classes foram reestruturadas, do sistema *shi--no-ko-sho* para *kazoku* (nobres, incluindo dáimios), *shizoku* (samurais) e *heimin* (povo comum), com a família imperial a constituir uma "classe" à parte, a *kozoku*. Em 1870, foi oficialmente permitido ao povo o uso de apelidos. Em 1871, os párias *eta* e *hinin* deixaram de ser considerados subclasses e foi-lhes atribuída a igualdade plena com o povo comum, embora na prática a discriminação continuasse a ser grande. Também para promover a igualdade, a educação universal foi considerada um objectivo em 1872, mas ainda teriam de passar vários anos antes de se tornar realidade.

Talvez o maior golpe contra o antigo sistema de classes tenha sido a eliminação faseada da classe dos samurais. Na prática, as transformações da Revolução significaram que a maioria dos samurais ficou sem ocupação real, mesmo de natureza burocrática. Esperava-se cada vez mais que se desenvencilhassem, encontrando uma nova forma de emprego. Alguns continuaram a trabalhar como administradores, agora para o governo, e outros tornaram-se homens de negócios de sucesso, ou polícias, ou agricultores, mas muitos optaram por salários cada vez mais reduzidos. No entanto, em 1873, no mesmo ano em que foi introduzido o serviço militar obrigatório, de acordo com o qual os homens de todas as profissões eram agora potencialmente soldados, o governo ofereceu a opção de um pagamento único com títulos seus, em substituição dos salários. Esta possibilidade tornou-se obrigatória em 1876. Neste mesmo ano, aos *shizoku*/samurais que não a tinham já abandonado foi finalmente proibido o porte da espada.

Estas várias reformas foram substanciais, mas, apesar de serem sinal de uma confiança e de uma autoridade tranquilizadoras por parte do governo, a verdade é que não foram sempre bem recebidas. Muitos camponeses opunham-se fortemente ao recrutamento militar, conhecido como "imposto de sangue", e ao novo imposto sobre a terra. Em muitas ocasiões, expressaram a sua posição em manifestações violentas.

A expressão mais grave de insatisfação, contudo, veio de antigos samurais, não dos camponeses. O seu culminar foi a Revolta de Satsuma ou de Seiman (no Sudoeste), em 1877. Ironicamente, no centro da revolta estava uma das figuras mais proeminentes do novo governo, Saigo Takamori.

Saigo sofreu uma derrota política em Outubro de 1873. Quando muitas figuras mais velhas do governo, como Okubo, Kido, Ito e Iwakura, estavam fora do país na Missão Iwakura de 1871-1873 ([10]), Saigo propôs a invasão da Coreia. Para salvaguardar as aparências, era considerada uma invasão punitiva, uma vez que alguns julgavam que a Coreia tinha insultado o Japão por não ter encetado relações directas com o novo governo. Todavia, apesar do seu envolvimento neste, Saigo era um dedicado samurai à moda antiga e podemos interpretar a sua proposta como uma maneira de proporcionar um sentimento de utilidade e valor aos antigos samurais ([11]). Por fim, após o regresso da Missão Iwakura, em Setembro de 1873, o plano foi posto de parte pelo Grande Conselho ([12]).

A história parece indicar que a sua proposta foi apenas adiada, e não rejeitada imediatamente, mas Saigo levou a questão a mal e sofreu mesmo um colapso cardíaco. Regressou a Kagoshima, a principal cidade do antigo domínio de Satsuma, com alguns apoiantes. Em breve se tornaria em centro de antigos samurais descontentes e do sentimento antigovernamental em geral.

Nos anos seguintes, a tensão foi aumentando em Kagoshima. O governo suspeitou que se preparava um levantamento e, em Janeiro de 1877, mandou à cidade uma unidade naval para retirar as munições. Esta foi atacada e a partir daí houve uma escalada na luta. No fim de Fevereiro, forças de Saigo, num total de 40 000 homens, enfrentaram forças pró-governamentais em Kumamoto, mais para norte. A batalha que se seguiu durou seis semanas, mas, por fim, a vitória foi do novo exército regular do governo. Saigo e cerca de 400 soldados, um centésimo da sua força inicial, recuaram lentamente para Kagoshima, combatendo. Suicidou-se a 24 de Setembro, depois de uma última valorosa investida.

A insatisfação e os actos de violência envolvendo antigos samurais prosseguiram durante mais alguns anos. Um destes actos foi o assassínio de Okubo, em Maio do ano seguinte, por um antigo samurai de Satsuma, que o considerava um traidor. No entanto, a Revolta de Satsuma foi, de facto, o acto final em que "samurais da velha escola" participaram em número significativo. Foi quase como se Saigo e os que morreram com ele soubessem perfeitamente, desde o princípio, que os tempos dos samurais tinham acabado, preferindo morrer com eles ([13]).

4.2. A ocidentalização da sociedade

Com excepção de Saigo, agora morto, o novo governo encarou a ocidentalização como um elemento chave na modernização do país. A ocidentalização tornaria o Japão mais forte, mais capaz de competir com as potências estrangeiras e, talvez, de se equiparar a elas ou de as suplantar. Um dos muitos lemas desta época era "*oitsuke, oikose*", ou seja, "alcança, ultrapassa". Um Japão ocidentalizado seria levado mais a sério pelo Ocidente, e o Japão desejava muito ser levado a sério. Não gostara da humilhação dos "tratados desiguais" assinados durante a agonia do xogunato e tinha uma grande vontade de que fossem revistos. Queria ser tratado como igual ou, idealmente, como superior.

As instituições e as práticas dos ocidentais seriam introduzidas não apenas em áreas como a política, as forças armadas, a indústria e a economia, mas na sociedade em geral. A ocidentalização da sociedade era por vezes mais indiscriminada do que o governo gostaria, mas era um importante pano de fundo para as reformas políticas e económicas.

Eram inúmeras e muitas vezes desconcertantes as mudanças na vida quotidiana inspiradas no Ocidente. Em 1 de Janeiro de 1873, foi adoptado o calendário solar (gregoriano) em vez do velho calendário lunar, o que significava que as datas "avançavam" agora entre três e seis semanas por ano ([14]). Os telégrafos começaram a operar em 1869 e o serviço postal em 1871. A partir do início da década de 1870, proliferaram os jornais modernos e, testemunho do alto grau de alfabetização do país, em 1875 estavam em circulação mais de cem ([15]). O vestuário ocidental tornou-se moda entre os progressistas e em 1872 tornou-se obrigatório para as autoridades governamentais (inclusive em ocasiões de cerimónia) e funcionários públicos, como os carteiros ([16]). Os cortes de cabelo ocidentais também foram progressivamente adoptados, tornando-se num símbolo de modernidade ([17]). Comer bifes também se tornou popular entre os progressistas, surgindo restaurantes especializados em fornecê-los a estes e a um número crescente de estrangeiros. Foi a partir deste hábito de comer bifes que se desenvolveu o prato de *sukiyaki*, supostamente "tradicional".

Embora fosse utilizado apenas por alguns poucos privilegiados, um dos símbolos materiais mais bem conhecidos da ocidentalização era o Rokumeikan ("Pavilhão do Bramido do Veado"). Este edifício, mandado construir pelo governo, perto do Palácio Imperial, foi desenhado pelo mais importante arquitecto britânico, Joseph Conder, e completado em 1883. Era o local de realização de bailes e outros encontros sociais que envolvessem dignitários ocidentais, sendo utilizado, em especial, pelo ministro dos Negócios Estrangeiros, Inoue Kaoru. O governo da altura era conhecido como "governo Dançarino" e a expressão "febre da dança" (*butonetsu*) foi criada pelo público japonês muitas décadas antes da expressão equivalente em língua inglesa.

O maior de todos os símbolos materiais da modernização era, talvez, o caminho-de-ferro ([18]). O primeiro caminho-de-ferro japonês foi inaugurado em Maio de 1872, entre a colónia estrangeira de Yokohama e Shinagawa, sendo a linha prolongada até Shinbashi, em Tóquio, em Setembro desse ano. Em 15 anos, foram assentes mais de 1600 quilómetros de via e, até ao fim do século, mais de 8000.

O efeito do caminho-de-ferro na movimentação de pessoas e bens e, portanto, na economia, foi enorme. No Período Tokugawa, uma viagem entre Edo e Quioto, que era quase sempre feita a pé, demorava em média duas semanas. Mesmo o luxo de contratar "andarilhos profissionais" na forma de transportadores de cadeirinhas podia poupar apenas cerca de um dia. Ora, depois da ligação ferroviária ter sido concluída no final da década de 80 do século XIX, levava menos de um dia. Para além disso, o bilhete de comboio era menos de um terço do custo de uma viagem de cadeirinha ([19]).

Outros desenvolvimentos dos transportes no Japão Meiji incluíram a invenção do riquexó ("*jinrikisha*", "veículo de tracção humana"), em 1869, e, em 1868, a abertura dos serviços de vapor e de diligência, quase sempre propriedade de estrangeiros e explorados por estes nos primeiros anos ([20]).

O governo atribuía grande importância ao desenvolvimento dos transportes, porque reconhecia o seu valor estrutural para a economia e para o poderio geral da nação. Entre 1870 e 1874, um terço dos investimentos do Estado foi destinado apenas à construção ferroviária ([21]). O comentador social Tsuda Mamichi (1829-1903) escreveu em Junho de 1874 que considerava o desenvolvimento dos transportes como a prioridade mais importante na obtenção da prosperidade nacional, uma prioridade que "deveria estar certamente acima do sistema militar e da construção de escolas" ([22]).

Em termos sociais e demográficos, a expansão dos transportes urbanos e interurbanos trouxe consigo novos padrões de urbanização.

Surgiram concentrações de populações em redor das estações, especialmente nas intersecções dos itinerários. O "alastrar urbano" tornou-se evidente à medida que as distâncias iam deixando cada vez mais de ser um obstáculo. O mundo das pessoas expandia-se, porque podiam agora viajar com grande liberdade. Já não estavam confinadas à sua própria comunidade.

A expansão dos transportes também significou que as pessoas podiam agora viver longe do seu lugar de trabalho, o que foi muito importante. Ou seja, tinha começado a era do vaivém dos transportes, pelo qual o Japão é hoje famoso. Em poucas décadas, os transportes em hora de ponta eram já um problema. O jornal *Niroku* queixava-se no seu número de 23 de Março de 1910 que "Em geral, as pessoas do fim da linha e das estações mais próximas conseguem de algum modo entrar, mas ninguém que aguarde nas paragens seguintes tem tal possibilidade, a menos que lute como um louco"([23]). Como no Japão actual, alguns homens tiravam partido da mistura forçada dos sexos nas carruagens superlotadas ([24]).

Embora isso fosse menos evidente, os padrões de pensamento também estavam a mudar. Uma onda de obras estrangeiras de romancistas, filósofos e cientistas, como Goethe, Darwin, Mill e Rousseau, inundava o país, quer em traduções, quer devido ao conhecimento cada vez maior do inglês e de outras línguas. Criou-se assim uma voragem de ideias e influências que eram frequentemente contraditórias e irreconciliáveis, mas que não eram reconhecidas como tais.

A literatura japonesa desta época era particularmente confusa, numa mistura de romantismo e naturalismo, utilitarismo e escapismo. Mas também evidenciava a autoridade das coisas ocidentais. Tal como, na linha de uma vetusta tradição, os jovens líderes da Restauração necessitaram da autoridade do imperador para legitimar os seus actos, também muitos escritores procuraram a autoridade de figuras ocidentais para dar peso aos seus pensamentos ou justificar as suas próprias circunstâncias. Até as obras de ficção desse tempo eram uma confusão de referências a este ou àquele escritor ou pensador ocidental. Isto não acontecia apenas com os autores que promoviam literalmente modelos ocidentais deste ou daquele tipo. Manifestamente, os modelos ocidentais também eram utilizados para retratar as frustrações e os fracassos daqueles Japoneses que se revelavam incapazes de acompanhar o agitado dinamismo do próprio processo de ocidentalização. O conceito literário russo de "homem supérfluo" era particularmente apelativo aos Japoneses que se sentiam desorientados e deixados para trás por todas estas mudanças ([25]).

O homem supérfluo no Japão era um falhado num mundo duro de ganhadores e perdedores, um mundo onde, de repente, as pessoas ficavam em larga medida entregues a si mesmas para vencer ou falhar, dependendo das suas forças. A ortodoxia rígida e obrigatória da Era Tokugawa significara, pelo menos, que as pessoas tinham um lugar prescrito e que lhes diziam como pensar e agir. Essa segurança tinha agora desaparecido. A liberdade revelava ser uma espada de dois gumes.

Não surpreende por isso que as ideias conexas de "sobrevivência dos mais aptos" e de "espírito empreendedor" fossem muito populares. A obra de Samuel Smiles *Self Help* (1859), cujo tema era "Os céus ajudam os que se ajudam a si mesmos", foi uma das primeiras obras inglesas a ser traduzidas para japonês, em 1871. Foi um *best-seller*.

A filosofia de espírito de iniciativa encaixava perfeitamente nos sentimentos de Fukuzawa Yukichi (1835-1901), um dos educadores e advogados da ocidentalização mais influentes do Japão Meiji ([26]). No seu livro *Gakumon no Susume* (Um Encorajamento da Aprendizagem), de 1872, escreveu ([27]):

> Não há distinções de estatuto entre o nobre e o plebeu, ou entre o rico e o pobre, que sejam inatas. É apenas a pessoa que estudou diligentemente, de modo a dominar coisas e factos, que se torna nobre e rica, enquanto o seu contrário se torna plebeu e pobre.

As teorias de Darwin acerca da evolução e da selecção natural eram muito populares no Japão Meiji. Também o era o darwinismo social. É o que se pode reconhecer no apelo do filósofo britânico Herbert Spencer (1820-1903), que criou a expressão "sobrevivência dos mais aptos" ([28]).

Spencer era tido em tão alta consideração que foi consultado particularmente pelas mais altas instâncias do governo de meados do Período Meiji para os aconselhar sobre as melhores políticas para o país. A sua resposta, numa carta de 26 de Agosto de 1892, foi mantida secreta, a seu pedido, até à sua morte, porque temia indispor os seus compatriotas ([29]). Entre outras coisas, aconselhava que "a política japonesa deveria ser a de manter os Americanos e os Britânicos tanto quanto possível à distância". Deveria ser proibido o acesso à propriedade por parte dos estrangeiros, estabelecer restrições aos direitos dos estrangeiros a fazer negócios e a raça japonesa deveria ser mantida pura, não se cruzando com as estrangeiras. Em suma, recomendou muitas das coisas pelas quais o governo japonês é actualmente criticado pelos Britânicos e outros estrangeiros.

De facto, muitos dos passos que recomendava já tinham sido dados pelo governo japonês. Por exemplo, em 1873, fora aprovada uma lei que proibia a compra de terra por parte de estrangeiros ([30]). Por isso, o conselho de Spencer foi sobretudo um apoio.

O governo japonês recorreu a muitos outros técnicos e especialistas ocidentais, para além de Spencer. Muitos deles foram convidados para ir ao Japão. Neles se incluíam técnicos de minas, navegação, cunhagem de moeda, transportes, bancos, direito, ciência política, agricultura, educação e até forças armadas ([31]). O seu papel limitava-se, em geral, a assuntos técnicos e tinha relativamente pouca importância para a tomada de decisões superiores. Em 1875, havia cerca de 520 empregados estrangeiros ao serviço do governo. O emprego dos estrangeiros mudou depois, gradualmente, para o sector privado, com cerca de 760 efectivos em 1897 ([32]). Segundo algumas estimativas, 5% do total da despesa governamental durante o Período Meiji foi para salários e outras encargos relacionados com o emprego de estrangeiros ([33]). Estes salários e encargos representavam também um terço do orçamento da primeira universidade japonesa moderna, a Universidade de Tóquio, que foi criada em 1877 e que era uma empregadora de especialistas estrangeiros particularmente proeminente ([34]).

Para além de ocidentais convidados para o Japão para ensinar, havia Japoneses que visitavam o Ocidente para aprender. Houve uma série de missões oficiais ou semioficiais à América e/ou à Europa, a maior e a mais conhecida das quais foi a já mencionada Missão Iwakura, em 1871-1873. Esta tinha cerca de 50 membros oficiais, incluindo figuras políticas de destaque como Ito, Okubo, Kido e o próprio Iwakura e tinha pelo menos outros tantos acompanhantes não oficiais, sobretudo estudantes. Que uma missão tão grande como esta pudesse ser enviada para fora do Japão – retirando tantos dirigentes ao trabalho efectivo – tão pouco tempo após a Restauração, é prova da confiança do novo governo. Como noutras missões, muitos dos que foram nela publicaram as suas reflexões e impressões quando regressaram, divulgando o conhecimento que tinham adquirido. Os relatos das suas viagens eram amplamente lidos por esta nação instruída, uma nação desejosa de aprender com o Ocidente, mas ainda algo confundida por tudo isto.

4.3. Dirigindo as energias do povo

A filosofia da auto-ajuda que emergia na década de 70 do século XIX era um problema potencial para o novo regime. Se os indivíduos fossem demasiado fortes e independentes, poderia ser difícil controlá--los. Os seus esforços poderiam tornar-se desorganizados e perder--se. A autoridade do governo poderia até ser afectada. Tal enfraqueceria o país e torná-lo-ia vulnerável às potências estrangeiras, se estas, afinal, começassem a pensar colonizar o Japão.

Por outro lado, não era fácil construir uma nação forte com um povo fraco e que não se empenhasse, e o governo queria com determinação liderar uma nação forte. As pessoas tinham de ser encorajadas a tornar-se fortes e aptas a atingir os seus objectivos. No entanto, ao estilo Tokugawa, tinha de ser dentro de certos limites. As suas energias recém-libertadas tinham de ser dirigidas ([35]).

O nacionalismo era uma causa ideal. Dava perfeitamente vazão ao sentimento renovado de identidade nacional e à crise desencadeada pelo regresso da ameaça externa e assentava no *kokugaku*. Era fácil de disseminar entre o povo com métodos como os lemas "torna-te forte e constrói uma nação forte", "faz do teu sucesso o sucesso de uma nação", "torna-te forte e mostra aos ocidentais que o Japão não é uma nação com que se brinque". A palavra de ordem não era apenas *oitsuke, oikose* (alcança, ultrapassa), mas também *fukoku kyohei* ("nação rica, exército forte") ([36]). O ideal do sucesso (*risshishugi*) estava na ordem do dia.

O nacionalismo necessitava de símbolos, para além de lemas. Também isso correu bem aos homens cujo poder fora legitimado pelo imperador, porque mesmo este podia transformar-se no principal símbolo. Apoiar o imperador significava que tinham um apoio para si mesmos, os seus campeões.

Numa época em que tantas ideologias diferentes competiam entre si, não era necessariamente fácil levar todas as pessoas a pensar da mesma maneira. Por melhores que as causas pudessem parecer, alguns detractores determinados poderiam criar problemas. Um instrumento crucial era a doutrinação, mas, ironicamente, esta era dificultada por uma das poucas forças reais do Japão naquela altura: a alta taxa de alfabetização e de educação. Seria uma pena sacrificá-la. Aliás, era essencial para construir uma nação moderna forte.

A resposta era óbvia: a própria educação tinha de ser controlada. O que as pessoas liam tinha de ser controlado, ou, melhor ainda, obrigatório. O controlo da educação haveria de significar com o tempo que a mundividência de todo o povo – o modo como perspectivava a vida – poderia ser ela mesma controlada ([37]).

A educação universal tinha sido considerada um objectivo em 1872. Logo em 1879, quase dois terços dos rapazes e um quarto das raparigas estavam escolarizadas ao nível primário, pelo menos. De início, muitos textos escolares eram traduções de textos ocidentais e os estudantes estavam por isso expostos a ideias como o igualitarismo e os direitos individuais.

Contudo, o próprio imperador chamou a atenção para o seu carácter indesejável. Durante um périplo que realizou a Honshu, em 1878, chegou à conclusão de que a adopção do que era ocidental tinha ido longe de mais, em prejuízo de valores como a devoção filial. Doravante, a educação, dirigida pelo tutor imperial e confucianista Motoda Eifu (1818-1891), iria atribuir uma importância cada vez maior a instruções morais adequadas e, em especial, aos valores confucianistas e nacional-xintoístas. O Estado iria exercer uma influência crescente sobre a selecção dos textos, até que, no fim da Período Meiji, possuía o controlo total ([38]).

Nos livros escolares, os heróis ocidentais foram substituídos por figuras de virtudes confucianistas, como o industrioso Ninomiya Sontoku (1757-1856), também conhecido como Kinjiro, a bandeira do Japão começou a aparecer no cabeçalho de todos os capítulos de cada livro e foram introduzidas canções para elevar o moral nas assembleias de escola.

De certo modo, o Japão estava apenas a levar a cabo a sua própria versão das expressões de nacionalismo que dominaram as salas de aula da Grã-Bretanha e de outras nações imperiais. Todavia, foi mais além na doutrinação, restringindo drasticamente a mundividência dos seus estudantes. Uma medida importante foi a publicação, em Outubro de 1890, do *Rescrito Imperial sobre a Educação*, que tinha sido esboçado em grande parte por Motoda Eifu e Yamagata Aritomo ([39]). Pretendia ser uma mensagem dirigida a toda a sociedade, e não apenas à população escolar:

> Sabei, súbditos Nossos,
> Os nossos Antepassados Imperiais fundaram o Nosso Império numa base ampla e duradoura e nele implantaram fundo e firmemente a virtude; os Nossos súbditos, sempre unidos na lealdade e na devoção filial, ilustraram, de geração em geração, a sua beleza. Esta é a glória do carácter fundamental do Nosso Império e também aqui reside a

fonte da Nossa educação. Vós, Nossos súbditos, sede filiais com os vossos pais, afectuosos com os vossos irmãos e irmãs; como maridos e mulheres, sede harmoniosos, como verdadeiros amigos; comportai-vos com modéstia e moderação; espalhai por todos a vossa benevolência; continuai a aprender e cultivai as artes e, desse modo, desenvolvei as vossas faculdades intelectuais e aperfeiçoai as vossas capacidades morais; para além disso, promovei o bem público e os interesses comuns; respeitai sempre a Constituição e observai as leis; em caso de emergência, oferecei-vos corajosamente ao Estado; e, assim, guardai e mantede a prosperidade do Nosso Trono Imperial, tão antigo como o céu e a terra. Assim, não sereis apenas Nossos bons e fiéis súbditos, mas tornareis ilustres as melhores tradições dos vossos antepassados.

O Caminho que aqui se delineia é, de facto, o ensino legado pelos Nossos Antepassados Imperiais para ser observado quer pelos Seus Descendentes, quer pelos súbditos, infalível em todas as épocas e verdadeiro em todos os lugares. É Nosso desejo assumirmos reverentemente, em conjunto convosco, Nossos súbditos, o objectivo de alcançarmos todos a mesma virtude.

O *Rescrito* tinha de ser memorizado por todos os estudantes e era lido em voz alta em ocasiões importantes. Nem todos o aceitaram logo, especialmente os professores, e o caminho para a unidade nacional que representava não estava completamente isento de acidentes de percurso ([40]). Porém, a ideologia que continha tornou-se cada vez mais firmemente arreigada.

A juventude de então era assim exortada a ser diligente, respeitadora, a trabalhar para o bem público e a servir o Estado e o imperador. Os valores xintoístas do *Rescrito* fundiam imperador e Estado e identificaram esta unidade com a origem da própria vida. Os seus valores confucianistas fizeram do imperador uma figura paternal benevolente e ajudaram também a promover um respeito pela família que nem sempre existira na história do Japão. A harmonia começava em casa.

A constituição possibilitava a liberdade religiosa, mas parecia que o *Rescrito* rompia com ela, ao acentuar o xintoísmo. (O confucianismo não era problema, porque, carecendo de divindade, era mais uma ideologia do que uma religião.) No entanto, a crítica hipotética era contornada afirmando que o xintoísmo era uma expressão de patriotismo, não uma religião enquanto tal. Era o "Xintoísmo de Estado".

O *Rescrito* não utilizava linguagem alarmista em relação à ameaça estrangeira. Porém, deu de facto às pessoas um sentido de desígnio nacionalista, porque até os que não conseguiam obter um sucesso estrondoso nos negócios ou em qualquer campo específico poderiam ainda sentir que tinham realizado algo, ao servir fielmente o imperador e a sua família-nação. Não dizia o *Rescrito* que era isto que os Japoneses tinham feito desde o princípio do mundo? Não era este o seu modo de vida? Servir o imperador era ser um verdadeiro japonês. Era um privilégio não concedido aos de outras nações, que, por isso mesmo, eram seres inferiores.

Sob vários pontos de vista, era o reforço da legitimidade do imperador que fazia recordar a do *Kojiki* e das *Nihon Shoki* de há mais de mil anos. O *Rescrito* e documentos similares formavam, em certo sentido, os "mitos modernos" do Japão ([41]). A linguagem antiquada em que estavam expressos não era mera coincidência, o que constitui outro paralelo com a Época de Yamato-Nara.

O governo Meiji tinha reaprendido com os líderes ancestrais da nação o valor da doutrinação.

4.4. Etapas para a democracia (aproximadamente)

Por muito que fosse dirigido para o bem da nação, o movimento de espírito empreendedor era ainda um problema potencial para o novo governo. Encorajava as ideias dos direitos humanos e da democracia. Estas ideias eram inauditas na história do Japão. Podiam causar dificuldades ao governo na sua tarefa de coordenar a nação.

Por outro lado, as potências ocidentais pareciam valorizar claramente estas ideias. Politicamente, seria útil ao Japão pelo menos cooperar com elas. As nações ocidentais estariam mais inclinadas a levar a sério uma nação que abraçasse os seus próprios princípios políticos. Tal ajudaria a apressar a revisão dos tratados desiguais, um objectivo que se tinha tornado num símbolo do sucesso do Japão em modernizar-se e em ser aceite pelas potências mundiais. Era evidente que a democracia, tal como a ideia aparentada de espírito de iniciativa, deveria ser promovida, mas de maneira controlada e dentro de certos limites.

O cristianismo era um assunto que se relacionava com o anterior e uma causa potencial de problemas. O governo Meiji sabia que os ocidentais pensavam muitas vezes que cristianismo e democracia iam a par e até tendiam a avaliar o grau de civilização de uma nação em função da sua atitude para com o primeiro. Numa determinada fase, pareceu que este poderia tornar-se num problema importante. Cerca de 60 000 "cristãos clandestinos" tinham vindo à luz do dia nos anos imediatamente anteriores à Restauração e alguns samurais foram mesmo convertidos. Com algum alarme, o novo governo reafirmara em 1868 o banimento do cristianismo, mas as potências estrangeiras protestaram e o banimento foi levantado em 1873. Comentadores sociais, como Tsuda Mamichi, tinham mesmo sugerido que até podia ser útil ao Japão adoptar oficialmente o cristianismo, uma vez que era a religião das potências ocidentais ([42]).

Porém, e felizmente para o novo regime, a ameaça não se materializou. O cristianismo simplesmente não se implantou e nunca iria atrair mais de cerca de 1% da população. Mesmo quando atraía Japoneses potencialmente influentes, era frequentemente adaptado ao Japão, tornando-se mais flexível e acentuando valores como o dever e o trabalho assíduo e dedicado ([43]). Não demoraria muito que o Japão pudesse proclamar ao Ocidente que teria muito gosto em acolher o cristianismo, estando perfeitamente ciente de que ele nunca iria realmente constituir um problema.

Mais problemáticos eram os não cristãos que estavam envolvidos no "movimento pela liberdade e os direitos humanos" (*jiyu minken undo*), que se expandia na década de 70 e no início da de 80 do século XIX ([44]). Em 1880, havia cerca de 150 sociedades locais de direitos populares. No ano seguinte, foi fundado o Partido Liberal (*Jiyuto*), o primeiro partido de relevo. Logo um ano depois, foi formado um segundo partido importante, o Partido da Reforma Constitucional (*Rikken Kaishinto*), que apelava à aprovação de uma constituição e de um parlamento ao estilo britânico ([45]).

Os que formavam aquele primeiro movimento também não se esqueciam da promessa governamental de 1868 de trabalhar para o estabelecimento de uma Assembleia Nacional. No fim da década de 70 do século XIX, a Liga para o Estabelecimento de uma Assembleia Nacional afirmava representar cerca de 130 000 membros em todo país. Havia um interesse generalizado pela política nesta época, que se reflectia não apenas no interesse por romances de temas políticos, mas também em inúmeras sugestões "de inspiração japonesa" para uma nova e adequada constituição ([46]).

O movimento democrático não era simples. Expressava, sem dúvida, um desejo genuíno de uma forma mais democrática de governação. Em parte, este era motivado por grandes visões e ideais.

Também expressava um elemento de frustração em relação aos líderes governamentais, que mantinham o poder nas suas mãos, em nome do imperador, e constituíam manifestamente uma oligarquia (governo de poucos). Alguma desta oligarquia, pelo contrário, era motivada por interesses próprios e pelo pragmatismo. Os fundadores dos dois maiores partidos, Itagaki Taisuke (1837-1919) e Okuma Shigenobu, respectivamente, tinham feito parte do governo, mas nenhum era de Satsuma nem de Chosnu e entre as motivações de ambos incluíam-se as ambições e as frustrações pessoais ([47]).

Os oligarcas não eram surdos nem completamente hostis às diversas mensagens. Gostassem ou não, sabiam que a democracia teria de ter alguma expressão. Essa expressão seria politicamente valiosa, não apenas ao impressionar os potências ocidentais, mas também ao mitigar o sentimento antigovernamental. Todavia, tudo tinha de ser feito num ritmo controlado e apenas dentro de determinados limites – idealmente, com uma aparência que não tivesse equivalente necessário na substância, ou seja, ao modo tradicional do Japão. Teria de ser democracia nos termos dos oligarcas, uma "democracia autoritária".

A gestão desta contradição não era tarefa fácil e nem sempre decorreu sem obstáculos. Finalmente, porém, atingiu-se uma espécie de equilíbrio, com base na capacidade japonesa, longamente testada, de conseguir conciliar elementos conflituais, bem como na tradição do Período Tokugawa da "liberdade dentro de certos limites". Muitas vezes, este equilíbrio tomou a forma de actos quase simultâneos de repressão e liberalismo.

Em 1875, o governo introduziu severas leis para restringir a liberdade de expressão. No entanto, no mesmo ano, o imperador prometeu de novo que seria formada uma Assembleia Nacional e o governo concordou com a criação de um Senado para discussão de assuntos legislativos, com o estabelecimento do precursor do Supremo Tribunal, e em convocar uma Conferência de Governadores das Prefeituras. Esta conferência conduziu, dentro de poucos anos, à introdução do princípio da eleição para as Assembleias de Prefeitura. O direito de voto nestas eleições era restrito, tal como era o poder das Assembleias. Apesar de tudo, reunidos pela primeira vez em Março de 1879, estes foram os primeiros órgãos políticos eleitos "popularmente" a funcionar com êxito fora do mundo ocidental ([48]).

Em 1880, foi aprovada outra dura lei antidemocrática. Restringia os reuniões públicas e proibia o envolvimento não autorizado na política a pessoas que tivessem determinadas ocupações, como os polícias, professores, estudantes e soldados. Mas, uma vez mais, quase imediatamente, o governo permitiu a formação de dois importantes partidos políticos. Em 1881, Ito prometeu novamente que haveria uma Assembleia Nacional e uma nova constituição. Desta vez, deu uma indicação específica de quando tal iria acontecer: seria dentro de dez anos.

Contudo, numa clássica manifestação de democracia autoritária, a constituição não seria aberta à discussão pública, apesar das suas muitas sugestões construtivas. Ito obteve autorização imperial para a elaborar ele mesmo.

Se teria de haver uma constituição, Ito queria que fosse de orientação germano-prussiana, não britânica, como Okuma pretendia. Uma constituição de estilo prussiano manteria um considerável poder nas mãos do imperador (ou nas do que o aconselhariam) e limitaria o envolvimento dos partidos no governo. A influência alemã já era prevalecente na área militar, sob o controlo de Yamagata Aritomo, e iria ser também preponderante no sistema legal ([49]). A simpatia geral dos líderes governamentais era pró-germânica, e não tão pró-britânica como se pensava em geral.

Com esta finalidade, no ano seguinte Ito deslocou-se à Europa para estudar várias constituições e confirmar a sua preferência pelo modelo prussiano e depois do seu regresso ao Japão começou a trabalhar no projecto de constituição com alguns conselheiros (alemães, naturalmente)([50]). O trabalho no projecto foi relativamente moroso, num ritmo que Ito pretendia. Teve assim tempo para introduzir salvaguardas para contrabalançar a iminente e arriscada experiência da democracia ([51]). Em 1884, criou um pariato para preencher os lugares na prevista Câmara dos Pares, sendo a maioria deles antigos dáimios. Ele mesmo acabou por chegar ao nível mais elevado, o de príncipe. Em 1885, o Senado foi substituído por um executivo que incluía alguns titulares dos ministérios, que eram, na sua maioria, os próprios oligarcas. O próprio Ito chamou a si o cargo de primeiro-ministro e foi o primeiro na história do Japão a ocupar este cargo de estilo ocidental. Então, quando o projecto ficou concluído, em Abril de 1888, Ito criou rapidamente um Conselho Privado supragovernamental para o analisar e aprovar em nome do imperador. Demitiu-se de primeiro-ministro para poder ser ele a dirigir este novo órgão e assegurar assim que a sua obra era, de facto, aprovada ([52]).

O documento final, a primeira constituição integral e formal adoptada fora do mundo ocidental, foi promulgado em 11 de Fevereiro de 1889 ([53]). Esta data correspondia à que se afirmava ser a da fundação do Estado Japonês, pelo menos segundo as antigas *Nihon Shoki*: 11 de Fevereiro de 660 a. C. A calendarização era deliberada. Quer a data quer a própria constituição faziam parte do mecanismo de criar mitos modernos para o Japão.

O respeito pelo imperador era vital neste projecto. De facto, não só o primeiro artigo constitucional destacava os direitos soberanos imutáveis do imperador, como a constituição era apresentada como uma dádiva do imperador ao seu povo. Um juramento imperial que acompanhava a promulgação salientava que a linhagem do documento remontava à própria deusa solar Amaterasu e que a constituição era apenas a reiteração, em formas modernas, de preceitos que sempre haviam sido seguidos pelos governantes imperiais do país.

Embora fosse manifestada uma grande reverência exterior pelo imperador, um olhar mais atento revelava que a sua posição era de facto ambivalente. Em teoria, foi-lhe atribuído o poder absoluto, mas, na prática, estava limitado ([54]). Todos os decretos imperiais necessitavam da assinatura ratificadora de um ministro de Estado. Afinal, o governo tinha de governar e não se podia arriscar a que o imperador se lhe atravessasse no caminho.

Foi criada uma Dieta (parlamento) bicameral, que consistia numa Câmara Alta e numa Câmara Baixa. A Camâra dos Pares deveria ser constituída por nobres de estatuto mais elevado, nobres de estatuto mais baixo que eram eleitos e membros nomeados pelo imperador (em geral, académicos), enquanto a Câmara dos Representantes deveria ter apenas membros eleitos. No entanto, o direito de votar só era concedido aos adultos de sexo masculino que pagassem pelo menos 15 ienes por ano de impostos, o que significava cerca de 2% da população adulta. Os ministros não eram responsáveis perante a Dieta, mas perante o imperador. Em matéria de comando, as forças armadas também respondiam apenas perante o imperador, o comandante supremo do Exército e da Marinha. Eram garantidos diversos direitos populares, como a liberdade de expressão, religião, associação, etc., mas, por outro lado, estes eram ofuscados por condicionamentos, como serem exercidos "dentro de limites que não prejudiquem a paz e a ordem".

A constituição foi, de certo modo, um passo em frente no caminho da democracia, mas ainda deixava aos oligarcas, que agiam em nome do imperador, o poder dominante. Permitiu que os partidos populares pudessem expressar-se, mas não obrigou os oligarcas a ouvi-los. Não permitia um efectivo governo partidário ([55]).

A natureza do executivo *per se* não estava perfeitamente clara na constituição, mas foi explicada no dia seguinte pelo primeiro-ministro Kuroda Kiyotaka (1840-1900): "O governo deve sempre transcender e permanecer distinto dos partidos políticos e, assim, seguir o caminho correcto"([56]). O executivo era, segundo Kuroda, "transcendental" (*chozen naikaku*), uma vez que transcendia os interesses particulares da política partidária.

Alguns dias depois, Ito disse mais ou menos o mesmo: "O imperador está acima do povo e afastado de todos os partidos. Consequentemente, o governo não pode favorecer um partido em detrimento de outro." ([57]) As primeiras eleições para a Dieta foram realizadas em 1 de Julho de 1890 e esta reuniu-se em 25 de Novembro desse ano.

Em Outubro desse mesmo ano, como balanço destes passos democráticos arriscados, foi publicado o *Rescrito Imperial sobre a Educação*. A liberdade e os direitos tinham ser dirigidos para os fins correctos.

Na verdade, parecia que esse *Rescrito* era necessário. As eleições mostraram que os oligarcas tinham subestimado os políticos dos partidos, muitos dos quais tinham desenvolvido assinalável competência eleitoral com a sua experiência nas Assembleias de Prefeitura. De um total de 300 lugares na Câmara dos Representantes, o reformado Partido Liberal obtivera 130, ao passo que outros 41 foram para o Partido Reformista Progressivo. Isto não augurava nada de bom para os oligarcas. Muitos outros independentes e representantes de partidos mais pequenos indicavam também que não iam, de modo nenhum, aceitar sem expressar as suas críticas qualquer proclamação autoritária da parte dos oligarcas ([58]).

Na própria Dieta havia críticas abertas à natureza dominante do poder da oligarquia e os membros eleitos usavam todos os meios para exercer a sua influência. O primeiro orçamento, por exemplo, não foi aprovado pela Dieta e teve de ser reduzido em mais de 10%, com particular incidência nos salários dos oligarcas e das elites de burocratas que os apoiavam.

Durante os anos seguintes, os oligarcas recorreram a métodos questionáveis, ou mesmo abertamente ilegais, para impor as suas políticas ([59]). Ito usava, por vezes, a táctica de fazer do apoio uma obrigação moral, ao disfarçar as suas moções como pedidos pessoais do imperador. Yamagata e Matsukata, sucessores do primeiro-ministro Kuroda, socorreram-se da corrupção e da intimidação. Nas famosas eleições de Fevereiro de 1892, que Matsukata tentou manipular e que envolveram interferências óbvias e brutais da parte do governo ([60]), foram mortas 25 pessoas.

Matsukata demitiu-se alguns meses depois e Ito tornou-se primeiro-ministro para um segundo mandato (até 1896). Ito estava a tornar-se cada vez mais pragmático e, no estilo tradicional japonês, pensava agora que não deveria confrontar abertamente o adversário, mas sim aprender com ele e até, nessa medida, aliar-se a ele, disfarçando as divisões. Iniciou quase de imediato negociações construtivas e de cooperação com a Dieta e sugeriu mesmo a formação de um partido governamental com o objectivo de obter nela alguns lugares. No entanto, Yamagata e outros oligarcas da linha dura ficaram alarmados com esta aparente brandura e os planos partidários de Ito foram postos em xeque. Uma atmosfera preocupada e tensa dominava a cena política. O autoritarismo e a democracia não conseguiam partilhar facilmente a mesma cama.

4.5. Guerra e política

Quando os assuntos internos se tornam preocupantes, é útil, por vezes, dirigir as atenções para o exterior. Na década de 90 do século XIX, a ameaça de colonização pelas potências ocidentais já se tinha desvanecido em grande medida, mas não completamente. Essas potências estavam ainda a expandir-se activamente no continente asiático e permanecia vivo um ditado popular que dizia que a Coreia era "um punhal apontado ao coração do Japão", um punhal para ser usado pelos ocidentais, não pelos Coreanos.

O governo japonês não tinha aprovado a proposta de Saigo, em 1873, para invadir a Coreia, mas tinha mantido ali um forte interesse. Usando a mesma "diplomacia da canhoeira" que o Ocidente usara com o Japão, este conseguiu o seu próprio "tratado desigual" sob a forma do Tratado de Kangwha, que em 1876 concedeu privilégios de comércio e o direito de extraterritorialidade. A partir de então, o Japão envolveu-se na política coreana, inclusive com uma tentativa de golpe em 1884. Estava a preparar-se para um confronto com a China, que também tinha interesses na Coreia.

Prosseguindo uma tradição consagrada, o Japão preferia evitar o confronto com um poder mais forte, se tal fosse de algum modo possível. Contudo, não considerava a China de finais do século XIX, enfraquecida pelas divisões e pela interferência ocidental, uma potência forte. Na realidade, parece que o Japão ansiava por uma guerra com a China pela posse da Coreia ([61]).

Na Primavera de 1894, o rei da Coreia pediu ajuda militar à China para pôr fim a uma rebelião conduzida por uma poderosa seita religiosa. A China enviou tropas. O mesmo fez o Japão. Apesar de a rebelião em breve estar dominada, ambos os países recusaram retirar as suas tropas. Os Japoneses pareciam determinados a lutar e, em Julho, iniciaram acções militares contra a China, afundando um navio com tropas. Mais tarde, em 1 de Agosto, o Japão declarou oficialmente a guerra. Tinha começado a Guerra Sino-Japonesa.

Nos recontros que se seguiram, o Japão mostrou-se superior, quer em terra quer no mar, mas o elemento mais decisivo foi a sua superioridade em táctica naval, que seguia o modelo britânico. A frota chinesa foi severamente atingida, em Setembro, na embocadura do Rio Yalu; a base naval de Port Arthur, no Sul da Manchúria, foi capturada em Novembro e a frota chinesa finalmente destruída em Weihaiwei, em Fevereiro de 1895.

Segundo o Tratado de Shimonoseki que a seguir se concluiu, em Abril de 1895, a China teria de pagar uma indemnização enorme, abandonar os seus interesses oficiais na Coreia e ceder território ao Japão, incluindo a Formosa e a península de Liaotung/Kwantung (Liaodong/Guandong), no Sul da Manchúria.

Este foi o primeiro passo importante na construção do império japonês na Ásia e as potências ocidentais tomaram a devida nota. A Rússia, em particular, que tinha os seus próprios objectivos na Coreia e na Manchúria, agiu muito rapidamente. Menos de uma semana depois do Tratado de Shimonoseki, persuadiu a Alemanha e a França a juntarem-se-lhe na Intervenção Tripartida para aconselhar o Japão a renunciar à península de Liaotung, com o argumento de que, se o não fizesse, criaria instabilidade na área. Ansioso por manter a boa vontade das potências ocidentais, o governo do Japão seguiu o conselho, para grande descontentamento do público japonês.

Este descontentamento em breve se transformaria em indignação quando, apenas alguns anos mais tarde, em 1898, as três mesmas potências começaram a dividir entre si partes da China. Havia uma acrimónia particular contra a Rússia, que obtivera, por um arrendamento de 25 anos, a mesma península de Liaotung que tinha obrigado o Japão a ceder.

Nesta altura, com as suas reformas políticas e a vitória sobre a China, o Japão tinha conseguido obter o respeito das nações ocidentais. Também tinha conseguido que os tratados desiguais fossem revistos, pelo menos em parte. Apenas algumas semanas antes da Guerra Sino--Japonesa, a Grã-Bretanha tinha concordado em abandonar o seu direito de extraterritorialidade e tinha restaurado parcialmente a autonomia aduaneira do Japão. As outras grandes nações fazem o mesmo em 1897, apesar de a devolução do controlo aduaneiro pleno só ter acontecido em 1911.

Porém, a vitória na Guerra Sino-Japonesa e o sucesso na revisão dos tratados não tinham proporcionado o esperado nível de estabilidade à situação política no Japão. Em certos aspectos, esta tinha piorado, devido ao caso da península de Liaotung, que conduziu a severas críticas aos líderes japoneses.

A área política degenerou num carrossel ([62]). Houve partidos que se formaram, dissolveram, reformaram, mudaram de nome, voltaram a adoptar o nome antigo, ou, deliberadamente, tomaram o nome de outros, fazendo incluir na sua versão os termos "Real" ou "Verdadeiro". Os políticos mudavam regularmente de partido ou de alianças (nem sempre ao mesmo tempo). As demissões e os regressos ao governo eram vulgares. Entre meados de 1896 e meados de 1901, o primeiro--ministro mudou sete vezes, três delas por demissão de Ito.

Um desenvolvimento importante foi Ito ter conseguido formar o seu novo partido político em 1900, um partido de governo chamado *Rikken Seiyukai* (Associação de Amigos do Governo Constitucional). Todavia, ainda incorreu no desagrado de conservadores fiéis, como Yamagata, e a sua demissão como primeiro-ministro, em Maio de 1901, iria ser a última. Estava cansado da política, embora se mantivesse presidente da *Seiyukai* até 1903. O seu partido permaneceria uma força real até pouco antes da II Guerra Mundial.

Depois da demissão de Ito, em 1901, foi de novo oferecido o cargo a Yamagata, mas este também já tinha sido primeiro-ministro mais de uma vez e estava igualmente cansado do cargo. Em vez disso, o lugar foi para o seu protegido Katsura Tao (1847-1913). Embora nascido numa família samurai de Choshu e apenas alguns anos mais novo do que Ito e Yamagata, Katsura era geralmente considerado um homem da "segunda geração". A época dos oligarcas ou *genro* ("um dos primeiros anciãos") estava a acabar ([63]).

Katsura também trouxe uma relativa estabilidade à política, sobrevivendo no governo durante quatro anos e meio, o primeiro-ministro do Período Meiji que se manteve mais tempo. Uma razão para isto foi o facto de outro acontecimento externo ter ultrapassado os assuntos internos: a Guerra Russo-Japonesa de 1904-1905.

A questão entre o Japão e a Rússia tinha estado a incubar desde a Intervenção Tripartida de 1895. A Rússia tinha continuado a sua política expansionista no Nordeste da Ásia, simbolizada por extensas linhas de caminho-de-ferro. Em 1900, rebentou no Norte da China a Revolta dos Boxers contra os estrangeiros, sendo esmagada pela aliança das tropas de oito nações, incluindo o Japão e a Rússia. Contudo, esta recusou retirar as suas tropas depois da Revolta, para consternação das outras potências e, em particular, do Japão.

O pragmático Ito pretendia que o Japão firmasse um acordo de compromisso com a Rússia: o Japão reconheceria os interesses da Rússia na Manchúria em contrapartida do reconhecimento dos seus interesses na Coreia. Contudo, a Rússia opôs-se. O mesmo fizeram Yamagata e Katsura, que estavam convencidos de que a guerra com a Rússia era inevitável. Preferiam assegurar o apoio da Grã-Bretanha. Este foi obtido com a Aliança Anglo-Nipónica de Janeiro de 1902. Era uma aliança histórica, o primeiro pacto militar concluído em igualdade de condições entre uma nação ocidental e outra não ocidental.

A aliança não reconheceu o controlo da Coreia pelo Japão, apesar de o fazer em relação aos seus "interesses especiais" naquele país. Também não dizia que a Grã-Bretanha combateria ao seu lado, se entrasse em guerra com a Rússia. Todavia, deu ao Japão a segurança de que seria improvável que outras potências ocidentais fossem actuar contra ele nessa guerra.

A resolução de entrar em guerra foi tomada em Janeiro de 1904. O poder militar do Japão era agora considerável, com mais de metade do seu orçamento a ser dedicada, desde 1897, às despesas militares. Não obstante, ainda havia muitos Japoneses, inclusivamente nas forças armadas, que tinham dúvidas acerca do resultado das hostilidades com uma grande potência como a Rússia. Não eram poucos os que esperavam que as vitórias que ocorressem nos recontros iniciais arrastariam consigo a intervenção das outras potências a favor do Japão ([64]).

O Japão cortou relações diplomáticas com a Rússia a 6 de Fevereiro de 1904, atacou os navios russos em Port Arthur a 8, e declarou guerra a 10. No mês seguinte, as tropas japonesas desembarcaram na Coreia, avançando para norte e atravessando o Rio Yalu para a Manchúria em Maio. Ao mesmo tempo, forças transportadas em navios desembarcaram na península Liaotung e tomaram Nanshan e Dairen. Em Agosto, Port Arthur foi cercado, mas só caiu em Janeiro de 1905. Em Março deste ano e após duros combates, que provocaram mais de 70 000 baixas do lado japonês e um número semelhante do lado russo, as tropas japonesas tomaram Mukden, a capital da Manchúria. No entanto, esta não era uma vitória decisiva.

Ambos os lados tinham agora dificuldade em prosseguir. A Rússia tinha uma desvantagem peculiar, porque estava confrontada com uma revolução interna ([65]) e teve de mandar chamar a sua frota no Báltico. Os Britânicos recusaram o acesso da frota ao Canal de Suez, o que significava que tinha de fazer um longo desvio. Em finais de Maio, quando a frota tentava fazer a etapa final da sua longa viagem com uma permanência breve em Vladivostoque, foi interceptada e destruída nos Estreitos de Tsushima pela Frota Japonesa Conjunta, sob o comando do almirante Togo Heihachiro (1838-1934). Esta vitória decisiva deu ao Japão uma posição de força quando pediu secretamente ao presidente dos Estados Unidos, Theodore Roosevelt, para agir como mediador ([66]).

Roosevelt serviu com êxito de mediador. Foi uma vitória efectiva para o Japão. O Tratado de Portsmouth que se seguiu, em Setembro de 1905, devolveu à China a soberania sobre a Manchúria (embora ela, na prática, viesse a ser largamente nominal), reconhecia os interesses japoneses na Coreia e dava ao Japão o arrendamento russo da península de Liaotung e grande parte do caminho-de-ferro do Sul da Manchúria, construído pela Rússia. O Japão tinha incorrido em despesas gigantescas com a guerra, tendo tido de contrair empréstimos junto da Grã-Bretanha e dos Estados Unidos. Por isso, estava ansioso pela obtenção de indemnizações por parte da Rússia. No entanto, para grande indignação do povo japonês, tal não foi conseguido. Em vez disso, o Japão recebeu a metade sul da ilha de Sacalina (Karafuto), a norte de Hokkaido.

A guerra causou ao Japão um elevado custo humano e financeiro, mas tinha proporcionado ao país um grande respeito internacional. A Rússia não era de modo nenhum a potência ocidental mais forte, mas era a maior e a vitória do Japão era a primeira de uma nação não ocidental sobre uma ocidental.

O Japão tinha atingido agora o seu objectivo de igualar as potências ocidentais e de ser levado a sério por elas. Longe de ter de fazer face à ameaça de colonização pelas potências imperialistas, como temera algumas décadas atrás, estava agora em condições de tomar o seu lugar entre elas. Já tinha a Formosa e tinha agora obtido territórios na Manchúria, parte da ilha de Sacalina e, de facto, mão livre na Coreia. Os postos avançados ocidentais, como a Nova Zelândia, até começavam agora a temer a colonização dos Japoneses. O Japão tinha aprendido bem a jogar o jogo de se tornar uma potência mundial, pelo menos até esta altura.

O Japão não perdeu tempo a estabelecer o seu controlo sobre a Coreia. Em Novembro de 1905, o governo coreano foi "persuadido" a tornar-se num protectorado japonês. O facto de os soldados japoneses ocuparem o Palácio Real ajudou, talvez, a tomar esta decisão. O próprio Ito Hirobumi tornou-se general-residente. Os funcionários coreanos foram substituídos por japoneses. O Exército coreano foi dissolvido, impondo a necessidade de "protecção" japonesa. Os protestos da Coreia no Ocidente foram ignorados. O mesmo se passou com as 1450 repressões armadas dos motins coreanos pelas tropas japonesas, entre 1908 e 1910 ([67]). Os Coreanos conseguiram assassinar Ito em 1909, mas em Agosto de 1910 o Japão deu o passo seguinte e anexou a Coreia sem oposição internacional.

No Japão, as consequências da Guerra Russo-Japonesa foram semelhantes, em alguns aspectos, às da Guerra Sino-Japonesa. A vitória em si mesma era gloriosa, mas o governo foi severamente criticado pela humilhação de não ter obtido uma indemnização da Rússia. Houve manifestações, com mais de mil baixas só em Tóquio, e teve de ser declarada a lei marcial ([68]). Katsura foi forçado a demitir-se em Janeiro de 1906.

Foi substituído por um dos protegidos de Ito, o nobre da corte, príncipe Saionji Kinmochi (1849-1940), que também se tinha tornado presidente do partido *Seiyukai*. Tal como Ito nos últimos anos, Saionji estava bastante inclinado para a política partidária. Consigo no poder, a política japonesa entrou numa outra fase de estabilidade relativa, que durou todo o restante Período Meiji. Em determinado momento, Katsura, da linha dura, chegou a regressar ao governo. As relações entre o executivo transcendental e a Dieta estavam razoavelmente livres de problemas, com os políticos dos partidos a sentir que estavam a obter ganhos lentos mas seguros.

No entanto, em particular com o regresso de Katsura ao governo, entre meados de 1908 e meados de 1911, havia indícios de que a democracia no Japão ainda tinha um toque autoritário.

Em 1910, no que ficou conhecido como o Incidente da Alta Traição, centenas de simpatizantes de esquerda foram interrogados sobre o que as autoridades pensavam ser uma conspiração generalizada para assassinar o imperador. 26 foram julgados secretamente. As provas contra os cinco principais suspeitos pareciam ser muito fortes, mas eram duvidosas quanto aos outros. Apesar de tudo, 24 foram condenados à morte. Destes, 12 viram as suas sentenças comutadas; os restantes 12 foram executados em Janeiro de 1911.

O incidente seguiu-se a uma série de acções de repressão da actividade da esquerda na última década Meiji. A política partidária era uma coisa, mas o socialismo era outra. Como o cristianismo, parece que nunca criou raízes no Japão, embora se possa argumentar que nunca lhe foi dada essa oportunidade. De qualquer modo, os socialistas tiveram de ser muito discretos no Japão até ao fim da II Guerra Mundial ([69]).

Em resultado do Incidente da Alta Traição, foi criada em 1911 uma Força de Polícia Superior Especial. Esta era a tristemente célebre "polícia do pensamento". Embora a democracia pudesse ir avançando em termos de estrutura exterior e de instituições, o mesmo não era necessariamente verdadeiro para a substância interna. Esta dualidade era apenas a continuação de uma longa tradição. O mesmo acontecia com a ausência de uma verdadeira democracia.

4.6. Desenvolvimento económico orientado

O desenvolvimento económico do Japão foi outro aspecto da modernização do país que impressionou os ocidentais. O Japão já tinha um certo número de factores de produção essenciais em funcionamento no início do período e tirou deles o melhor partido, ao mesmo tempo que desenvolvia outros. Possuía, nomeadamente:

- uma grande força de trabalho;
- uma força de trabalho instruída;
- uma força de trabalho em geral obediente;
- uma força de trabalho tão grande na agricultura que uma parte significativa podia ser deslocada para o sector industrial;
- capital acumulado no sector privado (na maioria comerciantes);
- práticas de negócios estabelecidas com alguma sofisticação;
- apesar de limitações globais dos seus recursos naturais, uma oferta inicial razoável de fontes energéticas básicas como madeira, água e algum carvão e mesmo ferro (areias ferrosas).

Do que o Japão carecia era de tecnologia e empresários.

As deficiências tecnológicas, tanto em equipamento como em conhecimentos especializados, foram muito rapidamente ultrapassadas. Isso foi conseguido, em larga medida, importando equipamento estrangeiro, empregando numerosos conselheiros técnicos ocidentais e enviando Japoneses em viagens de estudo ao estrangeiro. O Japão não tivera uma Revolução Industrial, mas, por outro lado, tinha beneficiado por ser um "país que se desenvolvera mais tarde". Podia usar a tecnologia mais avançada e que as outras nações só tinham obtido depois de um século ou mais de percurso dispendioso de êxitos e fracassos.

Quanto à capacidade empresarial, esta não podia, evidentemente, ser deixada aos estrangeiros. Deveriam ser os próprios Japoneses a estabelecer e a manter a posse das indústrias mais importantes, pelo menos. Em geral, as casas de comércio do Período Tokugawa não manifestavam um desejo particularmente grande de aceitar o desafio de estabelecer indústrias modernas, que consideravam demasiado arriscadas. A Mitsui e a Sumitomo foram, de facto, as únicas grandes casas a fazê-lo. Pelo contrário, na maioria dos casos a iniciativa empresarial foi assumida ou pelo próprio governo, ou pela "classe" dos samurais de baixo estatuto – muitas vezes com associações de camponeses – que constituía o governo.

Os dois empresários mais conhecidos do Japão Meiji, Iwasaki Yataro (1835-1885), o fundador da Mitsubishi, e Shibusawa Eiichi (1840-1931), o fundador da Osaka Spinning Mill e de muitas dezenas de outras companhias, vieram desta base constituída por samurais e camponeses. Ambos representavam o espírito de iniciativa em acção. Shibusawa, em particular, era favorecido pelo governo, porque dizia muitas vezes que o êxito nos negócios deveria ser alcançado para benefício da nação, a par do do indivíduo. Isto era exactamente o que o governo queria ouvir. O seu filantropismo, que se pode ver na fundação de escolas e de lares para idosos, também o tornou popular junto do público. Contribuiu bastante para acabar definitivamente com o estigma que foi frequentemente associado ao enriquecimento durante o Período Tokugawa. O governo também lhe ficava grato por isso, uma vez que tal estigma poderia revelar-se um problema para o sucesso do desenvolvimento económico do Japão.

Todavia, pelo menos nos anos iniciais, o governo estava desiludido com a falta de empresários privados. Tivera de formar ele mesmo muitas empresas. A esperança era que estas servissem como modelos de sucesso a que a indústria privada pudesse dar seguimento, mas, na prática, os resultados foram muitas vezes modestos e frustrantes. Os caminhos-de-ferro foram, porém, um êxito: enquanto em 1870 quase toda a construção tinha sido realizada pelo governo, em 1890 cerca de 75% era feita pelo sector privado. Pelo contrário, as iniciativas governamentais na indústria têxtil foram um rotundo fracasso. Felizmente, por seu lado, a Osaka Spinning Mill, que Shibusawa fundara e de que era proprietário, revelou-se um modelo de sucesso. Durante a década de 70 do século XIX, o governo também criou fábricas em indústrias como as munições, os tijolos, o cimento e o vidro e adquiriu minas e estaleiros de construção naval.

Apesar das esperanças e dos esforços do governo, a economia não esteve muito bem nos primeiros anos do Período Meiji e no final da década de 70 do século XIX o país enfrentava uma crise financeira. Entre as suas causas encontravam-se não apenas os fracos resultados de algumas das empresas governamentais, mas despesas avultadas com conselheiros estrangeiros, os pagamentos a antigos dáimios e samurais, as despesas provocadas pela Revolta de Satsuma de 1877 e uma relativa escassez de divisas fortes para apoiar a circulação da moeda fiduciária. A inflação aumentou bastante. Os preços do arroz, por exemplo, duplicaram entre 1877 e 1880.

Como contramedida, o governo anunciou, em 1880, a venda de indústrias não estratégicas geridas por si. Houve poucos licitadores e, por fim, o governo teve de desfazer-se das indústrias bastante abaixo do seu custo, em alguns casos mesmo abaixo dos 10% ([70]). As vendas foram feitas muitas vezes de modo informal, sem concurso, a pessoas com as quais o governo já tinha associações e eram consideradas de confiança. Estas pessoas, obviamente, sentiam que tinham obrigações para com o governo, o que reforçou o já crescente laço entre este e os grandes interesses económicos. A venda também ajudou a concentrar a indústria nas mãos de um pequeno número de organizações cada vez maiores, conhecidas depois com o termo pouco elogioso de *zaibatsu*, ou seja, "cliques financeiras".

Outras contramedidas incluíam a criação de um banco central (o Banco do Japão, em 1882) e um superavit orçamental na base do qual se pudessem acumular reservas em divisas fortes. As medidas de contenção causaram algumas dificuldades ao sector agrícola, em particular, mas, por outro lado, ajudaram a transferir mão-de-obra para o sector da indústria, mais moderno. Em 1886, o Japão tinha um sistema financeiro estável, com taxas de juro baixas, e a economia entrava num período de retoma. Desde então, até ao fim do Período Meiji o produto nacional bruto (PNB) iria crescer de forma sustentada cerca de 3% ao ano em média. As exportações, que o governo pretendia expandir, iriam também crescer continuamente, passando de cerca de 6-7% do PNB no final da década de 80 do século XIX para cerca de 20% no fim do Período Meiji ([71]).

Apesar do avanço da industrialização, a economia Meiji no seu todo era dominada pela agricultura, que ocupou mais de metade da força de trabalho durante este período. Não obstante, o valor da agricultura em proporção do produto interno bruto (PIB) diminuiu constantemente, passando de 42% em 1885 para 31% no fim do Período Meiji. Em contrapartida, a proporção do sector transformador, no mesmo período, mais do que dobrou, de 7% para 16% ([72]).

Na indústria transformadora, a indústria ligeira dos têxteis era particularmente importante. O governo promoveu a produção interna de têxteis como meio de reduzir as importações, encorajando muitas vezes os potenciais empresários ao fornecer-lhes equipamento barato. Os proprietários das fábricas podiam também usar o trabalho feminino, que era muito mal pago, e podiam situar as suas instalações nas zonas rurais. Tal significava baixos custos de instalação e fácil acesso a trabalhadores agrícolas locais que necessitavam de emprego suplementar. A produção têxtil passou de cerca de 25% da produção industrial total, em 1880, para 40% ao longo dos 20 anos seguintes ([73]). Num inquérito a fábricas não governamentais, em 1884, verificou-se que 61% pertenciam ao sector têxtil ([74]).

Durante a última década do Período Meiji, aproximadamente, os produtos eléctricos tornaram-se rapidamente noutra importante indústria transformadora. Embora a propriedade de estrangeiros fosse desencorajada, as empresas japonesas a operar no sector formavam frequentemente associações com empresas não japonesas para adquirirem tecnologia estrangeira. A gigante NEC (Nippon Electric Company), actualmente bem conhecida, começou em 1899 como um projecto comum entre a companhia americana Western Electric e o seu agente japonês. Outro gigante, a Toshiba, começou, no início de 1900, como um projecto comum da General Electric americana e duas companhias japonesas, a Tokyo Electric e a Shibaura Electric (que pertencia ao grupo Mitsui) ([75]).

Na década de 70 do século XIX, os bens manufacturados representavam a maioria esmagadora das importações do Japão (91%

de todas as importações, constituídas na sua maioria por têxteis) e os produtos primários a esmagadora maioria das exportações (incluindo seda em bruto, que representava 42% do total). Por altura da I Guerra Mundial, logo depois do termo do Período Meiji, a situação invertera-se: 50% de todas as importações eram bens primários e cerca de 90% das exportações eram bens manufacturados (dos quais metade eram têxteis) ([76]). O Japão registava um tal sucesso na promoção da indústria têxtil do algodão como instrumento da política de substituição de importações que, no fim do período, era capaz de exportar este produto, apesar do algodão internamente produzido ser de baixa qualidade e de o algodão em bruto ter de ser importado. O elemento crucial era que o valor acrescentado pertencia ao Japão. Tinha-se transformado num país industrial.

A indústria pesada também se desenvolveu fortemente no fim do período, em parte acompanhando as campanhas militares do Japão. A importante indústria estratégica da construção naval foi bastante promovida durante sensivelmente os últimos quinze anos do Período Meiji. A partir de meados da década de 90 do século XIX, o governo atribuiu elevados subsídios à compra de navios de ferro e aço construídos no Japão. Durante esse período de 15 anos, a marinha mercante e a construção naval receberam 75% de todos os subsídios governamentais ([77]). A indústria do ferro e do aço, que, como os têxteis de algodão, dependia fortemente de matérias-primas importadas, recebeu um grande impulso com o implantação da siderurgia Yawata, no Norte de Kyushu, em 1901. A fábrica iria contribuir com cerca de metade da produção de ferro e aço do Japão até à década de 30 do século XIX.

Ao longo do Período Meiji, o governo desempenhou um importante papel na orientação da economia, desenvolvendo e mantendo relações com o mundo dos negócios e facultando apoios às áreas e às companhias que privilegiava. A natureza exacta desse papel no Período Meiji é objecto de considerável debate, tal como o é aquele que desempenha na actualidade ([78]). A orientação do governo pode não ter sido sempre particularmente útil, porque por certo cometeu erros e nem sempre foi consistente. Embora tivesse definido objectivos, o caminho para os atingir muitas vezes não foi percorrido sem obstáculos. No entanto, uma coisa é certa: o governo tinha relutância em deixar o desenvolvimento económico entregue apenas às forças do mercado. Ainda hoje é assim.

4.7. Termina uma Era

O imperador Mutsuhito morreu de diabetes a 30 de Julho de 1912. Após a sua morte, foi-lhe dado o nome correspondente ao importante período que ele tinha superintendido, a Época do "Poder Iluminado". Os "mitos modernos" do Japão atribuíram ao imperador um papel central na prosperidade da nação, embora, na prática, seja questionável em que medida esteve envolvido pessoalmente nas realizações desta época ([79]).

Contudo, como símbolo de uma época, a sua morte foi sentida com pesar. No dia do seu funeral, a 13 de Setembro, o general Nogi Maresuke (1849-1912) ainda cometeu a estripação ritual, de acordo com a tradição ideal samurai do *junshi* (acompanhar o seu senhor na morte). A sua mulher, Shizuko (1858-1912), também se suicidou, seguindo o seu próprio senhor. O *junshi* tinha sido proibido há algum tempo e houve algumas críticas ao acto de Nogi como sendo anacrónico, mas, em geral, o público comoveu-se com esta última manifestação de espírito samurai. Como o romancista Tayama Katai (1872-1930) salientou nas suas memórias, era o mesmo espírito evidenciado pelos que tinham dado a vida nas batalhas pelo seu país para ajudar a fazer do Japão a grande nação internacional que agora era ([80]).

Nem o imperador Meiji nem as realizações do Japão Meiji tinham sido admirados sem reservas por todos. Era muito raro – e crime de traição punido com a morte –, criticar pessoalmente o imperador, mas tinha sucedido de tempos a tempos. Num famoso poema de 1904, por ocasião da Guerra Russo-Japonesa, a poetisa Yosano Akiko (1878--1942) criticou-o publicamente como cobarde, por não ir ele mesmo para a frente ([81]).

A maioria das críticas, todavia, não se dirigiu à pessoa do imperador Meiji, mas tomou a forma de reservas acerca do que se tinha conseguido em seu nome. O romancista mais famoso do Período Meiji, Natsume Soseki (1867-1916), pensava que a ocidentalização introduzira um tipo de egoísmo insensível e criara indivíduos solitários, afastados das suas raízes e da sua família. Pensava também que as transformações tinham sido todas realizadas num ritmo demasiado frenético para poderem ser convenientemente assimiladas. Numa obra de 1909, *Sore Kara* (E Depois), quando se considerava que o Japão estava no auge do seu prestígio internacional, escreveu ([82]):

> Olhem para o Japão [...] Tenta fazer o seu caminho na companhia das potências de classe mundial [...] É como uma rã que tenta ser tão grande como uma vaca. É claro que, não tarda, irá rebentar. A luta afecta-te a ti e a mim e a toda a gente. Devido à pressão da concorrência com o Ocidente, os Japoneses não têm tempo para descontrair [...] Não admira que sejam todos neuróticos [...] Não pensam senão em si mesmos e nas suas necessidades imediatas. Olhem para todo o Japão e não verão um centímetro quadrado onde brilhe a luz de uma esperança. As trevas cobrem-no totalmente.

Alguém menos popular podia ter de enfrentar as autoridades por expressar tais pontos de vista. Alguém mais bem informado acerca da longa história de interesse próprio do Japão talvez nem sequer tivesse formado tais ideias.

Todavia, era compreensível que uma era de tão grandes transformações acarretasse algum grau de incerteza, de desorientação, de ansiedade e um sentimento de desamparo por se ser arrastado por algo que escapava ao controlo do próprio. Não era raro encontrar paródias acerca da modernização ocidentalizada do Japão. Um certo número de canções populares dessa época também continha sentimentos negativos acerca dela ([83]). Era evidente que havia alguma disposição para manifestar irritação contra a incapacidade do governo em obter recompensas adequadas pelas vitórias militares ou em avançar suficientemente na revogação dos tratados desiguais. Tal disposição imediata era sintoma de tensões e frustrações, mas, ao mesmo tempo, de um intenso orgulho nacional.

Apesar das reservas e do pessimismo inquestionáveis, a perspectiva prevalecente, à medida que a época se aproximava do seu fim, era constituída pelo orgulho nacional e o optimismo. Tayama Katai quase rebentou de orgulho nacionalista quando, por ocasião da morte do imperador, recordou as realizações do Período Meiji ([84]):

> Quem poderia deixar de emocionar-se até às lágrimas com a vida ilustre de Sua Majestade o imperador Meiji, Mutsuhito, o Grande, Senhor da Restauração, que, apesar de ter sido entronizado na adversidade, superou todos os obstáculos e perigos para conduzir o Japão à condição, de que hoje goza, de nação maravilhosa no concerto internacional? [...] Participei na guerra com a Rússia como membro de uma unidade de fotografia. Assisti à terrível manifestação do augusto e virtuoso poder do imperador, à medida que se difundia. Saltei de alegria quando

> vi a bandeira do Sol Nascente flutuando sobre os redutos inimigos em Chin-chou e Nanshan e senti como o sangue das minhas veias também era sangue japonês. Ideologicamente, sou um livre-pensador, mas o meu espírito é o de um nacionalista japonês [...]
> E agora [...] o nosso, querido, o nosso amado, o nosso gracioso imperador Meiji, nossa força e nosso apoio, estava morto!

Por mais divinos que possam ser, até os imperadores morrem. A questão agora era o que seria da nação. Estaria satisfeita com as suas realizações e entraria numa fase de consolidação? Ou a rã da fábula de Soseki iria continuar a crescer até finalmente rebentar?

Sinopse da IV Parte

O Japão entrou no Período Meiji num estado de considerável incerteza. Não era claro se a restauração imperial iria ter sucesso ou até se os estrangeiros tentariam apoderar-se do país. Afortunadamente, parecia que os estrangeiros não estavam interessados na invasão, de momento, pelo menos, e o rapaz imperador não era um empecilho. Os jovens samurais que dirigiram o golpe em seu nome puderam consolidar o seu controlo do governo e trazer uma certa estabilidade ao país, apesar de todas as mudanças.

O seu objectivo era construir uma nação forte que pudesse equiparar-se ao Ocidente, ou mesmo talvez vir a ultrapassá-lo. Para começar, era preciso fazer com que as potências ocidentais levassem o Japão a sério, pelo menos suficientemente a sério a ponto de as dissuadir de qualquer ideia posterior de colonização e para as levar a revogar os tratados humilhantes do fim do Período Tokugawa. Isto significava modernização, o que, por sua vez, significava uma grande ocidentalização, um processo que não só contribuiria para o seu reconhecimento pelo Ocidente, mas permitiria ao Japão adoptar os pontos fortes das potências ocidentais para se tornar ele mesmo mais forte e competitivo, se fosse feito judiciosamente.

Porém, não se tratava apenas de aprender com o Ocidente, porque, nalguns casos, estes modernos construtores da nação pareciam estar conscientes de que havia políticas úteis no próprio passado do país.

Entre as primeiras reformas do novo governo incluíram-se a relocalização da capital imperial e a nacionalização dos domínios feudais, substituindo-os por prefeituras, ambas com a finalidade de centralizar o poder. O restritivo sistema feudal foi abolido, incluindo a classe dos samurais, da qual tinham vindo os próprios líderes governamentais. Isto não foi feito sem criar alguma insatisfação, a qual culminou na Rebelião de Satsuma de 1877. Por fim, o afastamento dos samurais tradicionalistas, em resultado da rebelião, tornou mais fácil modernizar o país segundo ideias ocidentais.

Para obter o reconhecimento das potências ocidentais, era particularmente importante trilhar um certo número de caminhos potencialmente perigosos. Entre eles, incluía-se aceitar o cristianismo, adoptar instituições económicas e políticas ocidentais e demonstrar poder militar. Abrir o país ao cristianismo revelou ser menos arriscado do que se temia, simplesmente porque não atraiu a maioria dos Japoneses, mesmo quando em contacto com ele. Na economia, com a ajuda de conselheiros e da tecnologia ocidentais e uma boa dose de orientação e apoio governamentais ao estilo japonês, o Japão soube fazer render os seus pontos fortes e tornar-se uma significativa potência económica num período de tempo muito curto. No final do período, tinha-se afirmado como nação industrial, com um sector de indústria pesada em desenvolvimento.

O ocidentalização política revelou-se mais difícil e teve de ser realizada com grandes cautelas. As reformas foram feitas com uma impressionante exibição de democracia para efeitos externos, especialmente com a aprovação de uma nova constituição e de um parlamento, mas estes foram invariavelmente contrabalançados por restrições e controlos. O executivo dos oligarcas permaneceu numa posição "transcendental" – uma lei para si mesmo – e as liberdades estavam muito limitadas. As pessoas, entusiasmadas com as ideias ocidentais de espírito de iniciativa e de sobrevivência dos mais aptos, foram encorajadas a ter sucesso, não apenas como um direito que lhes assistia, mas, ao mesmo tempo, a favor da causa superior que era a prosperidade nacional. Com a doutrinação centrada no imperador e no Estado e a que o *Rescrito Imperial sobre a Educação* e os textos escolares davam corpo, o espírito de iniciativa tornou-se na ideologia do sucesso nacionalista, com as energias da população recém-libertada e bastante desorientada a serem controladas e dirigidas para fins nacionais.

Militarmente, o Japão aprendeu com rapidez a combater como os ocidentais: com armas modernas e um exército de serviço obrigatório. Depois de uma oportunidade favorável de se exercitar contra os seus próprios samurais descontentes, na Revolta de Satsuma, conseguiu derrotar uma China enfraquecida e, depois, uma Rússia incómoda.

Os territórios ganhos directa ou indirectamente com estas vitórias, sobretudo a Coreia, foram acontecimentos importantes na via da construção do império.

A modernização do Japão nem sempre foi fácil. Houve mais desenvolvimentos não planeados, mais tentativas e erros e um papel demasiado grande do acaso do que os líderes da nação gostariam de ter tido. Inspiraram-se noutros casos, improvisaram, estudaram e planearam tão bem quanto puderam, sendo auxiliados pela sorte e por uma determinação absoluta de vencer. Nem todos os Japoneses estavam felizes e tinham orgulho nos desenvolvimentos havidos, mas a maioria sim, e se o êxito fosse medido em termos de reconhecimento como potência forte, ao estilo ocidental, com uma colónia ou duas, então o Japão tivera êxito.

Os principais desenvolvimentos neste trajecto para o êxito encontram-se sumariados no quadro 4.1.

Quadro 4.1. Principais desenvolvimentos no Período Meiji

Desenvolvimentos	Data
O poder imperial restaurado em teoria, os oligarcas governam na prática	a partir da década de 60 do século XIX
Decretadas as principais reformas iniciais, como a nacionalização da terra e a abolição das classes feudais	finais da década de 60-meados da de 70
Ocidentalização da sociedade e da economia, apoiada por conselheiros ocidentais	a partir da década de 70
Fortalece-se a ideologia do espírito de iniciativa	década de 70-80
Ideias de "liberdade e direitos humanos"	década de 70-80
O governo vende indústrias a industriais privados	início da década de 80
Formação de partidos políticos	a partir do início da década de 80
Realizações individuais canalizadas para fins nacionais, sobretudo através da educação e especialmente centrados no imperador	a partir do início da década de 80
Proclamação da constituição, reunião do Parlamento	1889-1890

Publicação do *Rescrito Imperial sobre a Educação*	1890
Desenvolve-se a indústria pesada, o Japão torna-se uma nação industrial	a partir da década de 90
Guerra Sino-Japonesa, o Japão vence	1894-1895
O Japão consegue grandes revisões dos tratados desiguais e o reconhecimento das potências ocidentais	a partir de meados da década de 90
Aliança Anglo-Nipónica	1902
Guerra Russo-Japonesa, o Japão vence	1904-1905
O Japão anexa a Coreia	1910
Repressão do socialismo no Incidente da Alta Traição	1910-1911

Quadro 4.2. Valores e práticas fundamentais no Período Meiji

- incorporação dos pontos fortes das ameaças potenciais
- capacidade de combinar o velho e o novo, o nacional e o estrangeiro
- "japonização" de muitos elementos estrangeiros
- pragmatismo
- "liberdade dentro de certos limites"
- distinção entre autoridade formal e poder real
- distinção entre forma exterior e substância interior
- vontade de aprender
- determinação em obter sucesso
- concentração num só objectivo
- confucianismo (adaptado ao Japão)
- idealização dos valores da família
- nacionalismo fortalecedor
- renascimento da reverência pelo imperador
- antipatia pela inflexibilidade religiosa cristã

- astúcia económica
- tendência generalizada para se ser orientado pela autoridade, mesmo na prossecução de objectivos individuais
- desconfiança perante o socialismo
- controlo da visão do mundo pela propaganda e a educação

O Período Meiji revelou também muitos valores e práticas de grande relevância para o Japão actual, mostrando ao mesmo tempo, em geral, uma continuidade com o passado. Estes valores e estas práticas são sumariados no Quadro 4.2., constituindo uma longa lista.

Em apenas meio século, o Japão deixou de ser praticamente ignorado pelo Ocidente como um país obscuro e bastante atrasado, passando a ser reconhecido como uma importante potência mundial. Este feito é considerado, na história mundial, a realização mais notável, num período tão curto, por parte de qualquer nação.

Notas

(1) Jansen 89, p. 365, e Vlastos 89, p. 383.

(2) O fenómeno do "*Ee ja nai ka*" ("Quem quer saber disso?!") começou com a abolição iminente do xogunato, no fim de 1867, e continuou durante dois ou três anos. Era um sintoma claro de uma mescla confusa de felicidade e de ansiedade, excitação e desorientação, uma afirmação do desejo de liberdade pessoal, mas, ao mesmo tempo, de relutância em assumir a responsabilidade pessoal pela mudança. O comportamento histérico das massas incluía dançar desenfreadamente na rua, vestir de maneira extravagante ou deitar fora todas as roupas, entrar em orgias públicas de sexo e bebida, entregar o seu dinheiro e os seus bens, dizer obscenidades por mero prazer, entrar na casa dos outros e retirar coisas sem autorização e, em geral, abandonar todas as inibições e pretensões a um comportamento racional. O

psicólogo social Munesuke Mita (92, pp. 147-153) analisa o fenómeno com algum detalhe e a secção "The Meiji Revolution" da série em vídeo *Pacific Century* contém algumas passagens onde é encenado.

(3) Poder-se-ia dizer que Enomoto tinha, até certo ponto, o apoio da América. Enquanto a Grã-Bretanha e a França declararam prontamente o seu apoio ao regime imperial novamente instaurado, a América, considerando que o xogunato era mais receptivo aos estrangeiros do que o regime imperial e os seus defensores samurais de Satsuma e Choshu, absteve-se oficialmente de tomar partido. Esta circunstância teve por efeito conceder a Enomoto o estatuto de participante válido na guerra civil, e não de um rebelde (provavelmente, a recente guerra civil da América também teve alguma influência nesta atitude). Só no princípio de 1869 a América, em parte devido à pressão da Grã-Bretanha, reconheceu finalmente a causa imperial. Vd. Steele 03, cap. 6, sobretudo as pp. 106-109.

(4) O texto da Carta de Juramento pode ler-se em Tsunoda *et al.* 64, vol. 2, pp. 136--137.

(5) Vd. Henshall 99, pp. 75-77, para uma maior análise da questão das ilhas Ogasawara, e Jensen 00, p. 277, em relação a Perry e às ilhas Ryukyu.

(6) A fonte do texto seguinte é Gavin 01, pp. 83-84, com tradução do próprio Gavin. Vd. a Quarta Parte do livro de Gavin para mais detalhes sobre a viagem de Shiga aos Mares do Sul.

(7) O texto principal da Constituição de 1868 pode ser encontrado em Tsunoda *et al.* 64, vol. 2, pp. 137-139.

(8) Nesta fase, havia 77 prefeituras (em contraste com os 260 domínios no fim do Período Tokugawa), mas foram reduzidas para o actual número de 47 em 1889. Para uma análise do desmantelamento total dos *han* (domínios), vd. Umegaki 86.

(9) A reforma dos impostos e as suas consequências são analisadas em Yamamura 86.

(10) Esta foi uma entre várias "viagens de estudo" para aprender com o Ocidente. A Missão Iwakura, que visitou a América e a Europa, também tentou, sem êxito, modificar os "tratados desiguais" assinados pelo xogunato nos seus dias finais.

(11) Vd. também Morris 75, p. 254.

(12) No entanto, no ano seguinte, o governo enviou 3500 homens numa expedição punitiva à Formosa, cujos aborígenes tinham morto alguns pescadores das ilhas Ryukyu que haviam naufragado. A expedição pretendia sobretudo reafirmar a pretensão de posse das ilhas Ryukyu contra a China, tratando os ilhéus mortos como nacionais japoneses e viria a conseguir este objectivo. Foi também uma oportunidade para os antigos samurais sentirem que tinham valor, mas teve menor sucesso neste aspecto.

(13) Saigo tinha um fascínio fatalista pela morte. Era também um patriota extremista que se opunha à ocidentalização e um verdadeiro samurai da velha escola na sua oposição à comercialização e à industrialização. Vd. Morris 75, pp. 217-273.

(14) A data de 1 de Janeiro de 1873, por exemplo, corresponde a 6 de Dezembro de 1872, o 6º dia do 12º mês do ano 5 Meiji, segundo o antigo calendário lunar. A correspondência entre os dois sistemas de calendários é muito complicada, devido a meses intercalares (extras) e anos bissextos e é conveniente usar tabelas como as *Japanese Chronological Tables* de Tsuchihashi.

(15) Contudo, o primeiro jornal moderno era em inglês e foi iniciado por estrangeiros, em Nagasáqui, em 1861.

(16) Hirakawa 89, p. 471. O próprio imperador usava quase sempre fatos ocidentais.

(17) A percentagem de homens com cortes de cabelo ocidentais subiu de 10% em 1872 para 98% em 1887. A letra de uma canção popular do início do Período Meiji dizia "Batam de leve numa cabeça com cabelo curto e tocará a música da civilização e do iluminismo". Vd. Mita 92, p. 198.

(18) Vd. Henshall 89 para uma análise detalhada da evolução dos transportes durante o Período Meiji.

(19) Shibusawa 58, p. 229.

(20) Os riquexós foram inventados, não na antiga China, mas em Tóquio, em Agosto de 1869, por Akiba Taisuke e espalharam-se rapidamente a partir daí, não apenas por todo o Japão (sendo usados aproximadamente 150 000 uma década depois), mas na maior parte da Ásia.
Encontra-se em Henshall 94 uma descrição da actividade de alguns dos primeiros empresários ocidentais com navios a vapor e com diligências.

(21) *Meiroku Zasshi*, p. 125, n. 1.

(22) *Ibidem*, p. 115.

(23) Vd. Shibusawa 58, p. 231.

(24) Vd., por exemplo, o romance *The Girl-Watcher*, de 1907, de Tayama Katai (1872--1930). O abuso sexual nos comboios é um grande problema no Japão actual, com mais de 90% das mulheres que viajam regularmente a serem vítimas dele nalguma ocasião.

(25) Como se pode ver em *Rudin*, de Turgenev, e em *Oblomov*, de Goncharov. Em termos populares modernos, o "homem supérfluo" é muito semelhante à figura de Charlie Brown, que parece ficar sempre de fora. Na literatura japonesa da época, veja-se o protagonista falhado do romance *Ukigumo* (Nuvens Passageiras, 1887--1889), de Futabatei Shimei (1864-1909).

(26) Fukuzawa viajou pela América e a Europa em várias missões oficiais e estava tão fortemente ligado à ocidentalização que, a certa altura, todos os livros sobre o Ocidente eram conhecidos popularmente como "livros Fukuzawa" (*Fukuzawa-bon*), qualquer que fosse o seu autor. Logo em 1858, quanto tinha pouco mais de vinte anos, fundou a instituição que se tornaria mais tarde na Universidade de Keio, onde divulgou os seus pontos de vista. De início, ficou associado aos direitos humanos, mas, mais tarde, aplicou as suas ideias sobre o espírito de iniciativa de um modo mais agressivamente nacionalista, advogando a expansão imperialista do Japão na Ásia. Com o tempo, tornou-se cada vez mais antiocidental. É também conhecido por ter defendido, a partir de 1881, o ponto de vista de que o Japão deveria deixar de se considerar como parte da Ásia ("*Datsu-A ron*"). A vida e os escritos de Fukuzawa são analisados em detalhe em Blacker 64.

(27) Fukuzawa 1872/1969, p. 1.

(28) A expressão é popularmente atribuída, embora erradamente, ao próprio Darwin. Num inquérito feito em 1902 pela Livraria Maruzen a 78 homens japoneses proeminentes, sobre o texto do século XIX que consideravam mais influente, a *Origem das Espécies* (1859), de Darwin, teve 23 votos, enquanto a "filosofia de Spencer" teve 15.

(29) Uma edição acessível desta carta encontra-se num apêndice de Hearn 04, pp. 481--484. A carta foi publicada pela primeira vez em 18 de Janeiro de 1904, no jornal *The Times*, de Londres, um mês depois da morte de Spencer. Como este tinha previsto, causou escândalo.

(30) Vd. Yamaguchi 83, p. 151, sobre esta e outras proibições impostas aos estrangeiros.

(31) Vd. Hirakawa 89, pp. 467-468. Nem todos os conselheiros estrangeiros, pelo menos de início, eram ocidentais, porque, em 1872, dos 160 estrangeiros empregados pelos governos locais, 43 eram chineses. Muitos destes eram conselheiros de técnicas de emurchecimento do chá, que era uma exportação importante do princípio do Período Meiji. Vd. Morris-Suzuki 94, p. 66.

(32) Hirakawa 89, p. 468.

(33) Beauchamp 83, p. 311.

(34) Hirakawa 89, p. 469.

(35) Vd. Mita 92, pp. 244-247.

(36) Era convenientemente ignorado que esta última frase foi usada sem proveito na China.

(37) O papel da educação na inculcação e na imposição dos valores desejados, durante o Período Meiji, é tratado em detalhe em Mita 92, pp. 224-294, que inclui uma análise pormenorizada dos compêndios da altura. Mita também analisa em geral o ideal do sucesso neste período. Gluck 85, sobretudo nas pp. 102-127, também analisa a educação neste período.

(38) O controlo apertado dos textos escolares é ainda um assunto muito importante no Japão actual.

(39) Oito anos antes, em 1882, Yamagata fora responsável pela publicação de um *Rescrito Imperial sobre Soldados e Marinheiros*, que seria uma espécie de protótipo do rescrito de 1890. Acentuava a suprema importância da lealdade ao imperador. O texto principal do rescrito de 1882 pode encontrar-se em Tsunoda *et al.* 64, vol. 2, pp. 198-200, e o do rescrito de 1890, nas pp. 139-140.

(40) Gluck 85, pp. 38-39, 103 e, sobretudo, 151.

(41) Esta expressão faz parte do título de Gluck 85.

(42) Cooper 83, p. 308. Houve sugestões semelhantes para adoptar a língua inglesa, etc., tudo em nome da aceitação do Japão pelo Ocidente.

(43) Uchimura Kanzo (1861-1930) é um exemplo importante desta adaptação. Desprezava a ideia de seitas religiosas e era também um grande nacionalista, insistindo na necessidade de um "cristianismo japonês incontaminado pela influência ocidental". Vd. Cooper 83, p. 309. A popularidade actual dos casamentos de estilo cristão, que representam quase 50% de todos os casamentos no Japão, deve ser interpretada apenas como uma moda social muito particular e não deve ser confundida com o cristianismo genuíno.

(44) O liberal Nakae Chomin (1847-1901) foi um deles. Estudou em França, foi muito influenciado por Rousseau e pelo pensamento liberal francês e britânico e promoveu os direitos populares com os seus prolíficos escritos.

(45) *Rikken Kaishinto* foi também traduzido por vezes como Partido do Progresso e Partido da Reforma Gradual. A partir deste momento e até ao presente, os partidos políticos japoneses seriam criados, dissolvidos, reformados e mudariam de designação com uma frequência desconcertante (em particular na década de 90 do século XIX). Para evitar confusões, tentei deliberadamente não incluir aqui detalhes desnecessários.

(46) Para detalhes acerca dos romances políticos, vd. Nakamura 68, cap. 2. Os seus heróis eram sobretudo políticos de sucesso da história mundial e os seus temas eram os métodos políticos com que o alcançavam. Relativamente às constituições de "inspiração japonesa", muitos conselhos municipais conceberam dela as suas próprias versões, apresentando-as como sugestões. Vd. "The Meiji Revolution", na série em vídeo *Pacific Century*, e Gibney 92, pp. 96-97.

(47) Itagaki foi um dos que se sentiram frustrados com o abandono da proposta de Saigo, em 1873, para invadir a Coreia. Okuma era um conhecido rival pessoal de Ito Hirobumi e estava a ser ofuscado por ele.

(48) Reischauer e Craig 79, p. 168.

(49) O sistema alemão de estado-maior general tinha sido adoptado em 1878. Em matéria de comando, o estado-maior era responsável apenas perante o imperador, que era o comandante supremo, e não perante o governo nem o ministro do Exército. Os projectos iniciais do código legal favoreciam o modelo francês, mas este foi gradualmente afastado pelo alemão, que era o dominante quando o código foi finalmente publicado em 1896.

(50) Neles se incluía Albert Mosse (1846-1925) e Karl Hermann Roesler (1834-1894).

(51) Reischauer e Craig 79, p. 173.

(52) *Ibidem.*

(53) O texto da constituição e o juramento que a acompanha encontram-se na *Kodansha Encyclopedia of Japan*, vol. 3, pp. 7-9.

(54) Para uma análise detalhada, vd. Large 92, pp. 7-9.

(55) Stockwin 92, p. xii.

(56) Vd. Banno 92, p. 9.

(57) Vd. Beasley 89b, p. 668.

(58) A difícil situação política desta altura está descrita em pormenor em Banno 92.

(59) Vd., por exemplo, Reischauer e Craig 79, p. 178, e Beasley 89b, p. 669.

(60) Gluck 85, p. 67.

(61) Vd. Iriye 83.

(62) Vd. Reischauer e Craig 79, pp. 180-182, para detalhes.

(63) O próprio Katsura é referido, por vezes, como um *genro*, mas, na prática, era considerado um novato pelos *genro* mais velhos.

(64) Okamoto 83, p. 346.

(65) Era a "Revolução de 1905", que não se deve confundir com a mais conhecida revolução de 1917.

(66) Okamoto 83, p. 347. O Japão já tinha decidido no mês anterior que iria procurar uma mediação e a vitória aumentou, certamente, o seu poder de negociação.

(67) Reischauer e Craig 79, p. 188.

(68) *Ibidem*, p. 183.

(69) Hunter 89, pp. 243-244.

(70) Um caso extremo, citado por Morris-Suzuki (94, p. 78), foi a fábrica siderúrgica Kamaishi, em que o governo investiu cerca de 2,2 milhões de ienes e que vendeu a um comerciante local por uns meros 12 600 ienes, apenas 0,5% do seu custo.

(71) Francks 92, p. 38.

(72) *Ibidem*, pp. 38-39.

(73) *Ibidem.*

(74) Crawcour 89, p. 613.

(75) Vd. Morris-Suzuki 94, pp. 111-112, e Francks 92, pp. 190-191.

(76) Francks 92, pp. 38-39.

(77) *Ibidem*, pp. 189 e 51.

(78) Um dos modelos mais populares é o do "Estado promotor do desenvolvimento", de Charles Johnson, que aplica em particular ao Japão Showa, mas cuja origem detecta no Período Meiji. (Vd. Johnson 82, sobretudo a p. 23.) Este modelo de "racionalidade planeada" considera que o Estado interveio de forma construtiva na economia para a orientar e desenvolver de maneira apropriada aos interesses

do país, não a deixando entregue às forças de mercado ("racionalidade de mercado" ou "laisser-faire"). Pelo contrário, Penelope Francks, embora concorde que o governo não quis confiar apenas nas forças do mercado, pensa que o carácter construtivo do envolvimento do Estado tem sido exagerado e que o desenvolvimento económico não foi tão planeado como o modelo do "Estado promotor do desenvolvimento" sugere. Segundo ela, a intervenção efectiva do governo foi antes uma resposta não planeada e problemática às circunstâncias de espaço e tempo. (Vd. Francks 92, pp. 255-256.)

([79]) Para além de outros aspectos, raramente fez viagens públicas depois de 1890, embora este seja o tópico a partir do qual a nova ideologia centrada no imperador foi promovida de maneira particularmente intensa. A sua retirada da vida pública ficou a dever-se, provavelmente, aos hábitos pessoais bastante vulgares e embaraçosos. (Vd. Behr 89, p. 14.) Para um estudo pormenorizado do imperador Meiji, vd. Keene 03. É curioso que Keene conclua ser difícil detectar o "verdadeiro Meiji", apesar do seu estudo ocupar aproximadamente mil páginas.

([80]) Tayama Katai 1917/1987, pp. 247-251.

([81]) No poema "Kimi Shinitamo Koto Nakare" (Não Deves Morrer, Meu Irmão).

([82]) Vd. uma tradução parcial em McClellan 69, p. 37.

([83]) Vd. Mita 92, I Parte, sobretudo as pp. 21-28.

([84]) Tayama Katai 1917/1987, pp. 248-249.

V PARTE

OS EXCESSOS DA AMBIÇÃO: A GUERRA DO PACÍFICO E AS SUAS CONSEQUÊNCIAS

5.1. A frágil democracia Taisho (1912–1926)

Quando Yoshihito (1879-1926), o filho do imperador Meiji, ascendeu ao trono, em 1912, as coisas pareciam correr bem para o Japão. O nome auspicioso “Taisho”, que significa “Grande Integridade”, foi o escolhido para assinalar a nova era ([1]). Sugeria autoconfiança como potência mundial e prometia sabedoria e justiça.

Para o próprio Yoshihito, contudo, as coisas não pareciam tão promissoras. Havia cada vez mais dúvidas quanto à sua saúde mental e do seu corpo. Esta precária condição era atribuída geralmente à meningite que o atacou logo a seguir ao nascimento, mas ele estava agora na casa dos trinta e os efeitos de tal doença deveriam ter estabilizado há muito tempo. Era quase de certeza outra doença, e presumivelmente mais embaraçante, a que agora o atacava. Os médicos declaram-no apto para assumir o trono, mas rapidamente a sua saúde se deteriorou de forma acentuada. Passados três anos, era incapaz de andar ou falar adequadamente. A situação bizarra continuou por alguns anos, até que o seu filho Hirohito (1901-1989) assumiu a regência em Novembro de 1921.

O reinado incerto de Yoshihito começou com uma crise política. No final de 1912, o governo Saionji recusou conceder mais divisões ao Exército, que estava desejoso de crescer. O ministro do Exército demitiu-se e o Exército recusou-se a substituí-lo, derrubando o governo. Abordado por Yamagata e os outros oligarcas, Katsura Taro concordou em formar o seu terceiro governo. Todavia, era uma escolha considerada impopular quer pelo público quer pelos partidos políticos, que viam nele um símbolo de continuado autoritarismo oligárquico. Os principais partidos incluíam agora não apenas o (*Rikken*) *Seiyukai*, mas também o recém-criado (*Rikken*) *Kokuminto* (Partido Nacionalista Constitucional). Estes dois partidos iniciaram o Movimento para Proteger o Governo Constitucional (*Kensei Yogo Undo*), que atraiu muitos milhares de apoiantes entre o povo.

Estes mesmos partidos também apresentaram uma moção de desconfiança contra Katsura, o qual respondeu persuadindo o novo imperador a ordenar que a moção fosse retirada. A ordem do imperador foi ignorada, o que mostra a excepcionalmente pouca conta em que já era tido. Passado pouco tempo, em Fevereiro de 1913, milhares de manifestantes encolerizados cercaram o edifício da Dieta e obrigaram Katsura a demitir-se, depois de menos de dois meses no governo. Foi esta a primeira vez na história do Japão que a voz do povo contribuiu para o derrube de um governo.

O homem que sucedeu a Katsura como primeiro-ministro, o almirante Yamamoto Gonbei (1852-1933), era politicamente neutro e acolhia favoravelmente a política partidária. Os partidos aumentaram gradualmente a sua representação no governo, mas não se podia dizer que a política partidária estivesse consolidada. O idoso Okuma Shigenobu, que sucedeu a Yamamoto em 1914, pode ter sido, no passado, um homem de partido, mas nesta altura estava muito influenciado pelos oligarcas. Em 1916, foi por sua vez substituído por Terauchi Masatake (1852-1919), que se opunha firmemente à política partidária e foi um primeiro-ministro impopular.

O primeiro executivo realmente dominado pelos partidos foi o de Hara Takashi (também conhecido como Hara Kei; 1856-1921), do partido *Seiyukai*, que sucedeu a Terauchi em 1918. No entanto, não era necessariamente o representante ideal da democracia. Embora amplamente reconhecido como o político do homem comum, descendia, de facto, de samurais de estatuto elevado e estava muito bem relacionado. Só se tinha tornado primeiro-ministro depois de minucioso escrutínio e aprovação pelos oligarcas. Era um antigo adepto do financiamento governamental para tirar dividendos políticos e não afastava o uso de métodos antidemocráticos, como o uso de "homens musculados" profissionais, para intimidar fisicamente os seus opositores ([2]). Depois do seu assassínio, em 1921, seguiu-se uma série de governos não partidários.

Era este o padrão da política no Período Taisho. Tal como sucedera no Período Meiji, registaram-se avanços em direcção à democracia e ao liberalismo, mas foram invariavelmente contrariados e controlados pelo autoritarismo e a repressão.

Por um lado, Minobe Tatsukichi (1873-1948), um influente professor de Direito da Universidade de Tóquio, teve a possibilidade de advogar o constitucionalismo democrático. Pôde também promover o seu ponto de vista acerca do imperador enquanto órgão do Estado, contrariando a natureza absoluta da sua autoridade, promovida pelo governo no Período Meiji. Pelo contrário, outro professor de Direito da Universidade de Tóquio, Uesugi Shinkichi (1878-1929), defendia que a autoridade do imperador era absoluta.

Pelo menos, nisto havia debate. No entanto, em 1925 foi aprovada uma repressiva Lei de Preservação da Paz, que passava a considerar crime advogar mudanças de fundo na estrutura política nacional. Mas, uma vez mais, foi neste mesmo ano que o direito de voto foi alargado a todos os homens com 25 anos ou mais. Era como um jogo de luz e sombras.

Um dos momentos mais negros do Período Taisho deu-se em Setembro de 1923, em consequência do maior desastre natural do país, o grande terramoto de Tóquio. Nele morreram mais de 100 000 pessoas, tendo sido muito maior o número de feridos. Mais de três milhões de pessoas perderam a sua casa, a maioria das quais em fogos que se seguiram, e não devido ao próprio terramoto. Em breve corriam rumores de que residentes coreanos tinham sido os autores de alguns dos fogos. Disse-se também que se aproveitavam da oportunidade para pilhar e para infligir mais danos aos Japoneses, envenenando poços, etc. Alguns Japoneses chegaram a acreditar que o próprio terramoto fora causado por Coreanos, que irritaram os deuses com a sua presença em solo japonês. No estado de relativa ausência de lei dos dias que se seguiram imediatamente ao terramoto (de facto, fora declarada a lei marcial), estima-se que tenham sido mortos por milícias populares cerca de 6 000 coreanos ([3]). Os elementos anticoreanos entre a população não foram os únicos a aproveitar-se da ausência de lei: a polícia militar matou alguns radicais e os que lhe estavam associados, incluindo o conhecido anarquista Osugi Sakae (1885--1923), a sua mulher e o seu sobrinho de 6 anos ([4]).

Também no campo internacional o Japão do Período Taisho iria viver momentos de luz e de sombras. Por vezes, havia restrições orçamentais impostas pelo governo às despesas militares e ao crescimento das forças armadas. Houve também momentos em que acreditou mais na diplomacia do que na força das armas. Sucedeu assim nos anos finais do período, quando Shidehara Kijuro (1872--1951) foi ministro dos Negócios Estrangeiros. Contudo, a ideia de um expansionismo agressivo apoiado na força militar não estava adormecida. A I Guerra Mundial, em que o Japão esteve nominalmente envolvido como aliado britânico, mas em que, na prática, não entrou, ocupou naturalmente a atenção das potências europeias. O Japão não demorou a aproveitar-se disso. Rapidamente, apoderou-se de território germânico na península de Shantung (Shandong), na China, bem como de diversas ilhas germânicas do Pacífico ([5]).

A sua acção mais radical foi, no entanto, a apresentação das Vinte e Uma Exigências à China, no início de 1915. Estas exigências não só pretendiam o reconhecimento pela China das possessões japonesas, como o recém-adquirido território em Shantung, mas também obter mais concessões na Mongólia e na Manchúria. Também pretendiam a nomeação de conselheiros japoneses para o governo, as forças armadas e a polícia chineses. Na prática, a China ficaria sob controlo japonês. A China ficou indignada e apelou às potências ocidentais, que estavam incapacitadas de qualquer acção decisiva. Sob coacção, a China foi obrigada a assinar uma versão revista das exigências, mas de que foram retiradas as que diziam respeito aos conselheiros japoneses.

As Vinte e Uma Exigências causaram uma preocupação considerável no Ocidente, para além da China, quanto aos motivos do Japão. A América, em particular, reagiu negativamente e, desde então, encarou o Japão com grande desconfiança ([6]).

Contudo, como membro dos aliados vitoriosos, o Japão teve uma posição de destaque na Conferência de Paz de Versalhes (Paris), em 1919, com um voto equivalente ao das outras potências vencedoras. Também tomou o seu lugar na Conferência de Washington, de Novembro de 1921 a Fevereiro de 1922. Esta destinava-se a criar uma nova ordem mundial mais estável, baseada em acordos multilaterais entre as nações, em vez de acordos bilaterais. Uma das resoluções de Washington obrigava o Japão a concordar com um limite de três navios de primeira linha, a América a cinco e a Grã-Bretanha a cinco também. Era consideravelmente mais do que a França e a Itália, com 1,75 cada, mas, mesmo assim, ainda irritou muitos no Japão, que consideravam que deveriam ter um estatuto igual à América e à Grã-Bretanha.

O sentimento de tratamento desigual seria fonte de constante irritação no Japão durante os anos que mediaram as duas guerras mundiais, e muitas vezes com alguma justificação. Em 1920, o Japão era um dos membros fundadores da Sociedade das Nações e pertencia ao seu Conselho. Neste aspecto particular do internacionalismo, esteve à frente dos Estados Unidos, que nunca foram um membro formal da Sociedade das Nações. Muito pouco tempo depois, o Japão ficou bastante irritado e desiludido por não ter conseguido fazer aprovar a sua proposta de inclusão de uma norma de igual tratamento racial na Carta da Sociedade. O fracasso ficou a dever-se, em larga medida, à oposição da Austrália, que há várias décadas vinha pondo em prática a sua política de "Austrália Branca" ([7]).

Uma dos motivos mais fortes de irritação dos Japoneses foi uma série de leis de exclusão com base na raça aprovadas nos Estados Unidos. Em particular, a Lei de Imigração de 1924 proibiu a imigração japonesa (ao relacionar a possibilidade da elegibilidade para a quota de imigração com uma lei de naturalização de 1870). Os imigrantes japoneses tinham entrado em grande número nos Estados Unidos desde a década de 80 do século XIX, sobretudo depois da anexação do Havai por estes, em 1897. À época da I Guerra Mundial, havia muito mais de 100 000 só na Califórnia, que, durante algum tempo, fora palco de fortes sentimentos antijaponeses, em resultado do volume de imigração. As limitações voluntárias não surtiram efeito, o que conduziu à lei de 1924, que foi particularmente restritiva para ter um efeito assinalável sobre os Japoneses ([8]). Isto causou indignação no povo japonês e enfraqueceu consideravelmente os argumentos dos que advogavam a cooperação com os Estados Unidos, no quadro da nova ordem mundial criada pelos Tratados de Washington ([9]).

Os próprios Japoneses dificilmente poderiam ser considerados paradigmas de virtude no que toca a atitudes raciais, como se podia reconhecer, em especial, com o tratamento dado aos Coreanos. Só falavam de igualdade racial quando eles mesmos eram vítimas, reais ou potenciais, de discriminação racial. No entanto, o Japão estava a receber a mensagem de que, afinal, não iria ser tratado como um igual. Era respeitado pelas suas realizações e aceite na comunidade mundial como grande potência, mas nunca seria aceite realmente como igual, porque, simplesmente, o seu povo não era branco. Poderia fazer as coisas ao estilo ocidental para todo o sempre, mas nunca seria uma verdadeira nação branca ([10]). Então, por que razão haveria de se preocupar mais? Algumas das coisas dos ocidentais ainda eram úteis para fazer do Japão uma grande nação e mantê-la como tal, num mundo dominado por eles. Mas saber se essa coisa pouco confortável chamada democracia pertencia a esse grupo era outra questão.

5.2. Um início agitado para a showa

Por morte do pai, Hirohito tornou-se imperador a 25 de Dezembro de 1926. Apesar de ter apenas 25 anos, tinha ganho uma significativa experiência como regente e viajado muito pelo estrangeiro. Em parte devido à sua admiração pela monarquia britânica e em parte por influência de Minobe Tatsukichi, desejava muito exercer a sua função como monarca constitucional ([11]). Um problema imediato residia no facto de a constituição ser muito ambivalente em relação ao papel do monarca.

No entanto, o constitucionalismo não foi a única influência que Hirohito recebeu. Em criança, tinha sido educado sob a forte influência pessoal de dois militares, primeiro do general Nogi e, depois, o almirante Togo. Entre os seus tutores também se incluía o nacionalista Sugiura Shigetake (1855-1924). Como pessoa, Hirohito era reservado e bastante distante do público. Era nominalmente um deus e, na prática, um elitista que quase nada sabia das vidas dos seus súbditos.

Ao reinado de Hirohito foi dado o nome de *Showa*, quer dizer, "Paz Ilustre". Na verdade, caracterizou-se, praticamente desde início, por crises e dramas, tanto a nível interno como no estrangeiro.

No país, a economia não estava em boa situação. A I Guerra Mundial tinha sido benéfica para o Japão, permitindo-lhe satisfazer mercados deficitários da Ásia, deixados livres pelas potências ocidentais em conflito. Durante os anos da guerra, a produção industrial aumentou cinco vezes, as exportações mais do que triplicaram e a economia como um todo cresceu cerca de 50% ([12]). Com um tal domínio da oferta, o Japão pôde também ensaiar novas tecnologias e diversificações ([13]). As *zaibatsu*, em particular, tinham lucrado com a guerra. Porém, depois desta os preços entraram em colapso e instalou-se uma recessão duradoura. A chamada "economia dual" piorou, porque a diferença entre as enormes *zaibatsu* e as companhias mais pequenas era cada vez maior. A reconstrução depois do terramoto de Tóquio de 1923 proporcionou um breve impulso, mas a este seguiu-se, em 1927, uma crise financeira em que se assistiu à falência de um quarto dos bancos do Japão. A seda era ainda um artigo de exportação relevante, mas os preços baixaram subitamente mais de metade no final da década de 20. O sector rural foi ainda atingido por uma quebra similar dos preços do arroz, em 1930, e em geral foi este sector o que sofreu o impacto dos efeitos da recessão mundial no Japão nesta altura. Entre 1926 e 1931, os rendimentos monetários rurais baixaram de um índice 100 para 33, o que era mais do dobro da quebra dos rendimentos urbanos.

A população urbana crescia rapidamente, o que constituía por si mesmo uma fonte de problemas sociais. Em 1895, dos 42 milhões de Japoneses apenas 12% viviam em cidades com mais de 10 000 habitantes, mas em meados da década de 30 do século XX esta percentagem subiu para 45% dos 70 milhões de então ([14]). É claro que nem todos os habitantes das cidades eram ricos e tinham uma alta qualidade de vida, mas, em geral, havia uma diferença significativa entre a vida rural e a vida urbana ([15]). O Japão rural caracterizava-se por padrões de vida baixos e costumes tradicionais, o Japão urbano, pelo menos, pela promessa de riqueza e pela modernidade e pela ocidentalização, simbolizadas pela *moga* e pelo *mobo* (termos formados a partir de "modern girl" e "modern boy"). A maior insatisfação encontrava-se nas comunidades rurais. Esta situação favorecia os militares, cujas forças eram recrutadas em grande número nos sectores rurais e que partilhavam com a população rural uma perspectiva da vida fundamentalmente conservadora e menos internacional ([16]).

Os militares e muitos elementos do povo estavam a ficar cada vez mais agastados com a evolução económica e política. Havia a crença generalizada de que os grandes negócios tinham demasiada influência na política, até ao ponto de haver corrupção. Até os próprios políticos aceitavam esta crítica. O governo *Seiyukai* de 1927-1929 era chamado o "gabinete Mitsui" pelo maior partido da oposição, o (*Rikken*) *Minseito* (Partido Democrático Constitucional, basicamente um herdeiro do *Kokuminto*). Em contrapartida, o governo *Minseito* de 1929-1930 era chamado o "executivo Mitsubishi" pelo *Seiyukai* ([17]).

Muitos apontavam a influência ocidental como a verdadeira fonte da corrupção, considerando em bloco como males ocidentais coisas tão diversas como as instituições parlamentares, os grandes negócios, o individualismo e o estilo de vida urbano relativamente liberal ([18]). Havia uma insatisfação crescente com o que o Japão tinha exactamente obtido com a sua adopção dos sistemas económico e político ocidentais, sobretudo tendo estes fracassado claramente em travar a grande depressão no Ocidente. Pelo contrário, a ascensão dos nazis na Alemanha e dos fascistas em Itália era talvez um sinal de que uma abordagem menos democrática poderia ser mais eficaz e que até algumas nações ocidentais começavam a compreender isto.

O descontentamento e a intolerância para com a democracia aumentaram e havia apelos cada vez mais insistentes por parte dos militares para uma política de expansão territorial como solução para as desgraças do Japão. Os olhos viraram-se para a China. Como os políticos hesitavam, os militares tomaram o assunto em mãos.

Em Junho de 1928, elementos extremistas do Exército Kwantung do Japão fizeram explodir deliberadamente um comboio perto de Mukden, matando o senhor da guerra Chang Tso-lin (Zhang Zuolin, 1873-1928). Os conspiradores acusaram bandidos chineses, esperando usar esta acusação para justificar o início de uma acção militar japonesa na área. Alguns moderados do Exército impediram que a situação se agravasse, mas os conspiradores receberam apenas um castigo simbólico. Hirohito censurou o primeiro-ministro Tanaka Giishi (1864-1929) por não ter agido com firmeza, obrigando-o a demitir-se, mas também ele não agiu contra os conspiradores.

A Tanaka seguiu-se Hamaguchi Osachi (1870-1931) como primeiro-ministro. Também ele em breve se depararia com uma crise. Na Conferência Naval de Londres de 1930, que se destinava a actualizar o acordo sobre limitações navais da Conferência de Washington, não conseguiu obter nenhum aumento significativo para o Japão. Este facto provocou um sentimento generalizado de ultraje no país. Hamaguchi foi alvejado por um jovem fanático da direita, acabando por sucumbir aos ferimentos. Alguns anos depois, o Japão retirou-se de todos os acordos sobre limitações navais.

Em Setembro de 1931, deu-se o Incidente da Manchúria. Era praticamente uma repetição da táctica usada pelo Exército Kwantung em 1928. Uma vez mais, tropas japonesas fizeram explodir uma via do caminho-de-ferro perto de Mukden e, uma vez mais, foram acusados os Chineses, na esperança de que tal provocaria uma crise que permitiria o fortalecimento da posição militar do Japão. O atentado foi realizado por um grupo de oficiais de patente intermédia liderado pelo tenente-coronel Ishiwara Kanji (1889-1949), mas agora tinha a aprovação tácita de altas figuras do comando militar ([19]).

Desta vez, os moderados não ganharam. Em contraste com o caso de 1928, a intervenção militar japonesa seguiu-se rapidamente – na realidade, ao fim de poucas horas. O governo foi impotente para a impedir. O governo *Minseito*, liderado por Wakatsuki Reijiro (1866--1949), que sucedera a Hamaguchi, demitiu-se alguns meses mais tarde, devido à sua incapacidade para resolver a crise. A Wakatsuki seguiu-se o idoso Inukai Tsuyoshi (1855-1932), do partido *Seiyukai*, que tentou controlar os militares, mas foi assassinado por oficiais de extrema direita da Marinha apenas alguns meses após ter entrado em funções. Inukai foi o último primeiro-ministro vindo de um partido até depois da II Guerra Mundial.

Disse-se que Hirohito estava alarmado com as acções do Exército na Manchúria e foi instado a intervir pelo seu irmão, o príncipe Chichibu (1902-1953), mas ter-se-á recusado a fazê-lo ([20]). Em que medida aprovou ou reprovou as acções do Exército pode nunca ser esclarecido, mas a sua inacção e o seu silêncio público levaram a que o povo em geral pensasse que as apoiava.

A intervenção militar japonesa na Manchúria em breve levou ao estabelecimento da República de Manchukuo (Manshukoku) pelo Exército Kwantung, em Março de 1932. Este país criado pelo Exército foi formalmente reconhecido pelo governo do Japão em Setembro desse ano e foi redenominado Império de Manchukuo em Março de 1934. O seu chefe foi o famoso "último imperador" da China, o imperador fantoche Pu'i (Puyi, 1906-1967).

O Incidente da Manchúria levou a uma reacção da Sociedade das Nações. Uma comissão chefiada por Lorde Lytton, da Grã-Bretanha, foi à Manchúria no início de 1932 para investigar. Com base no seu relatório, a Assembleia Geral da Sociedade das Nações condenou as acções japonesas em Fevereiro de 1933. O Japão abandonou rapidamente a Sociedade.

Com a oposição intimidada, os militares estavam agora virtualmente sem controlo. A "polícia do pensamento" estava activa e eram vulgares os assassínios dos que tinham ideias erradas. O próprio imperador parecia não constituir obstáculo aos planos militares de expansão. Na verdade, os militares assumiram eles mesmos o papel de o proteger dos "maus conselheiros", os que tinham ideias erradas, conselheiros com perspectivas demasiado ocidentais e demasiado liberais. Entre as numerosas vítimas contou-se Minobe Tatsukichi, cujos pontos de vista sobre o constitucionalismo lhe valeram ser acusado de traição. Muitos dos seus escritos foram também retirados.

O movimento geral para recuperar o Japão era muitas vezes referido como um apelo a uma "Restauração Showa", embora este termo significasse coisas diferentes para pessoas diferentes. Sobretudo no princípio e em meados da década de 30 do século XX houve numerosos assassínios e até tentativas de golpe tendo por objectivo esta restauração.

O golpe mais bem conhecido, o "Incidente de 26 de Fevereiro", ou "Incidente 26-2-36", teve lugar às primeiras horas de 26 de Fevereiro de 1936. Cerca de 1400 militares chefiados por jovens oficiais tomaram de assalto vários edifícios governamentais, matando e ferindo figuras políticas importantes e conselheiros imperiais. O seu objectivo era instalar um governo militar mais em sintonia com as suas ideias ultranacionalistas. Contudo, de maneira nenhuma dispunham de apoio total e os escalões superiores das forças armadas estavam divididos quanto à acção a empreender. Um factor decisivo no resultado final foi, para surpresa de muitos, Hirohito. Os rebeldes tinham-se declarado absolutamente leais ao imperador e viram a sua causa gravemente enfraquecida quando Hirohito, ultrajado com os ataques aos seus conselheiros, se recusou a ter o que quer que fosse a ver com eles e insistiu em que fossem julgados como traidores. Negou-lhes também o direito a cometerem o suicídio ritual. Os chefes dos rebeldes alimentaram a esperança de que o julgamento pudesse proporcionar uma tribuna para os seus pontos de vista, mas até isso lhes foi negado porque foi realizado em segredo. 19 foram por fim executados e outros 70 encarcerados. Contudo, nenhum dos oficiais superiores que tinham mostrado abertamente simpatia por tais pontos de vista foi condenado.

O Incidente de 26 de Fevereiro foi um caso raro de intervenção firme de Hirohito e de os militares serem dominados. Em geral, nos 10 primeiros anos da *Showa* de Hirohito, assistira-se aos militares a obter o controlo da nação à custa do governo parlamentar. A sua agressiva disposição antiocidental e antiliberal, partilhada por muita gente entre o povo, não contribuiu para um começo auspicioso da Era da Paz Ilustre.

5.3. As ideologias subjacentes ao expansionismo

Entre os executados por cumplicidade no Incidente de 26 de Fevereiro estava o radical nacionalista Kita Ikki (1883-1937), um grande ideólogo do movimento da Restauração Showa. Queria que um golpe militar livrasse o Japão dos líderes governamentais incompetentes para repor o imperador numa relação directa com o seu povo. Via o imperador como absoluto, mas, curiosamente, não como divino, o que pode ter feito a sua desgraça. Em todo o caso, Kita pensava que o imperador deveria suspender a constituição e libertar-se da influência corruptora dos políticos e dos homens de negócios para dirigir a redistribuição justa da terra e do património. Kita via também para o Japão um destino especial, como libertador das nações asiáticas do jugo do imperialismo ocidental. Depois de o Japão ter recuperado a sua força e a sua vitalidade, poderia chefiar uma Ásia unida e livre.

As ideias de Kita eram apenas parte de um conjunto de ideologias em voga que serviam para justificar o expansionismo japonês. Particularmente difundido estava o conceito de um imperador absoluto e divino e a ideia de o Japão ocupar e controlar a Ásia para a libertar, uma noção muito japonesa de imperialismo anti-imperialista ([21]).

O conceito de imperador absoluto e divino devia muito à ideologia subjacente ao *Rescrito Imperial sobre a Educação*, de 1890. Esta intensificou-se muito durante a década de 30 do século XX. O seu culminar foram os *Kokutai no Hongi* (Princípios Fundamentais da Nação), a bíblia do "sistema do imperador" (*tennosei*). Este documento, tão extenso como um livro, foi publicado pelo Ministério da Educação em Março de 1937. Usava uma terminologia muito semelhante ao *Rescrito* e, como este, destinava-se a ser usado por professores e outros com a responsabilidade de instilar as atitudes correctas nos que estavam a seu cargo. Em 1937, havia nada menos de 36% da população nas faixas etárias correspondentes ao ensino obrigatório, constituindo, por isso, um alvo importante para a doutrinação.

Era um documento que apelava às emoções, não ao intelecto. Cheio de inconsistências, a linguagem propositadamente afectada colocava a sua análise detalhada fora do alcance da maioria dos leitores. Ao mesmo tempo, dava-lhe uma aura de antiguidade e autoridade. Uma das principais linhas de orientação era a ênfase dada à origem divina do imperador e à importância da obediência total, ao próprio sacrifício até, à sua vontade, a tal ponto que o serviço leal ao imperador e à sua nação era não tanto um dever, mas o objecto da própria vida ([22]).

O texto define a nação japonesa nestes termos ([23]):

> A linhagem dos imperadores, que não sofreu interrupção, tendo recebido o Oráculo do Fundador da Nação reina eternamente sobre o Império Japonês. Esta é a nossa eterna e imutável entidade nacional. Por isso, alicerçado neste grande princípio, todo o povo, unido no coração como uma grande nação-família e obedecendo à Vontade Imperial, enaltece as belas virtudes da lealdade e da piedade filial. Esta é a glória da nossa entidade nacional.

O imperador é uma "divindade encarnada", um "descendente directo de Amaterasu", e servi-lo "não é um dever enquanto tal, nem uma submissão à autoridade", mas uma "manifestação natural do coração". Diferentemente das nações ocidentais, cujos cidadãos são "aglomerações de indivíduos separados" sem "fundamento profundo que una governante e cidadão", o imperador e os seus súbditos "têm a mesma origem". A relação entre o imperador e os seus súbditos é, "nos seus afectos, como a que existe entre pai e filho. Esta relação é uma relação natural", não uma relação contratual como a que existe no Ocidente entre governante e cidadão. O Japão segue o caminho da natureza, com "a natureza e o homem unidos como um só". Também se caracteriza pela harmonia, porque "a harmonia é o resultado das grandes realizações da fundação da nossa nação". A harmonia fundamental é a que existe entre imperador e súbdito, ou, mais exactamente, é "*o clímax de harmonia no sacrifício da vida de um súbdito pelo imperador*" [itálicos meus]. Em tempos mais recentes, deu-se a corrupção pelo "individualismo e pelo racionalismo ocidentais". "Devemos afastar a corrupção do espírito e o obscurecimento do conhecimento que resultam de [...] nos dedicarmos ao nosso próprio 'eu', e regressar a um estado de espírito puro e claro." Tal não deve ser feito apenas por causa do Japão, ou mesmo da Ásia, mas do mundo inteiro: "Isto deve ser feito não apenas por causa da nossa nação, mas de toda a raça humana, que luta por encontrar um caminho que a retire do impasse com que o individualismo se confronta." ([24])

Muitos ocidentais que contactaram com Japoneses nos cerca de dez anos que se seguiram aos *Kokutai no Hongi* ficaram surpreendidos por, não só as massas, mas também muitos Japoneses importantes e bastante instruídos parecerem acreditar nesta propaganda, e até mesmo alguns dos que a ajudaram a criar ([25]). É verdade que, no final da década de 30 do século XX, todos os Japoneses com menos de 50 anos, mais ou menos, tinham sido educados no ambiente condicionado de uma visão do mundo centrada no imperador, resultante do *Rescrito* de 1890. Entre eles figuravam muitos que ocupavam altos cargos. Alguns deles podem ter sido levados a confundir genuinamente mito e realidade. Não há dúvida, também, de que a maior parte das "massas" foi genuinamente doutrinada. Por outro lado, contudo, questionar o sistema do imperador era arriscar a própria vida. O medo também teve o seu papel.

O importante papel do imperador no Japão na ideologia anterior à guerra levou, por vezes, a que outros aspectos dos *Kokutai no Hongi* tenham sido ignorados. Um destes aspectos era o acalentar da ideia de que os Japoneses "formavam uma unidade com a natureza" e desfrutavam de uma existência mais pura e natural do que as nações ocidentais corrompidas pelo individualismo. É quase certo que foi Watsuji Tetsuro (1889-1960), um conhecido filósofo com um particular interesse pelo determinismo ambiental e membro da comissão de redacção do projecto, que atribuiu à ideia de uma harmonia especial entre o Japão e a natureza o seu importante lugar no documento. Embora possa não ter sido essa a sua intenção exacta, a ideia foi utilizada como mais uma justificação da expansão japonesa no continente asiático. O Japoneses puderam assim afirmar que essa sua expansão pretendia não só quebrar as grilhetas dos sistemas político e económico ocidentais, mas também, a um nível mais profundo, restaurar a harmonia entre os seres humanos e a natureza.

Esta harmonia natural era conhecida como *musubi*, que é um termo complexo. Inclui significados como "ligação", "harmonia" e "união" no sentido bíblico e tem conotações com "procriação" e "geração" e, por extensão, com "vitalidade" e "força vital", bem como com a "pureza primitiva" associada à vida nova.

Uma das descrições mais claras do *musubi* em língua inglesa pode ser encontrada em *The Goal of Japanese Expansion*, de 1938, da autoria de Kawai Tatsuo ([26]):

> No decurso da sua evolução como raça distinta, os Japoneses, sob a influência do seu ambiente natural e do seu clima variado e estimulante, adquiriram o gosto pela beleza e pela pureza. Viviam próximo da natureza. [...] Como filhos dos deuses, os nossos antepassados viveram em harmonia com a natureza, adquirindo uma perspectiva social livre e generosa, que se transformou num ideal de fraternidade universal. Ao mesmo tempo, vendo nas forças da natureza a acção de um poder misterioso, desenvolveram a filosofia do *Musubi*. [...] Observando a mutação ininterrupta das estações e a feliz multiplicação das criaturas vivas, os nossos antepassados perceberam que existia um poder ou princípio que opera na natureza, criando, alimentando e multiplicando todas as formas das coisas. Chamaram a esse poder *Musubi*. [...] A história da nação japonesa não é senão o registo do desenvolvimento da sua fé na natureza, isto é, a harmonização e a identificação própria da raça com o seu ambiente natural. [...] Preserva a natureza e redescobre-te a ti mesmo! – assim ensina a filosofia do *Musubi*.

Kawai prossegue, explicando como os Japoneses almejam restaurar o espírito do *musubi* numa China degenerada, no interesse da própria China e da Ásia em geral ([27]):

> Seguindo o que prescreve o *Musubi*, o Japão, em conjunto com uma China ressuscitada, identificar-se-á com a força cósmica que cria e nutre a vida e ajudará a promover o seu processo infindável de embelezamento e sublimação da vida asiática. Este é o fundamento da política chinesa do Japão.

Nem todos os Japoneses se socorreram de tais elaborações filosóficas floreadas para justificar a política do Japão na China. Muitos invocaram simplesmente, à maneira dos nazis, a necessidade de *lebensraum*, ou seja, de "espaço vital", ignorando os espaços ainda pouco utilizados de Hokkaido. O ponto de vista do "espaço vital" era muitas vezes relacionado com o argumento, claramente tendencioso, de que havia apenas três vias para aliviar a pressão do excesso de população: a emigração, a penetração nos mercados mundiais e a expansão territorial.

Supostamente, o Japão não tinha alternativa que não fosse seguir a terceira via, uma vez que o Ocidente, com as suas leis de emigração antijaponesas e as suas tarifas alfandegárias, tinha efectivamente obviado as duas primeiras opções ([28]). Ninguém parecia disposto a considerar opções como o controlo populacional, que fora tão eficaz no Período Tokugawa.

Outra justificação mais simples era a de Ishiwara Kanji, conhecido devido ao Incidente da Manchúria. Ele pretendia a ocupação e a reorganização militares da Ásia para permitir que os seus recursos fossem utilizados pelo Japão na preparação de uma guerra final com que obtivesse o domínio do mundo ([29]). Esta guerra seria entre o Japão e os Estados Unidos. Neste aspecto, Ishiwara era influenciado pela crença numa guerra final que acabaria com todas as guerras, formulada pelo monge budista medieval Nichiren. Apresentou também a tese filosófica de que a guerra, com a sua destruição, abria caminho à reconstrução e, portanto, em parte, à marcha da civilização. No entanto, e apesar do verniz filosófico, na sua concepção de vida todas as coisas estavam subordinadas a considerações de ordem militar; era apenas um militarismo ([30]).

O próprio Ishiwara não era particularmente apreciado como pessoa e os seus colegas nunca confiaram muito nele ([31]). Estes factores tenderam a limitar a sua influência pessoal. Porém, havia uma simpatia crescente pelos seus pontos de vista acerca da importância da obtenção dos recursos asiáticos para um futuro confronto entre o Japão e os Estados Unidos. Aliás, no decurso da década de 30 do século XIX, a sua ideia de utilizar acções militares para obter o controlo da Ásia acabou por prevalecer sobre perspectivas pan-asiáticas menos agressivas.

Uma dessas perspectivas mais "suaves" era a do sinólogo Tachibana Shiraki (1881-1945). Tachibana acreditava que o Japão, como nação mais qualificada e adequada, deveria estabelecer na Ásia, não a sua liderança militar, mas a liderança cultural e política. Assim se criaria uma entidade político-cultural asiática que poderia contrabalançar a entidade político-cultural ocidental já estabelecida. Infelizmente, para além de sugerir o confucianismo e a Via Imperial como princípios universais orientadores desta entidade asiática, Tachibana não propôs nenhum meio para a organizar. O seu silêncio sobre estas matérias tornou mais fácil que os militares prevalecessem.

5.4. Preparativos para a guerra

É verdade que o Japão poderia beneficiar bastante com os recursos do continente, sobretudo com os recursos naturais em que era pobre. Contudo, à medida que a apetência por esses recursos tomava um cariz militar e agressivo cada vez maior, a economia do Japão, ironicamente, entrava numa fase de recuperação. No início da década de 30, o Japão tinha posto em prática a medida "keynesiana", arrojada e sem precedentes, de recorrer a empréstimos para financiar a despesas do Estado para desencadear uma reflação e pôr fim à recessão ([32]). Tinha também retirado o iene do padrão-ouro internacional, o que conduzira a uma desvalorização da moeda em 50%, aproximadamente, e a um consequente aumento das exportações, agora muito mais baratas. Em 1936, o Japão tinha-se transformado no maior exportador de produtos de algodão. Era uma das primeiras nações importantes a emergir da depressão mundial. De facto, até ao fim da década de 30, o crescimento económico anual médio do Japão foi de 5% ([33]) e entre 1929 e 1937 o PIB cresceu mais de 50% ([34]).

Esta viragem económica indicava que o Japão, na década de 30, tinha alternativas ao expansionismo militar ([35]). A questão era se queria pô-las em prática. Se não quisesse, poderia utilizar uma economia mais forte para fortalecer as forças armadas, dentro do espírito do lema Meiji "nação rica, exército forte".

Embora a economia parecesse saudável a nível nacional, um dos problemas era os benefícios não serem repartidos por um número suficiente de pessoas. A maioria do povo habitava ainda no campo e estava empregada na agricultura, mas os rendimentos das áreas rurais eram os que recuperavam menos. Em meados da década de 30 representavam apenas cerca de metade do que tinham sido em meados dos anos 20 ([36]). Apesar da melhoria da produtividade, a verdade é que a agricultura simplesmente não era tão eficiente como a indústria manufactureira, porque a sua proporção na força de trabalho era mais do dobro da que tinha no PIB. Na indústria transformadora, apesar do êxito das exportações dos produtos de algodão, a indústria têxtil estava continuamente a perder terreno para indústrias mais pesadas, como as de maquinaria ([37]). O facto de as fábricas têxteis estarem muitas vezes localizadas em cidades regionais aumentava as dificuldades das zonas rurais.

Os trabalhadores urbanos estavam, muitas vezes, pouco melhor, devido ao dualismo crescente da indústria. Desde o início dos anos trinta, o governo seguiu uma política deliberada de racionalização industrial, que permitia cartéis nas indústrias importantes. Esta política ajudou as já poderosas e ricas *zaibatsu* a tornarem-se mais ricas e poderosas. Em 1937, as duas *zaibatsu* mais importantes, a Mitsui e a Mitsubishi, repartiam entre si quase um sétimo de todo o capital do comércio e da indústria ([38]). O salário médio numa *zaibatsu* grande (mais de 5000 trabalhadores) era mais do dobro do praticado nas pequenas companhias (menos de 30 trabalhadores) ([39]).

A relação entre o governo e as *zaibatsu* não era sempre de absoluta confiança. Muitos eram os que, no governo, pensavam que as *zaibatsu* estabelecidas tinham demasiada influência, eram corruptas e decadentes e difíceis de controlar. Preferiam que a racionalização não chegasse ao ponto de haver apenas umas poucas *zaibatsu* dominantes, com exclusão de todas as outras grandes companhias ([40]). Esta foi uma razão importante para que o governo promovesse as "novas *zaibatsu*", como a Nissan e a Toyota, que estavam particularmente activas em áreas como a produção de veículos.

Estas companhias de indústria vitais foram apoiadas por um conjunto de leis, de meados da década de 30, parcialmente inspiradas no exemplo germânico. Estas leis obrigaram à saída dos concorrentes estrangeiros através de restrições à troca de divisas estrangeiras e de exigências de controlo da gestão pelos Japoneses antes de as licenças poderem ser concedidas. A Ford era uma ameaça especial e as disposições da Lei sobre a Indústria de Construção Automóvel, de 1936, teve efeitos retroactivos para garantir que a sua fábrica de Yokohama, inaugurada em 1935, se tornasse de facto ilegal. A mesma lei concedia apoios, como a isenção de impostos, a companhias que produzissem veículos militares, colocando-as assim sob controlo governamental. Leis semelhantes foram aprovadas em relação a indústrias como o petróleo, o aço, as ferramentas mecânicas, a construção naval e a aeronáutica.

À medida que o governo aumentava o seu controlo sobre a indústria, também os militares aumentavam o seu sobre o governo. Depois do golpe tentado em 26 de Fevereiro de 1936, foi formado um novo executivo sob a chefia de Hirota Koki (1878-1948). Hirota esteve no governo apenas alguns meses, mas acolhia muito favoravelmente os objectivos dos militares. Aumentou muito o orçamento das forças armadas, promoveu a orientação da indústria pesada para o esforço de guerra e voltou a aplicar o princípio de que apenas os almirantes e generais no activo podiam ser ministros da Marinha e do Exército.

Em Novembro desse ano, preocupado novamente com as intenções soviéticas na Ásia, o Japão assinou o Pacto Anticomintern com a Alemanha. A Itália juntou-se-lhes pouco depois. O pacto era basicamente um acordo de assistência mútua, por troca de informações, contra o que consideravam o inimigo comum, a União Soviética.

No ano seguinte, o Japão entrou efectivamente em guerra com a China, a seguir ao incidente da Ponte Marco Polo de 7 de Julho de 1937. O incidente começou quando tropas japonesas, legalmente estacionadas em manobras perto de Pequim, afirmaram ter sido alvo de disparos por parte dos Chineses. A situação, que bem pode ter sido deliberadamente provocada pelos Japoneses ([41]), levou a um recontro local. No espaço de um mês, houve uma escalada para a guerra aberta, embora esta nunca tivesse sido formalmente declarada.

Mesmo que o recontro inicial tivesse sido acidental, não houve qualquer tentativa do governo ou do imperador japoneses para impedir a escalada ([42]). Longe disso, o primeiro-ministro Konoe Fumimaro (1891-1945) promoveu activamente uma atitude beligerante face à China ([43]). A China, por seu lado, com um revitalizado Chiang Kai-Chek, também não estava disposta a recuar.

O confronto alastrou a Xangai em Agosto, caindo a cidade em Novembro. Os Japoneses dirigiram-se então para a capital, Nanquim, que caiu em Dezembro, após apenas uns dias de luta. À queda da cidade seguiram-se assassinatos em massa, violações, torturas e pilhagens por parte das tropas japonesas, numa das atrocidades mais infames já praticadas no mundo. As baixas chinesas nunca serão conhecidas com exactidão, tendo sido estimadas entre 340 000 pelos Chineses e umas meras 30 000 pelos Japoneses. O que é certo é que muitos milhares de Chineses foram mortos, muitos deles civis.

Algumas das atrocidades de Nanquim foram filmadas ([44]). Houve testemunhos públicos de remorso por parte de militares japoneses envolvidos pessoalmente no massacre ([45]). Nada menos do que uma figura como o príncipe Mikasa (n. 1915), o irmão mais novo do imperador, que estava estacionado em Nanquim, reconheceu numa entrevista a um jornal popular, muitos anos depois, que houve um massacre ([46]). Foram publicados alguns livros bem fundamentados com relatos com pormenores (e fotografias) horríveis, corroborados pelos que estavam presentes ([47]). No entanto, ainda hoje o Massacre de Nanquim é desvalorizado, ou mesmo negado, por alguns Japoneses, incluindo alguns com altos cargos. O mesmo se passa em relação à ideia de o Japão ter sido agressivo.

Para surpresa dos Japoneses, os Chineses não capitularam depois de Nanquim. Instalou-se uma espécie de impasse, com o Japão a obter alguns ganhos, mas sem progresso substancial. Os líderes japoneses começaram a preocupar-se que a campanha da China poderia revelar-se demorada e enfraquecer o Japão, expondo-o à União Soviética. Tais receios não careciam por inteiro de fundamento. Os Soviéticos tinham expresso abertamente o seu apoio à China. Havia também cada vez mais recontros entre a União Soviética e o Japão no final da década de 30 e os Japoneses estavam a ficar em inferioridade ([48]). Ficaram mais alarmados quando a Alemanha assinou um pacto de não agressão com a União Soviética, em Agosto de 1939, violando o espírito do próprio Pacto Anticomintern entre o Japão e a Alemanha.

O Japão sentiu-se traído por esta. Aliás, a sua fé naquele que fora até então o seu ídolo tinha diminuído, com a afirmação pública da superioridade da raça ariana por parte Hitler e a sua descrição dos Japoneses como um "povo de segunda classe" ([49]). Não foram poucos os Japoneses que temeram que a Alemanha pudesse ainda virar-se contra o Japão, por constituir um "perigo amarelo", e que outras potências ocidentais, como os Estados Unidos, pudessem aliar-se a ela nessa causa. Nunca iriam livrar-se dessas dúvidas ([50]).

Porém, os êxitos alemães nas fases iniciais da II Guerra Mundial, que começara no mês seguinte, em Setembro de 1939, levaram o Japão a pensar que uma política de apoio ao Eixo (a Alemanha e a Itália) ser-lhe-ia benéfica. Por isso, assinou o Pacto Tripartido em Setembro de 1940. As principais disposições do Pacto incluíam um acordo de ajuda mútua em caso de ataque por alguma potência que não estivesse naquele momento envolvida na guerra na Europa ou no conflito sino-japonês. Isto apontava, é claro, para os Estados Unidos.

Foram também reconhecidos os interesses do Japão na Ásia. Estes centravam-se na visão de uma Grande Esfera de Prosperidade Mútua do Leste Asiático (*Dai Toa Kyoei-Ken*) liderada pelo Japão. Era um conceito mal definido, mas nas suas versões mais irrealistas chegava a incluir países como a Austrália e a Nova Zelândia.

O Pacto Tripartido deu ao Japão a confiança necessária para alargar as suas actividades no continente asiático. Quase em simultâneo com a sua assinatura em Berlim, as tropas japonesas entraram no norte da Indochina Francesa. Houve pouca resistência por parte de uma França incapacitada. Os Estados Unidos responderam, limitando as exportações para o Japão de produtos como combustível para aviões, aço e sucata de ferro, mas evitaram as acções militares. Havia uma indignação e um receio públicos consideráveis nos Estados Unidos, devido às acções do Japão na Ásia, tal como devido às acções germânicas na Europa e à assinatura do Pacto Tripartido, mas em geral o povo americano apoiava a política governamental oficial de não intervenção ([51]).

Em Junho do ano seguinte, 1941, a Alemanha renegou o pacto de não agressão e atacou a União Soviética. Com os Soviéticos agora envolvidos com a Alemanha, o Japão sentiu que as suas conquistas no Norte da Manchúria estariam seguras. Podia voltar a sua atenção para o sul. Em particular, o Japão queria garantir uma base a partir da qual pudesse invadir a Malásia e as Índias Orientais Holandesas, que eram ricas em recursos. Em 22 de Julho de 1941, movimentou-se mais para sul na Indochina, ciente de que iria provocar, provavelmente, uma reacção por parte dos Estados Unidos.

A resposta oficial americana foi congelar bens japoneses nos Estados Unidos e impor um embargo alargado às exportações de produtos americanos para o Japão. Nestes incluía-se esse bem essencial que era o petróleo. O Japão tinha de importar mais de 90% das suas necessidades de petróleo e mais de três quartos destas importações provinham dos Estados Unidos ([52]).

Não oficialmente, o presidente Franklin Roosevelt concordou de imediato com o plano irrealista de bombardear secretamente o Japão. O plano fora proposto aproximadamente sete meses antes por Claire Chennault, chefe de um grupo de pilotos americanos voluntários estacionados na China conhecidos como os Tigres Voadores. Estes pilotos eram utilizados como mercenários pelo governo chinês na sua luta contra o Japão. Chennault era um entusiasta de que se fizessem bombardeamentos estratégicos preventivos no próprio Japão. Tinha abordado o governo americano para que lhe desse apoio secreto e recebera alguma ajuda financeira para o seu grupo, mas não a aprovação do seu plano. Então, em Maio de 1941, Lauchlin Currie, conselheiro de Roosevelt, visitou a China e, depois de regressar, recuperou o plano. Roosevelt e alguns dos seus colaboradores mais próximos, bem como os Britânicos, ficaram entusiasmados com a ideia, em teoria, mas pensaram que não era viável. No entanto, em 23 de Julho, um dia depois da movimentação dos Japoneses no Sul da Indochina, Roosevelt e oficiais de alta patente, como os almirantes Hart e Turner, apuseram as suas assinaturas no Documento JB 355 (Série 691), intitulado *Aircraft Requirements of the Chinese Government* [Necessidades em Aviões por parte do governo Chinês] ([53]). Entre outras coisas, este documento autorizava a usar 66 bombardeiros Lockheed Hudson e Douglas DB-7 (outros aviões deveriam estar disponíveis mais tarde) com o seguinte objectivo claramente estabelecido: "Destruição de fábricas japonesas de maneira a prejudicar a produção de munições e artigos essenciais à manutenção da estrutura económica do Japão." De facto, houve atraso em assegurar os aviões e outros acontecimentos acabaram por se sobrepor ao plano, antes de se ter tentado qualquer raide de bombardeamento.

Talvez isso tenha sido o melhor, pois do ponto de vista operacional o JB 355 estava quase condenado à partida. A cerca de 2000 km das suas bases na China, estes lentos bombardeiros estariam fora do raio de acção dos seus caças de escolta e quase de certeza teriam sido prontamente destruídos pelos Zero da Mitsubishi, os modernos caças japoneses. Só a total frustração causada pelo comportamento do Japão pode explicar este momento de aparente loucura de militares e chefes políticos experientes concordarem com um plano tão improvável. Na altura, figuras de topo como o secretário de Estado Cordell Hull e o próprio Roosevelt expressaram abertamente, mais de uma vez, de algum modo, tanto a sua ira em relação aos Japoneses como o seu desejo de lhes dar uma lição ([54]).

O embargo petrolífero foi mais eficaz do que teriam sido os JB 355. Deixou o Japão com reservas petrolíferas muito limitadas. Obviamente, esta situação não era sustentável. Logo a 3 de Setembro de 1941, os líderes nacionais decidiram fazer guerra com os Estados Unidos se a situação relativa ao petróleo não pudesse ser solucionada até ao início de Outubro. (O prazo foi depois alargado até 30 de Novembro.)

Ao mesmo tempo, um ataque a Pearl Harbor, que tinha sido proposto em Janeiro pelo almirante Yamamoto Isoroku (1884-1943), foi finalmente aprovado e ensaiado na baía de Kagoshima, no Sul de Kyushu. Havia ainda algumas pessoas no Japão, entre os quais o primeiro-ministro Konoe (apesar da sua beligerância face à China), que tinham esperança em que a diplomacia acabasse por prevalecer, mas Hull, sobretudo, continuava inflexível quanto à necessidade de o Japão mudar drasticamente a sua política, antes de poderem ser feitas quaisquer concessões. Queria que os Japoneses abandonassem não apenas a Indochina, mas também a China. Konoe demitiu-se em Outubro, sendo substituído como primeiro-ministro pelo ministro do Exército, o general Tojo Hideki (1884-1948).

O Japão fez a sua última concessão no final de Novembro, concordando em retirar do Sul da Indochina, mas não da China. Hull não aceitou. O Japão não esperava que o fizesse. Sob o comando do almirante Nagumo Chuichi (1887-1944), a sua frota já se deslocava das Curilas para o Havai. Era uma grande frota com uma missão mortífera, compreendendo seis porta-aviões, com mais de 400 aeronaves no total, dois couraçados, três cruzadores, nove contratorpedeiros e mais de 20 submarinos.

O imperador Hirohito deu o seu acordo formal à guerra a 1 de Dezembro, tendo dito mais tarde que, "[c]omo monarca constitucional, num sistema político constitucional, não tinha alternativa senão sancionar a decisão de iniciar a guerra tomada pelo governo de Tojo" ([55]). Porém, o que é mais importante ainda, também afirmou que "provavelmente, eu teria tentado vetar a decisão de ir para a guerra *se tivesse então antecipado o futuro*" [itálicos meus] ([56]). Quer dizer, ele não se sentia totalmente impotente para agir, mas não quis tentar porque pensou, na altura, que o resultado da guerra seria favorável ao Japão.

Hirohito pensou durante algum tempo que seria possível dar um golpe decisivo aos Americanos e depois prosseguir uma política de paz ([57]). Neste aspecto, partilhava a opinião da maioria. Só os

Japoneses mais fanáticos acreditavam que poderiam derrotar completamente a América. Por outro lado, também não era prática tradicional dos Japoneses confrontarem-se directamente com um inimigo mais poderoso, arriscando-se a uma derrota humilhante. Contudo, havia a crença generalizada e algo fatalista de que era necessário uma qualquer acção contra os Americanos e a maioria pensava que tinham boas hipóteses de conseguir um empate honroso, como sucedera com a Rússia. Ou seja, poderiam lutar com um inimigo mais poderoso, até que este se cansasse e estivesse disposto a discutir os termos da paz, termos esses que deixariam o Japão numa melhor posição do que a que tinha em 1941 ([58]). Pelo menos, era o que pensavam.

5.5. A guerra do Pacífico

O primeiro ataque do Japão na Guerra do Pacífico não foi contra a América em Pearl Harbor. Foi contra a Grã-Bretanha na Malásia. Aproximadamente 90 minutos antes de Pearl Harbor, cerca de 5000 Japoneses atacaram com sucesso um força britânica em Kota Bharu, no sultanato de Kelantan ([59]).

Os Japoneses sabiam que, em qualquer caso, a guerra contra a América significava também, quase de certeza, a guerra contra a Grã-Bretanha. Necessitavam de ter os recursos da Malásia o mais rapidamente possível para o seu esforço de guerra e sabiam que tinham pouco a temer dos Britânicos. Alguns meses antes, numa rara demonstração de apoio germânico ao Japão, um comandante alemão de um submarino tinha-lhes entregue um relatório secreto dos chefes do estado-maior britânicos para o Gabinete de Guerra, que tinham apreendido ([60]). O relatório afirmava que Singapura e outros territórios britânicos no Sudeste da Ásia eram considerados indefensáveis contra um ataque japonês e receberiam pouco ou nenhum reforço. Esta informação deu aos Japoneses não apenas a segurança de que necessitavam para atacar as posições britânicas, mas também afastou quaisquer reservas que pudessem ter quanto a disponibilizar tantos recursos no ataque a Pearl Harbor e às posições americanas.

O ataque a Pearl Harbor começou pouco antes das 8 horas da manhã (hora local) de 7 de Dezembro. A primeira ofensiva foi constituída por uma vaga de 183 bombardeiros. Uma segunda vaga de 176 bombardeiros atacou aproximadamente uma hora depois. As forças americanas estavam completamente desprevenidas. Sofreram cerca de 4500 baixas (das quais três quartos eram mortos ou desaparecidos presumivelmente mortos). A América também perdeu quatro couraçados, aproximadamente 180 aviões e três contratorpedeiros. Para além disso, houve danos graves em quatro outros couraçados, e em cerca de 80 aviões e três cruzadores ligeiros. Do lado japonês, as perdas foram apenas de cinco submarinos, 29 aviões e cerca de 60 homens.

Embora consideráveis, os estragos em Pearl Harbor poderiam e deveriam ter sido piores. O almirante Naguno foi criticado por alguns colegas seus por ter feito apenas duas investidas aéreas e por não ter destruído grandes reservas de petróleo, oficinas e outras instalações de reparação, hangares de aviões e muitos outros navios e aviões que ficaram incólumes ou foram apenas parcialmente atingidos ([61]). Militarmente, o ataque não teve tanto êxito como deveria ter tido. Era como se, de certo modo, os Japoneses não pudessem acreditar na sorte que tinham tido, ao serem capazes de infligir as perdas consideráveis que conseguiram, e tivessem retirado prematuramente.

O ataque não foi um modelo de eficácia operacional, mas foi suficiente para fazer entrar a América imediatamente em guerra para se vingar. O não-intervencionsimo foi, de facto, neutralizado pela raiva da opinião pública contra o que foi considerado um ataque traiçoeiro e desonesto.

O facto de os Japoneses terem atacado antes de uma declaração formal de intenções era para muitos a prova clara da sua falsidade. Os Japoneses disseram que tal não se ficou a dever a uma omissão deliberada da sua parte, mas à incompetência diplomática do pessoal da Embaixada em Washington, de que resultou a notificação ter apenas chegado uma hora depois do ataque a Pearl Harbor, em vez de meia hora antes dele. Este assunto permaneceu um tema controverso durante algumas décadas, mas investigações recentes mostraram que fora uma manobra deliberada dos generais do estado-maior do Exército e da Marinha para adiarem e confundirem a mensagem e que o pessoal da Embaixada foi o bode expiatório ([62]). De qualquer modo, o problema é todo ele meramente académico, ao ignorar o ataque em Kelantan. Mesmo que a notificação tivesse chegado a tempo, meia hora antes de Pearl Harbor, ainda teria chegado uma hora depois de Kelantan, ataque que também não foi anunciado. Por outras palavras, apesar dos desmentidos oficiais japoneses, não há dúvida de que o ataque a Pearl Harbor foi deliberadamente executado sem o devido aviso formal, um comportamento sentido como vergonhoso por muitos militares importantes do próprio Japão, incluindo o seu principal piloto de combate, Sakai Saburo ([63]). Por outro lado, este "ataque de surpresa" não deveria ter surpreendido ninguém, dada a táctica anterior do Japão contra a China e a Rússia.

Para além da falha de entrega da notificação formal, a questão de saber se os dirigentes americanos foram realmente apanhados de surpresa é uma questão muito mais controversa. De um lado, há os que acreditam que Pearl Harbor foi uma conspiração de Roosevelt e dos seus colegas, que sabiam tudo acerca do ataque iminente, mas que permitiram, ou até encorajaram, que acontecesse, sacrificando vidas americanas para trazer a América para a guerra contra a Alemanha, a aliada do Japão. Do outro lado estão os que pensam apenas que a América foi apanhada desprevenida devido à sua complacência. Podem ser apresentadas provas nos dois sentidos, mas talvez nunca se chegue a ter um quadro definitivo do que aconteceu ([64]).

Evidentemente, é indiscutível que houve muitos sinais de alarme quanto ao ataque, incluindo códigos interceptados, sinais de radar, avistamentos e informações dadas à América, não apenas pelos seus próprios agentes, mas também por outras nações, como a Holanda. A questão crucial é saber quantos destes avisos foram na altura reconhecidos como tal. Estes eram tempos em que um adido naval da Embaixada dos Estados Unidos em Tóquio, de quem se esperaria que soubesse alguma coisa sobre o Japão e a sua capacidade militar, falava em "limpar os Japoneses em 24 horas" ([65]). Na Marinha, havia muitos que diziam querer "sacudir o irmãozinho castanho, numa altura qualquer" antes de entrar na Batalha do Atlântico ([66]). Tais atitudes não propiciavam que se levasse suficientemente a sério a ameaça militar japonesa e que se desse atenção a todos os sinais que iam chegando. Havia, sem dúvida, complacência.

Por outro lado, também é certo que aqueles que estavam ansiosos por um confronto, nos quais se incluíam alguns líderes americanos, tiveram os seus desejos satisfeitos com Pearl Harbor. Os Japoneses poderiam ter infligido um golpe bem pior do que alguma vez fora imaginado, mas, pelo menos, a luta tinha começado. Independentemente do que tenha acontecido, permanece o facto de o ataque ter por efeito que se ultrapassasse o sentimento não-intervencionista e a América se lançasse na guerra contra a Alemanha, auxiliando assim a Grã-Bretanha, como Churchill muito desejava ([67]). O próprio Roosevelt contou depois a Churchill e a Estaline que se não tivesse sido o ataque japonês, teria tido grande dificuldade em convencer o povo americano a entrar na guerra ([68]). Mas tratava-se da expressão de satisfação por um ter cumprido um objectivo, ou apenas a constatação de um facto? É um caso típico da natureza ambivalente de muito do material envolvido na controvérsia infindável e labiríntica sobre Pearl Harbor, uma controvérsia que, embora seja fascinante e relevante para os que se interessam pelo Japão, deve ser sobretudo uma preocupação dos historiadores da política americana.

Do ponto de vista japonês, o facto é que estavam agora em guerra com a América. Apesar das críticas operacionais ao ataque a Pearl Harbor, houve grande satisfação no Japão, incluindo no Palácio Imperial ([69]). O sentimento de satisfação iria continuar com a série de êxitos japoneses que se deram nas primeiras fases da Guerra do Pacífico.

Apenas algumas horas depois de Pearl Harbor, o poderio aéreo americano foi severamente atingido por um ataque à sua esquadra aérea, que estava baseada nas Filipinas e era outro alvo fácil. Passada uma semana, mais ou menos, a Tailândia foi ocupada, cedendo diplomaticamente. A pequena frota naval britânica ao largo da Malásia foi gravemente atingida, permitindo aos Japoneses progressos militares naquela área. Guam caiu a 11 de Dezembro, com algumas ilhas do Pacífico a cair nos dois meses seguintes. Hong Kong foi capturada a 25 de Dezembro. O Bornéu rendeu-se a 19 de Janeiro. A 15 de Fevereiro, num dos piores e mais desmoralizadores momentos da história militar britânica, Singapura rendeu-se incondicionalmente, após um assalto inesperado por terra. Tinha sido considerada inexpugnável pela maioria dos Britânicos e tinha mais de 70 000 combatentes, mais do dobro dos Japoneses que a atacaram. No fim de Fevereiro, Samatra, Timor e Bali também tinham caído. Batávia rendeu-se a 6 de Março. Rangum, na Birmânia, caiu a 8 de Março e Java a 9. Nas Filipinas, Manila caiu a 2 de Janeiro de 1942, embora Bataan se tivesse mantido até ao início de Abril e a ilha Corregidor até 7 de Maio. Em Março, o general Douglas MacArthur (1880-1964), o comandante americano das Forças do Extremo Oriente, deixou a sua base nas Filipinas e passou para a Austrália por ordem de Washington. As suas famosas palavras "Voltarei" tornaram-se um grito de guerra das forças aliadas na zona do Pacífico.

Os êxitos iniciais do Japão ficaram a dever-se, em parte, ao facto de os Aliados estarem ocupados na Europa, mas também, em larga medida, à grande intensidade dos seus ataques. Isto era algo para que os Aliados não estavam realmente preparados. O comentário de

Winston Churchill aquando da queda de Singapura, que a "violência, fúria, capacidade e poderio do Japão excederam em muito tudo aquilo que esperaríamos" ([70]), teve a concordância de muitos. Os ocidentais tinham subestimado seriamente o Japão. Neles incluíam-se os aliados deste. Hitler ficou bastante incomodado com a facilidade com que os *untermenschen* ("homens inferiores") japoneses derrotaram tropas brancas, sobretudo em Singapura ([71]).

A intensidade japonesa, como os próprios Japoneses reconheciam, tinha uma base espiritual ([72]). Sentiam que a sua força de espírito era mais forte do que a dos ocidentais moles, enfraquecidos pelo materialismo e pelo egoísmo. Nela se incluía a determinação de lutar até à morte. Num caso ilustrativo, um contra-ataque aliado que teve sucesso nas ilhas Aleutas, em Maio de 1943, o Japão teve 2351 homens mortos, tendo-se rendido apenas 28 ([73]). Esta proporção de mortos para prisioneiros, na ordem de 84/1, não era invulgar entre os Japoneses. Foi mesmo ultrapassada em alguns casos, como no Norte da Birmânia, onde a proporção foi de 120/1 ([74]). Para além disso, a maioria dos Japoneses feitos prisioneiros estava ferida, inconsciente ou incapacitada nessa altura ([75]). Tal contrastava grandemente com a proporção geral dos aliados, que era de um morto para quatro prisioneiros ([76]), sendo, por isso, várias centenas de vezes inferior, embora agravada pelas rendições em massa, como a que se registou em Singapura.

Nem todos os Japoneses estavam dispostos a lutar até à morte, como mostram relatos verbais posteriores ([77]). Alguns renderam-se, sobretudo nas fases posteriores da guerra, embora nessa altura alguns tivessem dificuldade em fazê-lo, porque ambos os lados faziam poucos prisioneiros ([78]). Em geral, contudo, a maioria pensava que era preferível morrer a render-se. Muitos, é claro, foram doutrinados para acreditar que o sacrifício da própria vida pela nação era o derradeiro serviço ao imperador-deus, a verdadeira finalidade da própria existência e a purificação final. Uma vez mais, relatos verbais revelaram a extensão deste desejo de morte, o qual, nalgumas ocasiões, causava grande angústia aos que se opunham a morrer pela causa ([79]). Até ao fim, os Aliados nunca tiveram a certeza se a raça japonesa como um todo não se iria destruir, em vez de se render, num desejo de morte em massa conhecido como *ichioku gyokusai* ("autodestruição dos cem milhões que são como jóias") ([80]). A maioria dos Japoneses acreditava que essa luta até à morte por uma causa pertencia à honrosa tradição samurai, sendo poucos os que tinham consciência de como a sua concepção dessa tradição era idealizada, embora não neguemos o efeito real que um ideal pode ter, nem os inúmeros casos de dedicação e bravura genuínos, inclusive por parte de Americanos de etnia japonesa que lutavam pelos Aliados ([81]).

A um nível menos glorioso, muitos Japoneses eram levados a crer que, se fossem capturados, seriam brutalmente torturados pelo inimigo e que a morte seria menos dolorosa. Mesmo os que não estavam influenciados pela doutrinação ou por anúncios de tortura, ainda assim preferiam muitas vezes morrer, porque acreditavam que a rendição seria vergonhosa e levaria a represálias contra si e contra as suas famílias, mais tarde, quando regressassem ao Japão ([82]). A maioria dos que sobreviveram e foram capturados preferia que as suas famílias pensassem que tinham morrido em combate, em contraste com os prisioneiros de guerra aliados, que pediam invariavelmente que as suas famílias fossem informadas do facto de continuarem vivos ([83]).

A crença idealizada de que um verdadeiro e perfeito guerreiro lutaria até à morte subjaz à brutalidade do tratamento a que foram submetidos os que não conseguiram agir dessa maneira. São bem conhecidos os maus tratos infligidos pelos Japoneses aos prisioneiros de guerra aliados. A taxa de mortalidade dos prisioneiros de guerra nos campos japoneses era de 30%, em contraste com os menos de 5% nos campos alemães e italianos ([84]). No entanto, os Japoneses tratavam os seus próprios homens com uma brutalidade quase idêntica se pensassem que eles se tinham comportado desonrosamente ou se, de alguma forma, estivessem maculados ou fossem impuros ([85]). Os que tinham de cumprir serviço nos campos de prisioneiros de guerra pertenciam, em geral, a esta categoria, porque um verdadeiro guerreiro nada teria a ver com os "seres humanos desonrados" que os prisioneiros eram. A sua própria infelicidade e o desprezo por si mesmos, por lhes terem sido atribuídas tais tarefas, podem explicar, em parte, alguns dos extremos do seu comportamento para com os cativos.

A brutalidade para com os prisioneiros aliados foi agravada pela raiva e pela desconfiança que tinham estado a fermentar contra o Ocidente nas décadas anteriores. Havia também um sentimento crescente de desprezo para com os ocidentais, porque se tinham considerado a si mesmos superiores e não reconheciam os Japoneses como iguais, embora estivessem agora a revelar-se inferiores na guerra. A tendência dos Japoneses para hierarquizar as coisas também se aplicava às raças e muitos não necessitaram de ser doutrinados pelos *Kokutai no Hongi* ou algo semelhante para se convencerem de que o Japão era uma nação superior. Enquanto raça, eles eram puros e perfeitos. Seres inferiores ou impuros raramente mereciam respeito, mesmo que não fossem prisioneiros, como muitas nações asiáticas ocupadas descobriram.

Para além disso, havia também os sádicos, que, durante a guerra, se divertiam a mutilar, matar, torturar e a provar a sua virilidade. Todas as nações em guerra tinham os seus sádicos e o Japão não era decerto excepção. Por vezes, parece até que encorajou tais comportamentos como forma de endurecer as suas tropas ([86]).

Ironicamente, a própria intensidade dos Japoneses em combate e a facilidade das suas primeiras vitórias viraram-se contra eles. As suas vitórias fáceis deram-lhes um falso sentimento de invencibilidade e afastaram os seus propósitos iniciais de darem um golpe rápido e fazer depois a paz. A sua brutalidade despertou o espírito de luta dos Aliados e tornou também improvável que estes aceitassem qualquer oferta de cessação das hostilidades em termos que favorecessem o Japão.

A invencibilidade dos Japoneses foi posta em causa logo a 18 de Abril de 1942, no raide de Doolittle. Este consistiu no bombardeamento de Tóquio por 16 aviões B-25 americanos lançados de porta--aviões bastante afastados da costa japonesa e comandados pelo coronel James Doolittle. Foi a vez de o Japão ser apanhado de surpresa. Os B-25 atacaram antes que os Japoneses se tivessem dado conta do que estava a suceder e, para sua preocupação e embaraço, nem um só dos aviões foi atingido pelo fogo antiaéreo. Todos voaram de maneira a aterrar na China, onde oito dos pilotos foram capturados por forças japonesas. Três foram executados como terroristas, levando a Alemanha a protestar junto do seu aliado Japão, porque estas execuções abriam um precedente indesejável ([87]). Outros foram sujeitos a vivissecção como cobaias, no decurso de experiências japonesas de guerra química e biológica ([88]).

Um golpe mais grave para o moral japonês deu-se um mês depois, com a batalha do Mar de Coral, em 7-8 de Maio de 1942. Esta batalha contrariou os planos japoneses de invadir Port Moresby, na Nova Guiné. O Japão também perdeu um dos seus porta-aviões e sofreu sérios danos noutro. A América teve danos mais graves, mas com esta batalha os Japoneses foram travados no Pacífico pela primeira vez.

Um revés mais importante – de facto, constituiu um ponto de viragem decisivo na guerra – aconteceu no mês seguinte, na Batalha de Midway, em 4-6 de Junho. O Japão vinha planeando a ocupação da ilha de Midway, aproximadamente a 1500 km do Havai, como base estratégica. Porém, os seus planos foram descobertos pela espionagem aliada. Ao contrário de Pearl Harbor, desta vez a espionagem foi bem utilizada. A frota japonesa, novamente comandada por Nagumo, perdeu quatro dos seus porta-aviões. Perdeu também mais de 2000 tripulantes e um cruzador pesado.

A partir deste momento, e apesar de algumas vitórias e avanços no continente asiático, a fortuna do Japão começou a declinar, começando no Pacífico. Os seus planos para ocupar a Nova Caledónia, as ilhas Fiji e a Samoa foram abandonados, tal como qualquer ideia que pudessem ter tido de ocupar a Austrália e a Nova Zelândia. No princípio de 1943, as suas tropas foram forçadas a abandonar a Nova Guiné e Guadalcanal. Guadalcanal custou-lhes 25 000 homens. Os Americanos perderam apenas 1500.

Durante 1943, os recursos japoneses estavam a ser demasiado solicitados. O Japão teve de substituir o controlo directo sobre alguns países asiáticos por um controlo mais indirecto. Foi dada a independência nominal a nações ocupadas, como a Birmânia e as Filipinas. O Japão tentou manter a unidade dos seus interesses asiáticos e a primazia para si mesmo, concentrando-se no papel que reivindicava de libertador do imperialismo ocidental. Daí resultou a Declaração da Grande Ásia Oriental, feita a 6 de Novembro de 1943, em Tóquio, pelos governantes fantoches da Manchúria, China, Tailândia, Birmânia, Filipinas e "Índia Livre". A declaração atacava o imperialismo ocidental e reafirmava a cooperação asiática ([89]). De início, muitas pessoas destas nações podem ter recebido os Japoneses como libertadores. Todavia, agora estavam de facto extremamente desiludidos com a sua crueldade. A ocupação japonesa deixava frequentemente os civis locais sem comida e outros recursos e obrigava-os a trabalhar como operários, sendo estes por vezes transportados para o próprio Japão.

As pessoas no Japão estavam também sujeitas à escassez de recursos e a leis cruéis de mobilização de trabalho. Todas as mulheres de menos de 25 anos que não eram casadas foram mobilizadas para trabalhar na agricultura e na indústria, a partir de Setembro de 1943 ([90]). A escassez de comida no Japão também se agravou bastante durante 1943 e no final do ano as rações só forneciam 1405 calorias por dia, menos de metade da ração padrão ([91]).

Ao longo de 1944, o Japão fez renovados esforços, muito em desespero de causa. No país, deu-se um grande aumento na produção de maquinaria de guerra. Mais de 28 000 aviões foram produzidos neste ano, em contraste com apenas 5000 em 1941 ([92]). Todavia, não se aproximava da produção dos Estados Unidos nem da de muitos dos outros Aliados. No período 1941-1944, o Japão produziu 58 822 aviões, ao passo que a Grã-Bretanha produziu 96 400 e os Estados Unidos 261 826 ([93]). Por mais tecnicamente avançados que os aviões japoneses fossem, simplesmente não os havia em número suficiente.

No exterior do país, houve, nesse ano, alguns êxitos japoneses na China. Contudo, revelou-se impossível neutralizar a base aérea americana de Szechwan, o que significava que a América podia continuar a utilizá-la para bombardear alvos no Japão com os seus B-29 de longo raio de acção. A América fê-lo com cada vez maior frequência, encontrando pouca resistência. Um golpe particularmente grave para o Japão foi a perda de Saipan, nas Marianas, em Julho, depois de uma luta bastante dura. Também Saipan podia agora ser utilizada como base para bombardear Tóquio. A defesa da pátria tornou-se então uma prioridade urgente.

A perda de Saipan foi um golpe devastador para o próprio Tojo, porque ele tinha assegurado aos seus colegas, apenas alguns meses antes, que era inexpugnável. Foi substituído como primeiro-ministro – o general Koiso Kuniaki (1880-1950) assumiu o cargo – e como chefe do estado-maior do Exército. A fé em Tojo e no esforço de guerra japonês foi seriamente afectada. Muitas figuras militares de alta patente, que estavam também atentas ao futuro cada vez mais sombrio dos Alemães, voltavam à constatação de antes da guerra de que não era possível que o Japão ganhasse. Não eram poucos os que pensavam que era mais prudente tentar obter a paz nas melhores condições possíveis. Estas seriam certamente menos favoráveis do que esperaria em 1941, mas, pelo menos, traria o fim das hostilidades. Havia a crença infundada de que, nesta questão, a União Soviética poderia actuar em nome do Japão. Na verdade, um ano antes, em 1943, os Soviéticos tinham-se comprometido a juntar-se aos Aliados contra o Japão, depois de derrotada a Alemanha. No entanto, pensando na possível ajuda soviética, o governo de Koiso decidiu continuar a lutar. Havia também alguma esperança de que se pudesse chegar a um compromisso, se a defesa da pátria por parte dos Japoneses fosse tão tenaz que desgastasse os Aliados, que poderiam concordar em fazer a paz, em vez de perder homens.

Uma medida defensiva pertinaz tomada mais tarde, nesse ano, foi a utilização sistemática de pilotos *kamikaze* ([94]). Esta força era designada oficialmente como *Shinpu Tokubetsu Kogekitai*, ou seja, Força de Ataque Especial "Vento Divino". O nome dos pilotos tinha origem no "vento divino" (*kamikaze* ou *shinpu*) que protegera o Japão das invasões dos Mongóis, no século XIII. Embora fossem usados por vezes aviões normais, os "aviões suicidas" eram normalmente apenas bombas providas de asas e instrumentos rudimentares de pilotagem. Não podiam desviar-se do alvo pretendido e de qualquer modo também não tinham combustível para uma viagem de regresso. Entre os Aliados, eram também conhecidos como bombas *baka* ("bombas estúpidas"). Os seus pilotos eram frequentemente jovens com menos de vinte anos com apenas algumas semanas de treino.

Os *kamikaze* foram utilizados pela primeira vez em 25 de Outubro de 1944, na Batalha de Leyte, nas Filipinas. MacArthur estava a cumprir a sua promessa de voltar e desembarcou em Leyte no dia 20 desse mês. A Batalha do Golfo de Leyte, que teve lugar de 23 a 26 de Outubro, foi o maior confronto naval da história. Dele resultou a destruição efectiva da armada japonesa. Embora tropas japonesas tenham permanecido em várias partes das ilhas até ao fim da guerra, e nalguns casos para além dele, o seu controlo foi lenta mas seguramente minado. Corregidor foi reconquistada em Fevereiro de 1945 e Manila em meados de Março.

A retomada de Manila foi uma grande tragédia para os seus habitantes filipinos. Os 20 000 militares japoneses encurralados, que iriam quase todos lutar até à morte, perderam o controlo à medida que os Americanos forçavam o seu ataque. Embora seja uma atrocidade pouco conhecida, houve cenas de violação, pilhagens e assassinatos não muito diferentes de Nanquim. Calcula-se que 100 000 pessoas foram mortas no mês anterior à recaptura da cidade ([95]). Os civis japoneses nas Filipinas também sofreram às mãos das tropas do Japão nesses meses finais da guerra. Em Maio de 1945, os soldados japoneses que retiravam mataram cerca de 20 crianças de civis japoneses que acompanhavam a sua unidade, de modo a que o seu choro não denunciasse a posição da unidade ([96]).

Em Maio de 1945, assistiu-se também à recuperação de Rangum pelos Britânicos, a seguir à retomada de Mandalay em Março. A determinação antijaponesa dos Aliados aumentou ainda mais nessa altura com a descoberta do completo horror das condições cruéis do trabalho forçado do infame caminho-de-ferro da Birmânia. Este foi um projecto realizado pelos Japoneses entre Outubro de 1942 e Novembro de 1943 com o objectivo de assegurar os fornecimentos a partir da Tailândia. Provocou a morte de aproximadamente 60 000 trabalhadores, incluindo trabalhadores locais e cerca de 15 000 prisioneiros de guerra britânicos e australianos.

Nos primeiros meses de 1945, ao Americanos aumentaram os seus raides de bombardeamento ao Japão, utilizando os seus B-29 de longo raio de acção, a maioria deles em sortidas nocturnas a baixa altitude. Estes raides foram muito facilitados pela captura de Iwojima (Iojima), no arquipélago de Bonin (Ogasawara), no início de Março, que proporcionou uma base adequada a meio caminho entre Saipan e o Japão. Os Japoneses não tinham, de facto, resposta para estes raides. De um total de 31 387 sortidas entre Junho de 1944 e o fim da guerra, em Agosto de 1945, só se perderam 74 B-29, uma percentagem de perdas inferior a 0,25% ([97]). O maior raide realizou-se sobre Tóquio, a 10 de Março, de que resultaram quase 100 000 mortos. A maioria das grandes cidades do Japão, com excepção das cidades culturais, como Quioto e Nara ([98]), alegadamente poupadas, viram as suas instalações danificadas, em geral, em 40 a 50%. Calcula-se que, no fim de Maio, pelo menos 13 milhões de Japoneses não tivessem casa ([99]).

No dia 1 de Abril, começou a invasão de Okinawa. Esta fazia parte do próprio Japão. Quatro dias depois, o primeiro-ministro Koiso demitiu-se, sendo substituído pelo idoso almirante Suzuki Kantaro (1867-1948). No mês seguinte, a 8 de Maio, a Alemanha foi derrotada e os Aliados ficaram livres para se concentrar no Japão. As coisas pareciam feias para os Japoneses.

Okinawa caiu a 21 de Junho, quase três meses depois de uma luta feroz, em que morreram 110 000 militares japoneses e aproximadamente 150 000 civis. Do lado americano, houve 13 000 mortos e 40 000 feridos. Estes foram os maiores números de baixas entre os Americanos em toda a guerra e permitiam prever que a defesa dos Japoneses iria ser tenaz. A batalha de Okinawa também incluiu a utilização desesperada de 2000 pilotos *kamikaze* e inúmeros suicídios em massa por parte de civis em pânico e a quem tinha sido dito que os invasores americanos eram uns monstros inumanos. Preferiam lançar--se do cimo das falésias do que enfrentar a vida sob tais inimigos ([100]).

A derrota estava agora iminente. No entanto, embora o próprio Suzuki não estivesse particularmente decidido a continuar a guerra, a disposição dominante entre os militares (sobretudo no exército) era de combater até ao último homem. Renderem-se seria desonrar os que tinham dado a sua vida nas batalhas, pensavam eles ([101]). Havia agora um grande fatalismo acerca de tudo.

A 17 de Julho, o presidente Truman – Roosevelt tinha falecido em Abril – encontrou-se com Estaline e Churchill, em Potsdam, na Alemanha, para uma reunião de duas semanas acerca da situação da guerra. Chiang Kai-Chek participou por telefone. Nesse mês, os Estados Unidos tinham testado com êxito uma bomba atómica e Truman esperou pelos resultados dos testes antes de decidir dirigir ao Japão uma declaração. Esta foi a Declaração de Potsdam, divulgada em 26 de Julho ([102]). O nome de Estaline não apareceu nesta fase, porque a União Soviética ainda tinha de declarar guerra ao Japão, mas os Soviéticos aprovaram depois a Declaração. Esta apelava ao Japão para que se rendesse incondicionalmente ou enfrentasse a sua "destruição rápida e total". Falava também de ocupação, da expulsão dos líderes militares, do estabelecimento de uma nova ordem política democrática e do reconhecimento da soberania japonesa, mas apenas nos limites territoriais estabelecidos no início do Período Meiji. Não fazia qualquer menção ao imperador.

O Japão não aceitou a Declaração ([103]). Os Aliados estavam desejosos de evitar as pesadas perdas que com certeza haveria se forçassem o ataque em território japonês, designado nos planos como Operação Olímpica. Provavelmente, também desejavam terminar rapidamente as hostilidades para minimizar os ganhos dos Soviéticos, que estavam prestes a entrar na guerra ([104]). Podem ter também desejado impressionar os Soviéticos com a sua nova tecnologia atómica ou apenas testá-la num alvo real ([105]). É também remotamente possível que sobrestimassem o desenvolvimento, por parte do Japão, das suas próprias armas atómicas e quisessem ser os primeiros a atacar ([106]). Em qualquer caso, foi tomada a decisão de usar a nova bomba atómica sobre o Japão.

A 6 de Agosto, foi lançada uma bomba atómica sobre Hiroxima. Era a primeira vez na história que tal arma era usada. Causou de imediato ou pouco depois 90 000 mortos, aproximadamente ([107]). É possível que igual número tenha morrido dos efeitos da bomba nos anos seguintes. Mais de 80% dos edifícios da cidade foram destruídos. A ausência de resposta positiva imediata por parte dos Japoneses fez com que uma segunda bomba fosse lançada a 9 de Agosto, desta vez sobre Nagasáqui. Desta resultaram 50 000 mortos imediatamente ou pouco depois e mais de 30 000 nos anos posteriores.

No dia anterior a Nagasáqui, a União Soviética declarou guerra ao Japão e atacou a Manchúria quase de imediato. Este foi também outro golpe sinistro.

A não ser que estivesse disposto a assistir à sua total destruição como nação, o Japão não tinha alternativa realista senão aceitar os termos da declaração de Potsdam. Uma reunião de alto nível teve lugar na tarde de 9 de Agosto. Alguns preferiam, de facto, a destruição à rendição, outros queriam continuar a combater por algum tempo, na esperança de obter melhores condições, outros estavam prontos a render-se. Hirohito estava disposto a aceitar a Declaração, desde que a instituição imperial pudesse permanecer intacta. Os Americanos, informados disto por intermediários suíços e suecos, recusaram uma garantia incondicional, mas permitiram que o imperador pudesse reinar sob a alçada do comandante supremo das Forças Aliadas e sujeito à vontade do povo japonês.

Noutra reunião, a 14 de Agosto, levada a efeito para discutir a resposta americana, houve ainda indecisão. Na sequência de um pedido de Suzuki, Hirohito teve o voto decisivo, fazendo notar que o Japão tinha de "suportar o insuportável" ([108]).

A sua decisão não foi bem recebida por todos quando as notícias foram conhecidas. Alguns oficiais de baixa patente tentaram sem sucesso impedir que o imperador gravasse o seu "discurso de rendição", a ser transmitido à nação no dia seguinte. Aproximadamente 500 militares iriam preferir o suicídio para não terem de desafiar abertamente o imperador. Entre eles figuravam vários chefes militares de topo, como o vice-almirante Onishi Takijiro (1891-1945), o homem que tinha concebido a ideia dos pilotos *kamikaze*. Onishi era um dos que queriam obter melhores condições de rendição com uma defesa obstinada do território nacional.

Em 15 de Agosto, o discurso do imperador foi difundido pela rádio ao seu povo para o informar da infeliz situação. Foi a primeira emissão de rádio com o imperador e a primeira vez que a vasta maioria dos seus súbditos o ouviu falar. A sua linguagem de corte, refinada e arcaica, estava tão longe da linguagem do dia-a-dia que muitos simplesmente não entenderam o que dizia e tiveram de se socorrer da interpretação de outros. Mesmo os que entendiam a linguagem nem sempre entendiam o que ele queria dizer, porque os seus termos eram vagos e não se referiam explicitamente nem à "derrota" nem à "rendição". Em vez disso, mencionou o facto de a "situação de guerra não se ter necessariamente desenvolvido de maneira favorável ao Japão" e fez com que parecesse que o país tinha decidido parar de combater para salvar a humanidade da ameaça de destruição pelo Ocidente, não porque o Japão estivesse derrotado ([109]).

Todavia, a mensagem acabaria por passar: o Japão tinha perdido a guerra. A assinatura formal da Acta de Rendição teve lugar algumas semanas mais tarde, a 2 de Setembro, a bordo do navio *Missouri*, dos Estados Unidos, na baía de Tóquio. Seguira-se a um édito imperial, que saíra nesse dia, autorizando formalmente a assinatura da rendição e ordenando a todos os súbditos japoneses que a honrassem ([110]).

Nos seus 14 anos de guerra, começando com o Incidente da Manchúria, em 1931, o Japão sofrera quase três milhões de baixas militares e mais de meio milhão de baixas civis. A maioria das baixas tinha ocorrido nos quatro anos da Guerra do Pacífico. Para o Japão, todos os sacrifícios tinham sido em vão, tendo sofrido a primeira derrota numa guerra (não em batalha) e tendo também agora de sofrer a primeira ocupação estrangeira na história do Estado de Yamato. Há quem afirme, dentro e fora do Japão, que a derrota foi de algum modo injusta, devido à utilização de bombas atómicas, mas essa perspectiva ignora simplesmente o facto de, mesmo em termos de guerra convencional, o Japão ter sido completamente derrotado ([111]).

Numa carta para o seu filho Akihito, datada de 9 de Setembro de 1945, Hirohito atribuiu a derrota ao facto de se ter subestimado a Grã-Bretanha e a América, à confiança excessiva no espírito, por oposição à ciência, e a líderes militares arrogantes que só sabiam avançar ([112]).

O Japão tinha-se tornado numa importante potência mundial, mas as suas ambições tinham visado demasiado alto. Soseki vira bem. A rã inchara até rebentar. O orgulhoso Japão do Período Meiji estava agora, no reinado de Hirohito, numa situação de humilhação. Em certo sentido, tinha sorte de estar ainda nalguma situação, porque não eram poucos os que, entre os Aliados, pretendiam a destruição total da nação ([113]). Ao que parece, até o humanitário Roosevelt alimentou ideias de eliminar a raça japonesa da face da terra ([114]).

Hirohito pode ter tido razão em criticar o excesso de espírito japonês como causa da sua queda. Todavia, seria necessário agora uma extraordinária força de espírito para que a nação se voltasse a erguer e se tornasse uma potência respeitada.

Sinopse da V Parte

A frágil democracia que começou a despontar no fim do Período Meiji teve um breve ponto alto durante o Período Taisho. Contudo, foi em breve substituída pelo sempre presente autoritarismo, um autoritarismo de uma natureza militar cada vez mais agressiva. O Japão estava confiante após os seus êxitos no Período Meiji, quando conseguiu atingir rapidamente o estatuto de potência mundial e até obter colónias com o apoio da sua força militar. Continuou na mesma via com uma energia tão ambiciosa que terminou em confronto com as nações ocidentais aliadas, contrariando a sua aversão tradicional a entrar em conflito com um adversário mais forte.

Havia certamente alguns factores externos a instigar o comportamento do Japão. Um dos estímulos era a rejeição ocidental, com fundamentos racistas, a considerar os Japoneses como iguais. As políticas imperialistas das próprias potências ocidentais foram também como que uma mensagem dada ao Japão de que apoderar-se de território era como as potências mundiais procediam.

Não obstante, um motivo importante para o seu desígnio ambicioso de acção expansionista era a crença básica dos Japoneses no seu próprio destino como raça superior. Esta crença era fortalecida pela doutrinação e reflectiu-se nas ideias subjacentes aos *Kobutai no Hongi*, ao *musubi*, à "libertação" pan-asiática da Ásia do domínio das potências imperialistas, etc.

Os militares ficaram cada vez mais impacientes para demonstrar a superioridade dos Japoneses. No estrangeiro, tentaram deliberadamente provocar incidentes e, por vezes, conseguiram-no. No país, interferiram na política, não hesitando no assassínio quando era preciso. Também contribuíram para desviar a economia em recuperação para um esforço de guerra sob o seu controlo. Aliás, controlavam o imperador, conseguindo habitualmente a sua "autorização" mediante a omissão de críticas ao seu comportamento.

Não contente com os seus ganhos na Ásia, o Japão estava disposto a combater contra as maiores potências, os Estados Unidos e a Grã-Bretanha. Tinha esperança de que estivessem ocupadas com a guerra na Europa, permitindo-lhe obter grandes conquistas antes de mudar de atitude, apresentando-lhes uma proposta de paz. Além disso, um golpe decisivo e rápido daria uma lição a estas arrogantes potências.

No entanto, os próprios êxitos do Japão tiveram sobre este efeitos adversos. A facilidade das suas primeiras vitórias – vitórias que atribuiu à sua superioridade espiritual – levou-o a querer prosseguir a guerra, em vez de dar continuidade à sua ideia de propor a paz e "retirar-se enquanto estava em superioridade". Essa mesma facilidade transformou a sua frustração perante os ocidentais em desprezo e este, associado às suas ideias acerca da sua própria superioridade, deu origem a actos de brutalidade que também endureceram a determinação ocidental contra si. De qualquer modo, tudo isto tornava difícil um movimento inicial na direcção da paz.

A guerra em que o Japão parecia agora quase fatalisticamente envolvido em breve se virou contra si. As ambições desmesuradas rapidamente se dissiparam, reduzindo-se, por fim, à esperança de que uma defesa tenaz do país convenceria os Aliados a permitir ao Japão condições generosas para se render. Assim não seria. A América tinha desenvolvido um arsenal atómico que custaria muito menos vidas aos Aliados do que uma invasão do Japão. O Japão foi avisado, mas hesitou. Quando se tornou a primeira vítima mundial do nuclear, tomou consciência de que não tinha sentido continuar a resistir e capitulou incondicionalmente. As suas ambições ficavam agora em pedaços.

Os principais desenvolvimentos deste período fatídico para o Japão estão resumidos no quadro 5.1.

Quadro 5.1 Desenvolvimentos importantes desde o fim do Período Meiji até ao fim da Guerra

Desenvolvimentos	Data
Coexistência da frágil "democracia Taisho" com o autoritarismo militarista	1912-meados da década de 20
Dificuldades económicas	década de 20
O Japão é humilhado, do ponto de vista racial, pelo Ocidente	início e meados da década de 20
O novo imperador revela-se fraco	meados dos anos 20
Os militares afirmam-se no país e no estrangeiro, provocando incidentes	a partir do fim da década de 20
O Exército japonês estabelece a colónia da Manchúria	início da década de 30
O Japão vira as costas a grande parte do Ocidente	início da década de 30
Termina a política partidária, os militares ficam virtualmente sem controlo, os assassínios são prática corrente	a partir do início da década de 30

A economia melhora, mas subsistem problemas devido ao dualismo e à má distribuição da riqueza em detrimento das zonas rurais	a partir do início da década de 30
A economia muda para o esforço de guerra	início e meados da década de 30
Prevalecem as ideologias expansionistas, incluindo a doutrinação com o "sistema do imperador"	meados da década de 30
Guerra agressiva não declarada com a China	meados e fim da década de 30
Preocupado, o Japão estabelece uma aliança com a Alemanha	meados e fim da década de 30
A expansão contínua do Japão suscita represálias da América	1940-1941
O Japão ataca os Aliados, esperando obter ganhos rápidos na Ásia e depois retirar-se	fim de 1941
Os ganhos iniciais instigam o Japão a prosseguir a guerra	fim de 1941 e início de 1942
A guerra passa a ser desfavorável ao Japão, mas é demasiado tarde para a interromper	a partir de meados de 1942
As ambições são reduzidas à defesa do território do país	a partir de meados de 1944
O Japão rende-se incondicionalmente, após bombardeamentos atómicos	meados de 1945

Quadro 5.2 Valores e práticas fundamentais desde o fim do Período Meiji até ao fim da guerra

- desconfiança e apreensão em relação aos estrangeiros
- desconfiança e apreensão em relação à liberdade e à democracia real
- determinação em obter sucesso
- orgulho nacional e espírito nacional fortes
- obediência à autoridade (embora muitas vezes sob coacção)
- reverência ao imperador

- controlo da visão do mundo
- consciência da importância da economia
- ausência de um conceito óbvio de comportamento maléfico
- distinção entre autoridade formal e poder real, mas necessidade continuada de legitimação pela primeira
- renascimento da hierarquia, desta vez aplicada às raças
- intensificação do conceito de pureza, em especial aplicado ao próprio Japão
- idealização do passado samurai do Japão
- tendência para ser arrebatado pela emoção em detrimento da razão
- tendência para ter perspectivas estreitas
- um certo fatalismo

Os principais valores e as práticas deste período foram, de maneiras diversas, uma intensificação de valores e práticas anteriores. Estão sumariados no Quadro 5.2.

Se o Japão tivesse sido capaz de moderar as suas ambições e também de engolir algum do seu orgulho, suportando as atitudes racistas de recusa por parte do Ocidente, a história do século XX poderia ter sido diferente. Falar depois dos acontecimentos é uma coisa maravilhosa.

Notas

(1) Nos últimos anos, alguns especialistas, como os que colaboram em Minichiello 98, propuseram uma periodização baseada no conceito de "Grande Taisho", entre 1900 e 1930, aproximadamente. Embora sejam sempre bem-vindas novas abordagens, neste caso particular prefiro adoptar a periodização consagrada.

(2) Duus 83, p. 198, Reischauer e Craig 79, p. 228, e Storry 63, pp. 160-161.

(3) Stanley 83. Devo uma compreensão vívida e pessoal desta "caça aos Coreanos" a Yoshio Okamoto, de Kobe, cujo pai, apesar de ser japonês, foi tomado por coreano e teve dificuldade em escapar com vida.

(4) Syanley 83.
(5) Eram as ilhas da Micronésia, designadamente as Marshall, Carolinas e Marianas (mas não Guam). A Grã-Bretanha concordou com a ocupação japonesa das antigas "possessões" germânicas a norte do equador em compensação do reconhecimento japonês da ocupação britânica das que se encontram a sul dessa linha, como a Samoa. Depois da I Guerra Mundial, foram atribuídas ao Japão por mandato formal da Sociedade das Nações (perdendo-as no fim da II Guerra Mundial) e são um exemplo interessante de ocupação japonesa relativamente benevolente e construtiva, contrastando com as posteriores ocupações infames dos países do continente asiático. Vd. Henshall 04. Para uma análise pormenorizada da questão dos Japoneses na Micronésia, vd. Peattie 88.
(6) Storry 63, p. 153.
(7) Frei 91, cap. 6.
(8) Daniels 83, p. 164.
(9) Kosaka 92, p. 35.
(10) Foi mais tarde considerada uma nação branca "honorária" por países como a África do Sul, mas tal condescendência, devida a razões económicas, dificilmente pode ser tida por uma aceitação efectiva.
(11) Large 92, pp. 28-31.
(12) Kosaka 92, p. 28, e Forster 81, pp. 59-60.
(13) Morris-Suzuki 94, pp. 105-116.
(14) Reischauer e Craig 79, p. 206. Vd. também Hunter 89, p. 93.
(15) Vd. Hunter 89, p. 95, e Duus 83, pp. 198-199, para duas perspectivas diferentes acerca das diferenças entre o rural e o urbano (com o primeiro a atenuá-las e o segundo a atribuir-lhes importância).
(16) Hunter 89, p. 97.
(17) Reischauer e Craig 79, p. 243.
(18) Reischauer 88, p. 97.
(19) Reischauer e Craig 79, p. 249, e Hata 88, p. 295.
(20) Large 92, p. 49.
(21) Duus 88, p. 47.
(22) Hall 74, p. 9.
(23) *Kokutai no Hongi*, p. 55.
(24) As 14 citações deste parágrafo são, respectivamente, das pp. 66, 71, 67, 67, 78, 78, 78, 81, 80, 93, 100, 82, 82 e 55 dos *Kokutai no Hongi*.
(25) Hall 74, pp. 8-9.
(26) Kawai 38, pp. 69-72.
(27) *Ibidem*, p. 74.
(28) Vd., por exemplo, os *Addresses to Young Men* feitos por Hashimoto Kingoro, que pertencia à nacionalista *Sakurakai* (Sociedade da Flor de Cerejeira). Podem encontrar-se excertos em Tsumoda 64, vol. 2, pp. 289-291.
(29) Li 92, pp. 75-76, e Peattie 83, p. 345.
(30) Li 92, pp. 73-76.
(31) Peattie 83, pp. 345-346.
(32) Hunter 89, p. 124.
(33) Dower 92, p. 53.
(34) Forster 81, p. 62. Forster também salienta que o PIB da Austrália, por seu lado, apenas cresceu 10% no mesmo período.

([35]) Kosaka 92, p. 32.
([36]) Reischauer e Craig 79, p. 246.
([37]) Entre 1929 e 1937, a percentagem da indústria química, do metal e de maquinaria no PIB subiu de 30% para 50%. Vd. Forster 81, p. 62. Entre 1920 e 1940, a produção de ferro e aço aumentou onze vezes, a de maquinaria seis e a de produtos químicos também seis. Vd. Hunter 89, p. 124.
([38]) Hunter 89, p. 125.
([39]) Morishima 82, pp. 109-112.
([40]) Hunter 89, pp. 125-126, e Francks 92, pp. 63-65.
([41]) Os Japoneses afirmaram ainda que um dos seus tinha sido morto, mas nunca foi apresentado o nome dessa suposta vítima. Vd. também Gluck 92, p. 14. Pelo contrário, alguns comentadores, como Boyle 83, acreditam que o incidente foi verdadeiro. O historial japonês dos conflitos com os seus adversários, depois de julgarem que tal conflito é inevitável, sugere, porém, que há forte probabilidade de se ter tratado de uma provocação.
([42]) Kitaoka 92, p. 165.
([43]) Large 92, pp. 89-92.
([44]) Algumas destas imagens parecem ter sido fabricadas como propaganda americana, mas algumas são autênticas. Vd. Dower 86, pp. 45-46.
([45]) Vd. "Nanjing Testament", no *Japan Times*, edição semanal internacional, de 22-28 de Agosto de 1994. O artigo contém o testemunho em primeira mão de um soldado, Nagatomi Hiromichi, que participou no massacre. Vd. também Hunter 89, p. 58.
([46]) A entrevista com o príncipe Mikasa apareceu no jornal *Yomiuri* em 6 de Julho de 1994 e foi relatada em inglês no *Japan Times*, edição semanal internacional, de 18-24 de Julho de 1994.
([47]) Vd., por exemplo, Chang 97, Honda 99 e Rickert 98.
([48]) O incidente de maior importância foi em Maio de 1939, quando tropas soviéticas apoiaram os Mongóis envolvidos numa escaramuça com forças japonesas em Nomohan, na fronteira da Manchúria. Sendo claramente derrotados, os Japoneses perderam quase 20 000 homens.
([49]) Coox 88, p. 336. Vd. também Dower 86, p. 207.
([50]) Coox 88, p. 336. Para uma perspectiva quase contemporânea e muito desconcertantemente britânica das relações entre o Japão e a Alemanha nestas circunstâncias tão tensas, vd. Vansittart 43.
([51]) Reischauer e Craig 79, p. 260.
([52]) Hane 86, p. 297.
([53]) Este documento deixou de ser secreto em 1970, mas parece que permaneceu sem ser descoberto nos Arquivos Nacionais de Washington até 1991. Contudo, Lauchlin Currie e alguns dos pilotos já tinham confirmado o plano secreto. É analisado com algum detalhe em Schultz 87, cap. 1, por exemplo, e foi revelado a um público mais vasto no vídeo da ABC News "Beaten to the Punch", exibido nos Estados Unidos, a 22 de Dezembro de 1991, no programa *20–20*. O vídeo mostra o próprio documento completo, com as assinaturas de Roosevelt e de figuras militares de topo, e contém também entrevistas com Currie e outros. A autenticidade do documento foi confirmada, não apenas por Currie, mas também por especialistas como Gaddis Smith, da Universidade de Yale.
([54]) Vd., por exemplo, Schultz 87, p. 5, e Rusbridger e Nave 92, p. 121. O próprio Winston Churchill referiu-se a um comentário de Roosevelt, em Agosto de 1941,

segundo o qual o Congresso poderia impedi-lo de *declarar* a guerra, mas isso não o impediria de a *fazer*. Esta afirmação dá a entender claramente que Roosevelt estaria disposto a agir secretamente, se necessário fosse. Vd. Churchill 51, p. 593.

([55]) Hirohito fez esta afirmação em 1946, defendendo a sua posição. Vd. Large 92, p. 114.

([56]) Large 92, pp. 113-114.

([57]) Bix 92, p. 354.

([58]) Vd., por exemplo, Dower 86, sobretudo as pp. 36 e 259-261, para um comentário à opinião generalizada entre os Japoneses de que os ocidentais eram moles, incapazes de se comprometer com uma causa (devido ao seu egoísmo) e não suportariam uma luta prolongada e árdua.

([59]) Encontram-se detalhes operacionais desta acção em Barber 94.

([60]) Para detalhes do relatório, da sua apreensão e dos seus efeitos, vd. Rusbridger e Nave 92, cap. 5.

([61]) Coox 88, p. 343.

([62]) A investigação foi efectuada por Iguchi Hideo, filho de um dos funcionários da embaixada em Washington injustamente acusados e ele mesmo um diplomata superior com estatuto de embaixador. Apesar da possibilidade óbvia de poder ser criticado, por ter interesse pessoal no resultado da sua investigação, esta baseia-se em provas documentais sólidas e não pode ser posta em questão. Vd. o *New York Times* de 9 de Dezembro de 1999 ou, para um relato mais completo, o *Japan Times International* de 1-15 de Dezembro de 1999.

([63]) Sakai 94, p. 20.

([64]) A bibliografia sobre Pearl Harbor é extensa e as interpretações dos acontecimentos são muitas e variadas. Com o risco de simplificar demasiado um assunto que não deve ser tratado de forma simplista, nos que perfilham uma perspectiva geral revisionista, que tende para uma interpretação "conspirativa" ou de "encobrimento" ou similar e que atingiu o seu auge logo a seguir à guerra, incluem-se John Flynn (44 e 45), George Morgenstern (47), Charles Beard (48), Robert Theobald (54) e Husband Kimmel (55). Para um exemplo mais tardio de revisionismo, vd. o vídeo "Sacrifice at Pearl Harbor", exibido no programa *Timewatch*, da BBC2, em 5 de Abril de 1992. Entre os que se opõem ao revisionismo estão Samuel Morison (53), Roberta Wohlstetter (62), Gordon Prange (86) e Henry Clausen e Bruce Lee (92).

([65]) Vd. Dower 86, p. 109.

([66]) *Ibidem.*

([67]) Barlett 78, pp. 19-20.

([68]) Dallek 79, p. 307.

([69]) Large 92, pp. 114-115.

([70]) Vd. Coox 88, p. 348.

([71]) Dower 86, p. 207.

([72]) Benedict 47, p. 22, e Dower 86, sobretudo as pp. 36 e 259-261.

([73]) Coox 88, p. 353.

([74]) Benedict 47, pp. 38-39.

([75]) *Ibidem*, p. 38, e Trefalt 95, sobretudo a p. 116.

([76]) Benedict 47, p. 39.

([77]) Vd., por exemplo, o relato de Suzuki Murio, intitulado "As Long As I Don't Fight, I'll Make It Home", em Cook e Cook 92, pp. 127-135.

([78]) Um exemplo de "rendição japonesa planeada e bem disciplinada" foi a de 42 dos seus nacionais, mais do dobro dos seus captores australianos, em Womgrer, na Nova Guiné, em 3 de Maio de 1945. Vd. Thompson 45, pp. 2-3. Como Thompson – um interrogador/intérprete – acentua, esta rendição foi uma raríssima excepção.

([79]) Vd., por exemplo, o relato de Yokota Yutaka, intitulado "Volunteer", em Cook e Cook 92, pp. 306-313. Yokota era um piloto suicida de um mini-submarino, que se viu impedido de realizar a sua missão por problemas mecânicos. Comenta ele (p. 309) que "há um antigo adágio segundo o qual 'o *Bushido* é a procura de um lugar para morrer.' Bem, esse era o nosso fervoroso desejo, o nosso sonho há muito acalentado. Um lugar para morrer pelo meu país. Sentia-me feliz por ter nascido homem. Um homem do Japão." Era um dos que tinham sobrestimado o papel da morte no *bushido* tradicional. Também fala do sentimento de inveja pelos que tinham sido escolhidos para missões suicidas e de castigos corporais infligidos aos que regressaram, ainda que por razões que escapavam ao seu controlo, como sucedeu com ele. A sua angústia iria continuar muito para além da guerra.

([80]) Dower 86, pp. 232-233.

([81]) A grande maioria destes últimos combateu como uma unidade especial, o 442º Grupo Regimental de Combate (que integrava o 100º Batalhão de Infantaria Havaiano-Japonês), na frente europeia. Foi, de facto, como grupo, a unidade militar mais condecorada – considerando a sua dimensão e o seu tempo de serviço – na história dos Estados Unidos e produziu um dos maiores heróis militares da América, Richard Sakakida (o qual expressou o seu desejo de viver segundo os ideais samurais). Vd. Hawaii Nikkei History Editorial Board 98, sobretudo as pp. 6 e 338, referentes ao seu notável serviço, e as pp. 165-166, referentes aos ideais samurais de Sakakida.

([82]) Trefalt 95, sobretudo as pp. 118-120. Para outras análises das atitudes dos prisioneiros de guerra japoneses, vd. também Gordon 94 e Carr-Gregg 78.

([83]) Benedict 47, pp. 38-40, e Trefalt 95, sobretudo as pp. 115-116.

([84]) Dower 86, p. 48, e, para números e descrições do tratamento dos prisioneiros de guerra aliados por parte dos Japoneses, vd. também Daws 94.

([85]) Benedict 47, cap. 2, sobretudo a p. 39, e também Utsumi 96, p. 201. A ideia de desonra estava também relacionada com a imperfeição e a impureza. A preocupação com a pureza levou também, por vezes, os Japoneses a tratar com insensibilidade e brutalidade quem quer que considerassem impuro, fosse ou não japonês. Podia ser um criminoso ou até um soldado doente ou ferido, como Benedict também afirma.

([86]) Um exemplo perturbador é o relato de Uno Shintaro, intitulado inocuamente "Spies and Bandits" ["Espiões e Bandidos"], em Cook e Cook 92, pp. 151-158. Uno, um mestre confesso da arte da decapitação, orgulha-se da sua habilidade em matar e torturar. Ele – e alguns dos seus superiores – consideravam que este era um aspecto importante na formação das tropas (p. 156).

([87]) Behr 89, pp. 263-264.

([88]) Williams e Wallace 89, p. 178. Estas experiências tiveram lugar sobretudo em Ping Fan, na Manchúria, sob as ordens da infame Unidade 731, comandada pelo major (e mais tarde general) Ishii Shiro (1892-1959). Prisioneiros de guerra e civis inimigos, incluindo mulheres e crianças, foram utilizados logo desde 1932 como cobaias, conhecidas como *maruta*, "troncos de madeira". Nalguns casos, foram infectadas aldeias inteiras com germes epidémicos ou agentes semelhantes. Entre os que realizavam as experiências, incluíam-se civis japoneses, que pareciam estar habituados ao trabalho. Um relato de um desses civis, Tamura Yoshio, encontra-se em Cook e Cook 92, pp. 159-167. Uma análise detalhada da Unidade 731 e das suas experiências encontra-se nas obras de Williams e Wallace 89 e Harris 02.

Apesar de diversos planos e de tentativas fracassadas, parece que nem as armas biológicas nem as químicas foram de facto usadas pelos Japoneses contra os Aliados, durante a Guerra do Pacífico, embora as armas biológicas tivessem sido largamente usadas contra os Chineses. Aparentemente, as próprias tropas regulares japonesas pouco ou nada souberam destas tácticas e destas experiências e pelo menos 10 000 dos seus homens acabaram por ser vítimas acidentais deste tipo de guerra levado a efeito pelo seu país. (Williams e Wallace 89, pp. 69-70.)

([89]) Daniels 93, p. 101.

([90]) *Ibidem*, p. 103.

([91]) Nakamura 88, p. 491.

([92]) Daniels 93, p. 103.

([93]) Para este e outros pormenores da produção durante o período de guerra, vd. Hane 86, pp. 331-333.

([94]) Vd. Morris 75 para uma análise detalhada dos pilotos *kamikaze*. Note-se que os mesmos princípios suicidas se aplicavam aos mini-submarinos e aos aviões.

([95]) Um relato particularmente pungente dos sobreviventes acerca da atrocidade foi difundido internacionalmente pela Reuters em Fevereiro de 1995. A minha fonte é o *Waikato Times* de 8 de Fevereiro de 1995. Não se sabe quantas das 100 000 pessoas foram mortas pelos Japoneses e quantas o foram pelos bombardeamentos americanos.

([96]) Vd. a edição semanal internacional do *Japan Times* de 23-29 de Agosto de 1993. O incidente foi relatado mais tarde à secção de crimes de guerra do Exército dos Estados Unidos, que o considerou "um acto abominável, que repugnava a sensibilidade de todas as nações civilizadas". No entanto, foi relatado às autoridades japonesas porque as leis que regulamentam os processos dos tribunais de crimes de guerra impediam que os actos de brutalidade cometidos contra os nacionais do próprio país fossem incluídos no âmbito desses crimes. Desconhecem-se as consequências. Actos semelhantes ocorreram durante a defesa de Okinawa e, decerto, noutros lugares. (Vd. também a edição de 27 de Novembro-3 de Dezembro de 1995 do mesmo jornal.)

([97]) Coox 98, p. 369.

([98]) Em resultado da investigação do historiador Yoshida Morio, há agora alguma dúvida sobre se estas cidades foram realmente poupadas por razões culturais, como o governo americano afirmou – afirmação oficialmente aceite pelo governo japonês –, ou se, simplesmente, não eram alvos estrategicamente importantes. Vd. *Japan Times*, edição semanal internacional, 19-25 de Julho de 1993, para um resumo em inglês do ponto de vista de Yoshida.

([99]) Heinrichs 83, p. 276.

([100]) Há alguns relatos pungentes destes suicídios em Cook e Cook 92. Também revelam o grau de doutrinação quanto ao ódio e ao medo em relação aos Americanos, que se revelaram infundados quando estas tropas chegaram. Muitos "demónios" americanos trataram melhor os habitantes de Okinawa do que os Japoneses (das ilhas principais) tinham feito, como os próprios sobreviventes disseram. Este facto deixou muitos habitantes de Okinawa com o sentimento de terem sido atraiçoados por aquela parte do Japão, sentimentos que ainda não desapareceram completamente.

([101]) Heinrichs 83, p. 276.

([102]) O texto da Declaração de Potsdam, também conhecida como Proclamação de Potsdam, encontra-se em Borton 55, pp. 485-486.

([103]) O governo de Suzuki acabou por utilizar a palavra "*mokusatsu*" (literalmente, "matar com o silêncio"). Significa basicamente "ignorar com desprezo", mas tem--se dito que foi utilizada para significar apenas "sem comentários, nesta fase", ou seja, que o Japão apenas pretendia mais tempo para analisar a Declaração e não estava, de facto, a rejeitá-la. No entanto, tal interpretação não tem em consideração outros comentários feitos por Suzuki (vd. Butow 54, p. 148) que indicavam mais claramente que a Declaração era rejeitada por parte do Japão.

([104]) O historiador que é mais relacionado com esta interpretação é o americano Gar Alperovitz. Vd., por exemplo, o seu livro de 1965 (edição de 1985).

([105]) Sayle 95, p. 54. Sayle considera que o motivo do teste como razão se aplica particularmente ao general Leslie Groves, chefe do Projecto Manhattan para o desenvolvimento da bomba atómica.

([106]) A questão de saber qual o grau de desenvolvimento que o Japão tinha atingido com a sua própria tecnologia nuclear é matéria de considerável controvérsia. A maioria dos ocidentais ainda não sabe a extensão dos conhecimentos japoneses em tal domínio, nesta altura. Dois cientistas japoneses, Hideki Yukawa e Tomonaga Shinichiro, receberam mais tarde prémios Nobel por trabalhos de física nuclear antes da guerra e outros tinham trabalhado com cientistas ocidentais de topo. O Japão tinha nada menos de cinco aceleradores de partículas, sendo o único país, para além da América, a possuí-los. A destruição desses ciclotrões foi uma das primeiríssimas tarefas das forças da Ocupação depois da guerra. O tema de um possível ataque nuclear aos Aliados por parte do Japão foi discutido durante algum tempo, mas Robert Wicox (85) tornou-o particularmente proeminente. A maioria dos especialistas (como Low 90) pensam que as suas afirmações são muito exageradas e argumentam que, apesar dos seus conhecimentos, o Japão ainda não possuía o saber necessário para construir, de facto, a bomba, carecia de coordenação e também não tinha urânio. Todavia, sabe-se que a Alemanha estava a fornecer minério de urânio ao Japão. Para além disso, documentos que há pouco tempo deixaram de ser secretos revelam que este tinha realmente compostos de urânio suficientes para fabricar pelo menos uma bomba. Possuía, por exemplo, mais de 500 kg de nitrato de urânio num depósito naval, em Tokuyama, na Prefeitura de Yamaguchi. (Vd. *Japan Times*, edição semanal internacional, 20-26 de Janeiro de 1997.) Em qualquer caso, embora seja muito improvável que o Japão estivesse perto de ter capacidade nuclear em 1945, é simplesmente impossível afastar o cenário segundo o qual os receios americanos de um ataque japonês tivessem tido um papel, mesmo que parcial, na decisão de lançar a sua primeira bomba. Um relatório oficial americano de Julho de 1945 afirmava que "A *maioria* de nós tem a certeza de que os Japoneses não podem desenvolver nem usar, de facto, esta arma" (itálicos meus). Presumivelmente, *alguns* não tinham essa certeza. (Vd. Dower 93c, nota 26 à p. 95. O próprio Dower, embora refira o relatório, está firmemente convicto de que o Japão não possuía capacidade nuclear.)

([107]) É difícil verificar qual o número certo de vítimas. O número habitualmente referido é 140 000, mas em 1995 as autoridades da cidade de Hiroxima indicaram que o número de mortos confirmados no final de 1945 era de 87 833. (Vd. *Japan Times*, edição semanal internacional, 7-13 de Agosto de 1995.)

Há muita bibliografia sobre os bombardeamentos atómicos (sobretudo o de Hiroxima) e os seus efeitos nas vítimas. Um dos livros mais conhecidos em inglês é *Kuroi Ame* (Chuva Negra), de 1966, do romancista Ibuse Masuji (1898-1993). Para poesia e comentários muito recentes e comoventes de uma sobrevivente do bombardeamento de Hiroshima, a poetisa Hashizume Bun (nascida em 1931), vd. Hashizume 96.

([108]) Vd. Large 92, p. 126.

([109]) O texto do discurso do imperador encontra-se num apêndice de Behr 89, pp. 407-408, e em Barber e Henshall 99, pp. 264-265.

([110]) O texto da Acta de Rendição encontra-se em Borton 55, pp. 487-488, e o Édito Imperial na p. 489.

([111]) Para uma análise dos factores operacionais da derrota do Japão, como a coordenação deficiente entre os serviços, a perda da marinha mercante, a segurança deficiente dos códigos, etc., vd. Coox 88, pp. 377-379.

([112]) Behr 89, p. 366.

([113]) Num inquérito realizado em Novembro de 1944, 13% dos Americanos – mais de um em cada oito – desejavam que os Japoneses fossem completamente exterminados. (Vd. Cohen 87, p. 27, e Dower 86, pp. 53-55.) Esta ideia não se limitava ao povo em geral, mas também era partilhada por alguns líderes do país.

([114]) Dower 86, p. 150.

VI PARTE

UMA FÉNIX RENASCE DAS CINZAS: OS ÊXITOS DO PÓS-GUERRA E POSTERIORES

6.1. Os sonhos da América para um novo Japão

As tropas aliadas começaram a chegar ao Japão no final de Agosto de 1945 e a Ocupação começou, oficialmente, depois da rendição de 2 de Setembro. Os Japoneses tinham receado represálias brutais dos Aliados, mas ficaram bastante tranquilos com o discurso de aceitação da rendição do homem que iria chefiar a Ocupação, o general dos Estados Unidos Douglas MacArthur. MacArthur salientou a importância de pôr de parte o ódio e visar um futuro de paz. Também expressou a sua confiança no povo japonês para reconstruir o país e recuperar a sua dignidade ([1]).

Os seus homens não o desiludiram. Houve, inevitavelmente, alguns casos de tratamento brutal ([2]), mas, em geral, as tropas de ocupação revelaram benevolência em relação ao seu anterior adversário. Os Japoneses, por seu lado, foram extremamente cooperantes. Em consequência, o número das forças ocupantes pôde, em breve, ser reduzido de 500 000 para apenas 150 000 elementos.

Evidentemente, para além das preocupações imediatas e graves com a alimentação e a habitação ([3]), o povo japonês estava num estado de grande confusão e ansiedade. A sua fé na superioridade divina e na invencibilidade do Japão, com que tinha sido doutrinado, estava agora consideravelmente abalada. Também o estava a sua fé nos seus líderes políticos e, sobretudo, nos líderes militares. Muitos Japoneses sentiram cólera e desilusão face a esses líderes e também que tinham sido traídos por eles. Alguns tinham mesmo sentimentos negativos para com Hirohito, embora não tanto em relação à própria instituição imperial.

MacArthur tranquilizou os Japoneses, não apenas com o seu discurso, mas, sobretudo, com o seu modo de agir. Estando então com 65 anos, era general desde os 38 (nessa altura, foi o general mais novo de sempre da história dos Estados Unidos). Era um homem nascido para comandar, um homem digno e autoconfiante, firme, mas também benevolente e possuía uma convicção quase messiânica no seu destino divino para moldar a História ([4]). Em alguns aspectos, fazia recordar os oligarcas Meiji, com a sua mistura de democracia e autoritarismo e, decerto, com a sua convicção de que era ele quem mais sabia o que era melhor para o povo que governava. Para uma nação acostumada a ser dirigida, foi um novo líder bem-vindo. Foi aclamado pelos Japoneses como um novo xogum, como o imperador americano do Japão e mesmo como um deus ([5]). Os seus próprios homens costumavam dizer por graça que quem acordasse de manhã bem cedo podia vê-lo a caminhar sobres as águas do fosso do Castelo Imperial, a pouca distância do seu quartel-general ([6]).

Em teoria, a Ocupação era uma acção aliada e não um assunto apenas americano e muito menos uma actuação *a solo*. O título oficial de MacArthur era Comandante Supremo das Potências Aliadas (CSFA). Destas potências, a China e a União Soviética não enviaram tropas para o Japão, mas as tropas da Comunidade Britânica tiveram um papel efectivo, se bem que limitado, na Ocupação, ficando confinadas sobretudo a uma zona na parte ocidental de Honshu ([7]). As quatro potências aliadas mais importantes – os Estados Unidos, a Grã-Bretanha, a União Soviética e a China – formaram um Conselho Aliado, no final de Dezembro de 1945, em Tóquio, onde tinham reuniões quinzenais. Havia também uma Comissão do Extremo Oriente com todos os 11 países vitoriosos, que se reunia em Washington desde 1946 para decidir a política geral da Ocupação que devia ser então retransmitida pelo Conselho Aliado.

Todavia, na prática a Ocupação foi um assunto quase só americano e MacArthur era manifestamente o mestre de cerimónias. Pôs de parte o Conselho Aliado como sendo um "aborrecimento" e a Comissão do Extremo Oriente por ser "pouco mais do que uma tertúlia" ([8]). Queria prosseguir o seu trabalho e, de qualquer modo, os planos que ele e Washington tinham em mente já tinham começado na sua maior parte a ser aplicados.

Quer Washington, quer MacArthur tinham planos, não só para o desmantelamento do modo de funcionamento do Japão militarista e totalitário, mas grandes perspectivas sobre a construção de uma nova nação de natureza utópica. Washington iniciara o seu planeamento já em meados de 1942, com um notável contributo dos *New Dealers* ([9]). Os planos de MacArthur parece que foram feitos mais tarde, mas, felizmente, eram bastante semelhantes aos do seu governo.

As políticas de Washington eram muitas vezes elaboradas por figuras "sem rosto" do Departamento de Estado, como Hugh Borton e George Blakeslee. Borton, em particular, um homem voluntariamente apagado, reputado pelo seu conhecimento sobre o Japão, mas pouco conhecido pelo seu papel na reconstrução do país, parece ter intervindo na maior parte das políticas da Ocupação ([10]). Estas políticas foram transmitidas, na sua maior parte, através de uma directiva entregue a MacArthur em Outubro de 1945. Era a *Basic Initial Post Surrender Directive to Supreme Commander for the Allied Powers for the Occupation and Control of Japan* [Directiva Preliminar Básica Pós-Rendição para o Comandante Supremo das Forças Aliadas de Ocupação e Controlo do Japão], mais propriamente conhecida como JCS1380/15 (JCS significando Junta dos Chefes de Estado-Maior [na sua sigla inglesa]) ([11]).

A directiva planeava para o Japão uma democracia idealizada de inspiração norte-americana. O imperador, se se mantivesse, deveria ter um papel puramente simbólico como chefe da nação. Os direitos civis e as liberdades pessoais deveriam ser garantidos, se necessário fosse, através de uma nova constituição. Todos os adultos, incluindo as mulheres, teriam direito de voto. As forças armadas e a polícia ao velho estilo deveriam ser abolidas e as *zaibatsu* desmanteladas. Todos os que pertencessem às forças armadas, ao governo e às empresas que tinham contribuído para o esforço de guerra deveriam ser afastados de qualquer cargo de responsabilidade. Seriam encorajados os sindicatos e protegidos os direitos dos sindicalistas.

As ideias de MacArthur eram muito semelhantes, embora expressas num estilo mais grandiloquente. Nas suas memórias, fez um paralelo entre as suas ideias e as de Alexandre, *o Grande*, César e Napoleão, tendo escrito ([12]):

> Tinha de ser economista, cientista político, engenheiro, gestor industrial, professor e até uma espécie de teólogo. Tinha de reconstruir um país que havia sido quase completamente destruído pela guerra.

> [...] O Japão tinha-se tornado no maior laboratório do mundo para realizar a experiência de libertar um povo de um poder militar totalitário e para liberalizar o governo a partir de dentro. Era evidente que a experiência tinha de ir muito mais longe do que o objectivo principal dos Aliados: destruir a capacidade do Japão para desencadear outra guerra e punir os criminosos de guerra. [...]
> Senti que as reformas em que eu pensava seriam as que iriam fazer com que o Japão se integrasse no pensamento e na acção modernos que favorecem o progresso. Em primeiro lugar, destruir o poder militar. Punir os criminosos de guerra. Formar a estrutura do governo representativo. Modernizar a Constituição. Realizar eleições livres. Emancipar as mulheres. Libertar os prisioneiros de guerra. Emancipar os camponeses. Criar um movimento sindical livre. Encorajar a economia livre. Abolir a opressão policial. Desenvolver uma imprensa livre e responsável. Liberalizar a educação. Descentralizar o poder político. Separar a religião e o Estado. [...]

Para restabelecer a dignidade e o moral japoneses, encorajou-os a não abandonarem tudo o que era japonês, mas "a procurar uma saudável mistura entre o melhor deles e o melhor que nós tínhamos" ([13]).

O facto de, na maioria dos casos, MacArthur estar fundamentalmente a cumprir ordens não equivale a negar o seu papel extraordinariamente decisivo. A própria JCS1380/15, embora lhe transmitisse ordens gerais, de algum modo, paradoxalmente, também confirmava o seu poder pessoal. Dizia-lhe claramente que, "para além dos poderes convencionais de um ocupante militar de território inimigo, V. tem o poder de tomar todas as medidas por si julgadas convenientes e apropriadas para levar a efeito [...] as disposições da Declaração de Potsdam" ([14]). Por vezes, iria utilizar esse poder pessoal.

A desmilitarização foi o primeiro passo do ambicioso programa "conjunto" MacArthur-Washington de construir um novo Japão. Com esta finalidade, o Exército e a Marinha foram desmobilizados em poucos meses. O Japão foi despojado dos territórios que tinha ganho por meios militares, regressando, de facto, à situação de antes da Guerra Sino-Japonesa de 1894-1895. Foram dados passos para iniciar a repatriação dos três milhões de efectivos militares e de um número semelhante de civis dispersos por toda a Ásia. Foram dadas ordens para o Japão pagar indemnizações às nações que vitimara. Alguns navios japoneses foram dados aos Aliados, mas outro equipamento de guerra e armas foram destruídos, incluindo, como tarefa prioritária e contra os desejos do próprio MacArthur, os seus aceleradores de partículas ([15]). Entre 1946 e 1948, aproximadamente 700 000 indivíduos foram escrutinados e cerca de 200 000, que se considerou terem sido, nos termos da JCS1830/15, "expoentes activos do nacionalismo militante e da agressão", foram "saneados" dos seus cargos. Também estes saneamentos, pelo menos na dimensão que atingiram, parecem ter sido feitos contra o próprio juízo pessoal de MacArthur ([16]).

Talvez a mais significativa de todas as medidas de desmilitarização tenha sido a inclusão na nova Constituição, esboçada no início de 1946 pelo pessoal do CSFA, da famosa cláusula de "não guerra" relativamente ao Japão. Esta foi incluída pessoalmente por MacArthur, mas não necessariamente concebida por ele, porque a sua origem exacta ainda é desconhecida ([17]). Na íntegra, o artigo (o artigo IX) diz o seguinte ([18]):

> Aspirando sinceramente a uma paz internacional baseada na justiça e na ordem, o povo japonês renuncia para sempre à guerra como direito soberano da nação e à ameaça e ao uso da força como meio de resolver questões internacionais.
> Para cumprir o objectivo do parágrafo precedente, nunca mais serão mantidas forças terrestres, navais ou aéreas nem quaisquer outros meios de fazer a guerra. Não será reconhecido o direito de beligerância por parte do Estado.

A punição dos criminosos de guerra fazia também parte do processo geral de desmilitarização. No Julgamento de Crimes de Guerra de Tóquio, que decorreu entre Maio de 1946 e Novembro de 1948, no recém-criado Tribunal Militar do Extremo Oriente (que incluía todas as 11 nações vencedoras), foram julgados 25 homens por crimes importantes (de classe A), como os de terem planeado e levado a efeito a guerra. Foram todos considerados culpados, em graus diversos, por uma justiça que foi por vezes designada como "justiça do vencedor". Sete deles, incluindo o general Tojo e o ex-primeiro--ministro Hirota (o único civil), foram condenados à morte e subsequentemente enforcados ([19]). Foram realizados julgamentos noutros locais, como Singapura, Filipinas e Hong Kong. Nestes tribunais locais, mais de 5000 Japoneses foram considerados culpados de vários crimes mais específicos (de classes B e C), como o de grande crueldade para com prisioneiros de guerra, tendo sido executados cerca de 900.

Desde o início, havia a opinião generalizada, tanto no Japão como no exterior do país, de que os indivíduos a julgar eram, em larga medida, bodes expiatórios ([20]). Muitos dos que poderiam ser considerados mais culpados nunca foram levados a julgamento. Entre os que escaparam ao julgamento conta-se o pessoal da Unidade 731, que tinha realizado inúmeras experiências de guerra biológica e química em civis e prisioneiros de guerra. Toda a questão da 731 foi silenciada pelos Americanos, que ofereceram imunidade em troca de dados científicos das experiências, que eram proibidas quer pela sua própria ética, quer pela lei ([21]). O mesmo se passou, segundo foi afirmado, com o caso da Operação Lírio Dourado, o nome de código da apropriação da imensa pilhagem realizada pelas forças japonesas na Ásia, aparentemente com a cumplicidade de membros da Casa Imperial e, alegadamente, das autoridades americanas ([22]).

A omissão mais controversa de efectuar um julgamento aconteceu no caso de Hirohito. Esta omissão surpreendeu até a maioria dos Japoneses, por muito que se tenham sentido aliviados ([23]). Na América, na Austrália e em outros países aliados havia decerto muitos que pensavam convictamente que Hirohito devia ser levado a tribunal, na esperança de que fosse considerado culpado e enforcado ([24]). A posição do governo americano acerca do imperador era fundamentalmente a de proceder com cautela. Não havia realmente desejo de dissolver a própria instituição imperial, porque tinha uma função útil em manter a nação unida, em manter o moral do país e em legitimar a política de ocupação ([25]). Os especialistas do Japão no Departamento de Estado não desconheciam a importância, profundamente enraizada, que tinha para o povo japonês o exercício do poder ser legitimado por uma alta autoridade, para que este poder se tornasse assim aceitável. Sem esta legitimação, podia instalar-se a anarquia e o país tornar-se permeável ao comunismo. Para além disso, com o imperador no seu papel, seria mais fácil manter os órgãos da Administração Central a funcionar. Este assunto era importante, porque, em contraste com o caso da ocupação do velho e familiar inimigo, a Alemanha, que era muito menos construtivo e muito mais destrutivo, havia poucas pessoas nas forças de ocupação do Japão que tivessem os conhecimentos e a confiança necessários para instalar uma máquina administrativa de substituição adequada a este estranho povo. Os especialistas do Japão como Borton eram muito raros.

Todavia, no que respeita à pessoa de Hirohito, havia menos simpatia nos círculos governamentais. Muitos gostariam de o ver afastado, fosse sendo julgado e executado, ou abdicando e sendo substituído por um novo imperador. Este tipo de solução poderia até tornar as coisas mais fáceis para um novo começo. Aliás, uma nova era iniciava-se, tradicionalmente, com um novo imperador. Para além disso, muitos Japoneses pensavam que Hirohito deveria, pelo menos, abdicar ([26]). Porém, Hirohito manteve-se. Para além do conhecidíssimo argumento de que desconhecia as atrocidades cometidas e/ou que não tinha realmente participado na guerra e que fora enganado pelos seus generais, afirmou como justificação ora que os imperadores (sobretudo os divinos) não podem abandonar simplesmente essa função, ora que tinha o dever de continuar para ajudar a reconstruir o Japão ([27]).

O grande salvador de Hirohito foi MacArthur. Encontraram-se em privado no fim de Setembro e MacArthur ficou muito impressionado com ele. Parece ter havido uma forte afinidade pessoal entre ambos. Em especial, partilhavam o ódio ao comunismo. MacArthur pensou que manter pessoalmente Hirohito, e não apenas a instituição imperial, constituiria a salvaguarda mais eficaz contra a anarquia e o comunismo. Nas suas memórias, haveria de dizer que sentia que Hirohito não era pessoalmente responsável por qualquer crime ([28]). Era uma interpretação generosa dos acontecimentos, e talvez mesmo deliberada ([29]). Porém, num memorando convincente à Junta dos Chefes do Estado-Maior, em Janeiro de 1946, MacArthur fez a defesa vigorosa da manutenção do inocente Hirohito, alertando para as terríveis consequências que os planos da Ocupação sofreriam se tal não fosse aceite ([30]). Foi. Hirohito manteve-se. Não apenas evitou o julgamento e uma possível execução, mas, graças a MacArthur, conseguiu até evitar ter de abdicar ([31]).

Pode ter sido este o objectivo de MacArthur, mas haveria de deixar em muitos uma permanente desconfiança em relação a um certo tipo de continuidade com o Japão anterior à guerra. Esta desconfiança haveria de perdurar até aos dias de hoje, sobretudo nos países asiáticos que sofreram sob o domínio japonês, mas também nos Japoneses desejosos de progresso.

Hirohito manteve-se, mas não pôde evitar uma mudança no seu papel e na sua imagem. Teve de se tornar um símbolo para o povo e ganhar a sua aceitação e o seu respeito sob a forma de afecto, e não como temor ignorante perante uma divindade encarnada. Alinhando com a política de Washington e a própria concepção de MacArthur sobre os perigos de um deus-imperador, Hirohito teve de tornar-se um mero mortal ([32]). Esta transformação haveria de reduzir grandemente o perigo de um ressurgimento da doutrinação do sistema do imperador, que se pode ver no *Rescrito Imperial sobre a Educação* e nos *Kokutai no Hongi*. Neste sentido, esta mudança era mais uma medida contra a possibilidade de qualquer ressurgimento do militarismo. Como medida relacionada, o Estado xintoísta seria desmantelado. O xintoísmo foi declarado uma religião e a religião seria legalmente separada do Estado. Reverenciar o seu deus-imperador deixaria de ser um dever nacional para os Japoneses.

A *Directiva sobre o Xintoísmo*, que desmantelava o Estado xintoísta, foi publicada pelo pessoal do CSFA em Dezembro de 1945. No mesmo mês, o pessoal do CSFA elaborou também o rescrito conhecido habitualmente como *Declaração de Humanidade* (*Ningen Sengen*), que Hirohito leu na rádio no dia 1 de Janeiro de 1946. A versão oficial é que foi escrita pelo próprio Hirohito, mas isso é evidentemente duvidoso. De facto, quando viu o texto, Hirohito ficou muito contrariado por ter de renunciar à sua ascendência divina e, de maneira subtil mas significativa, conseguiu transformá-la, em vez disso, em renúncia ao seu estatuto de deus vivo ([33]). Percebendo que a democracia estava a ser imposta ao país, também conseguiu que o rescrito começasse com a reafirmação da *Carta de Juramento* de 1868, acentuando assim a continuidade entre a monarquia e a democracia desde a Restauração. Em todo o caso, a versão final da *Declaração* difundida pela rádio em Janeiro incluía algumas frases-chave como esta: "a falsa concepção de que o imperador é divino e que o povo japonês é superior às outras raças e destinado a governar o mundo" ([34]). MacArthur e Washington ficaram muito agradados.

A humanização de Hirohito e o seu papel como símbolo do povo seriam também formalmente consolidados pela Constituição, uns meses mais tarde. Esta transformava a sua função de monarca absoluto em "símbolo do Estado e da unidade do povo, ficando a dever a sua posição à vontade deste, no qual reside o poder soberano" ([35]).

A partir de então, Hirohito, agora um imperador do povo, teve de se deslocar em viagens para se encontrar com as pessoas, apesar do seu manifesto incómodo. A sua imagem pessoal de tio "velho e inofensivo", usando fatos que lhe assentavam mal, foi imaginada pelo pessoal do CSFA para ajudar à sua aceitação, tanto no país como no estrangeiro ([36]). Em breve apareceram livros e artigos populares que punham em destaque a sua vida privada, as suas qualidades humanas e os seus sucessos académicos como naturalista. Mostravam-no como um intelectual civilizado e amante da paz, cujos pensamentos estavam sempre com o povo, um imperador humano que tinha sido falsamente retratado pelos militares e outros grupos malevolentes ([37]). Salientava-se a sua coragem em se ter pronunciado para se terminar com a guerra. O facto de não ter abdicado era transformado num ponto de honra, porque ele mesmo tinha reconhecido as consequências "insuportáveis" da Declaração de Potsdam, que tinha decidido pessoalmente aceitar. Por outras palavras, foi ainda mais manipulado por especialistas de relações públicas do que o seu avô Meiji tinha sido.

A nova constituição foi talvez o maior feito da Ocupação, e não apenas devido à humanização de Hirohito. Ela permanece inalterada até hoje como símbolo da democratização do país, pelo menos no exterior, apesar da intensificação do debate sobre o artigo IX em particular. O seu projecto foi elaborado no início de Fevereiro de 1946 por um grupo de militares jovens e muito inexperientes do CSFA e alguns civis. Trabalharam usando um documento de controlo emanado de Washington com o número SWNCC228 ([38]). Sob pressão de MacArthur, que temia bastante que os próprios Japoneses surgissem com um projecto adequado ([39]), cumpriram a missão em menos de uma semana. A sua juventude e inexperiência na edificação de um Estado não os tornou muito diferentes dos oligarcas Meiji. Nenhum elemento desse grupo sabia muito acerca do Japão ou de constituições. Mesmo o homem que tinha a responsabilidade de levar a cabo a tarefa, o coronel Charles Kades, chefe do grupo, admitiu que o seu conhecimento sobre o Japão era "nulo" ([40]). Esta falta de conhecimentos significou que o contributo do autor principal do documento de controlo, Hugh Borton, do Departamento de Estado ([41]), se tornou ainda mais importante. Significou também que os próprios Japoneses puderam dar algum contributo informal para o produto final, como deram também para muitas directivas do CSFA ([42]).

Esse contributo informal dos Japoneses foi deliberadamente exagerado pelo CSFA, tendo sido afirmado oficialmente que a Constituição tinha sido redigida por eles. Poucos acreditaram nisto. A origem americana da constituição continua a ser objecto de alguma controvérsia. Nakasone Yasuhiro, um primeiro-ministro nacionalista bem conhecido da década de 80, não discorda necessariamente do conteúdo da Constituição. Contudo, argumenta que a verdadeira democracia não pode ser imposta por uma potência estrangeira, mas deve emergir a partir de dentro. Ou seja, para o melhor e para o pior, devia ter sido permitido aos Japoneses elaborar a sua própria Constituição ([43]). A vontade das autoridades ocupantes *imporem*, se necessário fosse, a liberdade aos Japoneses é um dos paradoxos da constituição e da Ocupação. No entanto, ela é também conveniente, porque permite ao Japão afirmar que é uma democracia, embora na prática isso seja questionável. É um outro caso de diferença entre forma exterior e substância real ([44]).

O novo parlamento deveria ser eleito democraticamente, todavia, como no caso dos oligarcas Meiji, MacArthur pretendia uma democracia tal como a concebia. Nas eleições de Abril de 1946 ([45]), o primeiro-ministro em exercício, Shidehara Kijuro, perdeu. Devia ser substituído por Hatoyama Ichiro, que chefiava o recém-formado Partido Liberal do Japão (*Nihon Jiyuto*), sucessor do *Seiyukai*. Porém, Hatoyama tinha estado envolvido num certo número de actividades iliberais antes da guerra e não foi aceite pelo CSFA. Foi afastado de funções na véspera de formar governo. Em sua substituição, a presidência do partido e, portanto, o lugar de primeiro-ministro passaram para Yoshida Shigeru.

Quando o novo projecto constitucional foi apresentado ao novo parlamento para aprovação formal, a secção sobre os direitos das mulheres parece ter causado um debate particularmente vivo. Esta secção tinha-se tornado um símbolo da nova democracia para o CSFA, apesar dos seus antecedentes extraordinários e de quase indiferença e menosprezo: tinha sido confiada a uma "rapariga esguia" russo--americana (nas palavras de um funcionário ocupante) e passara rapidamente e sem debate efectivo pelos representantes japoneses na comissão consultiva do projecto ([46]). Foi apoiada pelas 39 mulheres recém-eleitas do parlamento, num total de 466 lugares da Câmara Baixa, mas recusada pela maioria dos homens políticos. Entre o público, não foram apenas os homens que se lhe opuseram, mas também muitas mulheres, em grande parte, embora não exclusivamente, devido à doutrinação confucianista que haveria de durar ainda muitas mais décadas ([47]). De todo o modo, os protestos não serviram de nada. O imperador tornou claro o seu apoio. A nova constituição, incluindo a garantia de direitos iguais para as mulheres, foi finalmente aprovada, depois de orientações e reflexões adequadas. Foi promulgada em Novembro de 1946 e entrou em vigor em Maio de 1947.

Na maioria dos casos, a constituição apenas sancionava

formalmente as políticas que já tinham sido postas em prática pela Ocupação através de diversas directivas. As outras disposições constitucionais seriam concretizadas em leis aprovadas pouco depois. Entre os seus pontos-chave incluíam-se os seguintes:

- o imperador era considerado símbolo do povo;
- a soberania pertencia, por direito, ao povo;
- renúncia à guerra e à manutenção de forças armadas;
- igualdade dos sexos;
- garantia dos direitos humanos em geral, nomeadamente do "direito à vida, liberdade e procura da felicidade";
- garantia do direito de reunião, pensamento, crença (incluindo de religião) e expressão;
- direito de voto concedido a todos os adultos de mais de 20 anos;
- separação da religião e do Estado;
- garantia do direito dos trabalhadores a organizarem-se e a negociarem colectivamente, bem como de padrões laborais mínimos;
- instituição da educação livre e igual;
- abolição dos títulos nobiliárquicos;
- instituição de um poder judicial independente;
- cláusula de revisão da constituição (por maioria de dois terços em ambas as Câmaras e apoio maioritário do povo através de referendo).

Uma directiva pré-constitucional particularmente importante foi a *Directiva das Liberdades Civis* de Outubro de 1945. Ordenava a libertação de todos os prisioneiros políticos, incluindo os terríveis comunistas. Também concedia liberdade de reunião, o que conduziu à proliferação de partidos políticos. Estes tinham sido oficialmente banidos no Japão em 1941, quando todos os partidos se fundiram na Associação de Apoio ao Poder Imperial, mas, na prática, tinham sido fortemente desencorajados há mais de uma década. Voltavam agora com um vigor inesperado, pelo menos em número, sendo literalmente centenas, mas a maioria tinha poucos membros. Entre os mais singulares contava-se o Grande Partido Japonês da Produção de Carvão Vegetal ([48]). Menos original era o Partido Comunista, que tinha sido severamente reprimido antes da guerra, mas que se reconstituíra no próprio dia da directiva.

Uma clara ilustração do paradoxo de a Ocupação impor aos Japoneses a democracia foi o próprio CSFA ter posto em prática uma rigorosa censura, embora garantisse a liberdade de expressão([49]). Apesar de o CSFA insistir em que os filmes deviam mostrar as liberdades e a dignidade humanas – por exemplo, mulheres esclarecidas e beijos em cenas de amor ([50]) –, também proibia certos livros e certos filmes. *Tobacco Road* de Erskine Caldwell, que mostrava o lado mais sombrio da sociedade americana, é um exemplo dos livros que foram proibidos, ao passo que os filmes de samurais contavam-se entre os 236 condenados pelo CSFA como feudalistas e militaristas ([51]). Foram proibidas também todas as referências ao envolvimento do CSFA nas reformas governamentais ([52]).

Os manuais escolares encontravam-se entre os alvos da censura do CSFA, porque MacArthur também sabia qual era o seu valor como instrumentos de doutrinação. Ordenou que os conteúdos de todos os textos e instruções fossem revistos do ponto de vista democrático. Textos como os *Kotukai no Hongi* foram substituídos por livros americanos como a *História da Guerra*, compilada pelo próprio pessoal do CSFA ([53]). As pessoas que não eram consideradas adequadas foram afastadas da área da educação em Outubro de 1945, numa primeira leva de saneamentos. Foi introduzido o sistema americano 6-3-3-4 (seis anos de escola primária, três de primeiro ciclo de escola secundária, três de segundo ciclo e quatro de ensino superior). Para evitar uma centralização excessiva, foi atribuída às autoridades regionais a competência de designar, depois de eleições, os seus próprios corpos directivos escolares. Para evitar o elitismo anterior à guerra, foi bastante aumentado o número de universidades com cursos de quatro anos e baseadas no modelo geral americano.

As reformas também se estenderam à economia. Um projecto-lei de reforma agrária de 1946 permitiu aos agricultores possuir tanta terra quanto lhes fosse possível cultivar por eles mesmos – normalmente cerca de 3 hectares – e arrendar uma pequena parcela de terra nas aldeias onde residissem. As rendas eram controladas, os direitos dos rendeiros defendidos e foram criados diversos mecanismos de controlo. O próprio governo comprou terras a proprietários absentistas e redistribuiu-as pelos agricultores. Em resultado destas diversas medidas, as terras arrendadas diminuíram de quase 50% para cerca de 10% ([54]).

Outra reforma económica importante, considerada de interesse quer para a desmilitarização quer para a democratização, foi a dissolução das *zaibatsu*. No fim da guerra, as "Quatro Grandes" – Mitsui, Mitsubishi, Sumitomo e Yasuda – controlavam entre si 25% de todo o capital realizado do Japão e seis *zaibatsu* mais pequenas outros 11%. Estas dez eram os alvos principais da reforma ([55]). As medidas tomadas a partir do final de 1945 incluíam a dissolução das holdings *zaibatsu*, a proibição dos membros das famílias *zaibatsu* trabalharem nas suas próprias companhias, o impedimento de as *zaibatsu* reclamarem ao governo o pagamento das aquisições feitas durante a guerra, a apropriação dos lucros considerados excessivos obtidos durante a guerra e a distribuição das acções das *zaibatsu* numa base mais ampla. Em Abril de 1947, foi aprovada a Lei Antimonopólios e cerca de 325 companhias dos sectores industrial e dos serviços foram consideradas alvos potenciais por evidenciarem concentrações excessivas de poder ([56]).

Na área laboral ([57]), entre Dezembro de 1945 e Abril de 1947, uma série de leis procedia à aplicação das disposições da constituição, mas com algumas restrições, como ao direito de greve quando estivesse em risco o bem-estar público. Em resultado destes novos direitos e liberdades, os membros dos sindicatos aumentaram extraordinariamente de cerca de 420 000 antes da guerra (1936) para cerca de sete milhões em meados de 1948. A percentagem de trabalhadores inscritos atingiria um máximo de 56% em 1949.

No entanto, foi também na área laboral que ocorreu um dos maiores incidentes da Ocupação: a proibição por MacArthur da greve geral prevista para 1 de Fevereiro de 1947. Os comunistas tiveram um grande papel nos acontecimentos. Entre outros aspectos, foi um comunista, Ii Yashiro, o principal líder da greve planeada. Desde o início que MacArthur, bem como muitos líderes governamentais japoneses, como Yoshida Shigeru, estavam preocupados com a libertação de comunistas da prisão. Entre os libertados estava o influente Tokuda Kyuichi. A ele juntou-se, dentro de pouco tempo, outra figura poderosa, Nosaka Sanzo, que regressara da China no início de 1946. O estado degradado da economia, logo a seguir à guerra, já era um motivo potencial de preocupação e, para além disso, houve algumas grandes manifestações e greves em 1946. Parecia que os comunistas podiam utilizá-las em seu proveito. Não obtinham grandes resultados no domínio político formal, pelo que conduziam a sua campanha sobretudo nos locais de trabalho.

Embora os membros do Partido Comunista fossem em número reduzido, estavam a aumentar ([58]) e o mesmo sucedia com o apoio ao comunismo no povo em geral. Em Dezembro de 1945, a circulação do diário comunista *Akahata* ("Bandeira Vermelha") era de 90 000 exemplares, mas em Fevereiro de 1946 tinha aumentado para 250 000 ([59]). Os comunistas revelavam também uma capacidade desproporcionada de fazer ouvir a sua voz e de acção. Expressaram abertamente a sua oposição ao imperador e críticas ao governo. Ocupavam posições de liderança em muitos sindicatos e pareciam estar deliberadamente a promover a agitação social e a usar as greves e outros conflitos com objectivos políticos ([60]). Em breve surgiram receios, no Japão e no estrangeiro, de que o país, como na frase popularizada por Yoshida, estivesse a ser "submergido por um mar de bandeiras vermelhas" ([61]). Yoshida também inflamou a situação ao chamar "bandidos" aos líderes comunistas dos sindicatos ([62]).

A greve geral prevista iria envolver quase três milhões de funcionários públicos e muitos milhões mais no sector privado. MacArthur tinha relutância em intervir, mas sentiu que não podia permitir uma interrupção e um desafio de tão grandes proporções. Apenas algumas horas antes da greve, e depois de as discussões com Ii e com outros terem falhado, resolveu proibi-la.

Mais uma vez com um estilo que fazia recordar os oligarcas Meiji, MacArthur compensou de imediato este acto autoritário com um gesto democrático ([63]). Convocou novas eleições gerais com o objectivo de deixar o povo expressar a sua opinião. Estas tiveram lugar em Abril e, para seu alívio, os comunistas, que esperavam aumentar os seus lugares de 5 para 20, pelo menos, perderam de facto apoio. Ficaram apenas com 4.

Não foram os únicos derrotados. O povo não estava totalmente satisfeito com Yoshida, que era visto por muitos como tendo demasiado em comum com os grupos que antes da guerra tinham conduzido o Japão ao desastre. O seu governo caiu, sendo substituído por uma coligação liderada pelo Partido Socialista e o seu chefe cristão Katayama Tetsu. O Partido Socialista era um dos que tinham sido proibidos antes da guerra, embora não tivesse sido tratado com tanta dureza como o Partido Comunista. Entre os outros membros da coligação estava o recém-formado Partido Democrático (*Minshuto*), que descendia do *Minseito*. MacArthur também nem sempre se sentia à vontade com Yoshida e deu apoio significativo ao governo de Katayama. Entre outras coisas, expressou abertamente a sua satisfação por ver um cristão como primeiro-ministro do Japão.

Em meados de 1947, portanto, a maioria dos planos de desmilitarização e democratização do Japão tinha sido concretizada, quer do ponto de vista formal, quer informal. O processo tinha decorrido com menos atritos do que muitos esperariam, embora as actividades dos comunistas e a necessidade de proibir a greve geral tivessem sido de lamentar. A tranquilidade de espírito do público também não era perfeita e a economia continuava muito enfraquecida. A utopia ainda parecia realizável, mas parecia haver também algumas nuvens no seu horizonte.

6.2. As realidades da Guerra Fria reformulam os Sonhos

A proibição da greve geral foi uma oportunidade para os povos e os governos dos Estados Unidos e do Japão reflectirem. Logo desde o início da Ocupação, o governo japonês tinha ficado apreensivo com o ritmo e a intensidade das reformas democráticas. Yoshida referiu--se a um "excesso de democracia" ([64]). Também o povo, tendo sido arrastado pelos primeiros ímpetos da reforma, começava agora a pensar assim ([65]). É claro que preferiam a liberdade à repressão, mas tinha de haver equilíbrio entre liberdade e controlo. Não se podia permitir que se abusasse da liberdade e esta acabasse em anarquia. A democracia era um força poderosa, mas também perigosa. Poderia trazer benefícios consigo, mas tinha de ser manuseada com cuidado e mantida sob controlo.

O governo americano estava também alarmado e o mesmo acontecia com o povo americano. Durante o ano de 1947, a política da Ocupação foi objecto de críticas abertas nos meios de comunicação social americanos, acusando-a de desempenhar mal a sua missão, promovendo demasiado a democracia, mas não suficientemente a recuperação económica. Os que não eram partidários do *New Deal* foram rápidos a criticar, inclusive no quartel-general do CSFA ([66]).

No ano de 1947 surgiu também a expressão "Guerra Fria" para referir a divisão ideológica, económica e política entre o Mundo Livre e o Mundo Comunista. O receio de uma grande confrontação com os comunistas subjaz, em grande medida, à mudança de atitude americana para com o Japão e, na verdade, para com o mundo. A Coreia já estava dividida numa zona comunista e outra não comunista e a Alemanha estava quase a sê-lo. Na China, as forças de Chiang Kai-Chek estavam prestes a ser impelidas para a Formosa pelos comunistas dirigidos por Mao. A Europa Oriental estava a ficar cada vez mais sob controlo comunista. Era importante que o Japão permanecesse um baluarte do Mundo Livre.

Todavia, o Mundo Livre não podia ser apenas uma ideia. Necessitava de ter poder e substância. No mundo do pós-guerra, em que a confrontação militar total, devido ao receio das consequências nucleares que a acompanhava, tinha de ser evitada na medida do possível, isto significava sobretudo poder económico. Em 1947, o Japão estava longe de ser uma potência económica. A produção ainda nem sequer tinha atingido metade dos níveis anteriores à guerra e a inflação atingira mais de 200% ao ano. A economia tinha de ser recuperada e MacArthur talvez não fosse o homem certo para este desafio particular.

No início de 1948, Washington enviou George Kennan, do Departamento de Estado, numa missão de recolha de informações ao Japão. Kennan vinha há algum tempo a salientar a necessidade de conter a expansão comunista. Chegou à conclusão de que as reformas efectuadas até àquele momento pela Ocupação estavam a "preparar o caminho para a tomada do poder pelos comunistas". Recomendou, por isso, que, em seu lugar, "o regime de controlo do CSFA sobre o governo japonês devia ser atenuado. [...] A ênfase devia ser deslocada da reforma para a recuperação económica" ([67]). As recomendações de outros críticos, como o subsecretário do Exército William Draper (banqueiro de investimentos), eram parecidas ([68]). Em consequência, a política americana para o Japão, a partir de 1948, passou a dar ênfase à recuperação económica, o que significou abandonar algumas das políticas em curso e introduzir outras novas ([69]).

Os saneamentos dos líderes económicos deixaram de se fazer, porque parecia insensato afastar gente capaz. Dos 200 000 indivíduos saneados durante a Ocupação, só 3000 pertenciam ao mundo dos negócios e mesmo estes foram-no apenas parcial ou temporariamente.

Cessou o desmantelamento das *zaibatsu*, uma vez que foi reconhecida a sua eficácia económica. A definição de "concentração excessiva" na legislação antitrust mudou subtil mas significativamente de "concentração que impede a concorrência efectiva por parte de novos agentes do mercado" para "concentração desvantajosa para a eficiência da produção" ([70]). As *zaibatsu* posteriores à guerra eram conhecidas como *keiretsu kigyo* ou "companhias alinhadas".

Foi também interrompido o pagamento das indemnizações aos países vítimas da guerra ([71]). Pretendeu-se que estas fossem pagas com maquinaria industrial, e não em dinheiro, devido à economia do Japão estar em dificuldades. Alguma maquinaria que já tinha sido confiscada com esta finalidade pelas forças da Ocupação, sobretudo nas *zaibatsu*, era devolvida agora em grandes quantidades à indústria japonesa. Contudo, não às *zaibatsu*. Estas estavam a investir em equipamento mais moderno. Pelo contrário, estava a ser dada a companhias mais pequenas que, em condições normais, nunca teriam tido a possibilidade de adquirir tal equipamento, ainda que estivesse a ficar ultrapassado.

A legislação laboral tornou-se mais restritiva para impedir a ruína da indústria. A nova legislação de 1948 negava aos trabalhadores o direito à greve nos serviços públicos e restringiu a acção política directa por parte das organizações dos trabalhadores.

O próprio MacArthur já tinha pensado em algumas destas medidas. Estivera relutante desde o início em efectuar saneamentos no mundo dos negócios e em pagar indemnizações. O facto de ter oferecido alguma resistência neste domínio, nos primeiros anos da Ocupação, tornou a nova política mais eficaz do que de outro modo teria sido. Porém, pensava-se que MacArthur necessitava de conselhos económicos permanente. No início de 1949, o presidente Truman enviou o especialista financeiro Joseph Dodge para conselheiro económico oficial do CSFA, cargo que desempenharia até ao fim da Ocupação.

Por esta altura, Yoshida era de novo primeiro-ministro. Katayama tinha-se demitido em Fevereiro de 1948, após menos de um ano no governo, devido a divergências no seio do Partido Socialista, um problema que o assolaria desde então até à actualidade. Foi substituído por Ashida Hitoshi, o líder do Partido Democrático, mas este governo caiu ao fim de alguns meses, em grande parte devido a escândalos de corrupção. Yoshida regressou em Outubro e viu o seu cargo confirmado por uma vitória robusta do seu recém-formado e conservador Partido Liberal Democrático (*Minshu Jiyuto*), nas eleições gerais subsequentes de Janeiro de 1949.

O seu novo partido tinha sido criado em 1948 por associação dos dissidentes do Partido Liberal do Japão (*Nihon Jiyuto*) e do Partido Democrático, juntando os elementos dos dois maiores partidos anteriores à guerra, o *Seiyukai* e o *Minseito*, respectivamente. O partido era conservador e, apesar das reservas ao estilo de Yoshida de antes da guerra, o seu objectivo de estabilidade era claramente o que o povo ansioso desejava. Os conservadores iriam governar o Japão até à actualidade (com a excepção de um breve interregno em meados da década de 90). O próprio Yoshida, a figura governamental mais associada com a Ocupação, iria ser primeiro-ministro até 1954. O homem que não gostava do "excesso de democracia" tinha claramente caído na simpatia do povo.

Como que a confirmar os receios da Guerra Fria relativamente ao comunismo, depois do fracasso de 1947 os comunistas, no Japão, pretendiam recomeçar as suas actividades. Estavam a recuperar influência e popularidade. Nas mesmas eleições de 1949 que deram um voto de confiança ao governo conservador de Yoshida, aumentaram subitamente de 4 para 35 os seus lugares na Dieta. Era necessário fazer alguma coisa. Desde o final de 1949 e prolongando-se por 1950, cerca de 12 000 comunistas foram afastados dos seus cargos na chamada Purga Vermelha ([72]). No entanto, a sua proporção de lugares na Dieta iria permanecer, em geral, até hoje, na ordem dos 5%.

O governo Yoshida tinha ordem para estabilizar a economia e equilibrar o orçamento, um objectivo que deveria ser supervisionado por Dodge. Sob a orientação de Dodge, a inflação foi muito reduzida, a taxa de câmbio estabilizou e os subsídios do governo diminuíram. A sua abordagem austera foi eficaz e em 1949 o Japão pôde apresentar um orçamento equilibrado. Em Junho de 1950, os salários reais situavam-se 30% acima dos níveis de 1936 ([73]). Todavia, as suas medidas também provocaram dificuldades e antipatias em muitos empregadores e trabalhadores. As falências e o desemprego aumentaram.

O maior impulso para a economia do Japão veio, porém, de outra fonte externa. Em Junho de 1950, as tropas comunistas da Coreia do Norte passaram para sul do paralelo 38, a linha divisória reconhecida das zonas da Península da Coreia, e começou a Guerra da Coreia. Yoshida considerou-a uma "dádiva dos deuses" ([74]). O maior benefício económico era constituído por "aquisições especiais" (*tokuju*) do Exército dos Estados Unidos, enquanto combatia na Coreia. O valor destas aquisições haveria de totalizar cerca de 2 a 4 mil milhões de dólares durante os três anos que durou a guerra, o que equivalia a um terço de todo o rendimento externo do Japão nesse período. De facto, aumentou para o dobro o seu rendimento disponível, permitindo duplicar o montante das importações. Também permitiu às indústrias-chave que dependiam de matérias-primas importadas duplicar a escala de produção ([75]). No fim da Guerra da Coreia, voltaram a ser atingidos os níveis de produção anteriores à Guerra do Pacífico.

A Guerra da Coreia teve outras consequências importantes. Uma delas foi o rearmamento das forças japonesas. O grosso das tropas de ocupação teria de prestar serviço na Coreia, por isso, para manter a segurança no Japão, MacArthur ordenou a formação de uma Reserva de Polícia Nacional com 75 000 homens, em Julho de 1950. Para não violar o artigo IX da Constituição, foi designada unidade de autodefesa, mas o rearmamento causou, não obstante, uma considerável controvérsia. Para tornar clara a sua natureza defensiva, a unidade foi redenominada, em 1952, como Forças de Segurança Nacionais e recebeu finalmente, em 1954, o seu nome actual de Forças de Autodefesa (*Jieitai*). Nesta data, tinha aproximadamente 165 000 efectivos.

Outra consequência importante da Guerra da Coreia foi a demissão de MacArthur. Ele era responsável pelo comando das forças dos Estados Unidos na Coreia e, segundo o relato que nos dá, parece ter de facto ganho a guerra, em termos convencionais, ao fim de alguns meses ([76]). Retomou Seul no final de Setembro e capturou Pyongyang no final de Outubro, o que, segundo pensava, simbolizava a derrota da Coreia do Norte. Não podia compreender a falta de aproveitamento das suas vitórias por parte de Washington e o facto de, pelo contrário, lhe serem impedidas mais acções. Quando os reforços comunistas chineses entraram na Coreia do Norte sem aviso, foi-lhe negada autorização para tomar medidas contra eles. Washington prosseguia agora um novo tipo de guerra, a chamada "guerra limitada". MacArthur não percebia este "confronto da mera força com o apaziguamento" nem a incapacidade de manter a "vontade de vencer" ([77]). Criticou abertamente Washington e Truman. Por fim, a divergência da sua forma de pensar tornou-se tão grande que a 11 de Abril de 1951 Truman libertou-o dos seus deveres na Coreia e no Japão. Foi-lhe concedido sair do Japão como herói e uma recepção de herói no seu regresso à América.

Com a demissão de MacArthur, chegava ao fim uma época curta, mas intensa. O seu substituto, o general Matthew Ridgway, não tinha nem o seu carisma nem a sua visão, mas parece ter sido nomeado, em todo o caso, devido à sua capacidade de gestão. Houve certamente pouco que distinguisse a permanência de Ridgway em funções. Até o seu nome raramente é recordado. Entre outros "não-acontecimentos", nem sequer se encontrou com Hirohito durante o seu mandato como CSFA ([78]). No espírito dos Japoneses, a Ocupação estava certamente para sempre associada à enorme presença de

MacArthur, uma figura que se agigantou tanto que a sua própria demissão foi talvez, como muitos disseram, a maior de todas as lições de democracia dadas aos Japoneses durante a Ocupação.

Outra consequência importante da Guerra da Coreia foi ter antecipado a necessidade da assinatura de um tratado de paz com o Japão e de a Ocupação cessar formalmente. Entre outras coisas, estas medidas libertariam os Estados Unidos do encargo constante resultante da responsabilidade formal pelo Japão. Há alguns anos, e pelo menos desde 1947, vinham decorrendo vagas discussões sobre um tratado de paz, mas estas questões só começaram realmente a avançar com o início da Guerra da Coreia. Eram complexas e levaram tempo. Por fim, reuniu-se uma Conferência de Paz em S. Francisco, no início de 1951, tendo o Japão e outras 48 nações assinado um tratado de paz a 8 de Setembro ([79]). MacArthur trabalhou no tratado com o secretário de Estado John Foster Dulles, mas não foi formalmente convidado para estar presente ([80]).

O Tratado de S. Francisco confirmou a perda para o Japão das antigas colónias, incluindo a Formosa e a Coreia. O Sul da ilha de Sacalina e as ilhas Curilas, que ficam próximas, foram atribuídas à União Soviética, embora tivesse havido uma feroz disputa, que continua até hoje, sobre quais são as ilhas que fazem parte das Curilas. Na outra extremidade do país, as Ilhas Ryukyu foram colocadas sob a tutela da América por prazo indefinido, sendo, por fim, formalmente devolvidas ao Japão em 1972, mas continuando até hoje a ser a localização mais importante das bases militares americanas no país, apesar das oposições. O mesmo sucedeu com as Ilhas Bonin (Ogasawara), a um milhar de quilómetros de Tóquio, devolvidas em 1968. Nos termos do tratado, o Japão concordou, finalmente, em pagar indemnizações, mas esta medida foi atenuada por uma cláusula adicional que as fazia depender do estado da sua economia. Acabou por pagar muito pouco, apesar do enorme crescimento económico subsequente. Em geral, o tratado foi muito favorável ao Japão. Entrou em vigor em 28 de Abril de 1952, pondo assim termo à Ocupação.

Contudo, não pôs termo à presença das tropas americanas. Os Estados Unidos podem ter pretendido afastar a responsabilidade total e formal pelo Japão, mas não pretendiam de modo nenhum que ficasse vulnerável aos comunistas. Nem o pretendiam muitos dos líderes japoneses. Apenas algumas horas depois da assinatura do tratado de paz, o Japão e os Estados Unidos assinavam um tratado de segurança conjunta que garantia indefinidamente a manutenção de bases americanas no Japão, sobretudo em Okinawa. Este tratado não só ajudava o Japão em termos de segurança militar, mas também trazia benefícios económicos da maior importância, em particular devido ao facto de o Japão não ter de pagar com a sua defesa nada que se parecesse com o montante despendido pela maioria das outras nações. Desde esta altura e até hoje, não teve de gastar anualmente mais de 1% do Produto Nacional Bruto (PNB) com a defesa, ao passo que a norma na maioria dos países é 6-7% em tempo de paz.

O público em geral estava menos entusiasmado com a contínua presença americana e esta levaria mais tarde a alguns problemas políticos e sociais ([81]). Porém, os seus benefícios económicos eram inquestionáveis. Este foi o factor de maior relevância, ainda que acidental, na transformação do Japão numa superpotência económica.

A Ocupação teve uma importância decisiva na definição de uma época. Confrontou-se desde o início com um certo número de dificuldades. Tinha de exercer a autoridade sem se tornar demasiado autoritária. Tinha de ser, ao mesmo tempo, destrutiva e construtiva. Tinha de manter o moral dos Japoneses, conservando algumas das suas peculiaridades, mas afastando outras. Tinha de fortalecer a democracia sem que se sentisse que estava a impô-la de maneira "não democrática". Teve até de mudar de rumo a meio do percurso. E teve de realizar tudo isto com conhecimentos muito limitados. Ocupar um país para o refazer, sobretudo com todas estas dificuldades, não era tarefa fácil. Todavia, em geral, parece ter tido um êxito muito assinalável. Tal ficou a dever-se, em parte, ao desejo dos Japoneses em aprender e voltar a transformar o país numa potência respeitada. Ficou a dever-se também ao facto de a política do governo americano subjacente à Ocupação significar que esta não era sobretudo uma punição que deixava o Japão mutilado e a lamentar-se, de joelhos. Era uma importante fase de construção, na história moderna do país, que o deixava numa situação vantajosa para prosseguir a via de recuperação da sua posição como uma das potências mundiais mais importantes.

6.3. Tornar-se o primeiro

O Japão não desperdiçou a oportunidade económica que lhe foi dada pelos Estados Unidos. O governo teve uma função de orientação na economia desde o Período Meiji e continuou a desempenhá-la. O crescimento económico era demasiado importante para ser deixado às forças do mercado e aos interesses privados.

O Ministério do Comércio Internacional e da Indústria, que foi criado em 1949 a partir do anterior Ministério do Comércio e da Indústria, teve um papel particularmente importante. Uma das suas principais funções era a "orientação administrativa" (*gyosei kanri*). Os funcionários do MCII reuniam-se regularmente com os grandes industriais para elaborarem políticas gerais que tivessem o acordo da tríade formada pelo governo, a burocracia e os grandes interesses económicos. Estas políticas cobriam o investimento e o desenvolvimento de sectores que se esperava que pudessem crescer no futuro, a protecção de indústrias-chave e a racionalização de indústrias que se considerava já não valer a pena continuarem.

Embora a eficácia real da função do MCII tenha sido exagerada ([82]), foi, todavia, simbolicamente importante. Mostrava que havia uma relação próxima continuada entre o governo e a indústria, bem como vontade dos chefes da indústria para ouvir a opinião do governo e ponderar os interesses nacionais. Não era uma situação muito diferente da que existia no Período Meiji. Apesar de a maioria dos governos planear, até certo ponto, as suas economias e ter a ambição de as orientar, a economia do Japão era muito fortemente caracterizada pelo preponderância do planeamento em relação às puras forças do mercado. Em linguagem económica, tinha uma racionalidade planeada e não uma racionalidade de mercado, era um economia controlada, não uma economia de *laissez-faire*.

Durante a década de 50, concordou-se que a prioridade era o desenvolvimento da indústria pesada, em particular a indústria do ferro e do aço, incluindo a construção naval e a maquinaria pesada. A palavra de ordem era "*ju-ko-cho-dai*" ("pesado, largo, comprido, grande"). Seguiu-se-lhe, na década de 60, uma nova prioridade: indústrias mais ligeiras, mais intensivas em conhecimento e tecnologia, como os produtos eléctricos e as máquinas fotográficas. A palavra de ordem era agora "*kei-haku-tan-sho*" ("leve, estreito, curto, pequeno"). Isto não significava, decerto, que a indústria pesada tivesse desaparecido de um dia para o outro. Longe disso, a construção naval, em particular, continuava a crescer. A produção automóvel, que associava o aço e a tecnologia, também acelerou durante a década de 1960.

Em termos de emprego da força de trabalho, os sectores secundários – sobretudo a indústria transformadora, mas incluindo também a construção – cresceram de 22% em 1950 para 35% em 1970 ([83]). Pelo contrário, os sectores primários – sobretudo a agricultura – baixaram de 48% em 1950 para cerca de 18% em 1970. Havia claramente uma prioridade crescente da indústria transformadora, mas o crescimento das actividades terciárias (serviços) não deve ser descurado. Estas foram sempre importantes na economia do Japão e, de facto, neste período, ocupavam mais força de trabalho do que a indústria, passando de 30% em 1950 para 48% em 1970.

Os padrões de consumo também tinham as suas palavras de ordem. Houve os "Três Tesouros" dos anos 50: rádio, motocicleta e máquina de costura. Os tesouros foram actualizados e redefinidos no início dos anos 60, significando agora frigorífico, televisão e máquina de lavar. O final dos anos 60 foi uma nova época: carro, televisão a cores e ar condicionado. O consumidor japonês podia adquirir cada vez mais bens, porque os salários reais triplicaram entre meados da década de 50 e 1973.

A economia, medida em termos de PNB, cresceu regularmente cerca de 9% ao ano na década de 50, aumentou um pouco, para 10%, no início dos anos 60 e depois, no final da mesma década e no início dos anos 70, para mais de 13%. Ou seja, entre o fim da Ocupação e o choque petrolífero de 1973, a economia do Japão cresceu a uma taxa anual média de mais de 10%. Na altura do choque petrolífero, estava em vias de ser uma superpotência económica. Era a terceira economia mundial (depois dos Estados Unidos e da União Soviética), o maior construtor de navios, o terceiro produtor de aço, o segundo produtor de automóveis (o primeiro no final do anos 70), o maior produtor de rádios e televisores, etc.

O notável crescimento económico do Japão no pós-guerra é referido muitas vezes como um "milagre económico" ([84]). Teve, no entanto, causas conhecidas, dúzias delas, de facto, embora possa ser um "milagre" que se tenham associado todas. Algumas já foram acima consideradas, outras merecem análises mais detalhadas e outras ainda são um pouco técnicas de mais para poderem ser aqui analisadas em detalhe. Os Estados Unidos também apareceram em algumas delas. Em geral, entre as causas principais incluem-se as seguintes (sem atender a qualquer ordem de importância):

- políticas americanas de ocupação construtivas, como a revitalização das *zaibatsu* e deixar de pagar indemnizações (bem como cedência de fábricas confiscadas a companhias mais pequenas);

- consultoria financeira americana durante a Ocupação, como a de Joseph Dodge;
- ajuda financeira americana durante a Ocupação (na ordem dos dois mil milhões de dólares);
- aquisições americanas durante a Guerra da Coreia;
- medidas americanas a favor da segurança do Japão, permitindo que as despesas militares fossem apenas uma pequena parte da realizada pela maioria dos países;
- boa vontade americana (pelo menos até aos anos 70);
- apoio e orientação no domínio dos negócios por parte do governo e da administração japoneses;
- consenso generalizado quanto à importância do planeamento, em vez de se confiar apenas nas forças do mercado, e quanto a ter por objectivo os interesses nacionais, e não apenas os interesses das empresas;
- uso frequente de barreiras não tarifárias para proteger as indústrias nacionais da concorrência estrangeira;
- oportunidade de as maiores companhias adoptarem em larga escala tecnologia actualizada, devido à destruição de equipamento e das instalações durante de guerra (e, nalguns casos, devido à confiscação de fábricas para pagar indemnizações);
- estabilidade relativa no governo e na administração;
- orientação de longo prazo para a sobrevivência e a quota de mercado, em vez de orientação de curto prazo para o lucro (facilitada pela reduzidas exigências dos accionistas japoneses);
- inserida nesse quadro, mais amplo, de longo prazo, capacidade pragmática de, no curto prazo, mudar de objectivos e diversificá--los, sempre que necessário;
- despesas governamentais reduzidas em "custos sociais gerais" improdutivos, como a habitação e a segurança social;
- elevada taxa de poupança individual e, portanto, elevada acumulação de capital, devido à necessidade de compensar as insuficientes contribuições da segurança social estatal, associada aos benefícios fiscais e outros incentivos concedidos às pessoas pelo governo;
- taxa elevada de endividamento das empresas, baseada na política do Banco do Japão (que significava a possibilidade de

obter grandes empréstimos apresentando garantias reduzidas);

- benefícios fiscais e incentivos às empresas;
- política de aquisição de patentes, em vez da sua obtenção sob licença;
- orientação da investigação e do desenvolvimento por considerações práticas de comercialização, confiando a maior parte às empresas, e não a instituições académicas de investigação neutrais ou outras instituições semelhantes;
- situação favorável do comércio mundial, que permitiu a importação de matérias-primas baratas e a exportação de produtos manufacturados para mercados ávidos deles;
- transferência de uma importante força de trabalho de sector primário, relativamente improdutivo (em particular a agricultura), para os sectores secundário (indústria transformadora) e terciário (serviços), mais produtivos;
- promoção do consumismo;
- diligência do trabalhador japonês (algo questionável como característica nacional duradoura, mas decerto presente no período do pós-guerra);
- compromisso amplo entre os Japoneses de reconstruir o Japão e recuperar um lugar entre as potências mundiais;
- proporção relativamente elevada de conservação de trabalhadores experientes e geralmente leais com o chamado "sistema de emprego vitalício", adoptado pelas grandes empresas (embora tal tenha sido exagerado);
- poucas quebras de produção por intervenções dos trabalhadores na indústria (embora também este facto tenha sido exagerado, sobretudo relativamente aos anos anteriores à década de 60);

Muitos, incluindo alguns dos próprios Japoneses, incluiriam nesta lista a ênfase nas exportações. De facto, o rácio das exportações em relação ao PNB tem sido, em geral, inferior ao da maioria dos países. O que se passou foi que o seu PNB se tornou tão elevado que, em termos absolutos, pareceu que as suas exportações dominavam o mundo. A tendência para comparar o Japão apenas com os Estados Unidos, que se caracterizam por um rácio exportações/PNB muito baixo e um défice comercial muito grande com o Japão, tem contribuído para essa imagem distorcida.

A estabilidade do governo proporcionou um quadro favorável ao crescimento económico. Após 1948, apesar das frequentes tergiversações e intrigas nos bastidores, o Japão seria governado por conservadores que mantiveram essencialmente a mesma filosofia até meados dos anos 90. Em particular, seria governado desde 1955 até 1993 pelo Partido Democrático Liberal (*Jiyu Minshuto*). A formação do PDL em 1955 foi, basicamente, um realinhamento de partidos existentes, prosseguindo a fusão dos herdeiros do *Seiyukai* e do *Minseito* anteriores à guerra. Havia, portanto, um elemento de continuidade conservadora entre as eras do pós-guerra e de antes da guerra.

A continuidade podia reconhecer-se também na tríade formada pelo governo, a burocracia e os negócios. Depois de se ter posto fim aos saneamentos, muitos indivíduos poderosos de antes da guerra – alguns tinham mesmo sido presos devido ao papel que nela tiveram – reassumiram as suas posições de poder. Kishi Nobusuke é, talvez, o mais conhecido. Tinha sido o responsável pela legislação de 1936 que expulsou a Ford do Japão e, mais tarde, tornou-se membro do governo de Tojo, durante a guerra. Preso devido às suas actividades durante o conflito, foi libertado em 1948. Eleito para a Câmara dos Representantes como membro do Partido Liberal em 1953, foi um dos maiores arquitectos do realinhamento que conduziu à formação do PDL em 1955 e tornou-se primeiro-ministro em 1957 (até 1960).

Kishi e um seu irmão mais novo, Sato Eisaku (Kishi nasceu na família Sato, tendo sido adoptado por um tio), eram apenas dois dos seis burocratas de antes da guerra que se tornaram primeiros-ministros depois dela. Sato foi primeiro-ministro entre 1964 e 1972. Os outros quatro foram Yoshida Shiberu (1946-1947 e 1948-1954), Ikeda Hayato (1960--1964), Fukuda Takeo (1976-1978) e Ohira Masayoshi (1978-1980). Ou seja, durante a maior parte das primeiras e vitais décadas após a guerra, o Japão foi governado por burocratas do período que a antecedeu.

Estes burocratas de antes da guerra e os seus colegas fizeram o que puderam para voltar a aplicar algumas práticas desse tempo, normalmente de forma subtil, por fases e não em tão larga escala que suscitassem contramedidas sérias por parte de Washington, mas de maneira suficiente para se sentirem mais à vontade. Um das suas maiores preocupações era a educação, a base comprovada e segura para inculcar pensamentos adequados. A partir de meados do anos 50, o governo reassumiu o controlo central sobre a educação, desfazendo deliberadamente a política de descentralização da Ocupação ([85]). Em 1956, foram abolidas as eleições para as direcções das escolas regionais, tendo sido substituídas por nomeações pelos

Presidentes das Câmaras e/ou Governadores das Prefeituras. As direcções das escolas passaram também a estar sob a tutela do Ministério da Educação. Dois anos depois, o currículo do Ministério tornou-se obrigatório, substituindo a liberdade de escolha promovida pela Ocupação. Estas medidas destinavam-se a preparar o caminho para um controlo central ainda mais apertado, conduzindo à avaliação e censura rigorosas dos manuais que ainda hoje vigora.

O povo era ambivalente a respeito destas continuidades. Em geral, as ligações com o passado davam uma certa segurança, mas, ao mesmo tempo, muitos estavam preocupados com o tipo de ligações que estavam a ser retomadas. Yoshida Shigeru falou em ter-se perdido a guerra, mas ter-se ganho a paz ([86]). Muitos partilhavam e foram inspirados pelo seu desejo de voltar a fazer do Japão uma grande nação. Desta vez, haveria de ser na economia, não do ponto de vista militar. No local de trabalho, era frequente encontrar o *moretsu-gata* ("indivíduo ferozmente determinado"), que dedicava os seus próprios esforços e realizações à reconstrução do país. Este procedimento era muito semelhante à orientação nacionalista para o sucesso no Período Meiji, mas sem implicações militaristas, embora houvesse alguns que viam realmente nele uma continuação agressiva da guerra, muitas vezes associando a esta perspectiva a ideia de que a derrota militar do Japão não era propriamente uma derrota, devido ao uso das bombas atómicas ([87]). Muitos dos *moretsu-gata* tinham orgulho em imaginar--se samurais modernos, verdadeiros guerreiros das empresas.

Por outro lado, uma coisa era trabalhar para o bem do país, outra era ultrapassar os limites de sacrifício que as pessoas estavam agora dispostas a fazer. Tinham tomado contacto com a democracia e os direitos humanos ao estilo americano e, embora não desejassem necessariamente tudo isto em excesso, porque tinham aprendido a lição com a agitação comunista de 1946-1947, também não desejavam a sua total rejeição. Já não eram os súbditos acéfalos do imperador--deus, súbditos cuja finalidade suprema da vida era serem sacrificados.

Uma fonte particular de mal-estar para muitos era a ideia de que não estavam a receber uma quota-parte suficiente da riqueza que geravam. Isto foi particularmente notório nos anos 50, antes de os aumentos dos salários começarem a fazer com que as pessoas comuns sentissem que estavam, de facto, a melhorar. Havia ainda condições precárias em muitos locais de trabalho e baixos salários. Os conflitos laborais na indústria eram frequentes, resultando em confrontos violentos e, por vezes, mesmo em mortes.

A greve de 1953 na Nissan foi um exemplo de conflito grave. Durou seis meses e terminou com a derrota dos membros do Sindicato Geral da Indústria Automóvel do Japão. O sindicato foi literalmente desmembrado em diversos sindicatos empresariais. Foi o início do chamado "sindicato de empresa", que é ainda característico da prática laboral japonesa, em contraste com o mais comum "sindicato sectorial" do ocidente. O sindicato de empresa abrange basicamente todos os trabalhadores de uma empresa (companhia) abaixo dos níveis superiores de gestão, independentemente da sua ocupação, a qual, na maioria dos casos, é, de qualquer modo, considerada pela companhia como sendo geral, e não especializada. O sindicato sectorial, pelo contrário, é formado com base em sectores/ocupações específicos e abrange trabalhadores de todas (ou, pelo menos, de outras) companhias. Alguns analistas da gestão japonesa consideraram que o sindicalismo de empresa era um símbolo da harmonia existente entre o trabalhador e o empregador, mas, na verdade, é um meio de enfraquecer os sindicatos e os direitos dos trabalhadores com a velha táctica de dividir para reinar. Embora haja associações de sindicatos, na prática os trabalhadores não têm a quem recorrer para obter apoio se os problemas não puderem ser resolvidos dentro da empresa.

Um dos confrontos laborais mais acesos e históricos ocorreu em 1960, nas minas de carvão Miike, da Mitsui, em Kyushu ([88]). A agitação vinha sendo alimentada, há algum tempo, depois de terem sido rejeitadas reivindicações de salários e reclamações contra despedimentos colectivos programados. O pano de fundo era a política da tríade constituída pelo governo, a burocracia e as empresas para substituir o carvão pelo petróleo (importado) como fonte principal de energia primária. Houve pouca preocupação com as graves consequências que esta medida iria ter nos trabalhadores mineiros.

O conflito na Miike em breve se transformou num grave confronto entre o movimento laboral como um todo e as grandes empresas, apoiadas pelo governo. Estas contrataram abertamente fura-greves provocadores e um deles esfaqueou fatalmente um mineiro para mostrar que não teriam complacências. O governo também utilizou 10% das forças policiais nacionais, aparentemente para enfrentar os trabalhadores, não os provocadores. O que é certo é que o governo pareceu manifestamente favorecer as empresas e não deu propriamente uma ideia de neutralidade. Por fim, depois de nove meses, os grevistas perderam a batalha, embora tenham obtido algumas concessões no papel.

Os sindicatos raramente seriam uma ameaça grave com as suas greves, sobretudo à medida que se transformavam em inofensivos "sindicatos de empresa". Em todo o caso, os salários e as condições iriam, felizmente, melhorar em breve, ajudando a acalmar a agitação dos trabalhadores. As razões de queixa começaram a ser expressas de outras maneiras, enquanto as greves se transformaram em breves paragens simbólicas – por vezes, de apenas uma hora –, em épocas do ano previamente acordadas. Assim, o número de dias perdidos devido a acções dos trabalhadores representava apenas uma pequena parte (menos de um décimo, em geral) da maioria das outras nações importantes. Este facto constituiu um grande impulso para os resultados da economia.

Os trabalhadores, pelo menos os trabalhadores administrativos não operários das companhias mais importantes, foram também tranquilizados com a promessa da segurança de um "emprego vitalício". Este facto foi muito exagerado, tanto na sua dimensão, como na sua história. Embora a investigação histórica possa mostrar que houve alguns antecedentes no Período Meiji e mesmo no Período Tokugawa, é essencialmente uma prática do pós-guerra. Para além disso, nunca foi aplicada a mais de um quarto da força de trabalho. No entanto, transformou-se numa espécie de ideal de toda a sociedade: estudar arduamente, obter bons resultados, conseguir emprego numa companhia de topo e ter segurança vitalícia, para não mencionar um salário que é, em geral, um terço mais elevado do que o auferido numa pequena companhia, uma vez que a estrutura dual da indústria permaneceu até hoje.

Outra fonte de mal-estar público foi a possibilidade de renascimento do militarismo, apesar das restrições constitucionais. Alguns Japoneses não eram avessos a uma actividade militar renovada ([89]), mas a grande maioria estava angustiada com a presença de tropas americanas e a possibilidade de o Japão ser arrastado para uma guerra dos Americanos com os Soviéticos. Os problemas chegaram a um clímax em 1960 com a agendada renovação do tratado de segurança com os Estados Unidos. O autoritarismo revelado pelo governo no conflito da Miike, nessa altura, também não contribuiu para atenuar as tensões. O mesmo se pode dizer das tensões mundiais crescentes da Guerra Fria e de uma observação de Richard Nixon, futuro Presidente dos Estados Unidos, muito publicitada alguns anos antes, segundo a qual o artigo constitucional antiguerra era um erro ([90]).

Nas negociações com a América, Kishi obteve o que considerou ser uma concessão. O Japão tinha agora de ser consultado antes de os Estados Unidos usarem as suas tropas localizadas no país. Muitos outros, pelo contrário, viram isto como um aumento da probabilidade de o Japão vir a ficar envolvido num conflito armado, porque, na realidade, parecia fazer dele um participante voluntário em qualquer acção americana. Houve uma forte oposição à proposta de ratificação da renovação, incluindo uma série de tumultos e confrontos físicos entre os parlamentares na Dieta. Numa sessão à meia-noite, em Maio, Kishi conseguiu obter a aprovação da renovação do tratado, apanhando a oposição de surpresa. Seguiu-se uma agitação ainda maior, incluindo a ocupação parcial do edifício da Dieta, em meados de Junho. O presidente Eisenhower tinha planeado visitar o Japão no fim do mês, mas a sua viagem foi cancelada em resultado da agitação. Kishi demitiu-se alguns dias mais tarde, sendo substituído como primeiro-ministro por Ikeda Hayato. Ikeda prometeu que nunca se repetiria a táctica de Kishi de intimidar a Dieta e satisfez parcialmente os desejos das pessoas com a promessa de duplicar os rendimentos antes do final da década de 60.

Entre os que protestavam contra a renovação do tratado incluíam-se muitos partidários da esquerda, o que provocou uma reacção da direita. Uma vítima dela foi Asanuma Inejiro, presidente do Partido Socialista do Japão. Asanuma, que, entre outras acções, fizera recentemente algumas declarações antiamericanas, foi mortalmente esfaqueado por um jovem fanático da direita durante um discurso transmitido pela televisão, em Outubro ([91]). A maior parte do Japão e muitos locais por todo o mundo viram com nítido e assustador pormenor o golpe mortal da lâmina de 46 cm.

O assassínio acabaria por ser símbolo de um ano turbulento. Este ano era ele mesmo um símbolo da agitação e da fragilidade aparente da democracia ao estilo ocidental, não muito diferente da fragilidade do Período Taisho, meio século antes. A agitação nos locais de trabalho acabou finalmente, mas o público continuou a sentir-se intranquilo durante algum tempo. Os estudantes, em particular, realizaram manifestações cada vez mais violentas nos anos seguintes. Os extremistas da *Zengakuren* (uma federação nacional de estudantes), de esquerda, adoptaram deliberadamente uma política de confrontação violenta, incluindo o uso de armas, como as bombas incendiárias, e provocaram o encerramento de muitas universidades ([92]). Parte da sua revolta continuou a incidir na renovação do tratado, porque a entrada da América na Guerra do Vietname, em 1961, tornou o risco de envolvimento do Japão ainda maior. Estavam revoltados também com o custo cada vez mais elevado e a natureza cada vez mais controlada da educação no Japão, bem como com a corrupção entre os funcionários universitários. Ainda na década de 60, os estudantes mais extremistas ajudariam a criar a tristemente célebre organização terrorista Exército Vermelho (*Sekigun*).

Todavia, uma vez mais como no Período Taisho, houve luz e sombras durante os anos 60. Apesar da agitação e do autoritarismo, houve acontecimentos marcantes que contribuíram para o reconhecimento do Japão pelo mundo. Em 1961, o *Shinkansen* (Comboio Bala) começou a operar, sendo, nessa altura, o comboio tecnologicamente mais avançado a nível mundial. Contrastando com o símbolo sinistro da lâmina do assassino, foi um símbolo brilhante de uma nova era de prosperidade e tecnologia e constituiu uma grande fonte de orgulho para os Japoneses. Souberam mostrá-lo aos muitos estrangeiros que visitaram o Japão em 1964 para assistir aos Jogos Olímpicos de Tóquio. Acolher os Jogos foi o reconhecimento final da readmissão efectiva do Japão na comunidade internacional, a qual já tinha ocorrido formalmente em 1956, quando foi admitido nas Nações Unidas. No mesmo ano de 1964, as restrições às deslocações ao estrangeiro abrandaram significativamente e os Japoneses começaram a viajar em grande número. As restrições tinham sido introduzidas informalmente desde a guerra, em parte por razões cambiais, mas também em atenção aos sentimentos antijaponeses que permaneciam vivos. Depois, no fim da década, em 1970, teve lugar em Osaca a Exposição Mundial e, uma vez mais, o Japão pôde exibir orgulhosamente a sua prosperidade e o seu estatuto como uma das nações mais importantes.

O factor mais importante da sua aceitação foi, porém, sem dúvida nenhuma, o seu crescimento económico. A promessa de Ikeda, em 1960, de duplicar os rendimentos dentro de dez anos foi cumprida antes de terminado esse prazo. Os rendimentos duplicaram em 1967. No ano seguinte, o PNB do Japão ultrapassou o da Alemanha Ocidental, sendo então o segundo no Mundo Livre, depois do do Estados Unidos.

A reemergência do Japão como uma das potências mais importantes tornou-se, obviamente, notória no estrangeiro. Começaram a aparecer em todo o mundo livros que analisavam o seu caminho para o sucesso, não só em termos económicos, mas também de gestão do Estado, educação e noutros domínios mais gerais. Entre outros reconhecimentos do seu estatuto, o país figurava com destaque nos cenários projectados por especialistas de consultoria em assuntos internacionais. Um dos primeiros exemplos foi o bem conhecido livro de Herman Kahn *The Emergence of Japanese Superstate*, de 1971, que tecia loas ao Japão. Tais obras tendiam a minimizar os efeitos negativos do intenso crescimento económico, como, por exemplo, os enormes problemas de poluição.

Orgulhosos, também os Japoneses escreveram obras que procuravam explicar o seu sucesso, tanto a si mesmos como ao mundo. Seguiam normalmente a linha de argumentação de que o Japão era, de alguma forma, único e especial, reclamando para si características como a lealdade, a harmonia e o interesse pelo grupo. Estas obras foram consideradas um género em si mesmo, conhecido como *Nihonjinron* ("Teorias sobre os Japoneses"). Dois exemplos bem conhecidos foram o livro *Tate-shakai no Ningen Kankei: Tan'itsu-shakai no Riron* ("As Relações Sociais numa Sociedade Vertical: uma Teoria da Sociedade Homogénea"), de 1967, da autoria de Nakane Chie, que foi publicado em inglês com o título *Japanese Society*, e *Amae no Kozo* ("A Anatomia da Dependência"), de 1971, da autoria de Doi Takeo, que foi publicado em inglês em 1973 ([93]). Ambos defendiam, com provas discutíveis, que as relações interpessoais japonesas eram peculiares e mais fortes do que noutras sociedades. Alguns livros pertencentes ao género *Nihonjinron* davam um passo mais e faziam surgir de novo, umas vezes de maneira implícita e outras explicitamente, o espectro da pureza e da superioridade raciais, causando algum alarme, sobretudo nos países asiáticos.

Os elogios no país e fora dele continuaram durante os anos 70, uma década que representou o ponto culminante do respeito mundial pelo Japão como superpotência económica. Não foram sempre apenas elogios, porque houve alguns problemas evidentes, mas foram eles que viriam a prevalecer sobre as críticas. Um dos maiores enaltecimentos deu-se em 1979 com o livro *Japan as Number One* de Ezra Vogel. Vogel enalteceu em particular os resultados económicos do Japão e a sua evidente capacidade na gestão do Estado e na coordenação nacional. Não surpreende que o livro se tenha tornado imediatamente num dos mais vendidos de sempre no país, com os Japoneses a afluir em massa às livrarias para beber avidamente este elogio de um professor de Harvard ([94]). O seu subtítulo, *Lições para a América*, dava uma particular satisfação, porque evidenciava que o aluno tinha aprendido tão bem que era agora capaz de ensinar o mestre.

Em muitos aspectos, isto era verdade. Num mundo agora dominado pela economia, os ocidentais, desejosos de aprender os segredos do sucesso do Japão, olhavam com inveja sobretudo para as suas práticas de gestão. Surgiu uma grande bibliografia sobre este tema ([95]), muita dela superficial. Nem todos os autores recém--convencidos reconheceram a novidade de práticas como o emprego vitalício. Ainda menos foram os que reconheceram que algumas das práticas associadas aos gestores japoneses tinham sido, de facto, aprendidas com o Ocidente – o Japão apenas as tinha tornado mais eficazes. Entre elas contava-se o controlo de qualidade, que fora introduzido no Japão nos anos 50 por W. Edwards Deming, um engenheiro americano, e o uso de caixas de sugestões para encorajar a participação dos empregados, que tinha sido praticada por companhias como a Eastman Kodak logo desde a década de 90 do século XIX([96]). Em certa medida, podia detectar-se influência ocidental até na prática do emprego vitalício e na prática a ela associada do cuidado paternalista da empresa com a vida pessoal e profissional dos seus empregados ([97]).

No lado negativo, o Japão continuou a ignorar as suas infra--estruturas subdesenvolvidas, preferindo reinvestir a sua riqueza em mais crescimento económico, em vez de melhorar a habitação e as estradas. Quando o país construía, parecia frequentemente que não o fazia com base num planeamento adequado, mas para proporcionar lucros aos proprietários de alguns terrenos e a empresas de construção. O seu pano de fundo era uma rede de relações próximas entre os grandes negócios, o submundo e o governo. Há muito tempo que no Japão eram vulgares os escândalos de corrupção no governo e nos grandes negócios e o Ministério da Construção tinha um historial pouco invejável.

Ironicamente, quando foi finalmente proposto um plano geral nacional de desenvolvimento das infra-estruturas, veio de um homem para sempre associado aos escândalos, Tanaka Kakuel. Em Julho de 1972, quando se tornou primeiro-ministro, Tanaka promoveu o seu plano geral intitulado "Reconstruir o Arquipélago Japonês". Entre outros objectivos, propunha a eliminação das desigualdades regionais, mediante a relocalização das indústrias, retirando-as da sua concentração na cintura costeira do Pacífico e transferindo-as para o interior e para a costa do Mar do Japão. O plano foi recebido com algum cinismo, porque o próprio círculo eleitoral de Niigata era uma das regiões do Mar do Japão escolhidas para ser desenvolvidas e Tanaka tinha um longo historial de fazer política com dinheiros públicos aplicados com fins eleitoralistas. No entanto, pelo menos era um plano.

O plano nunca se tornou realidade. Não só Tanaka se viu forçado a abandonar o governo, apenas dois anos mais tarde, após alguns escândalos particularmente graves ([98]), mas também se deu o choque petrolífero em 1973. De repente, os países árabes produtores de petróleo multiplicaram por cinco o seu preço. A maioria dos países foi seriamente atingida: a inflação passou a registar-se com dois dígitos e houve uma drástica redução do crescimento económico nos anos seguintes. No Japão, o petróleo representava mais de três quartos da sua energia primária, era praticamente todo importado e 90% provinha do Médio Oriente (tendo substituído o petróleo americano). Sendo dependente do petróleo árabe, o Japão foi gravemente afectado. Em 1974, pela primeira vez desde a guerra, registou um decréscimo da sua economia. Neste ano, o índice dos preços por grosso registou uma subida drástica de 31% e o índice dos preços no consumidor 24% ([99]).

Sob a orientação do Ministério do Comércio Internacional e da Indústria, o Japão aplicou imediatamente medidas para reduzir a sua dependência do petróleo. Aumentou a eficiência, sobretudo com técnicas de poupança de energia, racionalizou indústrias, transferindo algumas delas para o estrangeiro, e privilegiou o desenvolvimento de actividades económicas de baixo consumo energético, sobretudo os serviços e as indústrias de alta tecnologia. Nos dez anos seguintes, sensivelmente, conseguiu reduzir a sua dependência global do crude em cerca de um quarto e, com a diversificação dos seus fornecedores diminuiu também noutro quinto a sua dependência relativa face ao Médio Oriente.

Apesar da sua vulnerabilidade, ou por causa dela, o Japão recuperou de forma mais rápida do que as outras economias. Em 1975, pôde registar um crescimento de 4%. Para além de outra pequena crise económica, na sequência um segundo choque petrolífero menos grave, em 1979, manteria este crescimento médio muito para além da década de 70. Esta rápida recuperação constituiu outra fonte de respeito por parte do Ocidente e parecia indicar que a superpotência económica japonesa era invencível.

Outra prova da eficiência japonesa foi, como frisou Vogel, a maneira como nos anos 70 se enfrentou com êxito a poluição. O governo e o mundo dos negócios só começaram a dedicar-se seriamente ao problema depois de processos judiciais enormes por parte de vítimas de doenças provocadas pela poluição, os quais ameaçavam tornar-se um embaraço nacional ([100]). Contudo, uma vez tendo para aí dirigido a sua atenção, os resultados foram rápidos e eficazes. Foi impressionante. A fénix não só tinha renascido das cinzas, mas elevava-se a grande altura e aí pairava.

Mais ou menos na mesma altura do choque petrolífero, a América deu também um ou dois choques ao Japão. Ficaram conhecidos como os Choques de Nixon. Em 1971, sem qualquer consulta prévia ao Japão, Nixon anunciou a sua intenção de visitar a República Popular da China. Foi o início de uma reaproximação EUA-RPC que causou grandes dificuldades à própria política externa japonesa. O Japão tinha alinhado com a América e, portanto, favorecido a Formosa até esta altura. Tinha agora de fazer ajustamentos rápidos e por vezes embaraçosos. Então, um mês depois, novamente sem qualquer consulta, Nixon anunciou o seu Novo Programa Económico. Este contemplava uma sobretaxa de 10% sobre muitos dos produtos que o Japão exportava para os Estados Unidos (cerca de um terço das suas exportações era dirigido para este país). Também contemplava o abandono do padrão-ouro, obrigando de facto o iene a retirar-se da paridade fixa das taxas de câmbio que vigorava desde a guerra. O valor do iene aumentou muito, tornando as exportações do país mais caras. Mas Nixon ainda não terminara o seu envio de insensíveis mensagens ao Japão. No Verão de 1973, temendo escassez de rebentos de soja no mercado interno, embargou abruptamente a sua exportação. Esta medida atingiu severamente o Japão, onde os rebentos de soja eram um produto importante ([101]).

Os Choques de Nixon não foram tão prejudiciais como o petrolífero, mas inquietaram os Japoneses. Mostravam claramente um esfriamento das atitudes americanas e da boa vontade para com o Japão. No entanto, o país ultrapassou o facto e no final dos anos 70 muitos Japoneses ponderavam se necessitariam realmente da boa vontade americana. Afinal, o Japão era agora o senhor e se a América lhe virava as costas, pior para ela, não para si. Não o dissera o professor de Harvard?

6.4. Uma superpotência cercada – e uma bolha

A economia do Japão continuou a crescer cerca de 4% ao ano no início dos anos 80. O seu superavit com a América, que tinha começado a aumentar desde o final dos anos 70, tornou-se enorme, atingindo em geral 40-50 mil milhões de dólares por ano. Os produtos japoneses estavam em toda a parte.

Durante a década de 70 tinha havido algumas críticas dirigidas ao Japão por, aparentemente, se ter concentrado no crescimento económico, mas, em geral, tinham predominado os elogios. O balanço inclinava-se agora para o outro lado. As reacções negativas estavam a tornar-se graves, não apenas na América. Os Japoneses eram cada vez mais criticados como "animais económicos" que não tinham outros valores senão fazer dinheiro. Havia protestos antijaponeses em que os seus produtos eram destruídos à martelada. Começavam a aparecer livros a denunciar abertamente a ética de algumas práticas comerciais japonesas ([102]).

Algumas críticas eram justificadas. Os Japoneses eram, por vezes, realmente culpados de *dumping* (vender abaixo do preço de custo num mercado-alvo) ou de erigir barreiras não alfandegárias (prejudicando as importações com práticas não económicas, como, por exemplo, testes demorados). Contudo, as críticas eram expressas em linguagem cada vez mais emotiva. Era quase a preparação de uma guerra, uma guerra económica que ameaçava ficar descontrolada.

Para tentar remediar a situação, em 1985 acordou-se um encontro, no Hotel Plaza de Nova Iorque, entre os maiores financeiros dos Estados Unidos, Grã-Bretanha, França, Alemanha e Japão. No chamado Acordo do Plaza, concordaram em desvalorizar o dólar em relação ao iene. O iene subiu, como se esperava, sendo designado como *endaka* ("iene alto"). Um dos seus resultados foi a transferência de actividades económicas japonesas para o estrangeiro para tirar partido de mão-de-obra mais barata. Porém, ao contrário das expectativas americanas, os produtos dos Estados Unidos não penetraram muito mais no Japão. Os produtos japoneses, muitas vezes agora produzidos fora do país, continuavam a inundar o mercado americano.

Os Japoneses tentaram então, com algum "sucesso", estimular a procura interna, proporcionando capital barato. Os empréstimos podiam fazer-se a juros bastante reduzidos. Os preços dos terrenos, em particular – que eram utilizados como garantias acessórias de empréstimos – puderam atingir níveis absurdamente elevados. Os terrenos na vizinhança imediata do Palácio Imperial tinham, teoricamente, em 1988, o mesmo valor dos de toda a Califórnia. O valor dos activos em terrenos, no Japão, nesta altura, era equivalente a pelo menos 60% do valor dos terrenos de todo o planeta, ou seja, 200 vezes superior aos 0,3% que o país ocupa em termos geográficos ([103]). As cotações nos mercados de acções também estavam muito inflacionadas, com algumas companhias a valerem mais, em termos de títulos, do que todo o PNB de muitos países. Era a mal afamada Economia da Bolha.

No final dos anos 60, o Japão tinha-se tornado a segunda maior economia do Mundo Livre. No entanto, foi durante o período da Economia da Bolha, em finais dos anos 80, que, em termos de rendimento *per capita*, os Japoneses se tornaram oficialmente o povo mais rico do mundo, pelo menos no papel.

Inevitavelmente, o dinheiro dirigiu-se para fora do país. Parecia que o Japão estava a comprar o mundo inteiro. Por esta altura, a nível mundial era o maior investidor líquido estrangeiro. Controlava 4% da economia americana e as companhias japonesas compraram mesmo alguns bastiões americanos, como o Centro Rockefeller e os Columbia Film Studios.

Inevitavelmente também, estes factos ainda incitaram mais os sentimentos antijaponeses. Os Japoneses chamaram a esta reacção "denegrir o Japão" e sentiram-no como uma injustiça. No seu modo de ver, estavam apenas a participar no jogo da economia ocidental capitalista e estavam a ganhar. Os ocidentais eram apenas maus perdedores, derrotados no seu próprio jogo por uma equipa que se revelava superior.

As tensões crescentes entre o Japão e o Ocidente nos anos 80 tinha duas causas inter-relacionadas. Uma era constituída pelas críticas do Ocidente, em parte justificadas, mas que eram também, em parte, como diziam os Japoneses, uma expressão emocional de frustração por se ver suplantado ([104]). A outra era o facto de o orgulho nacional japonês ter transposto o limite, passando à arrogância nacionalista e, depois, ao chauvinismo nacionalista.

Um sintoma desta intensificação das atitudes surgiu em 1982 quando o Ministro da Educação tentou substituir nos manuais escolares que avaliava a palavra "invasão" (*shonnyu*) pela palavra "avanço" (*shinshutsu*) para descrever as acções do Japão no continente asiático antes da guerra. Também tentou apagar ou atenuar as referências às atrocidades japonesas. Esta tentativa enfureceu os países asiáticos e não poucos Japoneses ([105]).

O neonacionalismo japonês tornou-se cada vez mais num factor de preocupação da comunidade internacional, sobretudo porque parecia ter o apoio de algumas figuras governamentais de topo. Em Agosto de 1985, o primeiro-ministro Nakasone Yasuhiro, um antigo oficial das forças armadas, notório pelas suas opiniões nacionalistas ao velho estilo (incluindo o desejo de rever o artigo IX da Constituição), quebrou o pacto posterior à guerra e prestou homenagem aos mortos japoneses no Santuário Yasukuni, não de modo privado e pessoal, como outros primeiros-ministros haviam feito, mas na sua capacidade de chefe do governo. Esta visita sugeria, manifestamente, uma revigorada relação entre a religião e o Estado, proibida pela Constituição, e despertou receios de um renascimento do Estado xintoísta. Por esta altura, fez também alguns comentários no sentido de o Japão, por ser povoado por uma raça pura, ter mais sucesso do que as sociedades multirraciais. O seu discurso mais famoso a tal respeito foi em Setembro de 1986, numa reunião de jovens líderes do PDL, quando afirmou que os Japoneses eram mais espertos do que os Americanos, porque os níveis intelectuais da América tinha baixado devido aos negros e aos hispânicos ([106]).

Em consequência da forte reacção ocidental, Nakasone teve de pedir desculpa pelo seu discurso. Contudo, tinha-o feito apenas algumas semanas depois de críticas internacionais o terem obrigado a demitir o ministro da Educação Fujio Masayuki, por ter minimizado as atrocidades cometidas em Nanquim e também por ter dito que a anexação da Coreia em 1910 era, em parte, da responsabilidade deste país, porque tinha concordado que houvesse uma unificação ([107]). Era como se o que acontecera a Fujio nada tivesse ensinado a Nakasone, nem a outros que fizeram afirmações semelhantes.

Apesar de tudo, Nakasone era considerado um mole e um *yes-man* de Reagan por Ishihara Shintaro, romancista e membro da Dieta, que escreveu, em 1989, em co-autoria, um controverso livro intitulado *The Japan That Can Say "No": Why Japan Will Be First Among Equals* ([108]). O livro demonstrava um grande ressentimento perante os protestos e os pedidos (de cooperação tecnológica) de uma América diminuída e revelava também uma forte crença nacionalista na supremacia do Japão. O Japão é a chave do futuro, proclamava o livro, e a América deveria dar-se conta disto e deixar de esperar que o Japão tocasse como segundo violino. O Japão deveria adoptar uma linha mais firme com a América e deixar de dançar a música desta.

Sendo em parte uma resposta à agressividade perante o Japão, o livro era um texto inflamado, que, não sem algumas semelhanças com os *Kokutai no Hongi* de 1937, fazia apelo a emoções primárias, e não à inteligência. Entre outras coisas, repetia a acusação, que por vezes se ouvia, de que a América usara bombas atómicas no Japão, mas não na Alemanha, por motivos racistas ([109]). Esta acusação não levava em conta o facto não despiciendo de a bomba atómica só ter sido testada com êxito em Julho de 1945, dois meses depois de a Alemanha se ter rendido. De facto, o livro via no racismo americano a fonte de todos os problemas. Depois, arrastado pela sua própria orientação fortemente nacionalista, dava a entender que os recentes êxitos económicos dos países asiáticos não deixavam de ter relação com o facto de terem sido ocupados, se bem que brevemente, pelo Japão (ao passo que as antigas colónias do Ocidente não tinham conseguido igual sucesso) ([110]).

Por outro lado, enquanto alguns, como Ishihara, recebiam as críticas do Ocidente em tom de desafio, outros, no governo, tentavam abordá-las de um modo mais conciliador e construtivo. Promoveram a internacionalização do Japão (*kokusaika*), fazendo do termo um dos lemas da década. Em certa medida, ela era inevitável, porque o Japão tentava diversificar as suas relações internacionais, afastando-se da América, e os Japoneses viajavam cada vez mais para o estrangeiro. Foram tomadas algumas medidas positivas, como a concessão de bolsas de estudo a estudantes estrangeiros e programas de intercâmbio para os jovens em geral. No entanto, surgiram logo críticas de que o Japão estava a abusar do espírito da internacionalização. Em vez de aproximar o Japão e o mundo, parecia estar a utilizar a internacionalização como veículo para explicar o Japão ao mundo, ou, mais exactamente, para explicar por que razão era diferente do resto do mundo, e superior. Por exemplo, o recém-criado Centro Internacional de Estudos Japoneses (Nihon Bunka Kenkyu Sentaa, ou Nichibunken), em Quioto, que era apoiado pelo governo, iria produzir obras do género *Nihonjinron* que acentuavam o carácter único do Japão, e de uma forma que o favorecia.

Algumas das críticas ocidentais ao Japão encontravam eco no povo japonês. No mesmo ano de 1979 em que Vogel elogiava o Japão por ser o primeiro, um relatório da Comissão da Comunidade Europeia referia-se aos Japoneses como "fanáticos do trabalho", que vivem em "luras de coelhos" ([111]). Estas duas expressões magoaram profundamente os Japoneses, sobretudo porque pareciam ter uma parcela de verdade. De facto, trabalhavam cerca de 400 horas a mais por ano do que o trabalhador ocidental médio e viviam em casas minúsculas, as quais, com cerca de 90 m^2, tinham apenas metade do tamanho de um lar típico americano ([112]).

Estas expressões pouco elogiosas, e outras como "nação rica, povo pobre" ([113]), trouxeram também para a ribalta questões de maior âmbito sobre a qualidade de vida no Japão, questões que se levantavam nos anos 80 com cada vez maior insistência. Os Japoneses não só trabalhavam longas horas e viviam em casas acanhadas, mas, muitas vezes, tinham de despender uma hora de viagem em comboios sobrelotados para chegar ao emprego e outra hora no regresso. Os que habitavam na região de Tóquio podiam usufruir de apenas um doze avos dos espaços verdes *per capita* dos londrinos. Pelo menos, a maioria das casas de Tóquio dispunha de sistema de esgotos, ao passo que a percentagem nacional de ligação aos esgotos (ou seja, de instalações sanitárias com água corrente) era ainda inferior a 50%. E como os preços dos terrenos aumentaram durante os anos da Economia da Bolha, até as "luras dos coelhos" ficaram tão caras que as hipotecas por mais de uma geração eram a única forma que a maioria das pessoas tinham de adquirir uma. No final da década, em 1990, Jon Woronoff, que há muito criticava o Japão, continuou as suas análises, atacando a última obra que promovia o Japão, o livro de Vogel, escrevendo *Japan As – Anything But – Number One*, onde censurava sobretudo o baixo nível de vida.

O orgulho do povo japonês foi bastante ferido por tudo isto. Todavia, não tinha sentido responder aos críticos ocidentais, como Woronoff, porque estes tinham razão. Os problemas encontravam-se no próprio Japão. Para que serviram todos os sacrifícios e todos os esforços? Tinha havido motivos análogos para protestar nos anos 50, mas os Japoneses haviam sido compensados com aumentos de salários e aquisições materiais. Tinham-se tornado, segundo as famosas palavras do comentador social Hidaka Rokuro, numa "sociedade controlada" (*kanri shakai*), em que a aceitação dócil das políticas governamentais era comprada com a riqueza material ([114]). Mas que satisfação genuína se podia conseguir de uma mala *Gucci* ou de um relógio *Cartier* ou de fatos de marca? No início da década de 70 tinham sido prometidas ao povo melhorias das infra-estruturas, mas haviam sido suspensas devido a problemas como o choque petrolífero. Agora, no final dos anos 80, já não havia desculpa. Já era tempo do povo japonês retirar alguns benefícios reais da riqueza da nação.

No final dos anos 80, o povo japonês ficara ainda mais zangado com um escândalo particularmente grave, o Escândalo da Recruit. A companhia Recruit, que começara como agência de emprego, mas tinha diversificado a sua actividade, incluindo o ramo imobiliário, utilizou os meios financeiros fáceis proporcionados pela Economia da Bolha para obter favores políticos com uma distribuição de fundos em larga escala. Mais de 150 funcionários públicos, políticos e outras pessoas em posições de influência receberam contribuições, beneficiaram de empréstimos baratos e, sobretudo, receberam acções da companhia antes de serem postas à subscrição pública. Estas acções aumentaram cinco vezes de valor depois da sua venda pública, proporcionando um lucro fácil e simpático aos que as tinham antes recebido, no que ficou conhecido popularmente como o escândalo "acções-por-favores". Em meados de 1989, cerca de 20 membros da Dieta (sendo a maioria do PDL) demitiram-se por causa do seu envolvimento com a Recruit, incluindo meia dúzia de ministros. Entre os demissionários encontravam-se o então primeiro-ministro Takeshita Noboru e o seu predecessor Nakasone.

As eleições desse ano para a Câmara Alta resultaram numa inédita maioria do Partido Socialista do Japão. Este resultado foi mais um reflexo da frustração do eleitorado com o governo conservador em funções do que um verdadeiro voto nos socialistas. A Câmara Baixa é que importava realmente, não a Câmara Alta, e por isso o PDL manteve o controlo do país, mas sofreu um sério aviso.

À medida que o Japão se aproximava do fim dos anos 80, internacionalmente aumentava a indignação estrangeira contra o país e, internamente, aumentava a indignação pública contra o governo. A crise ia em crescendo.

6.5. Uma superpotência à deriva: os anos Heisei

Este mesmo ano de 1989 também trouxe consigo o fim de uma era, porque Hirohito morreu em Janeiro. Havia a esperança de que com o seu filho, Akihito, houvesse alguma hipótese de mudança de rumo que beneficiasse o povo. À nova era foi dado o nome de Heisei, que significava literalmente "Realizar a Paz Total" ([115]). Este termo tinha conotações muito positivas, sugerindo que alguns dos problemas que se arrastavam desde a guerra – alguns diriam que o próprio Hirohito era um deles – iriam agora ser ultrapassados. A difícil tarefa de reconstruir a nação destruída pela guerra estava, talvez, a terminar e o povo podia usufruir dos frutos do seu trabalho. Infelizmente, o novo período teve um mau começo com o rebentamento do escândalo Recruit e o livro provocador de Ishihara.

Porém, e talvez felizmente para o Japão – ou, pelo menos, para as suas relações internacionais –, nesse momento a Bolha rebentou e a economia do país entrou em colapso.

A subida dos preços internos ficou tão descontrolada que, a partir do final de 1989, o Banco do Japão viu-se forçado a subir significativamente as taxas de juro, preferindo fazer rebentar a Bolha a esperar que rebentasse por si mesma ([116]). Nos anos de 1990 e 1991, o Japão entrou numa recessão que, em substância, haveria de permanecer durante a década de 90 e a entrada no novo milénio. Os preços dos terrenos baixaram rapidamente em mais de um terço. As cotações no mercado de acções, no seu máximo em Dezembro de 1989, caíram a pique em mais de 60%. Abundaram as falências e os créditos mal parados. O desemprego cresceu. Globalmente, o crescimento económico caiu abruptamente, permanecendo nulo ou raramente acima do 1%. O governo e o mundo dos negócios interpretaram este ou aquele acontecimento como um sinal de retoma iminente, mas esta não ocorreu. Num dos trimestres de 1997, a economia até registou uma quebra de mais de 11% relativamente ao ano transacto. No fim da década de 90 assistiu-se mesmo ao início da deflação, reduzindo drasticamente os lucros das empresas, tornando ainda mais difícil o pagamento dos débitos e pressionando os salários. O índice dos preços no consumidor baixou durante quatro anos consecutivos a partir de 1998, mas recuperou depois, mantendo-se estável em 2003. Uma ligeira melhoria nos números trimestrais relativos ao crescimento de 2003 deu mais alguma esperança de recuperação, se bem que tal signifique, no máximo, um crescimento modesto do PIB de apenas 1 ou 2% (sendo 2,1% o objectivo optimista anunciado pelo governo no final desse ano para o ano fiscal que termina em 31 de Março de 2004). O desemprego no início de 2004 permanece elevado e acima dos 5%.

A recessão está a ter más consequências e da pior maneira possível. De acordo com os números publicados no final de 2003 pela Agência de Política Nacional, os suicídios em 2002 ultrapassaram os 30 000 pelo quinto ano sucessivo, sendo 25% deles atribuídos a problemas económicos, um recorde pouco invejável nesta categoria. (A primeira causa identificável continua a ser as preocupações com a saúde.) De acordo, sem dúvida, com este factor económico, têm sido os suicídios dos homens de meia idade – os tradicionais suportes económicos das famílias – que têm aumentado mais ([117]).

A taxa de criminalidade está a aumentar, segundo o livro branco do Ministério da Justiça publicado também no final de 2003. Excluindo os crimes relacionados com infracções ao código da estrada, o número de crimes registados quase duplicou nas duas últimas décadas, de 1,54 milhões em 1983 para 2,85 milhões em 2002. Parte deste aumento fica a dever-se a crimes juvenis, enquanto os roubos praticados por adultos cresceram significativamente, o que é também, segundo o Ministério, um reflexo da situação económica ([118]).

Entre outras consequências da recessão, o sistema de emprego vitalício, tão elogiado e de forma tão exagerada, que dependia de um crescimento económico permanente, deixou de vigorar efectivamente. Só no biénio de 1992-1993, foram despedidos 60 000 gestores – supostamente a categoria profissional mais segura ([119]). Nos anos seguintes, um em cada dez gestores foi despedido ou despromovido. Gestores preocupados juntaram-se em elevado número a sindicatos independentes que cresciam rapidamente e de cuja existência mal se tinha ouvido falar ([120]). Foram interpostos processos legais por muitos dos que foram despedidos ou despromovidos. Um revés importante para os especialistas japoneses de gestão e de economia aconteceu em 1996 quando, pela primeira vez, uma grande empresa foi obrigada a ver um ocidental assumir a presidência da sua sede no Japão, o escocês Henry Wallace (um antigo funcionário da Ford), que ocupou a posição mais elevada da Mazda numa missão de recuperação ([121]). Seguiram--se outros, como o francês Carlos Ghosn, na Nissan, em 1999.

O emprego vitalício fora um bastião do modo de pensar das *Nihonjinron* acerca da "singularidade" japonesa, constituída pela importância da família, a lealdade ao grupo, a harmonia, etc. O seu efectivo colapso – com muitas das mais importantes companhias a abandoná-lo, como fez a Toyota em 1999 – enfraqueceu significativamente essas teorias. Do ponto de vista da gestão, o bebé não foi irremediavelmente deitado fora com a água do banho: reconhece-se que é ainda um objectivo útil, embora não seja absoluto. Como disse Ghosn, no final de 2003, "Embora reconheça o valor do emprego vitalício, a Nissan não tinha capacidade para realizar esse objectivo. O sistema de emprego vitalício é uma meta, não uma regra rígida que tenha de ser respeitada a qualquer custo." ([122]) No entanto, o novo papel do emprego vitalício mostrou que o "modo japonês" nem sempre é correcto e trouxe um maior realismo à gestão japonesa e às ideias do mundo acerca dela.

Para além destas consequências, modificou necessariamente as expectativas dos empregados. Por exemplo, segundo um preocupado livro branco sobre o emprego, publicado pelo governo em 2000, os anos 90 assistiram ao crescimento do número de "*freeters*" na população adulta jovem. O termo é um híbrido que combina a palavra inglesa "*free*" ("livre") com a palavra alemã "*Arbeiter*" ("trabalhador") para designar as pessoas que não estão interessadas em ficar durante toda a sua vida numa mesma empresa, ainda que tal seja possível. Calcula-se que o seu número tenha triplicado no decurso dos anos 80 e conte agora cerca de dois milhões de jovens japoneses ([123]).

Internacionalmente, o rebentamento da Bolha abrandou rapidamente as tensões com o Ocidente. A maioria dos economistas ocidentais pensava que esse rebentamento era inevitável, embora tivesse demorado mais do que esperavam e começassem a duvidar das suas afirmações. O seu rebentamento deu de novo ao mundo a confiança por, de facto, as leis económicas afinal terem funcionado e não poderem ser desprezadas pelo autêntico "milagre económico" japonês. Significava também o fim do receio de que o Japão conseguisse comprar o mundo inteiro. Talvez ainda mais importante, abalou a arrogância japonesa de uma maneira geral. A Guerra do Pacífico tinha abalado o seu sentimento de superioridade em termos militares e agora a Bolha rebentada e a subsequente recessão tinham feito o mesmo no domínio da economia. Não era propriamente uma derrota para o Japão, pois continuou a ser uma superpotência económica muito poderosa, mas mostrou que não era invencível.

Os Japoneses não readquiriram a mesma confiança. De facto, ficaram muito angustiados. Já estavam suficientemente irritados pelo facto de a riqueza do Japão não ser utilizada para melhorar a qualidade de vida do japonês comum. O colapso da economia parecia significar agora que, para além das preocupações relativas ao emprego, as melhorias reais tinham novamente de ser adiadas. Ainda mais importante, parecia destruir muito do trabalho e dos sacrifícios que tinham oferecido pela causa do país.

Ao mesmo tempo, vinham à luz do dia ainda mais escândalos que envolviam políticos. Em 1992, rebentou outro grande escândalo, o da Sagawa Kyubin. Uma vez mais, ficava a saber-se que um grande número de políticos e funcionários públicos tinha recebido largas somas de dinheiro em paga de favores, desta vez à companhia Sagawa (um serviço de entrega de encomendas). Uma vez mais, estavam envolvidas figuras de topo, como Takeshita e Nakasone. O submundo estava também envolvido.

Com a combinação do colapso económico, da contínua baixa da qualidade de vida e da permanente corrupção no governo, a cólera popular foi tão grande que Yanai Shinsaku, um major das Forças de Autodefesa, chegou a referir publicamente, em Outubro desse ano, a ideia de um golpe militar ([124]). Houve grande simpatia pública pela sua afirmação de que os políticos estavam a fazer os seus ninhos, enquanto o país sofria, e que a corrupção tinha de acabar. Houve menos simpatia, porém, pela sua ideia de deixar os militares assumir o controlo. A maioria dos Japoneses queria evitar este caminho a todo o custo, porque já o tinha trilhado antes e tivera de pagar o respectivo preço. Yanai foi demitido.

Yanai não foi o único a ser afastado. O mesmo aconteceu com o PDL em Julho do ano seguinte. Em Junho de 1993, foi aprovada uma moção de desconfiança contra Miyazawa Kiichi, o primeiro-ministro desde Novembro de 1991. Miyazawa também se tinha demitido de ministro das Finanças em 1989, devido ao escândalo da Recruit. No seu regresso à política, tentou acalmar o público, prometendo fazer do Japão uma "superpotência com estilo de vida". Evidentemente, não era isto o que estava a acontecer. A moção contra si conduziu a eleições inesperadas no mês seguinte. Nestas, o PDL não conseguiu obter a maioria na importantíssima Câmara Baixa, ganhando apenas 223 dos 511 lugares ([125]).

O povo estava farto e os 38 anos ininterruptos de regime do PDL chegaram ao fim. A mudança de imperador não tinha trazido qualquer melhoria de relevo. Talvez uma mudança de governo a trouxesse.

A mudança de governo, porém, não foi, de facto, assim tão grande. Os conservadores ainda detinham o poder. Hosokawa Morihiro, o sucessor de Miyazawa como primeiro-ministro, era um antigo elemento do PDL e neto do primeiro-ministro imediatamente anterior à guerra, o príncipe Konoe. Hosokawa chefiava uma aliança de sete partidos, a maioria dos quais tinha sido precipitadamente criada imediatamente antes das eleições. Conseguiu começar a introduzir legislação que alterava significativamente o sistema eleitoral ([126]), mas também ele foi forçado a demitir-se, pouco tempo depois, por envolvimento num escândalo.

Nos anos imediatos, assistiu-se a uma intensa e agitada actividade política, reminescente da da década de 90 do século XIX. Formavam-se e dissolviam-se partidos, mudavam as alianças, abundavam as intrigas. Nos nove anos que decorreram entre o final de 1987 e o início de 1996, o Japão teve outros tantos primeiros-ministros e mais três por altura da Primavera de 2001, altura em que o cargo começou a ter alguma estabilidade com o popular Koizumi Junichiro. O único factor constante foi o continuado controlo dos conservadores sobre o país. Até o socialista Murayama Tomiichi, que foi primeiro-ministro de uma nova aliança entre Junho de 1994 e Janeiro de 1996, estava muito claramente dependente dos conservadores ([127]). O Partido Socialista, que em 1991 tinha mudado o seu nome para Partido Social-Democrata do Japão, abandonou a maioria das suas políticas, aliou-se com os seus arqui-rivais do PDL e perdeu a maior parte da sua credibilidade e muito mais eleitorado do que aquele que tinha ganho no final dos anos 80. De facto, iria perder lugares em praticamente todas as eleições e, depois de outra mudança de nome (deixando cair "do Japão" em 1996), transformar-se-ia num partido muito pequeno, no final dos anos 90, obtendo apenas 19 lugares na Câmara Baixa nas eleições de Junho de 2000 e uns meros 6 nas de Novembro de 2003. Este resultado era inferior ao do Partido Comunista, que tivera 20 lugares em 2000 e 9 em 2003. No final de 1996, o PDL estava formalmente de regresso ao poder, sem necessitar sequer de formar alianças.

Em 1991, Nakasone afirmara que o povo não tinha para onde se virar a não ser o PDL. Parece que a sua observação continua a ser substancialmente válida mais de uma década depois. Mais uma vez, o PDL voltou ao poder nas eleições de Junho de 2000 para a Câmara Baixa, apesar da impopularidade do então primeiro-ministro, Mori Yoshiro, conhecido internacional e nacionalmente pelas suas gaffes ([128]). Obteve 233 dos 480 lugares que agora existiam na Câmara Baixa (anteriormente eram 500), tendo necessidade então do apoio do Novo Partido Komeito (31 lugares), formando uma coligação com ele e com o pequeno Novo Partido Conservador, recém-criado (7 lugares). Com a absorção de outros membros, aumentou os seus lugares para 247, antes de ir para as eleições de Novembro de 2003 para a Câmara Baixa, sob a chefia de Koizumi (agora no seu segundo mandato como presidente do PDL e, portanto, como primeiro-ministro). Ganhou 244 lugares, depois de três independentes e quatro membros do pequeno Novo Partido Conservador se terem juntado ao PDL no dia das eleições. O seu parceiro de coligação, o Novo Komeito, obteve 34 lugares.

A maior oposição veio do Partido Democrático do Japão (PDJ), que não deve ser confundido com o Partido Social-Democrata [do Japão], chefiado por outra figura popular, Naoto Kan. O PDJ ganhou

127 lugares nas eleições de Junho de 2000 para a Câmara Baixa e, depois de absorver o Partido Liberal de Ozawa Ichiro, imediatamente antes das eleições de Novembro de 2003, ganhou nestas 177 lugares. Um padrão semelhante pôde ser observado na Câmara Alta, constituída por 247 lugares no recente ano de 2003 (serão reduzidos para 242), dos quais o PDL detinha 116, o Novo Komeito 23 e o Partido Democrático do Japão 69.

Para surpresa de não poucos observadores, o povo japonês, no final dos anos 90, mas também depois, deixou-se cair numa certa forma de complacência política. Expressou o seu desagrado nas eleições para a Câmara Alta em 1989 e para a Câmara Baixa em 1993. Nas eleições locais de 1995, já tinha escolhido dois antigos comediantes para governadores de Tóquio e de Osaca, o que parece ter sido uma espécie de declaração política ([129]). O terramoto de Kobe de Janeiro de 1995, que matou mais de 5000 pessoas, foi também a deixa para que se desse vazão à cólera popular contra o governo e o mundo dos negócios em matérias como as práticas corruptas na construção civil, que, primeiro, tinham conduzido ao enfraquecimento das estruturas ([130]) e, depois, à falta de resposta pronta e eficaz ao desastre. Desde então, contudo, a apatia prevaleceu, como se a descarga da irritação durante esses poucos anos tivessem sido uma catarse suficientemente terapêutica. Nas eleições de Outubro de 1996 para a Câmara Baixa, em que se assistiu ao regresso do PDL ao poder, registou-se também a menor taxa de participação de sempre com 59%. Esta melhorou ligeiramente com os 62% das eleições de 2000, mas regressou aos 59% em 2003, apesar da articulação mais clara dos programas eleitorais e do crescimento do PDJ como alternativa potencial ao PDL. Uma eleição intercalar em Saitama para a Câmara Alta, apenas quinze dias depois das eleições de Novembro de 2003 para a Câmara Baixa, registou uma taxa de participação de apenas 27%.

É como se o povo desiludido tivesse aceite, com um fatalismo que não é desconhecido na história do Japão, que certas coisas não vão simplesmente mudar, pelo menos sem algum estímulo externo importante. Apesar da recessão, tem havido manifestamente algumas melhorias na qualidade de vida, como o aumento continuado do espaço habitacional, pelo que, hoje em dia, as habitações de Tóquio estão ao nível das habitações das capitais europeias. Para além disso, talvez por causa da recessão, tem havido também uma baixa no número de horas extraordinárias (registadas) para níveis ocidentais. No entanto, há ainda problemas fundamentais e fortemente enraizados.

Por exemplo, já no novo milénio, têm continuado a vir a público, quase mensalmente, escândalos graves ([131]). De facto, em certo sentido pioraram, porque se houve tempo em que se acreditava que a corrupção acontecia apenas no governo e no domínio dos negócios, mas não na Administração Pública, esta crença revelava-se agora ter sido ingénua. Para além disso, os escândalos recentes não envolveram apenas os que detinham o poder e em benefício próprio, mas o povo era sua vítima. Um terço dos doentes com SIDA no Japão foi infectado, sabe-se agora, em resultado da utilização de sangue não tratado em transfusões autorizadas, com conhecimento de causa, pelas autoridades competentes. Investidores de curto prazo foram levados a sofrer maiores perdas do que poderiam ter tido em condições normais para que fossem minimizadas as perdas de investidores que eram clientes importantes. Neste aspecto, o sexo masculino ou feminino não é factor relevante, porque também as mulheres se têm envolvido nalguns escândalos como culpados importantes ([132]). Num estudo de Transparência Internacional de 2003 feito a 133 países, que incidiu nomeadamente sobre a percepção da sua imagem internacional, em função da ausência de corrupção no sector público, o Japão ficou em 21º lugar, bastante abaixo da sua habitual classificação nos cinco ou dez primeiros lugares em estudos mundiais sobre os padrões de rendimento, de saúde e de educação ([133]). Este resultado não é desastroso, mas não é favorável a um país com o nível do Japão.

Para além da apatia política, para além da aparente resignação, o povo japonês anda ansioso desde meados dos anos 90. Esta ansiedade parece ter substituído a irritação do início da década. Há uma ansiedade geral provocada pela recessão, que se tem prolongado mais do que se esperava e continua a provocar novos choques à medida que importantes instituições financeiras abrem falência ([134]). Entre as outras causas importantes da ansiedade conta-se o choque provocado pelo terramoto de Kobe de 1995 e, mais tarde, nesse mesmo ano, os conhecidos ataques com gás no Metro pelo grupo AUM Shinrikyo. Entre outras consequências, estes acontecimentos evidenciaram um sentimento latente de vulnerabilidade nos Japoneses. Para além disso, falando de um modo geral, os especialistas notaram que o enfraquecimento contínuo das bases económica, política e sociocultural do Japão, associado ao enfraquecimento dos laços de família e das linhas de orientação moral, conduziu a alguma perda do sentido e da estabilidade, com a ansiedade e a desorientação concomitantes, e à fragmentação da identidade, exacerbada pelo comercialismo e o consumismo ([135]). Em certa medida, poderíamos dizer que se trata de um fenómeno mundial de uma época pós--estruturalista e (pós-)pós-modernista em que se deu o desmantelamento de muitas das "grandes narrativas", bem como de mundividências e modos de entender o eu até então estabelecidos. Todavia, o caso japonês, talvez em resultado do seu tradicional e forte (se não mesmo exagerado) sentido do colectivo, da unidade e da ordem social, parece ser particularmente grave, como podemos verificar em alguma da sua recente literatura ([136]). De facto, o aumento, nos últimos anos, dos casos de disfunção de ansiedade social, incluindo o afastamento prolongado do contacto social (*hikikomori*), é em si mesmo quer um sintoma, quer uma causa acrescida de ansiedade ([137]).

A um nível mais imediato, os relatos da imprensa revelam repetidamente as preocupações do público em relação a factos como o aumento da criminalidade, a desintegração das famílias ([138]), a insegurança financeira, o envelhecimento da sociedade (incluindo o seu impacto nas pensões) ([139]), a manifesta deterioração da ética e da moral entre os jovens ([140]), a natureza da educação ([141]) e, para muitos, a contínua desigualdade entre os sexos ([142]).

O governo também comunga de muitas destas preocupações, como podemos verificar em diversos livros brancos, e começou a tomar providências. Por exemplo, aprovou novas leis que permitem seguros de cuidados de enfermagem para os mais velhos e está a ponderar diversificar os esquemas de reforma. Introduziu algumas reformas na educação, como, no ano de 2002, a alteração das classificações relativas para classificações absolutas, bem como a redução da semana escolar para cinco dias (nas escolas públicas). Despertando controvérsia, concluiu também legislação para integrar as universidades nacionais, a partir de Abril de 2004. Esta última legislação faz parte também de uma política mais ampla de desregulamentação financeira, numa tentativa de restabelecer a saúde da economia. Entre outras medidas importantes previstas com este objectivo económico e que fazem parte do plano de reformas de Koizumi, incluem-se a privatização dos correios e das auto-estradas e a devolução de mais responsabilidades financeiras aos governos locais.

A descentralização e a desregulamentação são também evidentes com a criação de Zonas Especiais de Reforma Estrutural, em 2003, que permitem a suspensão condicional de certas leis para permitir desenvolvimentos específicos. De algum modo, poderíamos dizer que o cerne da ideia se baseia no êxito das Zonas Económicas Especiais chinesas e que o Japão está de novo a olhar para o seu antigo modelo, mas as zonas japonesas são dirigidas pelas regiões, e não de forma centralizada, e nem sempre são de natureza económica, mas baseiam-se frequentemente em necessidades sociais ([143]).

Entre os desenvolvimentos político-legais mais recentes do Japão incluem-se a introdução de uma Lei de Acesso à Informação Oficial, aprovada em Maio de 1999 e em vigor a partir de Abril de 2001, e um conjunto de cinco leis sobre a protecção da vida privada, aprovado em Maio de 2003 e que deve entrar em vigor dois anos mais tarde. Estas medidas são indicação de que o Japão dá mais um passo em direcção à forma aberta de democracia ocidental que respeita o indivíduo e os seus direitos. Contudo, numa manobra que recorda a conjugação de democracia e autoritarismo do Período Meiji, ao mesmo tempo – mais especificamente, em Agosto de 2002 –, o governo pôs em prática o controverso sistema de Registo Nacional de Residentes, que, entre outras competências, atribui a cada indivíduo um número de identificação de onze dígitos e disponibiliza informação pessoal a todos os departamentos governamentais a nível nacional. Os estudos revelam que este sistema tem tido a oposição, em grau maior ou menor, de quase 50% da população, em grande parte devido ao receio de as informações pessoais serem utilizadas para fins indevidos. Alguns municípios recusaram-se a adoptá-lo, por estar sujeito a abusos ([144]). Só em Yokohama, 800 000 residentes (de um total de 3,5 milhões) recusaram registar-se no que está a ser designado como sistema "Big Brother" ([145]). O facto de haver tal oposição e tais preocupações a respeito dos direitos das pessoas e do uso indevido das informações que lhes dizem respeito indica que o povo japonês como um todo está a ficar mais ocidental nas suas atitudes em relação a estes temas.

No plano internacional, a irritação com o Japão pode ter diminuído significativamente na sequência do abrandamento da arrogância nacionalista, depois da economia da Bolha, mas os sentimentos negativos não desapareceram decerto por completo. Os países asiáticos, em particular, ficaram preocupados com a relutância do Japão em assumir adequada e decisivamente o seu comportamento antes e durante a guerra e com a sua demora em apresentar desculpas sinceras. A morte de Hirohito, em 1989, e o 50º aniversário do fim da guerra, em 1995, proporcionaram oportunidades para tal, mas não foram aproveitadas. Em visitas à Coreia do Sul e à China, Akihito expressou o seu forte pesar e também reconheceu que o Japão tinha sido causa de sofrimento, mas estas palavras não eram um pedido completo de desculpas. Em 1995, a Dieta apresentou uma declaração formal mitigada sobre a guerra, que expressava os pesares habituais, mas que não era propriamente um pedido de desculpas. Todavia, o primeiro-ministro Murayama apresentou desculpas pessoais de uma maneira mais completa e sincera. Posteriormente, o primeiro-ministro Obuchi Keizo, em 1998, numa declaração conjunta assinada com o presidente da Coreia do Sul, Kim Dae Jung, apresentou o pedido mais veemente de desculpas, afirmando que "aceitava o facto histórico de que o poder colonial japonês tinha infligido sofrimento e perdas intoleráveis ao povo da Coreia" e expressou "o seu arrependimento pleno de remorsos e um sentido pedido de desculpas por toda a provação"([146]).

Todavia, em contraste com a boa vontade que possa ter sido obtida com estas e outras desculpas, persiste a animosidade causada pelo tratamento dado pelo Japão às exigências das chamadas "mulheres de conforto", e que são, sobretudo, mas não exclusivamente, mulheres coreanas que foram forçadas a prestar favores sexuais às tropas japonesas. As suas exigências foram remetidas para um fundo privado, não tendo sido formulado nenhum pedido completo de desculpas para encerrar o assunto ([147]). Foi oferecida uma compensação a algumas reclamantes pelos seus próprios governos, mas não pelo governo japonês. O mesmo se pode dizer dos antigos prisioneiros de guerra, incluindo os Britânicos.

Aliás, para desgosto dos países asiáticos, em 1996 o primeiro-ministro Hashimoto Ryutaro repetiu a visita "oficial" ao Santuário Yasukuni para homenagear os mortos da guerra. Depois disso, Koizumi visitou também diversas vezes Yasukuni, incluindo a 1 de Janeiro de 2004.

Nalguns quadrantes, tem havido também uma desvalorização continuada, ou até mesmo negação, das atrocidades e dos comportamentos impróprios dos Japoneses. Por exemplo, em Janeiro de 2000 teve lugar em Osaca uma controversa conferência organizada pela Sociedade para Corrigir a Apresentação Tendenciosa de Materiais Relacionados com a Guerra, tendo por tema explícito a tese de que o massacre de Nanquim fora uma invenção. Entre os oradores contava-se o historiador Professor Higashinakano Shudo, que chamou a atenção para a falta de provas documentais e que afirmou abertamente que "Não houve massacre de civis em Nanquim" ([148]). Em Outubro de 2003, Ishihara Shintaro, autor que já mencionámos, que foi eleito governador de Tóquio em 1999 e reeleito esmagadoramente em Setembro de 2003, repetiu a sua afirmação de que a ocupação da Coreia pelo Japão tinha acontecido a pedido desta ([149]).

Por outro lado, nos anos mais recentes regressou um preocupante tipo de nacionalismo, não tão notório nem tão arrogante como o dos anos 80, mas que, entre outras coisas, produziu o seu próprio manual escolar ([150]). O seu impulso central foi a "Tsukurukai", uma abreviatura de "Atarashii Rekishi-Kyokasho o Tsukuru Kai" (Sociedade para a Criação de um Novo Manual de História). Surgiu em 1996 com o objectivo geral de repor o orgulho pelo passado do Japão, produzindo um manual que fizesse (na sua perspectiva) um relato preciso da história do país, e não um que se baseasse nos relatos dos vencedores. O grupo julga que o Japão permitiu demasiadas críticas e deveria deixar de se preocupar com pedidos de desculpa e com exigências de indemnizações. Também tem Hirohito num alto conceito. Entre as suas figuras-chave contam-se conhecidos professores como Nishio Kanji, Fujioka Nobukatsu e Hata Ikuhito. No meio de muita controvérsia, o livro foi, de facto, editado e finalmente avaliado pelo Ministério da Educação, mas apenas algumas, poucas, escolas particulares o adoptaram desde o seu lançamento em 2001. Foi muito contestado, entre outras coisas, por justificar a ocupação da Coreia, acusar a China de provocar o Japão, dar relevo ao objectivo japonês de libertar a Ásia da opressão ocidental e atenuar as atrocidades cometidas ([151]).

Não há nada de errado em fomentar o orgulho no próprio país, e Koizumi afirmou que esse era um dos seus objectivos. No entanto, isso deve ser realizado de forma internacionalmente aceitável. Este controverso assunto do manual e outras manifestações de um tipo inaceitável de nacionalismo não foram úteis à reaceitação do Japão pela Ásia e, em termos mais amplos, continuam a pôr em risco as suas relações com o mundo em geral. Muitos países asiáticos respeitaram o Japão pelos seus resultados económicos e até o tomaram como modelo. Mas não o respeitaram, certamente, pela sua relutância em enfrentar os abusos do passado ([152]). A sua fé na liderança económica japonesa foi de certa forma abalada pelo colapso económico do Japão (e, como é óbvio, eles tiveram recentemente as suas próprias dificuldades económicas), mas não se extinguiu. Todavia, o equilíbrio entre respeito e desrespeito é frágil. Se o Japão, dentro de pouco tempo, não fizer face à realidade, arrisca-se a que os sentimentos que desperta se inclinem cada vez mais para o lado negativo.

Por outro lado, mais positivo, houve um elevado grau de cooperação entre o Japão e a Coreia do Sul na organização do Campeonato do Mundo de Futebol de 2002 ([153]). Muitas dezenas de milhares de adeptos estrangeiros visitaram o Japão para assistir ao Campeonato, dando seguimento ao nível de internacionalização já atingido pela recém-formada Liga J japonesa, nos anos 90, com a contratação de grandes estrelas internacionais do Brasil, Alemanha, Inglaterra, etc., que, de certo modo, representam a versão actual dos *o-yatoi gaikokujin* ([*]) do Período Meiji.

O futebol deu outros contributos ao Japão ([154]). Não contribuiu apenas para a internacionalização, mas, num sentido mais amplo, para um tipo positivo de globalização, na medida em que os seus próprios jogadores profissionais, formados internamente, jogam em clubes de todo o mundo: Nakata Hidetoshi na Itália, Inamoto Junichi em Inglaterra, Miyazawa Hiroshi na Nova Zelândia, etc. O seu carácter japonês dilui-se no conjunto global de jogadores de futebol. Este é um tipo de globalização diferente, isto é, humano, livre, que contrasta com o tipo materialista representado pelas maiores companhias japonesas que operam globalmente com ligações económicas ao Japão. Para além disso, internamente, o facto de o futebol, ao contrário do basebol, não ser dominado pelas empresas, mas ter também clubes com base em comunidades regionais, contribuiu, especialmente nos últimos anos, para corroer o asfixiante corporativismo, encorajar o renascimento das comunidades locais e promover a descentralização; ou seja, o futebol representa uma salutar associação do nacional e do local, integrada num quadro global e abrangente.

Pode argumentar-se que o desporto é um saudável substituto da guerra, mas, infelizmente, a guerra está ainda muito presente. O Japão foi criticado por muitos, quer no país quer no estrangeiro, pela sua "diplomacia de livro de cheques" na Guerra do Golfo, em 1991. No país, houve fortes divergências de opinião, pensando alguns que o Japão devia dar uma maior contribuição, enviando soldados, e outros que nem sequer devia prestar apoio financeiro. É claro que a possibilidade de o Japão se envolver numa guerra está restringida pelo artigo IX da Constituição, que também condiciona a possibilidade de possuir forças armadas. As Forças de Autodefesa (FA) são, de

([*]) Estrangeiros contratados (*N. T.*).

facto, uma força armada, aliás, a sétima maior do mundo, e pode dizer-se que violam realmente o citado artigo, mas têm sido aceites e não têm despertado grande controvérsia. O que tem sido mais controverso é a utilização efectiva, embora indirecta, das FA numa guerra. No entanto, como nação importante o Japão tem estado sob pressão internacional, num certo número de ocasiões recentes, para enviar tropas para zonas de guerra. Em 1992, alterações legislativas permitiram que as FA fossem enviadas para tais zonas (ou para a sua vizinhança), desde que não se envolvessem em combate e fossem utilizadas apenas em apoio operacional, fundamentalmente para manter a paz depois do cessar-fogo. Para além disso, a sua presença deve fazer parte de operações aprovadas pelas Nações Unidas. Assim, o pessoal das FA deu apoio às Nações Unidas em alguns locais de conflito "apropriados", como o Afeganistão, embora tendo a sua base fora de qualquer zona de combate *per se*.

No entanto, a Guerra do Iraque de Março-Abril de 2003 foi diferente, porque a intervenção conduzida pelos Estados Unidos não teve a aprovação das Nações Unidas. Os Estados Unidos receberam apoio financeiro e político do Japão, mas, depois de ocuparem o Iraque, também solicitaram o envio de tropas japonesas. Foi aprovada em Julho desse ano uma lei especial para permitir o envio de pessoal das FA para esta operação não sancionada pelas Nações Unidas, o que foi realizado no final de 2003 e início de 2004. Isto causou algum mal-estar e, uma vez mais, divergências de opinião entre o povo, sobretudo porque pode ser argumentado que, na prática, os combates prosseguem no Iraque e porque a Al-Qaeda designou o Japão como alvo terrorista, devido ao seu apoio aos Estados Unidos ([155]). Dois membros do corpo diplomático japonês foram mortos em Novembro de 2003, durante um ataque ao seu veículo, que se dirigia para uma conferência no Norte do Iraque, o que significa que há um risco efectivo de mais baixas. O envio das FA chamou também novamente a atenção para o artigo IX da Constituição. Koizumi foi inequívoco quando afirmou que a constituição deveria ser revista e, na verdade, parece ser altamente provável que a reforma constitucional se vá tornar num assunto importante e a necessitar de resolução num futuro próximo, tanto num sentido como noutro.

Em todo o caso, a importantíssima relação do Japão com os Estados Unidos saiu reforçada com as suas diversas formas de apoio à Guerra do Iraque. Este reforço é útil ao Japão, porque, entre outras coisas, este agradece muito o apoio americano perante as ameaças da vizinha Coreia do Norte, que já disparou alguns mísseis sobre o país no últimos anos, aparentemente para os testar ([156]). As relações com a Coreia do Norte melhoraram por breve período, aproximadamente no ano de 2002, tendo-se assistido à assinatura histórica da Declaração de Pyongyang, em Setembro desse ano, com vista à normalização das relações. Também regressaram ao Japão alguns raptados ([*]), mas, pouco depois, as tensões aumentaram de novo e actualmente a Coreia do Norte é uma séria preocupação para o país.

Com a entrada do Japão no novo milénio, o país enfrenta problemas duradouros, tanto no plano interno, como no estrangeiro. Em particular, desde o início do Período Heisei e talvez até muito recentemente, isto é, até ao governo de Koizumi e à sua abordagem reformista, parece que o Japão não teve nenhum plano director sobre a maneira de enfrentar os problemas internos e parece não ter sabido – ou não ter querido saber – como fazer parte do mundo. Houve muito pouca visão, muito pouco sentido de orientação, muito pouca ideia acerca dos objectivos. As imagens utilizadas para referir o Japão sofreram uma transformação. O voo da fénix e o sol nascente tornaram-se num navio desgovernado. Na verdade, é como se o leme do navio do Estado tivesse ficado inoperante. Alguns afirmaram que isso sucedeu porque ficou sem modelos. Deixou de ter um objectivo claro que pudesse "alcançar e ultrapassar". Não dispõe de nenhum canal evidente para fazer fluir as energias da nação.

Tudo isto é verdade, em larga medida. O velho ideal de sucesso do Período Meiji e do período imediatamente a seguir à guerra não pode ser facilmente recuperado hoje em dia. O Japão não pode, obviamente, restaurar as suas forças armadas e dirigir-se para o exterior para construir um império à força. De igual modo, também não pode fazer reviver o sistema do imperador (embora alguns possam querer tentá-lo). Também não é razoável esperar que o seu povo esteja disposto aos enormes sacrifícios pessoais feitos pelos "tipos determinados" dos anos 50 para promover o crescimento económico. Aliás, a concentração exclusiva no crescimento económico não poderá ser solução.

Todavia, talvez o Japão possa utilizar algumas das suas características nacionais e padrões de sucesso do passado. Pode, em

---

([*]) Nas décadas de 70 e 80, pelo menos 11 Japoneses foram raptados pela Coreia do Norte para treinar os seus espiões. Cinco deles regressaram em 2002. (*N. T.*)

particular, utilizar o latente orgulho nacional do povo e a sua vontade de trabalhar, dentro do razoável, pelos interesses nacionais. Pode utilizar quer a alta consideração que o povo tem pela aprendizagem e pelos resultados, quer as suas grandes capacidades. Pode utilizar a sua capacidade pragmática de combinar o velho e o novo, o estrangeiro e o nacional e, também, para definir novos objectivos. Pode dirigir, mais uma vez, a sua atenção para coordenar o espírito de iniciativa com a ajuda ao país e tornar-se numa superpotência. Todavia, precisa de ser uma superpotência em harmonia com os tempos actuais, de acordo com a promessa de Miyazawa de fazer do Japão uma "superpotência com estilo de vida", uma superpotência que proporcione ao seu povo uma vida com sentido e com benefícios espirituais – um enquadramento firme para as subjectividades que vão à deriva, desorientadas, fragmentadas –, em vez de bens materiais apenas. O Japão pode ser apoiado nisso pelo facto de as pessoas estarem, de facto, a necessitar tão desesperadamente de orientação, de um caminho e do estabelecimento de objectivos que dêem um maior significado às suas vidas que certamente agradecerão que se crie o enquadramento apropriado à sua realização. Para tal, talvez o Japão possa estudar novamente os modelos específicos adequados que há no mundo e melhorá-los. Mas, desta vez, deve também procurar partilhar os seus resultados com o mundo, não apenas usá-los como prova da sua própria supremacia. Deve também continuar a integrar-se cada vez mais no mundo do ponto de vista ideológico, afastando quaisquer resíduos da mentalidade de "país fechado" ([157]).

O desenvolvimento recente de um conceito de direitos contemporâneos ao estilo ocidental é, talvez, um passo nesta direcção de participação global positiva. O crescimento do PDJ e a apresentação mais clara dos manifestos eleitorais deveria dar um maior vigor à política e permitir escolhas mais realistas ao público votante, acompanhando assim também as democracias ocidentais típicas. Aliás, a vontade do regime de Koizumi de fazer reformas importantes constitui, uma vez mais, um bom sinal, embora seja verdade que as reformas em si mesmas podem exacerbar as ansiedades, pelo que devem ser efectuadas com o devido cuidado. Koizumi acentuou a importância de harmonizar o orgulho nacional com a atenção ao domínio internacional e este parece ser um objectivo bastante sensato, desde que seja orgulho sem arrogância e essa atenção inclua a participação activa, e não seja apenas uma atenção passiva.

Tornar-se uma superpotência de estilo pós-moderno será um

desafio para o Japão, porque muitos valores da época actual não se harmonizam facilmente com as características fortes tradicionais do país, como a direcção autoritária da nação, o espírito de sacrifício e o trabalho árduo. Todavia, há muito que os Japoneses apreciam desafios e lhes respondem de maneira positiva. Trabalhar para atingir os objectivos que lhes são propostos tornará os desafios ainda mais apelativos.

Sinopse da VI Parte

A ocupação do Japão derrotado foi, no essencial, uma tarefa americana. Tendo, de início, como objectivos a desmilitarização e a democratização, ela foi mais construtiva do que destrutiva. Para MacArthur e alguns elementos em Washington, foi uma oportunidade para construir uma Utopia. As políticas de desmilitarização compreendiam a desmobilização dos militares, o desmembramento das *zaibatsu* que tinham contribuído para o esforço de guerra, o saneamento de figuras indesejáveis em cargos de influência e a punição dos criminosos de guerra. Graças à protecção pessoal de MacArthur, Hirohito não foi julgado como criminoso de guerra nem sequer forçado a abdicar. Pelo contrário, desempenhou um papel importante nas políticas de democratização de MacArthur. Tornou--se humano e símbolo da nação e deu também legitimidade às reformas levadas a cabo pela Ocupação. A derradeira política de desmilitarização foi a renúncia à guerra que seria inserida numa nova constituição.

A nova constituição, redigida por jovens americanos com uma contribuição limitada por parte dos Japoneses, integrava a maioria das reformas democráticas da Ocupação. Confirmava o novo papel de Hirohito, atribuía a soberania da nação ao seu povo, defendia os direitos humanos e a igualdade dos sexos, separava a religião e o Estado, assegurava diversas liberdades, como as de expressão e reunião, e instituía a reforma do trabalho e da educação. Para além disso, regressava a política com base nos partidos. As reformas agrárias progressivas reduziram bastante o arrendamento, tornando alguns em proprietários da terra que trabalhavam.

No entanto, houve muitos na América e no Japão que pensaram que as reformas eram demasiado liberais, sobretudo devido às tensões crescentes da Guerra Fria. Havia, sobretudo, a preocupação com o despertar do comunismo. A greve geral planeada para Fevereiro de 1947, que MacArthur teve de proibir no último momento, era um símbolo da agitação laboral e da ameaça comunista. Uma economia que continuava débil aumentava o perigo de uma tomada do poder pelos comunistas.

Parecia que Washington ia perdendo confiança em MacArthur no decurso do ano de 1947, pelo que enviou alguns conselheiros, que adoptaram uma linha mais dura. O principal objectivo era agora fortalecer a economia do Japão e fazer dela um bastião do Mundo Livre no Extremo Oriente. O desmembramento das *zaibatsu* foi interrompido, bem como os saneamentos. O Japão também evitou pagar quantias significativas como indemnizações de guerra às nações que tinham sido suas vítimas. As leis laborais, que acabavam de ser introduzidas, foram tornadas mais restritivas. Com políticas financeiras rigorosas, orientadas por especialistas americanos, a inflação foi reduzida e a economia começou a recuperar. Um impulso importante para a recuperação económica veio das encomendas americanas destinadas à Guerra da Coreia, iniciada em 1950.

A Guerra da Coreia levou também à demissão de MacArthur – por divergir da política do presidente Truman –, à assinatura de um tratado de paz e ao fim da Ocupação. Ao mesmo tempo que o tratado de paz era assinado, a América e o Japão assinaram um tratado de segurança que permitia que tropas americanas ficassem estacionadas no país. Uma vez que a América tomara a seu cargo, efectivamente, a segurança do país – apesar da criação das Forças de Autodefesa –, este tinha de despender muito pouco com a defesa, o que ajudou ainda mais a sua economia.

Durante os anos 50, o governo conservador japonês anulou deliberadamente algumas das reformas da Ocupação. Na educação, sobretudo, assistiu-se à reintrodução do centralismo e a um controlo governamental apertado. Contudo, não anulou as recentes políticas económicas da Ocupação, mas partiu delas, combinando-as com a sua própria tradição de direcção governamental da economia. Os resultados económicos foram ainda aumentados por atitudes tradicionais, como o desejo de aprender e de trabalhar arduamente a favor dos interesses do país. Alguns estavam mesmo determinados a combater de novo na guerra, mas agora no domínio da economia.

Devido a estes e a uma diversidade de outros factores – um misto de espírito de iniciativa e de ajuda da América, de autoritarismo e de democracia, de predisposições culturais e de mecanismos económicos –, o Japão pôde atingir um rápido crescimento económico nas duas décadas seguintes. No final dos anos 60, tornou-se a terceira maior economia mundial, depois da América e da União Soviética.

O progresso nem sempre foi linear. A industrialização tinha provocado uma grave poluição. A agitação laboral continuou nos anos 50, culminando numa grande confrontação na Miike, em 1960, entre o movimento sindical, por um lado, e o governo e o mundo dos negócios, por outro. A aliança entre o governo e o mundo dos negócios venceu. Foi a partir deste momento que muitas das políticas do chamado modelo japonês de gestão foram postas em prática, designadamente os sindicatos de empresa e o "emprego vitalício". Felizmente, a melhoria da economia conduziu a aumentos de salários e a aquisições de bens materiais que ajudaram apaziguar os trabalhadores.

A economia do Japão continuou a crescer durante os anos 70, apesar do choque petrolífero. Também solucionou muitos dos seus problemas de poluição. Parecia invencível. O orgulho pelos resultados obtidos pelo Japão levou à criação da literatura *Nihonjinron*, de cariz autocongratulatório, que tendeu a acentuar o carácter único do país, com fortes insinuações da existência de uma supremacia inata. Aparentemente, muitos ocidentais concordavam e começaram a estudar com entusiasmo aspectos do Japão, como, por exemplo, o seu estilo de gestão, para melhorarem os seus próprios países ou empresas. O país recebeu uma grande distinção em 1979 quando um professor de Harvard escreveu um *best-seller* que se referia ao Japão como sendo o Primeiro e também, para além disso, às lições que podia dar à América. O aluno tinha-se tornado agora o professor.

Infelizmente, nos anos 80 o êxito do Japão conduziu muitos Japoneses à arrogância e muitos ocidentais à inveja e à frustração. O neonacionalismo, a atitude desafiadora e o sentimento claro da supremacia racial japoneses – exacerbados por comentários que vinham até do primeiro-ministro – alarmaram o mundo, e a Ásia em particular. Por seu lado, a associação japonesa governo/mundo dos negócios parecia presa num caminho contínuo de expansão económica, embora grande parte das pessoas começasse a ficar agastada com a ausência de reformas estruturais. O Japão era o número um como superpotência económica, mas o seu povo vivia muitas vezes em condições que estavam mais próximas do Terceiro Mundo. As tentativas internacionais de lidar com o domínio económico do Japão, provocando a valorização do iene e a libertação de capital barato, de facto pioraram as coisas, porque o "dinheiro da Bolha" japonês servia agora para aquisições de bens em todo o mundo. No final dos anos 80, o *establishment* japonês era alvo da cólera dos ocidentais, dos asiáticos e de muitos Japoneses, sobretudo quando estes souberam de escândalos importantes em que os políticos enchiam os próprios bolsos. A ascensão de um novo imperador em 1989 não trouxe qualquer alteração, aumentando a frustração.

A situação estava a atingir o seu ponto de crise quando, talvez felizmente, a economia entrou em colapso a partir de 1990, aproximadamente. Arrastou consigo muitos dos motivos da arrogância das *Nihonjinron*. Por exemplo, as demissões de gestores evidenciaram como tinham sido exageradas as afirmações da existência de uma harmonia e de uma lealdade inatas. Esta quebra da economia fez diminuir as tensões com o Ocidente, mas tornou o povo japonês ainda mais inquieto, porque parecia agora que as reformas das infra-estruturas seriam adiadas mais uma vez. Todo o seu trabalho árduo e todos os sacrifícios para fazer do Japão uma superpotência económica pareciam agora em risco.

A frustração pública com tudo isto, associada aos escândalos governamentais que se iam sucedendo, deu azo a uma situação vacilante do PDL em 1993, que era histórica, e a mais expressões de indignação pública. No entanto, em resultado da recessão económica contínua, a que se juntaram outros acontecimentos, como o terramoto de Kobe, em 1995, e os ataques de gás da AUM nesse mesmo ano, bem como preocupações mais gerais, como o envelhecimento da sociedade, a indignação pública foi substituída pela ansiedade e a incerteza. Com uma resignação quase fatalista, a partir dos anos 90, o povo tornou-se politicamente apático, o que foi reforçado por algumas melhorias da qualidade de vida. O PDL está de regresso ao poder e os escândalos continuam. Tem havido uma prolongada falta de visão real, de sentido de orientação, de finalidade. Contudo, as reformas recentes que Koizumi, o primeiro-ministro em exercício, pôs em execução, ou, pelo menos, planeou, desde que assumiu o cargo em 2001, sugerem que pode estar no horizonte uma mudança positiva. Outros bons sinais são as indícios de 2003 de que a recessão pode estar finalmente a terminar, a emergência, nos últimos anos, de uma alternativa política viável no PDL, que poderia dar novo vigor à cena política e aumentar as escolhas dos eleitores, e o que parece ser uma aceitação mais ampla do conceito ocidental de direitos pessoais e democráticos.

À medida que o Japão entra no novo milénio, é vital que recupere o sentido de finalidade e que se apoie em qualidades tradicionais, como a capacidade do povo para obter resultados e para aprender. Alguns tentaram dar ao povo desorientado uma ideia de finalidade e de identidade que tivesse sentido, reintroduzindo o orgulho na história do país através de manuais, mas, na prática, tal conduziu a uma forma de nacionalismo que é inaceitável internacionalmente e, de facto, inaceitável também para muitos Japoneses. São necessários meios mais adequados que permitam realizar o objectivo de Koizumi, que é constituído pela associação de um novo orgulho nacional com a atenção à realidade internacional. Assumir o desafio de fazer do Japão uma "superpotência com estilo de vida", em sintonia com a época actual, pareceria ser uma maneira de cumprir esse objectivo e de continuar a merecer o respeito do mundo. Contudo, entre outras coisas, tal requer que se faça realmente a paz com as nações asiáticas, assumindo completa e sinceramente o comportamento japonês no passado. Num sentido mais amplo, o Japão deve também ter uma mentalidade mais genuinamente orientada para a globalidade.

Os principais acontecimentos do período estão sumariados no quadro 6.1.

Os valores e as práticas essenciais neste período estão sumariados no quadro 6.2. A maioria deles são, uma vez mais, uma continuação dos valores do passado.

Quadro 6.1. Principais desenvolvimentos desde o fim da guerra até ao início do segundo milénio

Desenvolvimentos	Data
Objectivos da Ocupação para uma Utopia desmilitarizada e democratizada	1945-1947
A Ocupação muda de rumo devido à Guerra Fria e pretende fortalecer a economia do Japão como um bastião do Mundo Livre	1947/1948-1952
Depois da Ocupação, os conservadores tornam as reformas desta mais japonesas, mas partem da sua base económica	a partir de 1952
Crescimento orientado muito rápido, mal-estar interno atenuado por ganhos materiais	do início dos anos 50 ao início dos anos 70
Reconhecimento no estrangeiro e orgulho interno devido aos resultados económicos, apesar de problemas de infra-estruturas	do final dos anos 60 ao final dos anos 70

Crescimento mais lento, mas contínuo	de meados dos anos 70 a meados dos anos 80
O orgulho nacional transforma-se em arrogância nacionalista, o respeito ocidental transforma-se em irritação, o povo fica também indignado com o baixo nível de vida e com a corrupção	anos 80
O Japão domina o mundo com a Economia da Bolha, aproxima-se de uma crise	final dos anos 80
A economia entra em colapso, o orgulho e a arrogância diminuem, as tensões com o Ocidente baixam	início dos anos 90
A recessão e a corrupção continuam, a indignação pública é esvaziada politicamente	início/meados dos anos 90
A recessão e a corrupção continuam, o caminho tomado pelo Japão é incerto, a indignação pública é substituída pela ansiedade pública e a apatia política, emerge um novo nacionalismo e as relações com a Ásia são ainda tensas por causa do passado	meados/final dos anos 90
Continua a incerteza, a corrupção, a apatia e a ansiedade, mas, felizmente, surgem sinais de moderação da recessão, algumas reformas em curso e sinais de mudança no sentido de um tipo positivo de globalização	a partir do ano 2000

Quadro 6.2 Valores e práticas fundamentais desde o fim da guerra até ao início do segundo milénio

- determinação para o sucesso (pelo menos de início)
- orgulho nacional e espírito nacionalista
- vontade de aprender com as potências mais fortes
- capacidade de recuperação
- concentração num só objectivo
- desconfiança e inquietação perante a democracia sem condicionamentos
- obediência à autoridade (embora frequentemente sob coacção)
- consciência da importância da economia
- consciência da importância da educação na formação da visão do mundo
- capacidade pragmática para combinar o antigo e o novo, o nacional e o estrangeiro

- importância da legitimação do poder por uma alta autoridade
- ressurgimento parcial da ideia de supremacia racial japonesa
- ausência de entusiasmo pelo socialismo
- preferência pelo conservadorismo
- tendência para se ser conduzido pela emoção mais do que pela razão
- tendência para a perspectiva e o seu objectivo se tornarem demasiado restritos
- regresso parcial do fatalismo e da resignação
- moralidade relativamente despreocupada (apesar de iras e excessos ocasionais)
- desorientação e ansiedade quando os objectivos ou o quadro global não estão claramente definidos
- adopção cada vez maior dos valores ocidentais como os que dizem respeito aos direitos humanos

Graças a uma combinação de boa sorte, tácticas eficazes e pontos fortes tradicionais, o Japão tornou-se uma das maiores superpotências económicas mundiais de sempre. O desafio que agora enfrenta é o de ser reconhecido como superpotência num sentido mais amplo, em sintonia com os valores internacionais e pós-modernos actuais. Deve juntar-se ao mundo, não procurar dominá-lo.

Notas

(1) Encontra-se em MacArthur 64, pp. 272-277, uma descrição detalhada da cerimónia de rendição, incluindo o texto do discurso.

(2) Para detalhes, vd. Nishi 82, pp. 47-49.

(3) Para detalhes, vd. Hane 86, pp. 341-343. Foi destruída, aproximadamente, uma casa em cada cinco em todo o país (mais de metade das casas em Tóquio e Osaca) e a comida era desesperantemente escassa. As forças de ocupação entregaram alguns alimentos, mas não de forma substancial até ao início de 1946. Em finais de 1945, muitos Japoneses gastavam quase todas as suas energias apenas a tentar

obter comida suficiente para se manterem vivos. Vd. também "Out of a Firestorm", da série em vídeo *Nippon* da BBC.

(4) Estes traços podem ver-se claramente nas suas pouco modestas memórias (MacArthur 64) e nos comentários dos que o conheceram bem, como o seu ajudante pessoal Faubion Bowers (vd. a entrevista em vídeo "Reinventing Japan" na série *Pacific Century*). Vd. também Reischauer 88, p. 104, e Dower 93b, p. 165.

(5) Cohen 87, pp. 53-54.

(6) Storry 63, p. 240. Theodore Cohen, ele próprio uma figura importante na Ocupação, afirma repetidamente que os que rodeavam MacArthur tinham habitualmente sentimentos contraditórios, por um lado respeitando-o, mas, por outro, irritando-se com a grande importância que exibia e com a incapacidade de reconhecer o que os outros realizavam. Vd. Cohen 87, pp. xix-xx, 54 e 63.

(7) A China estava ocupada com perturbações internas. Os Soviéticos exigiram a sua própria zona de ocupação em Hokkaido e quando ela lhes foi negada, recusaram-se a enviar tropas que servissem sob um comandante americano. As tropas britânicas eram australianas na sua maioria. Vd. Cohen 87, pp. 58-61, para mais detalhes acerca da posição dos Soviéticos e outros aliados.

(8) MacArthur 64, pp. 291-293.

(9) Relativamente ao início do planeamento, vd. Ward 87b, p. 395, e Borton 67, pp. 4-8. Vd. também Ward 87a, pp. 3-4. Os *New Dealers* eram liberais que apoiavam o *New Deal*, as reformas sociais e económicas introduzidas na América pelo presidente Roosevelt, durante os anos 30, para aliviar os efeitos da Depressão. Tinham por preocupação principal alcançar uma distribuição mais igualitária da riqueza e reformas laborais que apoiassem os sindicatos e não tanto os interesses das grandes empresas. Vd. Cohen 87 para uma análise geral das características semelhantes ao *New Deal* no planeamento do Japão.

(10) Borton publicou alguns livros sobre o Japão no período a seguir à guerra, mas reduziu muito o seu papel relevante. No entanto, a análise de directivas importantes e de outros documentos dessa época revela o seu envolvimento na grande maioria deles. Para um comentário informado sobre a extensão desse papel, vd. Cohen 87, p. 18.

(11) Para detalhes da JCS1380/15, vd. Gibney 92, p. 182 (o próprio Gibney era membro da Ocupação). Não deve ser confundida com a directiva, muito mais vaga e simples, publicada em Agosto, a *US Initial Post Surrender Policy for Japan*, também conhecida como SWNCC 150/4 (referindo-se a sigla SWNCC ao State [Dept]-War-Navy Coordinating Committee).

(12) MacArthur 64, pp. 280-283.

(13) *Ibidem*, p. 283.

(14) Vd. Cohen 87, pp. 11-12.

(15) MacArthur 64, pp. 286-287.

(16) *Ibidem*, p. 298.

(17) Muitos comentadores ocidentais atribuem-na sem mais a MacArthur, enquanto muitos Japoneses preferem hoje acreditar que teve origem japonesa. De facto, é um caso clássico de "atirar as culpas", quando se esperaria que fosse um caso de "apropriação indevida dos créditos". É inquestionável que MacArthur redigiu a cláusula e a enviou à equipa do CSFA que trabalhava na nova constituição. Um dos elementos dessa equipa, Richard Poole, confirma-o, atribuindo a cláusula ao próprio MacArthur (vd. a entrevista em "Reinventing Japan") que, todavia, nas suas memórias (MacArthur 64, pp. 302-304) nega que tenha sido ideia sua e afirma

que a iniciativa foi do então primeiro-ministro Shidehara Kijuro. Yoshida Shigeru, que sucedeu no cargo a Shidehara, relembra nas suas próprias memórias (Yoshida 61, p. 137) a sua impressão de que MacArthur a sugeriu a Shidehara, e não o contrário, como afirma MacArthur. Em alternativa, Theodore McNelly (McNelly 87, pp. 79-80) levanta a possibilidade de que poderia ter vindo de Shidehara, mas em resposta a uma sugestão de Charles Kades, que era responsável pela equipa que redigia a Constituição e que estava muito influenciado pelo Pacto Kellogg--Briand de 1928. Para alargar as possíveis fontes, Robert Ward (Ward 87a, pp. 23--24) chama a atenção para um plano para o Japão, do Departamento de Estado, redigido em 9 de Maio de 1944 por Hugh Borton, que se refere ao "amplo consenso que existe agora de que não se deve permitir que o Japão, no período pós-guerra, possua exército, marinha de guerra ou força aérea". Embora este plano de Washington em particular se refira ao período "pós-guerra" e não a uma disposição permanente e, por outro lado, possa não ter sido especificamente enviado a MacArthur, um documento anterior, o SWNCC 150/2, de Agosto de 1945, refere--se claramente a um desarmamento "completo e permanente" do Japão. (Vd. Dower 93b, p. 168, embora Dower pense que a origem da cláusula esteja em Tóquio e não em Washington.) O próprio Borton (Borton 55, nota 5 às pp. 423-424) atribui o "princípio da renúncia à guerra" a MacArthur e, mais tarde (Borton 67, p. 16), atribui a ideia de desmobilizar as forças armadas ao seu colega George Blakeslee, do Departamento de Estado. Numa perspectiva mais ampla, também não deve ser esquecido que, meio século antes, o próprio Japão tinha desmobilizado o exército da Coreia.

(18) O texto completo da Constituição encontra-se na *Kodansha Encyclopedia of Japan*, vol. 2, pp. 9-13, e no *Asahi Shimbun Japan Almanac* (1997), pp. 284-291.

(19) Para mais detalhes do Julgamento de Tóquio, vd. Minear 71 (na totalidade) e 83 (em resumo). Vd. também Tsurumi 87, cap. 2, Bix 00, pp. 581-618, e Maga 01 para outras análises. Vd. Picigallo 79 para uma análise dos julgamentos fora do Japão e Barber e Henshall 99.

(20) Vd., por exemplo, Tsurumi 87, p. 16.

(21) Williams e Wallace 89, p. 286.

(22) Vd. Seagrave 99, sobretudo a p. 216, sobre o não julgamento dos envolvidos.

(23) Tsurumi 87, p. 16.

(24) Num inquérito de opinião realizado em Junho de 1945, 77% dos Americanos queriam que Hirohito fosse severamente punido e em 18 de Setembro desse ano uma resolução conjunta, declarando que Hirohito devia ser julgado como criminoso de guerra, foi apresentada ao Senado e remetida a uma Comissão. Muitas figuras importantes de outros países aliados, como o primeiro-ministro da Nova Zelândia e líderes da Austrália, da União Soviética, da Holanda e da China, eram também da opinião de que Hirohito devia ser julgado. Vd., por exemplo, Bix 95, pp. 320--321, Bix 00, pp. 610-612, MacArthur 64, p. 288, Behr 89, pp. 294 e 332, e Ward 87a, p. 11.

(25) Vd., por exemplo, Large 92, pp. 136-139, Bix 95, p. 323, e também Borton 67, pp. 15--16. Para uma análise mais completa dos pontos de vista do governo americano, quer sobre a instituição imperial quer sobre a pessoa de Hirohito, vd. Ward 87a, pp. 3-18.

(26) Entre as figuras dessa altura que pensavam que ele deveria ter abdicado, logo de imediato ou na primeira fase da Ocupação, incluem-se o primeiro-ministro imediatamente anterior à guerra, o príncipe Konoe Fumimaro e o primeiro primeiro--ministro a seguir a ela (Agosto-Outubro de 1945), o príncipe Higashikuni

Naruhiko. Vd. Também Ruoff 01, p. 135. Entre as que, mais tarde, partilharam esta opinião estiveram o romancista Mishima Yukio e o romancista-político Ishihara Shintaro, ambos fortemente nacionalistas. Tsurumi (87, p. 26) analisa as contínuas reservas japonesas e, entre outras coisas, acentua que a incapacidade de Hirohito se afastar favoreceu a ideia de que os governantes não necessitavam de assumir a responsabilidade das suas decisões.

([27]) Constituindo um exemplo interessante do pensamento de Hirohito, foi encontrada em 2003, pelo seu Chefe da Casa Imperial, Tajima Michiji, a chamada "apologia do imperador", que se encontrava apenas em esboço e que fora provavelmente escrita por ele em 1948 (por altura do veredicto do Julgamento de Tóquio). Usando explicitamente a palavra "derrota", parece que, na apologia, Hirohito aceita a responsabilidade da derrota em termos da sua "falta de virtude" e também diz que estaria a esquivar-se à sua responsabilidade para com a nação se abdicasse naqueles tempos difíceis. Embora seja quase certo que não foi escrita por ele pessoalmente, é também quase igualmente certo que reflecte com rigor o que ele pretendia dizer. Nunca foi publicada. Vd. *East*, vol. XXXIX, nº 2, Julho/Agosto de 2003, pp. 4-14. Deve notar-se que a abdicação de Hirohito, sobretudo no rescaldo da guerra, tornaria mais fácil o seu julgamento.

([28]) MacArthur 64, p. 301.

([29]) Há uma grande controvérsia acerca da responsabilidade de Hirohito em relação à guerra. Como Pearl Harbor, o assunto não deve ser demasiado simplificado. As obras relevantes vão desde a crítica (como Bergamini 71, Behr 89 e Bix 92 e 00) ao apoio (como Mosley 66 e Shillony 73). Muitos comentadores tendem a manter opiniões semelhantes às de Stephen Large (92), que tem, no fundo, uma posição equilibrada e moderadamente simpática, no sentido de que Hirohito era um homem fraco, vítima de circunstâncias demasiado poderosas para que pudesse lidar com elas. Ou seja, era mais culpado de omissão do que de acção, por não ter posto fim ao comportamento condenável de outros. Por outro lado, os textos recentes e detalhados de Bix, em particular, sugerem que pode ser mais adequado um ponto de vista bastante menos favorável. Entre outras razões, Bix apresenta uma lista de exemplos do envolvimento activo de Hirohito em assuntos como o planeamento militar estratégico, como quando pressionou para que fosse usada a força aérea na campanha de Guadalcanal, insistindo mesmo contra a opinião do seu estado-maior no terreno. (Vd. Bix 92, pp. 352-354, e 00, Parte 3, *passim.*) Entre os seus críticos, condena-se também a sua demora em fazer cessar a guerra, permitindo assim que o número de baixas fosse muito superior. (Vd., por exemplo, Takashashi 03, pp. 9-10.)

([30]) Para detalhes, vd. Ward 87a, p. 16, e Behr 89, p. 348.

([31]) Large 92, p. 141, e Nishi 82, pp. 55-56.

([32]) MacArthur 64, pp. 284 e 310-311. Vd. também Ward 87a, p. 7, acerca de uma recomendação de Washington, aparentemente da iniciativa de Hugh Borton, logo em Maio de 1944, de que a divindade de Hirohito não devia ser apoiada.

([33]) Bix 92, pp. 318-321.

([34]) Vd. Large 92, p. 147.

([35]) Vd. Bix 95 e Ruoff 01 (sobretudo o cap. 2) para uma análise do "imperador símbolo".

([36]) Ward 87a, p. 13, Large, 92, p. 152, e, sobretudo, Behr 89, pp. 364-365.

([37]) Bix 95, p. 331, e 00, Parte 4, *passim.*

([38]) Ward 87a, p. 36.

([39]) MacArthur 64, p. 300.

([40]) Vd. também o vídeo "Reinventing Japan", que contém entrevistas reveladoras com Kades e um certo número de outros elementos do CSFA envolvidos na redacção da nova constituição.
([41]) McNelly 87, p. 80.
([42]) Ward 87b, p. 400.
([43]) Vd. a entrevista em "Reinventing Japan". Não foram apenas os Japoneses que expressaram tal ponto de vista. Num livro que questiona a natureza da democracia no Japão contemporâneo, Herzog (93, cap. 1) afirma o mesmo.
([44]) Para além de Herzog 93, vd. McCormack e Sugimoto 86 para pormenores sobre os aspectos não democráticos do Japão contemporâneo. Entre estes, contam-se práticas de justiça criminal que violam claramente os direitos humanos.
([45]) De acordo com uma directiva do CSFA, estas eleições foram realizadas obedecendo às normas do projecto de constituição, embora esta tivesse ainda de ser formalmente aceite pelo parlamento que estava então a ser eleito. Isso significava que as mulheres votavam pela primeira vez.
([46]) A proposta acerca dos direitos das mulheres foi redigida por Beate Sirota, uma mulher de 22 anos. Apesar do seu apelido soar a japonês, era uma americana de origem russa. Era a única da equipa de redacção que possuía alguma experiência real do Japão. Era também um dos poucos elementos civis e que não haviam sido escolhidos virtualmente ao acaso. Foi seleccionada por várias razões: tinha estado dos 5 aos 15 anos no Japão, falava fluentemente japonês e era mulher.
De todas as histórias notáveis da redacção da constituição, a sua é a mais extraordinária. Como explica detalhadamente em "Reinventing Japan" e numa entrevista posterior (vd. *Japan Times*, edição semanal internacional, 31 de Julho-6 de Agosto de 1995, pp. 10-11), redigiu a parte que lhe competia, depois de percorrer frenética e intensamente as bibliotecas em busca de qualquer material relevante. Essa parte ficou demasiado pormenorizada e foi bastante reduzida por Kates. Quando foi entregue aos representantes japoneses para que a comentassem, estes ficaram inicialmente relutantes em aceitar uma mudança tão drástica em relação às mulheres, ao garantir-lhes a igualdade. No entanto, só chegaram a esta parte do projecto constitucional depois de 16 horas seguidas de discussão, a maioria sobre o papel do imperador. Estavam todos extremamente cansados e queriam acabar a reunião o mais depressa possível. Beate Sirota tinha feito de intérprete aos Japoneses durante as discussões e, por isso, era vista por eles como uma amável auxiliar. Não sabiam que fora ela que redigira o item que tinham agora à sua frente. Afirma ela que Kades lhes disse: "Miss Sirota leva muito a peito a questão dos direitos das mulheres, por isso, por que não passamos à frente?" E acrescenta apenas: "E eles assim fizeram."
([47]) Foi apenas nos anos 90 que a maioria das mulheres japonesas começou a discordar dos papéis tradicionais de ambos os sexos. Vd., por exemplo, os inquéritos referidos pelo *Japan Times*, edição semanal internacional, 2-15 de Janeiro de 1995 e 15-21 de Abril de 1996. Vd. também Kumagai 96, pp. 100-111. Muitas mulheres, mesmo muito novas, continuaram a concordar com os papéis tradicionais. (Vd. sobretudo Iwao 93.) Como Iwao e outras comentadoras mostram, a percepção das mulheres japonesas sobre as funções femininas tem sido um tema complexo. Embora o confucianismo seja um factor importante, não é o único a determinar a posição das mulheres na sociedade, como não o são nem o chauvinismo masculino nem a efectiva falta de oportunidades para as mulheres, apesar das "garantias"

constitucionais de igualdade. Muitas mulheres continuaram a não ficar convencidas de que fossem adequadas ao exercício de certas ocupações, nomeadamente as que relacionam com o exercício do poder. Na política, por exemplo, as mulheres eleitoras continuaram a preferir candidatos masculinos. Nas eleições de Outubro de 1996 para a Câmara Baixa, as mulheres representavam 10% dos candidatos, mas as que foram eleitas representavam menos de 5%, apesar do eleitorado ser maioritariamente feminino. Com as eleições de Junho de 2000, a percentagem de mulheres nos lugares da Câmara Baixa subiu para 7,5%, mas depois das de 2003 baixou de novo para 7,1% (34 em 480 lugares). Evidentemente, este tema merece uma análise mais detalhada num contexto mais especializado.

([48]) Vd. também o vídeo "Out of a Firestorm".

([49]) Este aspecto é considerado com algum detalhe em Nishi 82, pp. 90-105. Vd. também Braw 91. Para sermos justos com a Ocupação, este aspecto ilustra também a questão filosófica universal de saber até que ponto a tolerância pode tolerar a intolerância.

([50]) Vd. os vídeos "Reinventing Japan" e "Out of a Firestorm".

([51]) Nishi 82, pp. 103-104.

([52]) Reischauer e Craig 79, p. 282. Este aspecto subjaz a muitos comentários feitos pelos funcionários da Ocupação, que atribuem tudo aos Japoneses. Obviamente, não eram apenas os Japoneses que sabiam distinguir o que era dito para fora e o que era realmente feito dentro.

([53]) Nishi 82, p. 166.

([54]) Para uma apresentação pormenorizada da reforma agrária, vd. Dore 59.

([55]) Hadley 83, p. 364. As seis *zaibatsu* mais pequenas eram a Asano, a Furukawa, a Ayaukawa (Aikawa), a Okura, a Nomura e a Nakajima.

([56]) Hadley 83, p. 365.

([57]) O que se segue socorre-se, em particular, de Cohen 87. O próprio Cohen supervisionou a maioria das reformas laborais.

([58]) Um relatório do governo dos Estados Unidos, de Abril de 1946, informava que o número era de apenas 6 800 (Nishi 82, p. 95), ao passo que em Março de 1947, Nosaka Sanzo afirmava que era de 60 000 (Cohen 87, p. 281). Mesmo admitindo que houvesse distorção dos números, é inegável a tendência para um rápido crescimento e é óbvia a preocupação por parte das autoridades. Como Cohen salienta, em comparação, na Rússia, imediatamente antes da Revolução de Março de 1917, havia menos de 50 000 detentores de cartões bolcheviques, numa população que era o dobro da do Japão.

([59]) Nishi 82, p. 95.

([60]) Cohen 87, p. 261.

([61]) Yoshida 61, p. 75.

([62]) Vd. Frost 83, p. 53.

([63]) Vd. também *ibidem*, p. 54.

([64]) Vd. o vídeo "Reinventing Japan".

([65]) Cohen 87, pp. 299-300.

([66]) O notável general Charles Willoughby, o aristocrata nascido na Alemanha que chefiava agora a Secção de Informação do CSFA, era um desses críticos altamente colocados. Vd. Cohen 87, pp. 90-96.

([67]) Vd. Gibney 92, p. 201.

([68]) Vd. Cohen 87, caps. 21-25, para detalhes acerca de Draper, Kennan e outros e das suas políticas financeiras.

(69) Esta mudança é conhecida popularmente como "marcha atrás", mas trata-se de uma ultra-simplificação enganadora. Houve muitas políticas da Ocupação anteriores a 1947 que se mantiveram depois deste ano. Seria preferível dizer "mudança de rumo".

(70) Vd. Frost 83, p. 53.

(71) Depois dos protestos de alguns países asiáticos, o Japão teve, de facto, de lhes pagar indemnizações muito reduzidas, anos mais tarde, principalmente na forma de bens de equipamento produzidos com matérias-primas fornecidas por eles. Todavia, pode considerar-se que o Japão teve um encargo muito diminuto com as indemnizações, o que foi outro prolongado factor de descontentamento para com o Japão por parte das nações asiáticas.

(72) Para pormenores, vd. Borton 55, pp. 365-366.

(73) Cohen 87, p. 458.

(74) Vd. Dower 79, p. 316.

(75) Nakamura 81, p. 42.

(76) Para detalhes do relato de MacArthur sobre a Guerra da Coreia e do seu ponto de vista sobre a política de Washington, vd. MacArthur 64, cap. 9.

(77) *Ibidem*, pp. 378-379.

(78) Encontraram-se pela primeira vez em Maio de 1952, depois da Ocupação ter formalmente terminado. Vd. Large 92, p. 157.

(79) A União Soviética, a Checoslováquia, a Jugoslávia, a Polónia e a Índia não assinaram. Outros países só assinaram na condição de os Estados Unidos também assinarem pactos de segurança especiais com eles, como o Pacto ANZUS (reunindo a Nova Zelândia, a Austrália e os Estados Unidos). Nenhuma das duas Chinas foi convidada para a Conferência, por razões diplomáticas.

(80) MacArthur afirma apenas nas suas memórias (MacArthur 64, p. 383) que "Não fui convidado para estar presente. Talvez tenha havido alguém que se esqueceu de se lembrar."

(81) No final dos anos 90, em particular, assistiu-se a uma grande tensão entre os governos central e local sobre a presença continuada das bases americanas em Okinawa, sendo o assunto parcialmente alimentado devido à violação de uma jovem desta cidade por três soldados americanos. Por fim, prevaleceu o ponto de vista do governo central e as bases permaneceram.

(82) Vd. Weinstein 95 e Beason e Weinstein 96 para exemplos detalhados dos limites da eficácia do MCII. Um exemplo bastante conhecido e menos técnico foi o fracasso do MCII em apoiar a Sony no seu início, nos anos 50.

(83) Estes dados e os que se seguem sobre a estrutura da indústria foram retirados de *Japan 1995: An International Comparison*, p. 20.

(84) Alguns chamam-lhe o "segundo milagre", sendo o primeiro o crescimento económico durante o Período Meiji.

(85) Vd. Schoppa 91, cap. 5, para uma análise detalhada do processo de recentralização.

(86) Vd. Dower 79, p. 312.

(87) Vd., por exemplo, Ishihara 76, sobretudo a p. 84, acerca da continuação da guerra.

(88) Uma parte considerável do vídeo "Inside Japan Inc.", da série *Pacific Century*, é dedicada a este confronto. Para um tratamento mais completo da agitação na indústria mineira em geral, vd. Allen 94.

(89) Neles se incluía o génio literário excêntrico Mishima Yukio, que tinha inclinações militaristas e ultranacionalistas ao estilo de antes da guerra e até o seu próprio exército privado dedicado ao serviço do imperador. Alguns anos mais tarde, em

1970, com grande publicidade, cometeu o "suicídio do guerreiro" com estripação ritual. Ao que parece, a causa deste foi o desgosto profundo que sentiu com o que considerava ser a exaustão do Japão no presente e a sua ausência de dignidade na relação com o passado cultural. O incidente provocou um embaraço considerável no Japão e preocupação no estrangeiro.

(90) Em Dezembro de 1953. Vd. Borton 55, p. 449.

(91) O assassínio é apresentado no vídeo "Inside Japan Inc.", da série *Pacific Century*.

(92) Para mais pormenores sobre a *Zengakuren* e a agitação estudantil, vd. Steinhoff 84.

(93) Para uma análise crítica detalhada desta e de outras obras *Nihonjinron*, incluindo algumas escritas por ocidentais, vd. Dale 86. Vd. também Taylor 85, especialmente o cap. 1.
Tal como as obras *Nihonjinron* desta época tentavam analisar as razões do sucesso do Japão, houve, de facto, obras escritas logo a seguir à guerra que tentaram analisar as razões da sua derrota. Estas obras negativas, mais antigas, são também consideradas *Nihonjinron* por alguns especialistas, o que significa que devemos ter cuidado com o termo. Para uma análise destes outros tipos de *Nihonjinron*, vd. Aoki 94.

(94) Os académicos ocidentais foram muito mais comedidos a respeito desta obra – embora, obviamente, também a tivessem comprado –, porque continha um certo número de afirmações bastante questionáveis. Entre elas contam-se a satisfação dos estudantes, a felicidade dos casamentos e o magnífico sistema de segurança social. Actualmente, o livro é muitas vezes considerado um exemplo ocidental de *Nihonjinron,* com todas as conotações negativas que isso implica.

(95) Entre as obras de valor reconhecido, Pascale e Athos 82 e Morita 87 são algumas das que apoiam as práticas de gestão japonesas. Pelo contrário, Sethi *et al.* 84 critica-as. Whitehill 91 tende a ser concordante, mas é, não obstante, uma introdução geralmente equilibrada e útil ao tema.

(96) Whitehill 91, pp. 236-237.

(97) Embora estas fossem, sobretudo, práticas do pós-guerra e genuinamente apreciadas pelos Japoneses, devido à sua valorização da segurança e da família, havia, no entanto, indicações de que houvera influência ocidental nos seus primórdios. No final do Período Meiji, missões de estudo ao estrangeiro tinham concluído que deveriam ser estimuladas as políticas de pessoal "do berço à cova", de estilo familiar, como as das companhias Krupp, na Alemanha, e da National Cash Register, nos Estados Unidos. Vd. Dore 84, sobretudo as pp. 23-24.

(98) Foi obrigado a demitir-se em Dezembro de 1974, após uma série de negócios corruptos ter sido divulgada num jornal popular. O seu nome é relacionado sistematicamente com o escândalo Lockheed, por ter recebido avultadas quantias como recompensa de ter usado a sua posição para que se fizessem encomendas de aviões nesta companhia. De facto, embora os seus contactos com a Lockheed tivessem tido lugar em 1972-1973, só foram revelados em 1976 e não foram a causa da sua demissão. Para pormenores sobre este e outros escândalos que envolveram políticos e burocratas japoneses, vd. Herzog 93, cap. 7.

(99) Nakamura 81, p. 230.

(100) Para mais elementos sobre as doenças causadas pela poluição, vd. Ueda 83 e Ui 92. Para pormenores sobre este contencioso, vd. Upham 87 e McKean 81. Vd. também Barret e Therivel 91 para uma análise mais ampla das atitudes tomadas em relação ao ambiente.

([101]) Reischauer 88, p. 118.
([102]) Vd., por exemplo, Wolf 83.
([103]) Vd. Woronoff 90, p. 223, sobre a comparação com os terrenos da Califórnia e Tada 96 sobre a comparação com os do planeta.
([104]) Quando a Sony adquiriu os Columbia Studios, o seu presidente, Morita Akio, ficou surpreendido com a reacção antijaponesa. Fez notar o importante aspecto de que são necessários dois para se concluir um negócio. Não se tratava apenas de a Sony ter comprado, mas de a Coca-Cola ter vendido. Perguntou-se por que razão só se criticava o comprador, mas não o vendedor. A resposta óbvia é que as pessoas preferiam ver as coisas desse modo. Tratava-se de emoção, não de razão. O problema levantava também, uma vez mais, a possibilidade indesejável de haver pensamentos racistas. Quando se descobriu que o Japão controlava 4% da economia americana, houve uma reacção igualmente extremada, embora a Grã-Bretanha controlasse uma percentagem semelhante há já algum tempo, mas não tivesse havido qualquer reacção.
([105]) O principal opositor japonês à falsificação oficial da história do Japão e à interferência nos manuais em geral tem sido o historiador Ienaga Saburo. Ienaga tem desenvolvido uma campanha lendária, desde os anos 60, e tem tido algumas vitórias, embora limitadas. O seu maior êxito foi, talvez, a publicidade que gerou. Para um relato útil das suas batalhas, vd. NLSTSS 95.
([106]) Sobre as consequências deste discurso, vd., por exemplo, Russell 91, p. 416. Russell faz uma descrição útil das atitudes japonesas para com os negros.
([107]) Vd. o relato na *Far Eastern Economic Review*, 18 de Setembro de 1986, pp. 14-15.
([108]) O livro *"No" to Ieru Nihon* foi escrito também pelo presidente da Sony, Morita Akio, que, temendo que os seus interesses na América pudessem ser prejudicados, insistiu para que o seu nome fosse retirado da tradução inglesa autorizada que apareceu em 1991. O facto de Morita pensar que os ocidentais não dariam realmente atenção ao que se escrevesse em japonês era semelhante à convicção de Nakasone, em 1986, de que os ocidentais não reparariam nos seus comentários acerca dos negros e dos hispânicos. Ilustram os dois uma crença japonesa muito generalizada: o Japão estaria, de certo modo, separado do mundo e seria como que um solo santificado, destinado apenas aos Japoneses.
([109]) Ishihara 89/91, p. 28.
([110]) *Ibidem*, p. 61.
([111]) Vd. Wilkinson 81, p. 221.
([112]) Dados disponíveis anualmente no *Asahi Shimbun Japan Almanac*.
([113]) Woronoff 85, p. 250.
([114]) Hidaka 80/84, sobretudo a p. 9.
([115]) A tradução oficial é "Paz e Harmonia". Não é propriamente incorrecta, mas parece dar prioridade à eufonia sobre o rigor.
([116]) Wood 93, p. 11.
([117]) Vd. < http://www.japantimes.co.jp/weekly/news/nn2003/nn20030802a3.htm > e também o *Asahi Shimbun Japan Almanac*, 2004, p. 35.
([118]) Vd. < http://www.japantimes.co.jp/weekly/news/nn2003/nn20031206a3.htm > e também o *Asahi Shimbun Japan Almanac*, 2004, pp. 208-213.
([119]) Vd. *Japan Times*, edição semanal internacional, 13-19 de Junho de 1994.
([120]) Por exemplo, em menos de dois anos, o número de membros do Sindicato dos Gestores de Tóquio, anteriormente pouco conhecido, aumentou vinte vezes. Vd. o vídeo "Goodbye Japan Corporation".

([121]) Para pormenores, vd. a reportagem da *Far Eastern Economic Review*, 25 de Abril de 1996, pp. 63-64. No fim de 1997, Wallace saiu, sendo substituído por outro ocidental, o americano James Miller (outro antigo funcionário da Ford).

([122]) Vd. Ghosn 03, p. 15.

([123]) Despacho da Reuters de 12 de Dezembro de 2001 (a minha fonte é o *Waikato Times* deste dia). Vd. também < http://mainichi.co.jp/english/news/archive/200006/ /30/opinion.html >

([124]) Vd. Yanai 92.

([125]) O número de lugares da Câmara Baixa tinha aumentado em relação aos 466 de imediatamente a seguir à guerra.

([126]) O número de 511 lugares da Câmara Baixa então existente, formado por vários membros (até seis) de 129 círculos eleitorais, foi reduzido para 500, formado por membros eleitos individualmente em 300 círculos, a que acrescem outros 200 eleitos segundo o critério da representação proporcional. A criação de círculos uninominais pretendia reduzir as possibilidades de corrupção, com o fundamento de que é mais provável que os votantes façam a escolha do eleito com base na ideologia e na política proposta. Pelo contrário, no caso de ser escolhido um grupo de candidatos, os benefícios materiais prometidos a um círculo eleitoral (despesas públicas eleitoralistas) serão mais provavelmente um factor a pesar na sua escolha. As primeiras eleições que decorreram de acordo com este novo sistema tiveram lugar em Outubro de 1996.

([127]) Foi-lhe prometido o lugar de primeiro-ministro por Kono Yohei, presidente do PDL, se conseguisse formar uma aliança, anteriormente considerada improvável, com o PLD e com outros partidos. Vd. *Japan Times*, edição semanal internacional, 4-10 de Julho de 1994. Ao longo do seu mandato fez afirmações no sentido de que este estava já a prolongar-se para além do que esperava e que se confrontava com problemas de consciência. Em termos quantitativos, o PDL dominou a aliança.

([128]) Mori tinha-se tornado primeiro-ministro em Abril de 2000, depois da morte do mais popular, embora menos carismático, Obuchi Keizo, que estava em funções desde Julho de 1998 (sucedendo a Hashimoto). Entre as gaffes de Mori contam-se ter-se referido ao Japão como uma "nação divina centrada no imperador" e ter continuado uma partida de golfe depois de ter sido informado de uma tragédia grave e potencialmente embaraçosa do ponto de vista internacional, envolvendo o abalroamento acidental de um barco de pesca japonês por um submarino dos Estados Unidos em manobras, no qual morreram nove pescadores. Ficou em funções apenas um ano, sendo substituído em Abril de 2001 pelo muito mais popular Koizumi Junichiro.

([129]) Eram, respectivamente, Aoshima "Avó Malvada" Yukio e Yokoyama "Bate" Isamu.

([130]) McCormack 96, p. 11. Dos 143 reservatórios de gás construídos em Kobe pela Mitsubishi Liquid Gas, verificou-se que 114 o foram abaixo das normas oficiais.

([131]) Por exemplo, em dois casos independentes, dois membros da Dieta (Kondo Hiroshi e Arai Masanori) foram presos, pouco depois das eleições de Novembro de 2003 para a Câmara Baixa, sob a acusação de comprarem votos. Vd. *Japan Times*, 13 de Dezembro de 2003 e 4 de Janeiro de 2004.

([132]) Por exemplo, em Novembro de 2003, Ichikawa Momoko, filha do governador de Saitama e gestora dos seus fundos de natureza política, declarou-se culpada de apropriação indevida dos ditos fundos, doados ao seu pai (que se demitiu). Vd. *Japan Times*, 29 de Novembro de 2003.

([133]) Relativamente à ausência de corrupção, o Japão obteve 7 pontos em 10. O país mais bem classificado foi a Finlândia com 9,7 e o pior foi o Bangladesh com 1,3 (a minha fonte é < http://www.isop.ucla.edu/article.asp?parentid=5299 >). Em relação a outras matérias, vd., por exemplo, o Relatório das Nações Unidas sobre o Desenvolvimento Humano, de 2003, que avalia 185 países em termos de esperança de vida, níveis de instrução e rendimento real. O Japão ficou em 9º lugar, tal como em anos recentes. Todavia, nas três classificações mais importantes, ficou abaixo da posição que costumava ter há aproximadamente uma década. (Vd. < http://www.undp.org/hdr2003 >)

([134]) Por exemplo, no final de 2003, o Banco Ashikaga teve de ser apoiado pelo governo, sendo temporariamente nacionalizado.

([135]) Vd. por exemplo, Iida 02, cap. 6.

([136]) Os complexos textos do muito aclamado romancista Murakami Haruki (n. 1949) são considerados um reflexo destas mudanças e destas ansiedades, no caso do Japão, e tornam interessante a sua leitura. Por exemplo, no seu romance *Underground*, de 1997 (trad. inglesa de 2000), mostra como o grupo AUM foi capaz de cativar membros, apresentando uma mundividência que lhes evitava "a ansiedade de se confrontarem por si mesmos com cada nova situação". Em que medida a sociedade japonesa podia oferecer a estes indivíduos "uma narrativa mais viável" é uma questão que Murakami deixa formulada (00, pp. 201-202).

([137]) Este afastamento verifica-se sobretudo entre os jovens, embora não seja exclusivo deles, porque aproximadamente um terço dos doentes tem 30 anos ou mais. Os dados variam, mas segundo estimativas prudentes serão da ordem do milhão. Vd., por exemplo, < http://www.abc.net.au/am/content/2003/s971445.htm >

([138]) As famílias com apenas uma pessoa, por exemplo, aumentaram muito, de 16% do total de famílias em 1960, para 23% em 1990 e 28% em 2000. *Asahi Shimbun Japan Almanac*, 2004, p. 31.

([139]) Em 1960, a percentagem da população com menos de 15 anos era de 30,2% e com mais de 65 era de 5,7%. Em 1997, a percentagem de jovens foi ultrapassada, pela primeira vez, pela de idosos. Em 2002, as respectivas percentagens eram 14,2% e 18,5%. Uma das razões desta evolução foi a melhoria dos cuidados de saúde, que trouxe consigo um tempo de vida mais longo. O Japão é o primeiro país a nível mundial a este respeito. Os dados de 2002 mostram que a esperança de vida das mulheres é agora de 85,23 anos e a dos homens de 78,32. Outro factor é a baixa contínua da taxa de fecundidade, que é actualmente de 1,3 por mulher, quando era de 4,5 em 1947. Uma taxa abaixo dos 2,1 tem por consequência a diminuição da população. Um factor deste decréscimo da taxa de fecundidade é a idade do casamento ser cada vez elevada: em 2002, a idade média dos que casavam pela primeira vez era de 29,1 para os homens e de 27,4 para as mulheres, quando era de 26,9 e 24,2, respectivamente, em 1970. Consequentemente, a data do primeiro nascimento subiu de 25,6 para 28,3 no mesmo período. (Todos os dados são retirados do *Asahi Shimbun Japan Almanac*, 2004.)

Uma das consequências mais graves desta "sociedade cada vez mais grisalha", um problema com se defrontam muitos outros países economicamente desenvolvidos, é que a proporção dos que são apoiados (ou seja, os não trabalhadores) em relação aos que apoiam (ou seja, os trabalhadores remunerados) sobe rapidamente, resultando no acréscimo dos impostos e das contribuições para os fundos de pensões, para além de uma eficiência económica mais baixa do país como um todo. Para além disso, os mais velhos incorrem em custos médicos mais elevados. Receia-se no Japão que as contribuições para as pensões possam vir a atingir um terço dos salários, se não mesmo mais.

([140]) Um dos fenómenos mais preocupantes tem sido as *enjo kosai*, ou "relações financeiramente patrocinadas", em que raparigas jovens se encontram voluntariamente com homens mais velhos – tendo frequentemente relações sexuais com eles – e sendo pagas para tal. Se a prostituição infantil já é em si mesma suficientemente preocupante e não abona muito da moral dos mais velhos, o que nas *enjo kosai* constitui outra preocupação é o facto de as próprias jovens parecerem pretender vender os seus corpos, fazendo-o, aliás, para gratificações materiais imediatas, como comprar uma mala de marca. Um estudo mostrou que cerca de 4% das alunas dos terceiro e quarto ciclos tinham estado envolvidas em *enjo kosai*. Vd., por exemplo, Henshall 99, p. 37. Outros problemas são a falta de responsabilidade e de sentido de serviço, a cada vez menor atenção prestada ao "mundo real" com a fuga crescente para a realidade virtual dos jogos electrónicos, o aumento do materialismo e das modas efémeras e, o que é sobretudo grave, o abuso crescente das drogas e do álcool. Vd., por exemplo, Henshall 99, pp. 116--119.

([141]) A educação no Japão tem tido uma reputação ambígua. Internacionalmente, tem sido elogiada muitas vezes pela sua eficácia em formar jovens competentes linguística e matematicamente e que se tornam bons empregados ou, pelo menos, têm o potencial para o serem. Por exemplo, um relatório das Nações Unidas, de 2002, acerca de 24 países afirma que o Japão tem o segundo sistema educativo mais eficaz do mundo desenvolvido (depois da Coreia) relativamente ao desempenho dos jovens de 14-15 anos na leitura, matemática e ciências. (Vd. < http://www.unicef-icdc.org/presscentre/presskit/reportcard4/repcard4e.pdf >) Mas, por outro lado, as práticas educativas japonesas têm sido criticadas há muito, sobretudo por estiolarem a criatividade com a sua ênfase excessiva no conformismo, incluindo planos de estudo fixos, ensino por memorização, trabalhos em quantidade elevadíssima e exames (sobretudo de resposta múltipla). Vd., por exemplo, Henshall 99, pp. 108-121. Embora tenham diminuído algo nestes anos mais recentes, outros problemas referidos têm sido as intimidações (*ijime*), que foram exageradas na imprensa ocidental, e o "colapso das aulas" (*gakkyu kokai*), uma expressão que se refere à deterioração geral da disciplina na sala de aula por parte dos estudantes. Quanto ao ensino superior, tem havido críticas relativamente à sua pouca exigência. (Vd. McVeigh 02 para uma análise crítica recente do ensino superior no Japão.)

([142]) Como já dissemos (nota 47 desta parte), a situação das mulheres no Japão não é simples. No entanto, é incontestável que há muito as mulheres têm estado subrepresentadas em posições de autoridade e não recebem necessariamente tratamento igual como força de trabalho. Por exemplo, apenas 7,1% dos lugares da Câmara Baixa são ocupados por mulheres e, internacionalmente, esta situação coloca o Japão em 135º lugar em 181 países, de acordo com um estudo recente. (Vd. < http://www.ipu.org/wmn-e/classif.htm >) Muito menos de um por cento dos lugares de director executivo em companhias importantes é ocupado por mulheres e a maioria deles deve-se a relações familiares com o respectivo fundador. (Vd. Henshall 99, pp. 23-24.) Com excepção do ensino, as mulheres também estão subrepresentadas nas diversas profissões, como, por exemplo, a advocacia e a medicina. Foi aprovada em 1986 uma lei sobre a Igualdade de Oportunidades de Emprego, mas é bastante ineficaz: muitas vezes, as mulheres ainda recebem menos do que os homens que desempenham o mesmo lugar e/ou não têm as mesmas oportunidades de promoção que os homens que possuem as mesmas qualificações e experiência. Os processos judiciais destinados a corrigir estas situações continuam a registar êxitos e fracassos. Um dos problemas é que, em muitas companhias, aquando do recrutamento, os novos empregados escolhem uma de duas vias de promoção: ou a que conduz a oportunidades ao nível da gestão ou a que consigna apenas funções de execução. As mulheres tendem a ser pressionadas a aceitar a segunda. Num caso recente, em Novembro de 2003, o juiz decidiu que isto era discriminatório, mas decidiu contra as queixosas, argumentando que "tais acções só são ilegais e nulas quando a discriminação é irracional e prejudica a ordem pública" (< http://www.japantimes.co.jp/weekly/news/nn20031115a3.htm >). Para um caso decidido favoravelmente, vd. o *Japan Times* de 6 de Janeiro de 2004.

(143) Por exemplo, a cidade de Yamato, na Prefeitura de Kanagawa, tem aproximadamente 8000 deficientes motores, muitos dos quais julgam inadequados os transportes públicos, mas não têm qualquer familiar que os possa levar à clínica ou a outro destino. Os táxis locais não dispõem de rampas nem de elevadores para cadeiras de rodas. Por isso, voluntários locais começaram a transportá-los em veículos apropriados, cobrando apenas uma pequena importância para cobrir os custos de combustível. Esta prática viola, infelizmente, uma lei nacional que proíbe a operação de veículos privados (para além dos táxis registados) que cobrem o transporte efectuado. A cidade pediu e obteve uma derrogação limitada relativamente a esta lei para que o serviço possa continuar a realizar-se (e espera-se que tenha aberto um precedente para muitos outros centros). Vd. *Asia Pacific Prospectives*, vol. 1, nº 7, Novembro de 2003, pp. 6-21.

(144) Vd. *Japan Times*, 3 de Novembro de 2002.

(145) Vd. *Mainichi Shimbun*, 12 de Outubro de 2002, ou < http://mdn.mainichi.co.jp/news/archive/200210/20021012p2a00m0fp015000c.html >

(146) Vd. < http://www.jei.org/Archive/JEIR98/9839w4.html >

(147) Para uma análise detalhada do tema das "mulheres de conforto", vd. Yoshimi 00.

(148) Despacho da Associated Press; a minha fonte é o *Waikato Times* de 28 de Janeiro de 2000. Também < http://news.bbc.co.uk/1/hi/world/asia-pacific/615457.stm >

(149) Vd. < http://www.japantimes.co.jp/weekly/news/nn2003/nn20031108a5.htm >

(150) Para pormenores acerca do movimento, vd., por exemplo, Iida 02, pp. 243–252.

(151) Para um exemplo de crítica, vd. < http://www.jca.apc.org/JWRC/center/english/appeal2.htm >

(152) A principal excepção foi o famoso primeiro-ministro da Malásia Mahatir Mohamad, que teve uma atitude positiva para com o Japão e que não pareceu demasiadamente preocupado com o passado.

(153) Na própria competição, as equipas dos dois países tiveram uma actuação prestigiosa, sobretudo a Coreia do Sul – com pesar de muitos Japoneses, que vêem nesta o seu arqui-rival. Parece que muitos académicos não prestam atenção ao papel que o desporto tem nos assuntos mundiais, mas não se deve esquecer que constitui uma parte muito grande da vida de muitas pessoas e que o futebol é o desporto mais global do planeta. A maior organização internacional não são as Nações Unidas, mas a FIFA, a federação internacional do futebol. Para muitos países, o futebol constitui um laço importante com o mundo e um fórum onde podem obter respeito num "jogo" diferente do do poder económico ou de qualquer outro, um jogo em que pequenas nações africanas, por exemplo, podem superar superpotências europeias.

(154) No Japão, entre os livros úteis sobre o futebol, encontram-se Horne e Manzenreiter 02 e Birchall 00. Vd. também Watts 98 (o capítulo de um livro) e McCabe 03 (uma tese).

(155) Vd. Mizukoshi 03 para uma análise da política antiterrorista do Japão.

(156) Como exemplo do estado das relações entre ambos os países, a agência noticiosa oficial norte-coreana KCNA afirmou que o lançamento do primeiro satélite espião pelo Japão, em Março de 2003, revelava um regresso do militarismo e faziam notar que os Japoneses pretendiam usar a Guerra do Iraque como "uma oportunidade para voltar a invadir a Ásia". Avisava o Japão contra o aumento da tensão, afirmando: "o Japão deve agir com discrição, lembrando-se de que está ao alcance dos DPRK." (Vd. < http://www.japantimes.co.jp/weekly/news/nn2003/ 20030419a3.htm >)

(157) Vd. Itoh 00.

CONCLUSÃO

LIÇÕES PARA PAÍSES QUE ASPIRAM A SER SUPERPOTÊNCIAS

O termo "milagre" foi aplicado pelos ocidentais mais de uma vez à história moderna do Japão. Foi usado para descrever as suas realizações no Período Meiji, quando em apenas meio século deixou de ser uma terra obscura e isolada de campos de arroz para passar a ser uma grande potência imperial. E foi usado uma vez mais, apenas algumas décadas depois, para descrever a ascensão ainda mais rápida do país no pós-guerra, passando das cinzas da derrota até ser, segundo alguns indicadores, a nação mais rica do planeta e, segundo todos os indicadores, uma enorme superpotência económica.

No entanto, os verdadeiros milagres não têm uma explicação lógica. As realizações do Japão têm. O mero acaso teve certamente o seu papel. Todavia, na maioria das vezes, as realizações do Japão foram obtidas em resposta aos desafios colocados pelas circunstâncias. Ou seja, de certo modo, o Japão faz por ter a sorte do seu lado, tirando partido da sua boa fortuna e sendo capaz de superar as adversidades. Em geral, o seu padrão de resposta às circunstâncias baseou-se em valores e práticas enraizados na história.

Paradoxalmente, embora a tendência para regressar aos valores tradicionais pareça restringir a diversidade das respostas do Japão, um dos seus principais valores tradicionais é o pragmatismo. O pragmatismo significa a capacidade de responder às particularidades das situações com fundamento em cada caso concreto e de forma flexível e prática, e não em ficar preso a algum conjunto de princípios abstractos que predeterminem o curso da acção. O Japão teve alguns códigos de princípio restritivos, como o "caminho do guerreiro", que foi muito exagerado e idealizado, mas, em geral, os Japoneses – incluindo, na prática, muitos guerreiros – preferiram o pragmatismo ao idealismo rígido. Esse facto dá-lhes uma certa liberdade de movimentos ao nível individual e, a nível nacional, minimiza os conflitos internos entre os idealistas e permite à nação apresentar uma frente relativamente unida. Desde os primeiros dias do Período de Yamato, não houve praticamente conflitos religiosos no Japão e muito poucos sob a forma de censura moral. Pelo contrário, tem havido bastante entreajuda em matérias que dividem os ocidentais, uma tolerância mútua que, entre outras coisas, tem facilitado a cada japonês trabalhar em conjunto.

Ocasionalmente, têm-se manifestado forças, como a intolerância, os absolutos e os ideais, que parecem opor-se ao pragmatismo, mas não dominaram a história do Japão. O regime Tokugawa, por exemplo, revelou uma grande intolerância para com os que desafiaram as suas políticas ortodoxas, mas estas confinaram-se, em geral, às manifestações exteriores. Se o comportamento exterior seguisse padrões aceitáveis, havia espaço para uma considerável liberdade a um nível menos formal. Era um tipo de intolerância que, mais uma vez paradoxalmente, em certas circunstâncias estava disposto a compromissos na prática. Traços absolutos, como a reverência ao imperador no Japão Meiji e no período anterior à guerra, são mais a excepção do que a regra e, em todo o caso, tais "absolutos" têm sido, na prática, (ab)usados com finalidades práticas, como sucedeu com o sistema do imperador. Em geral, as coisas são vistas como relativas, pelo que, habitualmente, predominam os subtis matizes de cinzento, e não as cores simplistas do branco e do preto. Por exemplo, a natureza absoluta do Deus cristão é uma das principais razões desta religião não ter criado raízes no Japão, embora seja tolerada e lhe seja prestado o respeito devido. Os cristãos têm as suas causas, pelas quais lutam, e os seus fins idealizados, a que aspiram. Com os Japoneses – como com toda a gente –, e por mais pragmáticos que sejam, acontece o mesmo. Todavia, no caso do Japão, tem havido quase sempre um amplo espaço para o compromisso e a flexibilidade para se atingirem tais fins e se ganharem essas causas.

Tem havido, em particular, uma imediata disponibilidade para tentar coisas novas, associando o antigo e o novo, o nacional e o estrangeiro, até que seja atingida a melhor combinação. Para além disso, parece que os Japoneses têm uma grande capacidade de "japonizar" o novo e o estrangeiro para os tornarem mais facilmente conciliáveis com a tradição e mais aceitáveis. Os construtores do Estado Meiji são um exemplo dela, misturando elementos novos estrangeiros, como a democracia e a tecnologia ocidental, com os velhos métodos do autoritarismo Tokugawa e até com práticas ainda mais antigas de construção do Estado da Era de Yamato-Nara, as quais, em alguns casos, eram por sua vez adaptadas de práticas chinesas. O próprio xogunato Tokugawa adoptou políticas anteriores postas em prática por Hideyoshi e Nobunaga, que, por seu lado, foram buscar algumas das suas ideias a Ashikaga Yoshimitsu.

Aprender com os outros é uma das grandes virtudes do Japão. A nível nacional, isto é particularmente evidente quando parece que os outros possuem algo que é mais poderoso ou melhor do que aquilo que o Japão possui. No passado, o Japão adoptou, adaptou e, frequentemente, melhorou tais qualidades, transformando as forças de um potencial concorrente ou de um inimigo nas suas próprias forças. Não se trata apenas de "conhecer o seu inimigo". Trata-se de conhecer o que faz dele uma ameaça e, depois, em usar as suas próprias forças contra ele. Há mais de mil anos, o Japão aprendeu muito com a China, chegando ao ponto de já não ser uma nação vassala, mas se considerar a si mesma superior. De algum modo, repetiu o processo no Período Tokugawa, aprendendo a usar armas de fogo com o Ocidente. No Período Meiji, estudou determinadamente as potências imperiais ocidentais, até se tornar uma delas. Depois da guerra, aprendeu muito com a América – de início sem outra alternativa, admita-se –, mas foi além dos temas obrigatórios, até ter invertido os papéis e ser amplamente reconhecido como o mestre.

O entusiasmo posto em aprender com os outros insere-se num respeito mais amplo pela capacidade de aprender e pela educação em geral. Foi sempre assim, mas tornou-se óbvio sobretudo desde o Período Tokugawa. Se se tem a devida formação, pode-se atingir as coisas mais facilmente do que não a tendo. Tê-la beneficia quer o indivíduo quer o país. Do ponto de vista do Estado, é verdade que as pessoas se tornam mais difíceis de controlar e coordenar, mas a dificuldade pode ser ultrapassada controlando o próprio conhecimento, de maneira a tornar "seguro" o que se aprende. Os governos Meiji e do início da Showa mostraram claramente que tinham reconhecido a importância do controlo da educação. Os governos desde o final da Showa mostraram que tinham igualmente consciência disso. (É uma ilustração clássica da teoria cultural, que sustenta que o conhecimento é, em medida significativa, um resultado político.)

A educação como instrumento de sucesso é o reflexo de um desejo geral de obter resultados. Este desejo desponta sobretudo no Período Meiji, quando o ideal de sucesso, que aliava o interesse individual e o nacional, foi muito encorajado. No entanto, já encontramos antes uma orientação para obter resultados, como, por exemplo, na dinâmica dos mercadores e nos objectivos materiais dos camponeses do Período Tokugawa, ou, ainda mais atrás, nas ambições, muitas vezes impiedosas, dos senhores da guerra medievais em geral. Entre os líderes do país, podemos encontrá-la já no Período de Yamato.

Felizmente para o Japão, não foi difícil aos seus governantes fundir os interesses individuais e os nacionais, porque a causa nacional foi sempre forte. Desde a fundação do Japão, houve sempre uma vontade evidente de fazer dele uma nação forte e respeitada, pelo menos respeitada pela China, porque o conhecimento do mundo em geral era relativamente limitado até à chegada dos europeus, em meados do século XVI. A chegada dos europeus estimulou ainda mais o sentido da identidade nacional, impulsionado pela insularidade e por uma mentalidade fortemente arreigada que opõe os de dentro e os de fora (que foi reforçada pela políticas do Período Tokugawa que fizeram dos estranhos uma possível causa de castigo). O regresso dos ocidentais em meados do século XIX provocou um tipo de nacionalismo muito mais forte e generalizado, com todo o povo empenhado em fazer do país uma nação grande e poderosa. A doutrinação deu o seu contributo, mas o gérmen do nacionalismo já estava implantado na maioria do povo, sendo levado a despontar devido a um sentimento de crise. O sentimento de crise nacional em breve se transformaria num sentimento de orgulho nacional. O facto de este ter regressado tão rapidamente, depois das perdas do Japão com a derrota na guerra, é uma prova não só de quão enraizado está o espírito nacional, mas também da capacidade de resistência dos Japoneses. O orgulho nacional foi algo abalado desde a década de 90 e necessita de voltar a ser reforçado, mas é ainda muito profundo.

Devo acrescentar que, de há alguns anos a esta parte, muitos especialistas têm afirmado que as nações são criações modernas, tendo surgido, fundamentalmente, depois da emergência do capitalismo, e que há algo de sinistro no nacionalismo. Não partilho por inteiro nenhuma destas afirmações. Embora os Estados-Nações modernos possam divergir dos seus protótipos mais antigos, creio que o termo "nação" ainda pode ser aplicado com propriedade a esses protótipos. Também não creio que o nacionalismo seja necessariamente mau. É o modo como é (ab)usado que importa. Na minha perspectiva, pode ser também usado para proporcionar um objectivo saudável e específico ou um quadro geral com que os indivíduos se identifiquem, ao defrontarem um contexto global vasto e potencialmente desorientador, e pode ainda possibilitar uma concorrência saudável entre as nações, à semelhança da que ocorre entre as empresas no mundo da economia, mas, obviamente, desde que haja controlos e avaliações e se respeitem os padrões internacionais, como sucede no mundo da economia.

Os governantes do Japão beneficiaram também de terem um povo relativamente desejoso de moderar os interesses individuais em benefício de uma causa superior. O espírito de grupo no Japão foi muito exagerado, mas é verdade que tem havido nele uma maior consciência da força do grupo do que a que se verifica noutros países. De nada serve ter um grupo de cavalos fortes, se não trabalharem realmente em equipa e, pelo contrário, acabarem por puxar cada um para o seu lado, como parece suceder com tanta frequência no Ocidente. Para além disso, toda a equipa necessita de um chefe, um coordenador, e este facto também foi reconhecido pelos Japoneses. Houve casos de chefes extremamente poderosos e dominadores no Japão, sobretudo em tempos de crise, mas, em geral, a preferência dos Japoneses vai para quem saiba unir uma equipa, um pragmático competente, aberto ao compromisso aqui, a equilibrar interesses ali, mantendo muitas vezes uma presença discreta e levando a tarefa a bom termo. Este aspecto foi facilitado pela preferência do Japão em distinguir entre autoridade formal e poder real. São muitas vezes as pessoas sem rosto nos bastidores que tomam a maior parte das decisões, beneficiando de uma maior liberdade de manobra do que a que é permitida aos que detêm formalmente a autoridade.

Por todas estas razões, a democracia ao estilo ocidental e o conceito dos direitos individuais tiveram uma receptividade limitada no Japão, pelo menos até anos recentes. É claro que os Japoneses, como todos os outros povos, preferiram a liberdade à repressão, mas mostraram-se mais dispostos do que a maioria dos ocidentais a aceitar limites. A sobrevivência do grupo significa a sobrevivência de, pelo menos, a maioria dos seus elementos individuais. É do interesse de cada indivíduo a preservação do grupo e isso constitui uma das maiores razões para que a harmonia se tivesse tornado tão importante. Mas o grupo pode ser destruído se for concedida demasiada liberdade a qualquer dos seus membros. Isso vai necessariamente contra a liberdade dos outros e destrói o equilíbrio que mantém o grupo unido. O mundo ocidental reconhece-o, em teoria, como se pode ver, por exemplo, no "contrato social" de Rousseau, mas, na prática, e como para se convencer a si mesmo das maravilhas da democracia e da igualdade, parece muitas vezes dar prioridade aos interesses das minorias, sobretudo se são consideradas, de alguma forma, desfavorecidas. O Japão nunca assim fez. A única "minoria" que alguma vez respeitou foi a minoria quantitativa da elite governante.

Isto não significa que o Japão nunca tenha conhecido momentos de puro interesse próprio. Os samurais medievais proporcionam inúmeros exemplos disso mesmo. Mas significa que, ao longo do tempo, o Japão concluiu que era preferível atenuar a expressão do interesse próprio, ou, melhor ainda, que era preferível orientá-lo. O interesse próprio do Período Medieval foi cruelmente suprimido, pelo menos em termos da sua expressão aberta, pelo regime Tokugawa. Este foi um período particularmente importante para os Japoneses, que se acostumaram a obedecer à autoridade e à ideia de efectiva responsabilidade colectiva (se bem que, em teoria, esta fosse a norma legal há muitos séculos). Durante o subsequente Período Meiji, foi revitalizada a procura declarada da satisfação do interesse próprio, mas dirigida pelo governo para o bem da nação, obtendo a melhor combinação de democracia e autoritarismo. É claro que esse grau de autoritarismo não era do agrado de alguns Japoneses, sobretudo nos anos anteriores à guerra, mas, em geral, aceitaram o facto de poder haver excesso de democracia. Yoshida Shigeru teve a simpatia geral quando fez este comentário a propósito das primeiras reformas da Ocupação. Tem havido uma vontade genuína do povo japonês de permitir aos líderes do país um papel mais amplo e mais invasivo do que em muitas nações ocidentais, embora tal esteja sujeito a caução desde a década de 90.

O confucianismo, com os seus ideais de harmonia, ordem e "de cada um saber qual é o seu lugar", teve um papel importante na formação das atitudes dos Japoneses. Ser-se ambicioso e competitivo e pretender ter um estatuto elevado parece ser uma componente fundamental da natureza humana, pelo menos no mundo histórico dominado pelo sexo masculino. Confúcio sabia-o e os Japoneses também o sabem. Ao longo da sua história valorizaram a hierarquia e o estatuto. Perfilham o ponto de vista de que o que não é natural é impor a igualdade a seres desiguais e que isso é, aliás, fonte de infelicidade e frustração. Ter pessoas fracas tratadas em pé de igualdade com as fortes pode diminuir a ambição e prejudicar os resultados e não é útil ao país. Os Japoneses há muito que reconheceram abertamente as desigualdades, em vez de as tentarem mascarar e fingir que não existem. Esta foi uma das razões pelas quais o darwinismo foi tão apelativo. Ao nível nacional, sentem-se bastante satisfeitos por se confrontarem com o resto do mundo para provar que são os mais adaptados, que são a nação que deve figurar no topo da hierarquia. Se perderem, então irão aprender com qualquer país que os tenha suplantado e continuarão a tentar até que se tornem os primeiros, porque sentem que esse é o "seu lugar". O seu problema tem sido, nos tempos mais recentes, manter este espírito competitivo sem indesejáveis manifestações de arrogância nem ideias de supremacia racial e sem sacrificar o bem-estar da população.

No interior do país, porém, a competição hierárquica poderia promover facilmente um tipo de individualismo que não seria salutar. Por isso, a aposta na competição é canalizada para vias mais seguras e controladas, em particular para a educação. Ao contrário de uma situação frequente e que tragicamente se verifica no mundo ocidental, o melhor aluno da sala de aula não é desvalorizado por ser o "tótó da turma" ou elitista, mas é genuinamente respeitado. Um bom trabalhador é respeitado da mesma maneira. Quase não se encontra aquela mentalidade frequente no Ocidente de tentar safar-se com o mínimo de esforço. O mandrião é tratado com desprezo. É para ganhar o respeito dos seus pares e dos seus superiores que a competição é geralmente canalizada no Japão e que é estabelecida uma hierarquização de um tipo que nem sempre é reconhecido pelos ocidentais. É um tipo de hierarquia que fortalece o grupo, em vez de o enfraquecer.

As principais forças do Japão podem, então, ser assim sintetizadas:

- pragmatismo, sobretudo flexibilidade e capacidade de compromisso e de adaptação;
- respeito pela capacidade de aprender, particularmente de assimilar as forças dos outros;
- respeito pela ambição e a obtenção de resultados, incluindo o trabalho árduo;
- forte sentimento nacionalista;
- valorização da força do grupo;
- consciência da importância de haver limites aos direitos individuais e às liberdades;
- aceitação da autoridade;
- aceitação da hierarquia e da desigualdade entre os indivíduos.

É claro que, como já dissemos, atribuir-se características de nação forte nem sempre é fácil. As qualidades são muitas vezes facas de dois gumes e também debilidades potenciais. O justo equilíbrio e a sintonia rigorosa com cada situação são importantes. Por exemplo, o orgulho nacional pode transformar-se facilmente em arrogância nacionalista e em chauvinismo; a procura de resultados pode transformar-se em crueldade e a fixação em objectivos únicos pode derivar para estreiteza de vistas e incapacidade de saber quando parar; a aceitação da autoridade e de limites aos direitos individuais pode conduzir ao totalitarismo; a aceitação das hierarquias pode conduzir ao abuso dos "inferiores"; a disposição para aprender pode ser defraudada pela doutrinação; aprender com os outros pode transformar-se num problema quando parece não haver ninguém com quem aprender; o pragmatismo pode levar à perda dos grandes objectivos e, em sentido moral, a uma tolerância malsã para com a corrupção; a concentração no grupo pode conduzir à falta de responsabilidade ao nível individual.

O Japão defrontou-se com estas possibilidades negativas num ponto ou noutro da sua história, sobretudo durante a guerra e também, embora em menor medida, nas décadas de 80 e 90. Tem também outras debilidades, como um certo fatalismo, que, por um lado, pode de repente enfraquecer a sua procura de resultados e o sentido da responsabilidade pessoal e, por outro, autorizar ideias de supremacia racial – desde que seja a do Japão – por ser, de algum modo, imposta pelo destino. O facto de não haver uma clara consciência do mal pode ter contribuído para a sua abordagem pragmática da vida, mas também tornou mais fácil que o "ser indesejável" fosse avaliado em termos diferentes dos morais. Estes "termos diferentes" significaram apenas, muitas vezes, a um nível bastante inofensivo, a violação das regras, mas, a um nível mais profundo, significaram, por vezes, ser impuro. Este facto, associado ao elevado grau de homogeneidade do Japão, deu origem à crença de que os Japoneses são puros, enquanto o resto do mundo é impuro.

O Japão teve certamente os seus problemas, mas que nação os não teve? Tem atravessado um período particularmente fértil em problemas, à medida que luta para se reorientar para um tipo diferente de superpotência, um tipo de que não há modelos óbvios, pelo menos do tipo tradicional, com que possa aprender. De facto, parece claro que sofreu pelo menos um dos desequilíbrios mencionados acima, designadamente, a estreiteza de vistas, porque se concentrou demasiado estritamente, desde a guerra, na expansão económica. Hoje em dia, muitas das suas potencialidades tradicionais podem não ser adequadas, embora algumas o sejam. O gosto pela aprendizagem, por exemplo, parece ser uma qualidade intemporal e o pragmatismo e a flexibilidade deveriam contribuir para se encontrarem, finalmente, novos objectivos e novas abordagens.

Apesar da guerra e dos reflexos negativos desta na sua imagem de superpotência económica, o Japão conseguiu um inegável lugar na história, devido aos seus feitos notáveis. Vogel pode ter exagerado o caso, mas há ainda muitas lições que o mundo pode aprender com esta nação extraordinária a partir dos seus erros e dos seus êxitos.

REFERÊNCIAS BIBLIOGRÁFICAS

Abreviaturas

CEJ: *Cambridge Encyclopedia of Japan*, 1993, Cambridge University Press.
CHJ: *Cambridge History of Japan*, a partir de 1989, 6 vols., Cambridge University Press.
JJS: *Journal of Japanese Studies.*
JQ: *Japan Quarterly.*
KEJ: *Kodansha Encyclopedia of Japan*, 1983, 8 vols., Kodansha, Tóquio.
MN: *Monumenta Nipponica.*
NZJEAS: *New Zealand Journal of East Asian Studies.*

Obras citadas

Adolphson, M., 2000, *The Gates of Power: Monks, Courtiers, and Warriors in Premodern Japan*, University of Hawaii Press.
Aikens, C. e Higuchi, T., 1982, *Prehistory of Japan*, Academic Press, Nova Iorque e Londres.
Akazawa, T. e Aikens, C. (orgs.), 1986, *Prehistoric Hunter-Gatherers in Japan: New Research Methods*, University of Tokyo Press.
Allen, M., 1994, *Undermining the Japanese Miracle: Work and Conflict in a Coalmining Community*, Cambridge University Press.
Alperovitz, G., 1965/1985, *Atomic Diplomacy: Hiroshima and Potsdam: The Use of the Atomic Bomb and the American Confrontation with Soviet Power*, Penguin, Harmondsworth.
Amino, Y., 1992, "Deconstructing Japan" (trad. de McCormack, G.), *East Asian History*, nº 3, Australian National University, Camberra, pp. 121-142.
Aoki, T., 1994, "Anthropology and Japan: Attempts at Writing Culture", *Japan Foundation Newsletter*, XXII/3, pp. 1-6.
Asahi Shimbun Japan Almanac, anual, Asahi Shimbun Company, Tóquio.
Aston, W., 1896/1972, *Nihongi: Chronicles of Japan from the Earliest Times to AD 697* (trad. de *Nihongi*), Tuttle, Tóquio (versão de 1972).
Bachnik, J. e Quinn, C. (orgs.), 1994, *Situated Meaning: Inside and Outside in Japanese Self, Society, and Language*, Princeton University Press.
Banno, J., 1971/1992, *The Establishment of the Japanese Constitutional System*, (trad. de Stockwin, A.), Routledge, Londres (original japonês de 1971).
Barber, L., 1994, "The 'Tsakumi Detachment' Goes to War: The Japanese Invasion of Kelantan, December 1941", *NZJEAS*, II/1 (Junho de 1994), pp. 39-49.

Barber, L. e Henshall, K., 1999, *The Last War of Empires: Japan and the Pacific War, 1941-1945*, Bateman, Auckland.

Barnes, G., 1999, "The 'Idea of Prehistory' in Japan", in *Antiquity* 64.245, pp. 929-940.

Barnes, G., 1993a, *China, Korea, and Japan: The Rise of Civilization in East Asia*, Thames and Hudson, Londres.

Barnes, G., 1993b, "Early Japan", in *CEJ*, pp. 42-48.

Barret, B. e Therivel, R., 1991, *Environment Policy and Impact Assessment in Japan*, Routledge, Londres.

Barlett, B., 1978, *Cover-Up: The Politics of Pearl Harbor, 1941-1946*, Arlington House, Nova Iorque.

Beard, C., 1948, *President Roosevelt and the Coming of the War, 1941*, Yale University Press.

Beasley, W., 1989a, "The Foreign Threat and the Opening of the Ports", in *CHJ*, vol. 5, pp. 259-307.

Beasley , W., 1989b, "Meiji Political Institutions", in *CHJ*, vol. 5, pp. 618--673.

Beason, R. e Weinstein, D., 1996, "Growth, Economies of Scale, and Targetting in Japan (1995-1990)", *Review of Economics and Statistics*, pp. 286-295.

"Beaten to the Punch", 1991, ABC News, vídeo transmitido nos Estados Unidos em 22 de Novembro de 1991 no programa *20-20*.

Beauchamp, E., 1983, "Foreign Employees of the Meiji Period", in *KEJ*, vol. 2, pp. 310-311.

Befu, H., 1968, "Village Autonomy and Articulation with the State", in Hall and Jansen 68, pp. 301-314.

Behr, E., 1989, *Hirohito: Behind the Myth*, Villard Books, Nova Iorque.

Benedict, R., 1947, *The Chrysanthemum and the Sword: Patterns of Japanese Culture*, Secker and Warburg, Londres.

Bergamini, D., 1971, *Japan's Imperial Conspiracy*, William Morrow, Nova Iorque.

Birchall, J., 2000, *Ultra Nippon: How Japan Reinvented Football*, Headline, Londres.

Bix, H., 1992, "The Showa Emperor's 'Monologue' and the Problem of War Responsibility", *JJS*, 18/2 (Verão de 1992), pp. 295-363.

Bix, H., 1995, "Inventing the 'Symbol Monarchy' in Japan, 1945-1952", *JJS*, 21/2 (Verão de 1995), pp. 319-363.

Bix, H., 2000, *Hirohito and the Making of Modern Japan*, HarperCollins, Nova Iorque.

Black, J., 1883/1968, *Young Japan: Yokohama and Edo, 1858-1879*, 2 vols., Oxford University Press.

Blacker, C., 1964, *The Japanese Enlightenment: A Study of the Writings of Fukuzawa Yukichi*, Cambridge University Press.

Bleed, P. 1983, "Prehistory", in *KEJ*, vol. 3, pp. 158-160.

Bolitho, H., 1983, "Tokugawa Shogunate", in *KEJ*, vol. 8, pp. 52-56.

Bolitho, H., 1989, "The Tempô Crisis", in *CHJ*, vol. 5, pp. 116-167.

Bolitho, H., 1993, "The Tokugawa Period", in *CEJ*, pp. 67-77.

Borton, H., 1955, *Japan's Modern Century*, Ronald Press, Nova Iorque.

Borton, H., 1967, *American Presurrender Planning for Postwar Japan*, Occasional Papers of the East Asian Institute, Columbia University, Nova Iorque.

Bowles, G., 1983, "Japanese People, Origin of", in *KEJ*, vol. 4, pp. 33-35.

Bownas, G. e Thwaite, A., 1964, *The Penguin Book of Japanese Verse*, Penguin, Harmondsworth.

Boxer. C., 1968, *Jan Campagnie in Japan, 1600-1817: An Essay on the Cultural, Artistic and Scientific Influence Exercised by the Hollanders in Japan from the 17th to the 19th Centuries*, Oxford University Press.

Boyle, J. 1983, "Sino-Japanese War of 1937-1945", in *KEJ*, vol. 7, pp. 199-202.

Braw, M., 1991, *The Atomic Bomb Suppressed: American Censorship in Occupied Japan*, M. E. Sharpe, Nova Iorque.

Buruma, I., 1985, *A Japanese Mirror: Heroes and Villains of Japanese Culture*, Penguin, Harmondsworth.

Butler, K., 1978, "Woman of Power Behind the Kamakura Bakufu: Hôjô Masako", in Murakami e Harper 78, pp. 91-101.

Butow, R., 1954, *Japan's Decision to Surrender*, Stanford University Press.

Calman, D., 1992, *The Nature and Origins of Japanese Imperialism: A Reinterpretation of the Great Crisis of 1873*, Routledge, Londres.

Carr-Gregg, C., 1978, *Japanese Prisoners of War in Revolt: The Outbreaks at Featherston and Cowra during World War II*, University of Queensland Press.

Chang, I, 1997, *The Rape of Nanking: The Forgotten Holocaust of World War II*, Penguin, Harmondsworth.

Cholley, J.-R., 1978, "The Rise and Fall of a Great Military Clan: Taira no Kiyomori", in Murakami e Harper 78, pp. 72-78.

Churchill, W., 1951, *The Grand Alliance*, Houghton Mifflin, Boston.

Clausen, H. e Lee, B., 1992, *Pearl Harbor: Final Judgment*, Crown, Nova Iorque.

Cohen, T. 1987, *Remaking Japan: The American Occupation as New Deal*, Free Press, Nova Iorque.

Collcutt, M., 1993, "The Medieval Age", in *CEJ*, pp. 60-63.

Conlan, T., 1997, "Largesse and the Limits of Loyalty in the Fourteenth Century", in Mass 97, pp. 39-64.

Cook, H. e Cook, T., 1992, *Japan at War: An Oral History*, New Press, Nova Iorque.

Cooper, M., 1965, *They Came to Japan: An Anthology of European Reports on Japan, 1543-1648*, University of California Press.

Cooper, M., 1983, "Christianity", in *KEJ*, vol. 1, pp. 306-310.

Coox, A., 1988, "The Pacific War", in *CHJ*, vol. 6, pp. 315-382.

Cortazzi, H., 1990, *The Japanese Achievement*, Sidgwick and Jackson, Londres.

Crawcour, S., 1989, "Economic Change in the Nineteenth Century", in *CHJ*, vol. 5, pp. 569-617.

Dalby, L., 1983, *Geisha*, University of California Press.

Dale, P., 1986, *The Myth of Japanese Uniqueness*, Croom Helm, Londres.

Dallek, R., 1979, *Franklin D. Roosevelt and American Foreign Policy, 1932--1945*, Oxford University Press.

Daniels, G., 1993, "Japan at War", in *CEJ*, pp. 95-105.

Daniels, R., 1983, "United States Immigration Acts of 1924, 1952, and 1965", in *KEJ*, vol. 8, pp. 164-165.

Daws, G., 1994, *Prisoners of the Japanese: POWs of World War II in the Pacific*, William Morrow, Nova Iorque.

Denoon, D., Hudson, M., McCormack, G. e Morris-Suzuki, T. (orgs.), 1996, *Multicultural Japan: Paleolithic to Postmodern*, Cambridge University Press.

Dodo, Y., 1986, "Metrical and Nonmetrical Analyses of Jômon Crania from Eastern Japan", in Akazawa e Aikens 86, pp. 137-161.

Doi, T., 1971/1973, *The Anatomy of Dependence* (trad. de Bester., J.), Kôdansha International, Tóquio (original japonês de 1971).

Dore, R., 1959, *Land Reform in Japan*, Oxford University Press.

Dore, R., 1984, "The 'Learn from Japan' Boom", *Speaking of Japan*, V/47, Novembro de 1984, pp. 16-25.

Dower, J., 1979, *Empire and Aftermath: Yoshida Shigeru and the Japanese Experience, 1878-1954*, Harvard University Press.

Dower, J., 1986, *War without Mercy: Race and Power in the Pacific War*, Faber and Faber, Londres e Boston.

Dower, J., 1992, "The Useful War", in Gluck e Graubard 92, pp. 49-70.

Dower, J., 1993a, *Japan in War and Peace: Selected Essays*, New Press, Nova Iorque.

Dower, J., 1993b, "Occupied Japan and the Cold War in Asia", in Dower 93a, pp. 155-207.

Dower, J., 1993c, "'NI and F': Japan's Wartime Atomic Bomb Research", in Dower 93a, pp. 55-100.

Downer, L., 2000, *Geisha: The Secret History of a Vanishing World*, Headline, Londres.

Duus, P., 1983, "Taishô and Early Shôwa History (1912-1945)", in *KEJ*, vol. 3, pp. 197-203.

Duus, P., 1988, "Introduction", in *CEJ*, vol. 6, pp. 1-52.

Edwards, W., 1983, "Event and Perspective in the Founding of Japan: The Horserider Theory in Archeological Perspective", *JJS*, 9/2, pp. 265-295.

Edwards, W., 1996, "In Pursuit of Himiko: Postwar Archeology and the Location of Yamatai", *MN*, 51/1, pp. 53-79.

Elison, G. (também conhecido como Elisonas, J.), 1983a, "Oda Nobunaga (1534-1582)", in *KEJ*, vol. 6, pp. 61-65.

Elison, G. (também conhecido como Elisonas, J.), 1983b, "Shimabara Uprising", in *KEJ*, vol. 7, p. 98.

Elisonas, J. (também conhecido como Elison, G.), 1991, "Christianity and the *Daymiô*", in *CHJ*, vol. 2, pp. 301-372.
Farris, W., 1985, *Population, Disease, and Land in Early Japan, 645-900*, Harvard University Press.
Flynn, J., 1944, "The Truth about Pearl Harbor", *Chicago Tribune*, 22 de Outubro de 1944.
Flynn, J., 1945, "The Final Secret of Pearl Harbor", *Chicago Tribune*, 2 de Setembro de 1945, e figurando como apêndice em Bartlett 78.
Forster, C., 1981, "Australian and Japanese Economic Development", in Drysdale, P. e Kitaoji, H. (orgs.), 1981, *Japan and Australia: Two Societies and Their Interaction*, Australian National University Press, pp. 49-76.
Francks, P. 1992, *Japanese Economic Development: Theory and Practice*, Routledge, Londres.
Frei, H., 1991, *Japan's Southward Advance and Australia: From the Sixteenth Century to World War Two*, Melbourne University Press.
Frost, P., 1983, "Occupation", in *KEJ*, vol. 6, pp. 51-55.
Fukuzawa, Y., 1872/1969, *Gakumon no Susume*, trad. de David Dilworth e Umeyo Hirano, *An Encouragement of Learning*, Sophia University Press, Tóquio, 1969.
Futabatei Shimei, 1887-1989/1967, *Ukigumo* (Drifting Clouds), trad. e introdução de Marleigh Ryan in *Japan's First Modern Novel: Ukigumo*, Columbia University Press, 1967.
Gavin, M., 2001, *Shiga Shigetaka, 1863-1927: The Forgotten Enlightener*, Curzon Press, Richmond.
Gay, S., 1985, "Muromachi *Bakufu* Rule in Kyôto: Administrative and Judicial Aspects", in Mass, J. e Hauser, W. (orgs.), 1985, *The Bakufu in Japanese History*, Stanford University Press, pp. 49-65.
Genji Monogatari – vd. Seidensticker 81.
Ghosn, C., 2003, "Japanese-Style Management and Nissan's Revival", in *Japan Echo*, vol. 30, nº 5, Outubro de 2003, pp. 15-18.
Gibney, F., 1992, *The Pacific Century: America and Asia in a Changing World*, Scribners/Macmillan, Nova Iorque.
Gikeiki – vd. McCullough 71.
Gluck, C., 1985, *Japan's Modern Myths: Ideology in the Late Meiji Period*, Princeton University Press.
Gluck, C., 1992, "The Idea of Showa", in Gluck e Graubard 92, pp. 1-26.
Gluck, C. e Graubard, S. (orgs.), 1992, *Showa: The Japan of Hirohito*, Norton, Nova Iorque.
"Goodbye Japan Corporation", 1996, vídeo produzido pela Film Australia e NHK Japan.
Gordon, H., 1994, *Voyage from Shame: The Cowra Outbreak and Afterwards*, Queensland University Press.
Hadley, E., 1983, "Zaibatsu Dissolution", in *KEJ*, vol. 8, pp. 363-366.
Haley, J., 1991, *Authority Without Power: Law and the Japanese Paradox*, Oxford University Press.

Haley, J., 1992, "Consensual Governance: A Study of Law, Culture, and the Political Economy of Postwar Japan", in Kumon, S., e Rosovski, H. (orgs.), 1992, *The Political Economy of Japan, Volume 3: Cultural and Social Dynamics*, Stanford University Press, pp. 32-62.
Hall, J. W., 1968, "Feudalism in Japan – A Reassessment", in Hall e Jansen 68, pp. 15-51.
Hall, J. e Jansen, M. (orgs.), 1968, *Studies in the Institutional History of Early Modern Japan*, Princeton University Press.
Hall, J. and Mass, J. (orgs.), 1974, *Medieval Japan: Essays in Institutional History*, Yale University Press.
Hall, R., 1949/1974, Introdução a *Kokutai no Hongi: Cardinal Principles of the National Entity of Japan*, pp. 1-47.
Hane, M., 1986, *Modern Japan: A Historical Survey*, Westview Press, Boulder e Londres.
Hanihara, K., 1991, "Dual Structure Model for the Population of History of the Japanese", *Japan Review*, nº 2, pp. 1-33.
Hanley, S. e Yamamura, K., 1977, *Economic and Demographic Change in Preindustrial Japan, 1600-1868*, Princeton University Press.
Harris, S., 2002, *Factories of Death: Japanese Biological Warfare, 1932-1945, and the American Cover-up*, Routledge, Londres.
Hashizume, B., 1996, "Four Poems and an Essay by Hashizume Bun, Poet and Atomic Bomb Survivor" (trad. de Bouterey, S.), *NZJEAS*, IV/2 (Dezembro de 1996), pp. 76-90.
Hata, I., 1988, "Continental Expansion, 1905-1941" (trad. de Coox, A.), in *CHJ*, vol. 6, pp. 271-314.
Hawaii Nikkei Editorial Board (comp.), 1998, *Japanese Eyes, American Heart: Personal Reflections of Hawaii's World War Two Nisei Soldiers*, Tendai Educational Foundation, Honolulu.
Hearn, L., 1904, *Japan: An Attempt at Interpretation*, Macmillan, Londres.
Heinrichs, W., 1983, "World War II", in *KEJ*, vol. 8, pp. 271-277.
Henshall, K., 1989, "From Sedan Chair to Aeroplane: The Meiji Period Tokyoite Transported Through Time and Place", *Journal of the Oriental Society of Australia*, 20/21, pp. 70-80.
Henshall, K., 1994, "In Search of the Pioneering Hoyt Brothers: Yankee – New Zealand Entrepreneurs in the 'Frontierland' of Early Meiji Japan", *NZJEAS*, II/1, pp. 66-86.
Henshall, K., 1999, *Dimensions of Japanese Society: Gender, Margins and Mainstream*, Macmillan, Londres, e St. Martin's Press, Nova Iorque.
Henshall, K., 2004, "The Japanese Occupation of Micronesia in the Context of Imperialism", in Starrs 04, pp. 268-278.
Herzog, P., 1993, *Japan's Pseudo-Democracy*, New York University Press.
Hidaka, R., 1980/1984, *The Price of Affluence: Dilemmas of Contemporary Japan* (trad. de R. Mouer), Kodansha International, Tóquio (original japonês de 1980).
Higuchi, T., 1986, "Relationships Between Japan and Asia in Ancient Times: Introductory Comments" (trad. de Pearson, K.), in Pearson 86, pp. 121-124.

Hirakawa, S., 1989, "Japan's Turn to the West" (trad. de Wakabayashi, B.), in *CHJ*, vol. 5, pp. 432-498.
Honda, K., 1999, *The Nanjing Massacre: A Japanese Journalist Confronts Japan's National Shame* (org. Gibney, F. e trad. de Sandness, K.), M. E. Sharpe, Nova Iorque e Londres.
Hong, W., 1994, *Paekche of Korea and the Origin of Yamato Japan*, Kudara International, Seul.
Hori, K., 1983, "Mongol Invasions of Japan", in *KEJ*, vol. 5, pp. 243-245.
Horne, J. e Manzenreiter, W. (orgs.), 2002, *Japan, Korea, and the 2002 World Cup*, Routledge, Londres.
Howard, A. e Newman, E., 1943, *The Menacing Rise of Japan*, Harrap, Londres.
Hunter, J., 1989, *The Emergence of Modern Japan: An Introductory History Since 1853*, Longman, Londres.
Hurst, G. C. III, 1976, *Insei: Abdicated Sovereigns in the Politics of Late Heian Japan, 1086-1185*, Columbia University Press.
Hurst, G. C. III, 1983, "Minamoto Family", in *KEJ*, vol. 5, pp. 176-178.
Ibuse, Masuji, 1966/1969, *Black Rain* (*Kuroi Ame* 1966, trad. de Bester, J. 1969), Kôdansha International, Tóquio.
Iida, Y., 2002, *Rethinking Identity in Modern Japan: Nationalism as Aesthetics*, Routledge, Londres.
"Inside Japan Inc.", 1992, na série em vídeo *Pacific Century*.
Iriye, A., 1983, "Sino-Japanese War of 1894-1895", in *KEJ*, vol. 7, pp. 197--198.
Ishihara, S., 1976, "A Nation without Morality", in Japan Centre for International Exchange (org.), 1976, *The Silent Power: Japan's Identity and World Role*, Simul Press, Tóquio, pp. 51-74.
Ishihara, S., 1989/1991, *The Japan That Can Say 'No': Why Japan Will Be First Among Equals"* (trad. de Baldwin, F.), Simon & Schuster, Nova Iorque e Londres (orig. *"No" to Ieru Nihon*, com Morita, A., 1989).
Itoh, M., 2000, *Globalization of Japan: Japanese Sakoku Mentality and US Efforts to Open Japan*, Palgrave, Nova Iorque.
Iwao, S., 1993, *The Japanese Woman: Traditional Image and Changing Reality*, Free Press, Nova Iorque.
Jansen, M., 1983, "Meiji History (1868-1912)", in *KEJ*, vol. 3, pp. 192-197.
Jansen, M., 1989, "The Meiji Restoration", in *CHJ*, vol. 5, pp. 308-366.
Jansen, M., 2000, *The Making of Modern Japan*, Belknap, Cambridge, MA.
Jansen, M. e Rozman, G. (orgs.), 1986, *Japan in Transition from Tokugawa to Meiji*, Princeton University Press.
Japan 1985: An International Comparison, Keizai Kôhô Center (Japan Institute for Social and Economic Affairs), Tóquio, anual.
Johnson, C., 1982, *MITI and the Japanese Miracle: The Growth of Industrial Policy, 1925-1975*, Stanford University Press.
Kahn, H., 1971, *The Emerging Japanese Superstate*, Andre Deutsch, Londres.
Katayama, K., 1996, "The Japanese as an Asia-Pacific Population", in Denoon *et al.* 96, pp. 19-30.

Kato, S., 1981, *A History of Japanese Literature: The First Thousand Years* (trad. de Chibbett, D.), Kodansha International, Tóquio.

Kawai, T., 1938, *The Goal of Japanese Expansion*, Hokuseido, Tóquio.

Keene, D. (comp.), 1968, *Anthology of Japanese Literature to the Nineteenth Century*, Penguin, Harmondsworth.

Keene, D., 2003, *Emperor of Japan: Meiji and His World, 1852-1912*, Columbia University Press.

Kidder, J. E., 1977, *Ancient Japan*, Elsevier-Phaidon, Oxford.

Kidder, J. E., 1983, "Jomon Culture", in *KEJ*, vol. 4, pp. 72-74.

Kidder, J. E., 1993, "The Earliest Societies in Japan", in *CHJ*, vol. 1, pp. 48--107.

Kiley, C., 1974, "Estate and Property in the Late Heian Period", in Hall e Mass 74, pp. 109-124.

Hiley, C., 1983, "*Ritsuryo* System", in *KEJ*, vol. 6, pp. 322-332.

Kimmel, H., 1955, *Admiral Kimmel's Story*, Henry Regnery Co., Chicago.

Kitahara, M., 1989, *Children of the Sun: The Japanese and the Outside World*, Paul Norbury Publications, Kent.

Kitaoka, S., 1992, "Diplomacy and the Military in Showa Japan", in Gluck e Graubard 92, pp. 155-176.

Kojiki – vd. Philippi 68.

Kokutai no Hongi: Cardinal Principles of the National Entity of Japan, trad. de Gauntlett, J., 1949, Harvard University Press e (edição utilizada) 1974, Crofton Publishing, Massachusetts.

Kosaka, M., 1992, "The Showa Era", in Gluck e Graubard 92, pp. 27-47.

Krauss, E., Rohlen, T. e Steinhoff, P. (orgs.), 1984, *Conflict in Japan*, University of Hawaii Press.

Kumagai, F. (com D. Keyser), 1996, *Unmasking Japan Today: The Impact of Traditional Values on Modern Japanese Society*, Praeger Press, Westport e Londres.

La Fleur, W., 1978, *Mirror for the Moon: A Selection of Poems by Saigyo*, New Directions, Nova Iorque.

Large, S., 1992, *Emperor Hirohito and Showa Japan: A Political Biography*, Routledge, Londres.

Ledyard, G., 1975, "Galloping along With the Horseriders: Looking for the Founders of Japan", *JJS*, I/2, pp. 217-254.

Ledyard, G., 1983a, "Yamatai", in *KEJ*, vol. 8, pp. 305-307.

Ledyard, G., 1983b, "Horse-Rider Theory", in *KEJ*, vol. 3, pp. 229-231.

Leupp, G., 1995, *Male Colors: The Construction of Homosexuality in Tokugawa Japan*, University of California Press.

Li, L., 1992, "The Pan-Asian Ideas of Tachibana Shiraki and Ishiwara Kanji", Henshall, K. e Bing, D. (orgs.), 1992, *Japanese Perceptions of Nature and Natural Order*, New Zealand Asian Studies Association, Hamilton, pp. 63-84.

Low, M., 1990, "Japan's Secret War? 'Instant' Scientific Manpower and Japan's World War II Atomic Bomb Project", *Annals of Science*, vol. 47, pp. 347-360.

MacArthur, D., 1964, *Reminiscences*, McGraw-Hill, Nova Iorque.
Maga, T., 2001, *Judgment at Tokyo: The Japanese War Crimes Trials*, University Press of Kentucky.
Martinez, D. (org.), 1998, *The Worlds of Japanese Popular Culture: Gender, Shifting Boundaries, and Global Cultures*, Cambridge University Press.
Mason, R. e Caiger, G., 1972, *A History of Japan*, Cassel Australia, Melbourne.
Mass, J. (org.), 1997, *The Origins of Japan's Medieval World: Courtiers, Clerics, Warriors, and Peasants in the Fourteenth Century*, Stanford University Press.
Massarella, D., 1990, *A World Elsewhere: Europe's Encounter with Japan in the Sixteenth and Seventeenth Centuries*, Yale University Press.
Mathews' Chinese-English Dictionary, Harvard University Press (edição de 1966).
Mayo, M., 1974, "Late Tokugawa and Early Meiji Japan", in Tiedemann, A. (org.), *An Introduction to Japanese Civilization*, Columbia University Press, pp. 131-180.
McCabe, G., 2003, *Soccer and Transformation in Contemporary Japan*, tese de mestrado, University of Canterbury, Christchurch.
MacClellan, E., 1969, *Two Japanese Novelists: Soseki and Toson*, University of Chicago Press.
McCormack, G., 1996, *The Emptiness of Japanese Affluence*, M. E. Sharpe, Nova Iorque/Allen & Unwin, Sydney.
McCormack, G. e Sugimoto, Y. (orgs.), 1986, *Democracy in Contemporary Japan*, Hale and Ironmonger, Sydney.
McCullough, H., 1959, *The Taiheiki: A Chronicle of Medieval Japan*, Columbia University Press.
McCullough, H., 1971, *Yoshitsune: A Fifteenth Century Japanese Chronicle* (trad. de *Gikeiki*), Stanford University Press.
McCullough, H., 1988, *The Tale of the Heike* (trad. de *Heike Monogatari*), Stanford University Press.
McCullough, W. e McCullough, H., 1980, *A Tale of Flowering Fortunes: Annals of Japanese Aristocratic Life in the Heian Period* (trad. e estudo de *Eiga Monogatari*), 2 vols., Stanford University Press.
McKean, M., 1981, *Environment Protest and Citizen Politics in Japan*, University of California Press.
McNelly, T., 1987, "'Induced Revolution': The Policy and Process of Constitutional Reform in Occupied Japan", in Ward e Sakamoto 87, pp. 76-106.
McVeigh, B., 2002, *Japanese Higher Education as Myth*, M. E. Sharpe, Nova Iorque.
"Meiji Revolution", 1992, na série em vídeo *Pacific Century*.
Meiroku Zasshi: Journal of the Japanese Enlightenment (trad. e introd. de Braisted, W.), 1874-1875/1976, University of Tokyo Press.
Minear, R., 1971, *Victors' Justice: The Tokyo War Crimes Trial*, Princeton University Press.

Minear, R., 1983, "War Crimes Trials", in *KEJ*, vol. 8, pp. 223-225.
Minichiello, S. (org.), 1998, *Japan's Competing Modernities: Issues in Culture and Democracy 1900-1930*, University of Hawaii Press.
Mita, M., 1992, *Social Psychology of Modern Japan* (trad. de Suloway, S.), Kegan Paul International, Londres.
Mizukoshi, H., 2003, "Terrorists, Terrorism, and Japan's Counter-Terrorism Policy", *Gaiko Forum: Japanese Perspectives on Foreign Affairs*, vol. 3, nº 2, Verão de 2003, pp. 55-63.
Morgenstern, G., 1947, *Pearl Harbor: The Story of the Secret War*, Devin--Adair, Nova Iorque.
Morishima, M., 1982, *Why Has Japan Succeeded? Western Technology and the Japanese Ethos*, Cambridge University Press.
Morison, S., 1953, *By Land and Sea*, Knopf, Nova Iorque.
Morita, A., 1989 – vd. Ishihara, S., 1989/1991.
Morita, A. (com E. Reingold e M. Shimomura), 1987, *Made in Japan*, Collins, Londres.
Morris, I., 1975, *The Nobility of Failure: Tragic Heroes in the History of Japan*, Holt, Rinehart and Winston, Nova Iorque.
Morris, I., 1979, *The World of the Shining Prince: Court Life in Ancient Japan*, Penguin, Harmondsworth.
Morris-Suzuki, T., 1989, *A History of Japanese Economic Thought*, Routledge, Londres.
Morris-Suzuki, T., 1994, *The Technological Transformation of Japan from the Seventeenth to the Twenty-First Century*, Cambridge University Press.
Morris-Suzuki, T., 1996, "A Descent into the Past: The Frontier in the Construction of Japanese Identity", in Denoon *et al.* 96, pp. 81-94.
Mosley, L., 1966, *Hirohito: Emperor of Japan*, Prentice-Hall, Nova Jérsia.
Murakami, H., 1997/2000, *Underground: The Tokyo Gas Attack and the Japanese Psyche* (trad. de Birnbaum, A. e Gabriel, P. 00), Harvill Press, Londres.
Murakami, H. e Harper, T. (orgs.), 1978, *Great Historical Figures of Japan*, Japan Culture Institute, Tóquio.
Mushakôji, K., 1976, "The Cultural Premises of Japanese Diplomacy", in Japan Center for Educational Exchange (org.), 1976, *The Silent Power: Japan's Identity and World Role*, Simul Press, Tóquio, pp. 35-50.
Nakai, N. e McClain, J., 1991, "Commercial Change and Urban Growth in Early Modern Japan", in *CHJ*, vol. 4, pp. 519-595.
Nakamura, M., 1968, *Modern Japanese Fiction 1868-1926*, Kokusai Bunka Shinkôkai, Tóquio.
Nakamura, T., 1981, *The Postwar Japanese Economy: Its Development and Structure*, University of Tokyo Press.
Nakamura, T., 1988, "Depression, Recovery, and War, 1920-1945" (trad. de Kaminsky, J.), in *CHJ*, vol. 6, pp. 451-493.
Nakane, C., 1967/1970, *Japanese Society*, Weidenfeld & Nicolson, Londres (original japonês de 1967).

Nakane, C. e Oishi, S. (orgs.), 1990, *Tokugawa Japan: The Social and Economic Antecedents of Modern Japan*, University of Tokyo Press.
Nihongi – vd. Aston 1896/1972.
Nihon Shoki – vd. *Nihongi* / Aston 1896/1972.
Nippon, série em vídeo, BBC, Londres, 1991.
Nishi, T., 1982, *Unconditional Democracy: Education and Politics in Occupied Japan 1945-1952*, Hoover Institution Press, Stanford.
Nitobe, I., 1905/1969, *Bushido: The Soul of Japan; An Exposition of Japanese Thought*, Tuttle, Tóquio (edição de 1969).
NLSSTSS (National League for Support of the School Textbook Screening Suit), 1995, *Truth in Textbooks, Freedom in Education, and Peace for Children: The Struggle against the Censorship of School Textbooks in Japan*, Tóquio.
Oda, H., 1992, *Japanese Law*, Butterworths, Londres.
Okamoto, S., 1983, "Russo-Japanese War", in *KEJ*, vol. 6, pp. 345-347.
Okamura, M., 1992, "Babadan A", contribuição para Pearson 92, pp. 49-50.
Okazaki, T., 1993, "Japan and the Continent" (trad. de Goodwin, J.), in *CHJ*, vol. 1, pp. 268-316.
Ossenberger, N., 1986, "Isolate Conservatism and Hybridization in the Population History of Japan: The Evidence of Nonmetric Cranial Traits", in Akazawa e Aikens 86, pp. 199-215.
"Out of a Firestorm", 1991, na série em vídeo *Nippon*.
Pacifc Century, série em vídeo, director de projecto Frank Gibney, produtor executivo Alex Gibney, Jigsaw / Pacific Bassin Institute, Santa Barbara, 1992.
Pascale, R. e Athos, A., 1982, *The Art of Japanese Management*, Penguin, Harmondsworth.
Paulson, J., 1976, "Evolution of the Feminine Ideal", in Lebra, J., Paulson, J. e Powers, E. (orgs.), 1976, *Women in Changing Japan*, Stanford University Press, pp. 1-23.
Pearson, R. (org.), 1986, *Windows on the Japanese Past: Studies in Archeology and Prehistory*, Centre for Japanese Studies, University of Michigan.
Pearson, R., 1992, *Ancient Japan*, George Braziller / Smithsonian Institute, Nova Iorque.
Peattie, M. 1983, "Ishiwara Kanji (1889-1949)", in *KEJ*, vol. 3, pp. 345-346.
Peattie, M., 1988, *Nanyo: The Rise and Fall of the Japanese in Micronesia, 1885-1945*, University of Hawaii Press.
Philippi, D., 1968, *Kojiki* (trad. e introd.), University of Tokyo Press.
Picigallo, P., 1979, *The Japanese on Trial: Allied War Crimes Operations in the East, 1945-1951*, University of Texas Press.
Pigott, J., 1989, "Sacral Kingship and Confederacy in Early Izumo", *MN*, 44/ /1, pp. 45-74.
Pineau, R. (org.), 1968, *The Japan Expedition 1852-1854: The Personal Journal of Commodore Matthew C. Perry*, Smithsonian Institute Press, Washington.
Prange, G. (com D. Goldstein e K. Dillon), 1986, *Pearl Harbor: The Verdict of History*, McGraw-Hill, Nova Iorque.

"Reinventing Japan", 1992, na série em vídeo *Pacific Century*.
Reischauer, E., 1964, *Japan: Past and Present*, Duckworth, Londres.
Reischauer, E., 1988, *The Japanese Today: Change and Continuity*, Harvard University Press.
Reischauer, E. e Craig, A., 1979, *Japan: Tradition and Transformation*, George Allen & Unwin, Londres, Boston e Sydney.
Rickert, E. (org.), 1988, *The Good German of Nanking: The Diaries of John Rabe* (trad. de Woods, J.), Knopf, Nova Iorque.
Ruoff, K., 2001, *The People's Emperor: Democracy and the Japanese Monarchy, 1945-1995*, Harvard University Press.
Rusbridger, J. e Nave, T. E., 1991/1992, *Betrayal at Pearl Harbor: How Churchill Lured Roosevelt into World War II*, Michael O'Mara Books, Londres / Simon & Schuster, Nova Iorque (edição aumentada de 1992).
Russell, J., 1991, "Narratives of Denial: Racial Chauvinism and the Black Other in Japan", *JQ*, XXXVIII/4 (Out.-Dez. de 1991), pp. 416-428.
"Sacrifice at Pearl Harbor", vídeo produzido por Roy Davies, exibido em *Timewatch*, BBC2, 5 de Abril de 1992.
Sadler, A., 1970, *The Ten Foot Square Hut and Tales of the Heike*, Greenwood Press, Westport.
Sahara, M., 1992, "Yoshinogari: The World of the Wei Dynasty Annals", contribuição para Pearson 92, pp. 154-157.
Sakai, S., 1994, entrevista com M. Nakazawa, *Tokyo Journal*, Dezembro 1994, pp. 18-21.
Sakudo, Y., 1990, "The Management Practices of Family Business" (trad. de Hauser, W.), in Nakane e Oishi 90, pp. 147-166.
Sato, E., 1974, "The Early Development of the *Shoen*", in Hall e Mass 74, pp. 91-108.
Sato, T., 1990, "Tokugawa Villages and Agriculture" (trad. de Hane, M.), in Nakane e Oishi 90, pp. 37-80.
Sayle, M., 1995, "Did the Bomb End the War?", *New Yorker*, 31 de Julho de 1995, pp. 40-64.
Schoppa, L., 1991, *Education Reform in Japan: A Case of Immobilist Politics*, Routledge, Londres.
Schultz, D., 1987, *The Maverick War: Chennault and the Flying Tigers*, St. Martin's Press (presentemente Palgrave Macmillan), Nova Iorque.
Seagrave, S., 1999, *The Yamato Dynasty: The Secret History of Japan's Imperial Family*, Bantam Press, Londres e Nova Iorque.
Seidensticker, F., 1981, *The Tale of Genji* (trad. de *Genji Monogatari*), Penguin, Harmonsdworth.
Seigle, C., 1993, *Yoshiwara: The Glittering World of the Japanese Courtesan*, University of Hawaii Press.
Sethi, S., Namiki, N. e Swanson, C., 1984, *The False Promise of the Japanese Miracle: Illusions and Realities of the Japanese Management System*, Pitman, Massachusetts.
Shibusawa, K. (org.), 1958, *Japanese Culture in the Meiji Period*, vol. 5 (trad. de Terry, C.), Tokyo Bunko, Tóquio.

Shillony, B.-A., 1973, *Revolt in Japan: The Young Officers and the February 26 1936 Incident*, Princeton University Press.
Shinoda, M., 1978, "Victory in Battle and Family Tragedy: Minamoto no Yoritomo and Yoshitsune", in Murakami and Harper 78, pp. 79-90.
Shinoda, M., 1983, "Kamakura History (1185-1333)", in *KEJ*, vol. 3, pp. 169--172.
Stanley, T., 1983, "Tokyo Earthquake of 1923", in *KEJ*, vol. 8, p. 66.
Starrs, R. (org.), 2004, *Japanese Cultural Nationalism: At Home and in the Asia-Pacific*, Global Oriental, Folkestone.
Steele, M. W., 2003, *Alternative Narratives in Modern Japanese History*, Routledge, Londres.
Steinhoff, P., 1984, "Student Conflict", in Krauss, Rohlen e Steinhoff 84, pp. 174-213.
Stockwin, A., 1992, introd. do tradutor a Banno 1971/1992, pp. xi-xv.
Storry, R., 1963, *A History of Modern Japan*, Penguin, Harmonsdworth.
Suzuki, H., 1969, "Micro-Evolutional Changes in the Japanese Population from the Prehistoric Age to the Present Day", *Journal of the Faculty of Science, University of Tokyo*, s. 5, vol. 3, parte 4, pp. 279-308.
Suzuki, M., 1992, "As Long As I Don't Fight, I'll Make It Home", in Cook and Cook 92, pp. 127-135.
Suzuki, N., 1983, "Eschatology", in *KEJ*, vol. 2, p. 231.
Tada, M., 1996, "After the Bubble", *Japan Times*, edição semanal internacional, 29 de Julho-4 de Agosto de 1996, p. 4.
Takahashi, T., 2003, "The Emperor Showa Standing at Ground Zero: On the (Re)configuration of a 'National Memory' of the Japanese People", in *Japan Forum* (Reino Unido), vol. 5, nº 1, 2003, pp. 3-14.
Takeuchi, R., 1983, "Nara History", in *KEJ*, vol. 3, pp. 163-165.
Tayama Katai, 1907/1981, "The Girl-Watcher" (*Shojoboô*, 1907), in *"The Quilt" and Other Stories by Tayama Katai* (trad. e introd. de Henshall, K.), 1981, University of Tokyo Press.
Tayama Katai, 1917/1987, *Thirty Years in Tokyo* (*Tokyo no Sanjonen*, 1917), (trad. e introd. de Henshall, K.), 1987, in *Literary Life in Tokyo 1885--1915*, Brill, Leiden.
Taylor, J., 1985, *Shadows of the Rising Sun: A Critical View of the 'Japanese Miracle'*, Tuttle, Tóquio.
Theobald, R., 1954, *The Final Secret of Pearl Harbor*, Devin-Adair, Nova Iorque.
Thompson, E., 1945, *Prisoner of War Preliminary Interrogation Report*, apresentado em 7 de Julho de 1945 ao Serviço Aliado de Tradução e Interpretação (Escalão Avançado) do Quartel-General do Primeiro Exército Australiano.
Torao, T., 1993, "Nara Economic and Social Institutions" (trad. de Farris, W.), in *CHJ*, vol. 1, pp. 415-452.
Totman, C., 1980, *The Collapse of the Tokugawa Bakufu, 1862-1868*, University of Hawaii Press.

Trefalt, B., 1995, "Living Dead: Japanese Prisoners-of-War in the Southwest Pacific", *NZJEAS*, III/2 (Dezembro de 1995), pp. 113-125.
Tsuchihashi, P., 1952, *Japanese Chronological Tables*, Sophia University Press.
Tsukada, M., 1986, "Vegetation in Prehistoric Japan: The Last 20 000 Years", in Pearson 86, pp. 11-56.
Tsunoda, R., de Bary, W. T. e Keene, D. (compos.), 1964, *Sources of Japanese Tradition*, 2 vols., Columbia University Press.
Tsurumi, S., 1987, *A Cultural History of Postwar Japan 1945-1980*, Kegan Paul International, Londres e Nova Iorque.
Turnbull, S., 1987, *Battles of the Samurai*, Arms and Armour Press, Londres.
Ueda, K., 1983, "Pollution-Related Diseases", in *KEJ*, vol. 6, pp. 217-220.
Ui, J. (org.), 1992, *Industrial Pollution in Japan*, United Nations University Press, Tóquio.
Umekaki, M., 1986, "From Domain to Prefecture", in Jansen e Rozman 86, pp. 91-110.
Uno, S., 1992, "Spies and Bandits", in Cook e Cook 92, pp. 151-158.
Upham, F., 1987, *Law and Social Change in Postwar Japan*, Harvard University Press.
Utsumi, A., 1996, "Japanese Army Internment Policies for Enemy Civilians during the Asia-Pacific War", in Denoon *et al.* 96, pp. 174-209.
Vansittat, Lord, 1943, Prefácio a Howard e Newman 43.
Van Wolferen, K., 1989, *The Enigma of Japanese Power: People and Politics in a Stateless Nation*, Macmillan, Londres.
Varley, H. P., 1978, "Preeminent Patron of Higashiyama Culture: Ashikaga Yoshimasa", in Murakami e Harper 78, pp. 131-140.
Varley, H. P., 1983, "Kemmu Restoration", in *KEJ*, vol. 4, pp. 191-192.
Vlastos, S., 1989, "Opposition Movements in Early Meiji, 1868-1885", in *CHJ*, vol. 5, pp. 367-431.
Vogel, E., 1979, *Japan As Number One: Lessons for America*, Harvard University Press.
Ward, R., 1987a, "Presurrender Planning: Treatment of the Emperor and Constitutional Changes", in Ward e Sakamoto 87, pp. 1-41.
Ward, R., 1987b, "Conclusion", in Ward e Sakamoto 87, pp. 392-433.
Ward, R. e Sakamoto, Y. (orgs.), 1987, *Democratizing Japan: The Allied Occupation*, University of Hawaii Press.
Watts, J., 1998, "Soccer Shinhatsubai: What Are Japanese Consumers Making of the J.League?", in Martinez 98, pp. 181-201.
Weinstein, D., 1995, "Evaluating Administrative Guidance and Cartels in Japan (1957-1988)", *Journal of Japanese and International Economies* (9), pp. 200-223.
Whitehill, A., 1991, *Japanese Management: Tradition and Transition*, Routledge, Londres.
Wilcox, R., 1985, *Japan's Secret War: Japan's Race against Time to Build Its Own Atomic Bomb*, William Morrow, Nova Iorque.
Wilkinson, E., 1981, *Misunderstanding: Europe vs Japan*, Chookoronsha, Tóquio.

Williams, H., 1972, *Foreigners in Mikadoland*, Tuttle, Tóquio.

Williams, P. e Wallace, D., 1989, *Unit 731: The Japanese Army's Secret of Secrets*, Hodder & Stoughton, Londres.

Wohlstetter, R., 1962, *Pearl Harbor: Warning and Decision*, Stanford University Press.

Wolf, M., 1983, *The Japanese Conspiracy: A Stunning Analysis of the International Trade War*, Empire Books, Nova Iorque.

Wood, C., 1993, *The Bubble Economy: The Japanese Economic Collapse*, Tuttle, Tóquio.

Woronoff, J., 1985, *Japan: The Coming Economic Crisis*, Lotus Press, Tóquio.

Woronoff, J., 1990, *Japan As – Anything But – Number One*, Yohan Publications, Tóquio.

Yamaguchi, K., 1983, "Early Modern Economy (1868-1945)", in *KEJ*, vol. 2, pp. 151-154.

Yamamura, K., 1986, "The Meiji Land Tax Reform and Its Effects", in Jansen and Rozman 86, pp. 382-389.

Yanai, S., 1992, "The Case for a Coup", *Japan Views*, Dezembro de 1992, pp. 3-6 (original japonês in *Shokan Bunshan*, 22 de Out. de 1992).

Yokota, Y., 1992, "Volunteer", in Cook e Cook 92, pp. 306-313.

Yoshida, S., 1961, *The Yoshida Memoirs: The Story of Japan in Crisis*, Heinemann, Londres.

Yoshimi, Y., 2000, *Comfort Women: Sexual Slavery in the Japanese Military During World War II* (trad. de O'Brien, S.), Columbia University Press.

GLOSSÁRIO DE TERMOS JAPONESES

ama	monja
amae	dependência infantil dos outros
aware	vd. *mono no aware*
bakufu	governo militar, xogunato
bunraku	teatro de marionetas
burakumin	"pessoas de lugarejos", párias sociais
bushi	guerreiro, frequentemente = *samurai*
bushido	caminho do guerreiro / *samurai*
butonetsu	"febre da dança", termo aplicado ao primeiro governo Meiji
chonin	povo-das-cidades
choninmono	história de mercadores de sucesso no Período Tokugawa
chozen naikaku	"governos transcendentais" do Período Meiji
dáimio	senhor feudal, sobretudo no Período Tokugawa
endaka	"iene alto" do final da década de 80
enjo kosai	"relações financeiramente patrocinadas" entre raparigas adolescentes e homens mais velhos
eta	"grande porcaria", actualmente *burakumin*
fudai	dáimio tradicionalmente leal à casa Tokugawa
fukoku kyohei	"nação rica, exército forte", lema popular no início do Período Meiji
gueixa	"pessoa artística"; originalmente eram homens, mas actualmente são exclusivamente mulheres que entretêm os clientes e por vezes também trabalham como prostitutas
genro	"primeiros anciãos", oligarcas do primeiro governo Meiji
gunki monogatari	histórias de guerreiros da Época Medieval
gyosei kanri	orientação administrativa, sobretudo da economia, por parte do governo
haiku	poesia de 17 sílabas popular no Período Tokugawa
han	domínio feudal
haniwa	artefacto funerário antigo de barro em forma de anel
haraquiri	"corte do estômago", método de suicídio honroso dos samurais, muitas vezes usado em substituição da execução
heimin	povo comum
hikikomori	afastamento do contacto social
hinin	"não-pessoa", actualmente *burakumin*

honne	verdadeiros sentimentos intímos
ichioku gyokusai	"autodestruição dos cem milhões que são como jóias", crença de que toda a nação japonesa, na II Guerra Mundial, se poderia suicidar em massa, em vez de se render
insei	"governo do mosteiro" praticado pelos imperadores que abdicavam, sobretudo no final de Período de Heian
jinrikisha	riquexó
jito	intendente (de terras) medieval
jiyuminken undo	movimento de "liberdade e direitos das pessoas" de início-meados do Período Meiji
jomon	padrão de corda na cerâmica antiga e designação do respectivo período histórico
ju-ko-cho-dai	"pesado, largo, comprido, grande", palavra de ordem para designar a prioridade económica do início do período do pós-guerra
junshi	"acompanhar o seu senhor na morte"
kabuki	forma de teatro cheia de cor, preferida sobretudo pelos mercadores do Período Tokugawa
kamikaze	"vento divino", expressão usada originalmente para designar as tempestades que ajudaram a salvar o Japão da invasão mongol do século XIII aplicada mais tarde aos pilotos suicidas da II Guerra Mundial que tentavam defender o país
kana	escrita fonética japonesa
kanri shakai	"sociedade controlada", termo que designa a sociedade complacente das décadas de 60 e 70 do século XX, que aceitou de maneira dócil o controlo governamental em troca se benefícios materiais
kare	valor estético do carácter severo e da naturalidade
kazoku	nobres do início do Período Meiji
kegare	impureza
kei-haku-tan-sho	"leve, estreito, curto, pequeno", palavra de ordem para designar a prioridade económica do período do pós--guerra depois do *ju-ko-cho-dai*
keiretsu higyo	"companhias alinhadas", *zaibatsu* do pós-guerra
ko	criança ou elemento mais novo numa relação
kofun	elevações tumulares antigas e designação do respectivo período histórico
koku	medida de arroz e de terra; equivalia ao rendimento suficiente para uma pessoa durante um ano
kokugaku	"ensino nacional" do nacionalismo do Período Tokugawa
kokusaika	"internacionalização", palavra em voga na década de 80

koshokubon	vd. *ukiyo-zoshi*
kozoku	família imperial
mappo	crença budista no declínio final da humanidade, sobretudo no fim do Período de Heian
mono no aware	valor estético da "tristeza das coisas"
moretsu-gata	"indivíduo ferozmente determinado", expressãousada para designar os trabalhadores esforçados e dedicados à reconstrução do país, depois da II Guerra Mundial
musubi	ligação com a natureza, pureza natural
Nihonjinron	"teorias sobre os Japoneses", género de literatura autocongratulatória e geralmente simplista das décadas de 70 e 80 do século XX, que procurava explicar o sucesso do Japão acentuando frequentemente a sua singularidade e superioridade
no	género teatral contido das classes altas
oitsuke, oikose	"alcança (o Ocidente), ultrapassa", lema popular do princípio do Período Meiji
okashi	valor estético do invulgar e divertido
omote	aspecto aparente ou superficial
oya	pai ou superior numa relação
rangaku	"conhecimento holandês", comummente, os conhecimentos ocidentais em geral
risshishugi	ideal do sucesso, orientação para os resultados, espírito de iniciativa
ritsuryo	código legal antigo, significando *ritsu* as sanções penais e *ryo* as instruções para os funcionários
ronin	samurai que não tem senhor
sabi	valor estético da simplicidade elegante
sakoku jidai	"Período do País Fechado", expressão aplicada retrospectivamente ao Período Tokugawa
samurai	servidor e, mais tarde, guerreiro
sankin kotai	"presença alternada" dos dáimios em Edo, no Período Tokugawa
senryu	forma humorística de poesia popular de 17 sílabas do Período Tokugawa
seppuku	*haraquiri*
shamisen	instrumento de três cordas parecido com o alaúde
shi-no-ko-sho	"guerreiro-camponês-artesão-mercador", estrutura social hierárquica do Período Tokugawa
shinpan dáimio	relacionado com a casa Tokugawa
shinpu	vd. *kamikaze*
shizoku	antigo samurai do princípio do Período Meiji
shoen	propriedade medieval
shugo	protector ou guarda (da terra) medieval

shunga	gravuras sexualmente explícitas do Período Tokugawa
sonno joi	"reverenciemos o imperador, expulsemos os bárbaros"
soto	fora
tameshigiri	"corte experimental" da espada samurai nos cadáveres de criminosos ou, por vezes, em criminosos vivos
tatemae	fachada ou pretexto, frequentemente "afirmação meramente verbal"
tennosei	sistema do imperador, termo usado especialmente para referir a doutrinação nacionalista centrada no imperador, desde meados do Período Meiji até à II Guerra Mundial
terakoya	escolas para o povo comum, no Período Tokugawa, originalmente localizadas nos templos
tokuju	aquisições especiais de produtos japoneses por parte das forças dos EUA que combatiam naGuerra da Coreia
*toyono dotoku, seiyono gakugei*do	"ética oriental, ciência ocidental", lema popular final do Período Tokugawa
tozama	dáimio "exterior", tradicionalmente não leal à casa Tokugawa
uchi	casa ou interior
ukiyo	"mundo flutuante"; originalmente referia-se à transitoriedade da vida, mas a partir do Período Tokugawa passou a referir-se às relações humanas, incluindo as sexuais
ukiyo-e	gravuras da vida e do povo do Período Tokugawa, muitas vezes sexualmente explícitas
ukiyo-zoshi	livros eróticos do Período Tokugawa
ura	fundo, ou o que está abaixo da superfície
wabi	valor estético do gosto pela contenção
wakon yosai	"espírito japonês, ensino ocidental", slogan popular no início do Período Meiji
xogum	governador militar
yogaku	conhecimento ocidental
yomihon	histórias populares romanceadas do Período Tokugawa
yugen	valor estético da espiritualidade elegante e tranquila
zaibatsu	grande consórcio ou companhia de natureza financeira

ÍNDICE

II Parte
Dos Cortesãos e Guerreiros: História Antiga e Medieval (710–1600)

III Parte
O País Fechado: O Período Tokugawa (1600-1868)

IV Parte
A Construção de uma Nação Moderna: O Período Meiji (1868–1912)

V Parte
Os Excessos da Ambição: A Guerra do Pacífico e as Suas Consequências

VI Parte
Uma Fénix Renasce das Cinzas: Os Êxitos do Pós-Guerra e Posteriores